I0826744

Carol B. Stevens

•

Russia's Wars of Emergence, 1460–1730

Routledge
Taylor & Francis Group
New York
2013

Кэрол Стивенс

•

Войны за становление Российского государства 1460–1730

Academic Studies Press

Библиороссика

Бостон / Санкт-Петербург

2022

УДК 94(47)
ББК 63.3(2)43+63.3(2)51
С80

Перевод с английского Ильи Нахмасона

Серийное оформление и оформление обложки Ивана Граве

Стивенс, Кэрол

С80 Войны за становление Российского государства. 1460–1730 / Кэрол Стивенс; [пер. с англ. И. Нахмасона]. — СПб.: Academic Studies Press / Библиороссика, 2022. — 487 с. — (Серия «Современная западная русистика» = «Contemporary Western Rusistika»).

ISBN 9798897837205 (Academic Studies Press)
ISBN 978-5-907532-64-9 (Библиороссика)

Становление России как великой державы в XVIII веке обычно связывают с радикальной «западнической» программой реформ Петра I. Однако российские военные не просто копировали армии других стран: адаптируя наработки своих соседей с Запада и Востока, Россия сформировала собственное видение военной стратегии и тактики. Кэрол Стивенс рассматривает социальные и политические факторы, лежащие в основе военной истории государства, причины успехов Российской империи в XVIII веке и жертвы, принесенные ради этих успехов.

УДК 94(47)
ББК 63.3(2)43+63.3(2)51

ISBN 9798897837205
ISBN 978-5-907532-64-9

Список карт

Благодарности

Выражаем благодарность за разрешение использовать следующие материалы, охраняемые авторским правом:

карта 1 — взята с сайта https://euratlas.com;

карты 2 и 4 — взяты из Атласа М. Гилберта [Gilbert 1989] с разрешения издательства «Weidenfeld & Nicolson», входящего в издательскую группу «The Orion Publishing Group Limited»;

карты 5 и 9 — взяты из книги Р. Фроста [Frost 2000] с разрешения издательства «Pearson Education Limited»;

карта 7 — взята из моей книги [Stevens 1995] с разрешения издательства «Northern Illinois University Press»;

карта 10 — взята из книги А. Констама [Konstam 1994], вышедшей в издательстве «Osprey Publishing Limited».

В ряде случаев установить владельцев авторских прав не удалось, будем благодарны за любую информацию, которая позволит сделать это.

Список сокращений

AAASS — Американская ассоциация содействия славянским исследованиям[1]
CASS — Canadian-American Slavic Studies
CMRC — Cahiers du monde russe et soviétique
CSSH — Comparative Studies in Society and History
FzOG — Forschungen zur Osteuropäischen Geschichte
JfGO — Jahrbücher für Geschichte Osteuropas
SEER — Slavonic and East European Review
SR — Slavic Review

ААЭ — Акты, собранные в библиотеках и архивах Российской империи Археографическою экспедициею Императорской академии наук
АИ — Акты исторические, собранные и изданные Археографическою комиссиею
АИЮЗР — Акты, относящиеся к истории Южной и Западной России, собранные и изданные Археографическою комиссиею
АМГ — Акты Московскаго государства, изданные Императорскою Академиею наук
ЖМНП — Журнал Министерства народного просвещения
ИЗ — Исторические записки
ИИ АН СССР — Институт истории Академии наук СССР
ПСЗ — Полное собрание законов Российской империи
ПСРЛ — Полное собрание русских летописей, изданное по высочайшему повелению Археографическою комиссиею

---

1 Переименована в Ассоциацию славянских, восточноевропейских и евразийских исследований (ASEEES) в 2010 году. — *Примеч. ред.*

РГАДА — Российский государственный архив древних актов

РГВИА — Российский государственный военно-исторический архив

РИБ — Русская историческая библиотека, издаваемая Археографической комиссией

ЧОИДР — Чтения в Императорском обществе истории и древностей российских при Московском университете

Глоссарий

Военная кампания «без мест» — поход, в котором назначения на должности происходили вне зависимости от положения командиров в системе местничества и без местнических споров.

Бей — тюркский титул и звание, в частности, в Крымском ханстве.

Бояре — высшее сословие в Московском княжестве и Русском государстве.

Боярин — высший чин среди служилых людей «по отечеству», дающий право участвовать в заседаниях Боярской думы.

Боярская дума — совещательный орган при великом князе или царе.

Вагенбург (табор) — передвижное полевое укрепление из повозок для защиты от атак конницы. Вагенбург активно применялся армиями «степного типа»: османской, монгольской, венгерской и чешской.

Воевода — воинский начальник, иногда совмещавший военные и административные функции; вплоть до 1710-х годов — глава местного военно-административного управления.

Вотчина — наследственное земельное владение, которое, в отличие от поместья, принадлежало не казне, а знатной семье.

Гетман — глава казачьего войска.

Губерния — высшая единица административно-территориального деления, возникшая после Областной (Губернской) реформы Петра I.

Гуляй-город — русское передвижное полевое укрепление, составленное из повозок или щитов на колесах или полозьях.

Дворяне — привилегированное сословие в Русском государстве. В начале XVI века их статус был ниже, чем у детей боярских, в XVII веке — выше.

Дети боярские — привилегированное сословие в Русском царстве в конце XIV — начале XVIII века; вместе с дворянами входили в число служилых людей «по отечеству».

Думные дворяне, думные дьяки — чин и должность, возникшие при Иване Грозном. Думные дьяки составляли проекты решений Боярской думы и царских указов и ведали делопроизводством важнейших приказов.

Дьяки — руководители приказов; также письмоводители, секретари канцелярий.

Засечная черта — система оборонительных укреплений, применявшаяся для защиты южного пограничья Русского государства от крымско-татарских набегов.

Затинщики — люди «пушкарского чина», занимавшиеся обслугой крепостной артиллерии.

Земский собор — высшее сословно-представительное учреждение Русского государства; впервые был собран при Иване Грозном.

Земщина — основная часть территории Русского государства, не включенная в опричнину Иваном Грозным.

«Испанские рогатки» — искусственные препятствия в виде торчащей во все стороны живой изгороди из острых кольев.

Каптенармус — офицер в полках «нового строя», отвечавший за учет и выдачу оружия и боеприпасов.

Корволант («летучий корпус») — воинский отряд, состоявший из конницы, пехоты, перевозимой на лошадях, и легкой артиллерии. Сыграл ключевую роль в сражении под Лесной.

Кормление — практика, по которой присланные из столицы князем или царем должностные лица (как правило, наместники) содержались местным населением в течение всего периода службы.

Ландмилиция — род поселенного войска (земского ополчения), возникший в 1713 году.

Местничество — система распределения должностей в зависимости от знатности рода, существовавшая в Русском государстве. Отменено в 1682 году.

Мурза — аристократический титул в персидских и тюркских государствах, в частности, в Крымском ханстве.

Наместники — назначаемые великим князем или царем руководители местных органов управления; содержались за счет кормления. В XVI веке значение наместников стало уменьшаться.

Низовой корпус — соединение армии Петра I, созданное для участия в Персидском походе 1722–1723 годов.

Однодворцы — сословие, к которому принадлежали мелкие землевладельцы, зачастую не имевшие крестьян.

Окольничие — придворный чин и должность в Русском государстве; ниже бояр, но выше думных дворян.

Опричнина — личный удел Ивана Грозного, вычлененный из состава Русского царства (1565–1572).

Пищальники — первая пехота Русского государства, вооруженная огнестрельным оружием — пищалями.

По́дать — то же, что налог; например, подушная по́дать.

Полки «нового строя» — с 1623 года воинские части в составе русских вооруженных сил, формировавшиеся по образцу европейских армий.

Поместная система — порядок служилого землевладения в Русском государстве, по которому в награду за службу (в основном военную) служилый человек (как правило, из детей боярских или дворян) получал из казны в личное владение землю — поместье.

Поместный приказ — один из центральных органов управления в Русском государстве XVI–XVII веков, ведавший всем служилым землевладением (как поместным, так и вотчинным).

Приказ — до Петра I — орган управления в Русском государстве.

Пушечная изба, пушечный двор — центр пушечно-литейного производства в Русском государстве.

Разрядный приказ (Разряд) — орган военного управления в Русском государстве XVI–XVII веков, ведавший служилыми людьми, военным управлением, а также южными и восточными территориями России.

Редут — временное полевое укрепление.

Черкасы — экзоним украинских казаков, употреблявшийся в Русском государстве.

Четверть (четь) — мера площади пахотных земель в Русском государстве, часть единицы податного налогообложения (сохи).

Служилые люди «по отечеству» — представители высших сословий Русского государства, которые несли личную воинскую повинность и служили за свой счет в поместной коннице.

Служилые люди «по прибору» — представители незнатных сословий (стрельцы, казаки, пушкарские люди и т. д.), которые несли службу за денежное или хлебное жалованье.

Солдаты — пехотинцы в полках «нового строя».

Сотня — подразделение поместной конницы.

Стрельцы — вооруженные пищалями или мушкетами служилые люди «по прибору» (как правило, пехотинцы). Стрелецкое войско возникло при Иване Грозном.

Судебник — сборник законов Русского государства.

Тактика gå-på («вперед!») — шведская тактика быстрого перехода к ближнему бою.

Удел — территория, находящаяся в отдельном владении князя. В этой книге речь по большей части идет об уделах, выделенных великими князьями своим младшим сыновьям, где те правили фактически безраздельно, хотя сами уделы по-прежнему формально входили в состав великого княжества. В XV–XVI веках удельные княжества были ликвидированы.

Уложение (Соборное уложение) — свод законов Русского государства, принятый Земским собором в 1649 году.

Фискалы — учрежденная в 1711 году Петром I тайная служба, следящая за соблюдением законов.

Хан — титул правителя в государствах, образовавшихся после распада Монгольской империи: например, крымский хан, казанский хан.

Шляхи — степные дороги, по которым крымские татары, пересекая Оку и Угру, с юга проникали на европейскую территорию Русского государства (с торговыми или военными целями).

Ямские деньги — налог, взимаемый для содержания почтовой службы, возникшей еще при монголах.

Хронология

Часть I: 1450–1598

1420	Распад Золотой Орды Возникновение Казанского и Крымского ханств
1425–1462	Правление Василия II Темного Междоусобная война в Московском княжестве
1453	Захват Константинополя турками-османами
1456	Московско-новгородская война. Подписание Яжелбицкого мирного договора. Ограничение независимости Новгорода
1462	Вступление на московский престол Ивана III «Собирание русских земель» вокруг Москвы, в частности:
1462	Походы русской армии в северо-восточные земли
1463	Присоединение Ярославского княжества
1465	Поход на Югру
1471–1478	Окончательное присоединение Новгорода (хотя военные действия против новгородцев и конфискации земель происходили и позднее)
1470-е — 1480-е	Пограничные конфликты с Великим княжеством Литовским
1485	Присоединение Тверского княжества
1466 или 1468	Путешествие тверского купца Афанасия Никитина в Индию
1467–1469	Вмешательство Московского княжества в междоусобные войны в Казанском ханстве

1472	Неудачный поход татар на Русь. Сражение под Алексином
1480	Участие Москвы в союзе с Крымским ханством в «стоянии на Угре» против Большой Орды и Великого княжества Литовского
1480–1493	Конфликты между Псковом, Новгородом, Ливонским орденом и Москвой
1485	Начало строительства Московского Кремля
1486–1487	Вмешательство Московского княжества в междоусобные войны в Казанском ханстве
1490-е	Вступление Молдавии в крымско-московский союз против Польши и Литвы
1492–1494	Ухудшение отношений между Московским государством и Литвой
1492	Основание Ивангорода
1494	Начало 20-летнего перерыва в торговле между ганзейскими городами и Новгородом
1500–1503	Война с Великим княжеством Литовским. Поддержка Ливонским орденом Литвы
1500	Распространение поместной системы
1500	Победа над литовским войском в Ведрошской битве
1505	Вступление на московский престол Василия III
1507–1508	Русско-литовская война
1510	Присоединение Пскова к Московскому княжеству
1510-е	Распад союза между Москвой и Крымским ханством
1510-е — 1520-е	Вмешательство Московского княжества в междоусобные войны в Казанском ханстве
1512–1522	Русско-литовская война. Пятилетнее перемирие
1513–1514	Три осады Смоленска. Захват Смоленска русским войском
1514	Поражение русского войска в битве под Оршей Союз Крымского ханства с Литвой
1521	Крымское войско под Москвой

1522	Первое упоминание о гуляй-городе
1523	Основание Васильсурска — русской крепости-форпоста на территории Казанского ханства
1527	Завершение строительства цепочки крепостей для защиты южных земель Русского государства Продление перемирия с Литвой до 1534 года
Конец 1520-х	Улучшение отношений между Москвой и Казанью
1533	Вступление на престол Ивана IV (регент — его мать, Елена Глинская)
1547	Коронация Ивана IV «царем всея Руси»
1551	Строительство крепости Свияжск недалеко от Казани
1550-е	Период важных реформ, в том числе: Учреждение стрелецкого войска Судебник 1550 года Уложение о службе
1545–1552	Казанские походы. Взятие Казани в октябре 1552 года
1554, 1556	Астраханские походы. Покорение Астраханского ханства
Конец 1550-х	Строительство крепостей для защиты новых территорий на юге Русского государства
1557–1558	Неудачные походы Ивана IV на Крым
1558–1583	Ливонская война
1558–1563	Успешные действия русских войск в Ливонии
1559–1560	Неудачные походы Ивана IV на Крым
1562–1563	Полоцкий поход. Военные неудачи русской армии
1563–1570	Северная семилетняя война
1565	Введение опричнины
1569	Неудачный поход турок на Астрахань Люблинская уния. Объединение Великого княжества Литовского и Королевства Польского в государство Речь Посполитая

1571	Разграбление и сожжение Москвы войсками крымского хана Девлет-Гирея
1572	Роспуск опричнины
	Новый поход крымского хана Девлет-Гирея на Москву. Разгром крымского войска
	В последующие годы — реорганизация южных оборонительных рубежей Русского государства
1577–1582	Разорение Руси. Обеднение и обезлюдение исконных русских земель
1580–1581	Заповедные лета. Запрет на переход крестьян от одного хозяина к другому
1582	Ям-Запольский мир
1583	Первое Плюсское перемирие. Отход Нарвы и Ивангорода Швеции
1582	Захват Ермаком столицы Сибирского ханства
1584	Вступление на престол Федора I (регент — его шурин, Борис Годунов)
1590–1595	Русско-шведская война на восточном побережье Балтийского моря
	Продолжение строительства крепостей на южной границе
1591	Гибель царевича Дмитрия (младшего сына Ивана IV) в Угличе
1595	Тявзинский мирный договор. Окончание русско-шведской войны
1595–1602	Строительство Смоленской крепостной стены
1598	Смерть царя Федора I. Отсутствие наследников. Начало Смуты

Часть II: 1598–1697

1598	Избрание на царство Бориса Годунова
1601–1603	Великий голод
1604	Поддержка «царевича Дмитрия» в юго-западных землях

1605 Краткое правление царя Федора II Годунова
Поход армии Лжедмитрия I на Москву
Битва при Добрыничах. Наемник капитан Ж. Маржерет

1605–1606 Царствование Лжедмитрия I

1606 Убийство Лжедмитрия I. Царь Василий Шуйский

1606–1607 Восстания Болотникова, «царя Петра» и Лжедмитрия II

1608–1610 Тушино — столица Лжедмитрия II

1608 Поход армии Лжедмитрия II на Москву
Переговоры Василия Шуйского со Швецией и Речью Посполитой

1610 Свержение Василия Шуйского с престола
Признание царем польского королевича Владислава

1610–1612 Оккупация польскими войсками Москвы
Народные ополчения

1612 Освобождение Москвы от польской оккупации народным ополчением под руководством Минина и Пожарского

1613 Избрание на царство Михаила Романова. Конец Смуты

1617 Заключение Столбовского мира. Окончание русско-шведской войны

1618 Деулинское перемирие. Окончание русско-польской войны

1618–1648 Тридцатилетняя война

1632–1634 Смоленская война
Неудачная осада русскими войсками Смоленска
Использование полков «нового строя»
Поляновский мир

1635–1653 Строительство Белгородской засечной черты для защиты южных рубежей Русского государства
Образование Белгородского разряда

1645	Вступление на престол Алексея Михайловича
1640-е — 1650-е	Строительство Симбирской засечной черты
1648–1654	Восстание Богдана Хмельницкого
1649	Соборное уложение. Окончательное закрепощение крестьян
1654	Переяславский договор. Присоединение Украины к России
1654–1667	Тринадцатилетняя война между Русским государством и Речью Посполитой
1656–1661	Русско-шведская война
1657	Смерть Богдана Хмельницкого
1659	Ужесточение войны с Речью Посполитой Поражение и большие потери русской армии в Конотопской битве
1660-е	Активное использование полков «нового строя»
Конец 1660-х	Продолжение боевых действий
Конец 1680-х	Значительные потери и разрушения на Правобережной Украине
1667–1671	Восстание Степана Разина
1676	Вступление на престол Федора III
1678–1681	Русско-турецкая война. Бахчисарайский мирный договор
1679	Начало строительства Изюмской черты. Массовое переселение украинцев
1678–1682	Военная реформа. Отмена местничества
1682	Смерть царя Федора III. Совместное правление его братьев, Петра I и Ивана V (регент — их сестра, Софья)
1686	Заключение «Вечного мира» с Речью Посполитой Вступление Русского государства в Священную лигу
1687	Первый неудачный Крымский поход

1689	Заключение Нерчинского договора. Установление русско-китайской границы по Амуру
1689	Второй неудачный Крымский поход Свержение Софьи Начало совместного правления царей Петра I и Ивана V
1695	Первый Азовский поход Петра I. Поражение русского войска
1696	Второй Азовский поход Петра I. Выход России к южным морям

Часть III: 1698–1730

1696	Смерть царя Ивана V. Единоличное правление царя Петра I
1697–1698	«Великое посольство» Петра I
1698	Стрелецкий бунт
1699	Подготовка к войне со Швецией
1700	Начало Северной войны
1700	Битва при Нарве. Разгром русских войск армией Карла XII
1701–1706	Военные действия шведских войск в Польше Успешные русские кампании на Балтике
1705	Введение всеобщей рекрутской повинности
1705–1706	Астраханское восстание
1707–1708	Восстание Булавина
1708–1709	Русский поход Карла XII
1708	Битва при Лесной. Потеря шведской армией обоза Гетман Мазепа переходит на сторону Карла XII
1709	Полтавская битва. Разгром шведской армии Отступление шведских войск на территорию Османской империи Продолжение войны на Балтике
1710–1711	Русско-турецкая война
1711	Неудачный Прутский поход

1711	Создание Правительствующего Сената Быстрая институционализация власти
1713, 1723	Формирование ландмилиции
1721	Завершение Северной войны. Ништадтский мирный договор
1722–1723	Русско-персидская война Создание Низового корпуса
1725	Смерть Петра I. Вступление на престол Екатерины I
1727	Смерть Екатерины I. Вступление на престол Петра II (1727–1730)
1732	Возврат Россией Персии всех прикаспийских провинций

Предисловие

Я рада добавить несколько слов к предисловию этого расширенного русскоязычного издания моей книги 2007 года «Войны за становление Российского государства, 1460–1730». Изначально книга была написана для англоязычной аудитории, но была несколько переработана для новых русскоязычных читателей, надеюсь, предмет исследования этой книги будет им интересен и они прочтут ее с удовольствием. Я хотела бы поблагодарить издательство «Academic Studies Press» (в особенности Ольгу Петрову и Валентину Кучерявенко) за помощь в подготовке к публикации. Особая благодарность редактору Маргарите Маркушиной за перевод, ценные исправления, наше совместное обсуждение наилучшего способа передачи смысла и в целом за помощь в подготовке издания для русскоязычной аудитории — я не могла и мечтать о лучшем партнере в этом деле.

КС, 2022

В этой книге рассказывается о развитии военного устройства России и его связи с социальными, административными и идеологическими переменами в русском обществе. Описываемый исторический период составляет почти 300 лет — с правления Ивана III (XV век) до наследников Петра I (первая треть XVIII века). Все началось с возвышения Московского княжества, которое после падения Монгольской империи стало одним из значимых военных соперников в Западной Евразии. С 1240-х годов Москва и ее соседи были сателлитами огромного степного конгломерата, соединявшего Восточную Европу с Персией и Китаем. Монголы создали и сохранили свою империю с помощью стремительных и быстро мобилизуемых армий конных лучников, вышедших из бескрайних и малонаселенных степей. Московское княжество, как и другие земли, находившиеся на периферии этой степной сверхдержавы, переняли у монголов некоторые успешные военные стратегии и принципы организации войска. Главной боевой силой московского войска тоже были конные лучники. Порох и пушки, появление которых привело в начале XV века к существенным переменам в военном устройстве и тактике в Западной Европе, не обладали такой ценностью для степной армии. Пушки и артиллерия могли только замедлить скорость передвижения быстрых конных формирований. Поэтому, хотя и в Московской Руси, и в татарских ханствах знали о порохе и использовали кое-какое огнестрельное оружие, оно не имело для них такого важного военного значения, как для стран Западной Европы.

Однако начиная с Ивана III военные задачи Московского княжества (с 1478 года — Русского государства) стали меняться — сначала медленно, а затем все более и более стремительно. В течение многих лет оно продолжало опираться на степные методы ведения войны с дальними набегами, захватом пленных и разорением захваченных земель, и ключевую роль в московском войске играли конные лучники. Однако конец XV и бóльшая часть XVI века стали для Русского государства периодом быстрой экспансии. Оно все чаще вступало в военное противостояние с Османской империей, армиями Ливонского ордена и стран Балтии, с Польшей и Великим княжеством Литовским, а также защищало свои протяженные степные границы. В связи с этим — при сохранении прежнего военного устройства — все бóльшую роль стали играть строительство крепостей и огнестрельное оружие. В то же время для ведения войн против новых и больших соседей нужны были более многочисленные, надежные и лучше снабжаемые армии. Благодаря войнам, происходившим все XVII столетие, и эволюции бюрократического аппарата Русское государство обзавелось армией совершенно нового типа — очень большой, но включавшей в себя полки (как пехотные, так и кавалерийские), обученные обращению с огнестрельным оружием.

К 1730 году Россия во многом решила свои новые военные задачи. Она практически сравнялась с современными ей европейскими странами, не пожертвовав при этом обороной своих по-прежнему важных степных границ. Многочисленные реформы XVII века заложили фундамент для реорганизации русской армии, выполненной Петром I (и многих других его нововведений). Успешность этих перемен отчасти была подтверждена победой русской армии в длительной и изматывающей войне со Швецией, ведущей военной державой на Балтике. В территориальном плане итоги Северной войны (1700–1721) были не такими впечатляющими по сравнению с приобретениями, сделанными Русским государством в предшествующем столетии (Украина и Сибирь). Однако в символическом смысле полученный выход к Балтийскому морю означал отход России от статуса «степного государства» и включение ее в сообщество великих европейских держав (наряду с Османской империей). Армия и флот, благодаря которым Россия и добилась такого успеха, обладали теми же ключевыми характеристиками, что и вооруженные силы других ведущих стран: правительство само решало, сколько ему нужно людей и ресурсов для военных целей, и не только контролировало военные технологии и организацию, но и обладало достаточным общественным и политическим влиянием, чтобы содержать (в основном и за казенный счет) крупную, постоянную и обученную армию. Однако при этом русские вооруженные силы начала XVIII века имели некоторые отличия от европейских армий (и флотов) раннего Нового времени. Так, например, для защиты России от степных набегов все еще необходимо было содержать земское ополчение (ландмилицию). В русской армии в процентном соотношении значительно преобладала кавалерия, а флот в большей степени играл вспомогательную роль, нежели являлся самостоятельной военной силой. Тем не менее военные историки сходятся в том, что России удалось создать «современные» вооруженные силы, которые в наступившем столетии не уступали военной мощи других европейских держав. Правление жены и сына Петра I после его смерти продемонстрировало, что петровские реформы сформировали стандарт военного устройства России.

Это поразительное преобразование русского военного устройства, длившееся три века, потребовало значительных усилий со стороны Русского государства и его наследницы — социально, этнически и конфессионально разнородной Российской империи. Отдельные аспекты этой трансформации (например, военные реформы Петра I) и возникающие в связи с ней вопросы более общего характера (в чем была причина Стрелецкого восстания?) горячо обсуждаются историками и военными теоретиками. Для других ответы на эти вопросы имеют важное политическое, патриотическое и культурное значение. Эта книга является синтезом различных интерпретаций и источников, возникшим благодаря оживленному и продолжающемуся до сих пор обмену идеями. В то же самое время надеюсь, что мой труд стимулирует дальнейшее обсуждение этой темы. Некоторые важные моменты, о которых идет речь в этом исследовании, заслуживают того, чтобы проговорить их с самого начала.

Прежде всего, историки уже давно обратили внимание на сходство между военными преобразованиями в Центральной и Западной Европе и Османской империи раннего Нового времени. С середины 1950-х годов обсуждение этого сходства велось в основном вокруг такого понятия, как «военная революция»[1]. М. Робертс высказал предположение, что серия важных изменений произошла в военном деле по большей части между 1550 и 1650 годами, когда широкое распространение получило огнестрельное оружие, а в армии и на флоте важнейшую роль стало играть вооружение пехоты. В первую очередь изменилась тактика: отдельные рыцари и лучники постепенно уступили место обученным людям, вооруженным огнестрельным оружием; поскольку эти солдаты были объединены в отряды под командованием вышестоящих офицеров, изменились и их функции на поле боя. Во-вторых, резко выросла численность таких армий, так как правительства оказались способными мобилизовать все больше

---

[1] Комплекс военных технологических, стратегических, тактических и организационных инноваций, приводящий к появлению новой системы организации военного дела, а вслед за этим к кардинальной перестройке социально-политической и экономической системы общества. Термин введен историком М. Робертсом во вступительной лекции «Военная революция, 1560–1660» в Королевском университете Белфаста в 1955 г. — *Примеч. ред.*

и больше людей и ресурсов. Возникновение больших армий привело к переменам в стратегии и маневрировании, позволившим перемещать большое количество солдат на значительные расстояния, несмотря на сопутствующие расходы и сложности. Наконец — и, это, вероятно, самое главное, — Робертс обратил внимание на то, каким образом политическое и социальное устройство общества влияло на происходившие военные преобразования. Например, общество, где главенствующую политическую роль играли независимое дворянство и аристократия, чьи представители были рыцарями или кавалеристами, могло противиться усилению влияния пехоты, находившейся в подчинении у короля. С другой стороны, государства разрабатывали изощренные административные методы и изыскивали источники финансирования, которые позволяли им круглый год содержать большие обученные армии. Были и другие важные факторы, в частности, воинская дисциплина (будут ли солдаты подчиняться своим офицерам?). После того как Робертс первым сформулировал это понятие, Дж. Паркер и другие ученые расширили и уточнили определение такого явления, как «военная революция». Так, Дж. Блэк и некоторые другие исследователи возражали против концепции революционной трансформации, случившейся в какой-то конкретный период, говоря о последовательности изменений, происходивших на разных ключевых этапах истории. Однако все историки согласны с тем, что к XVIII веку в Европе и Османской империи произошли радикальные перемены в военном устройстве [Робертс 1955; Блэк 1991; Паркер 1996][2].

Очевидно, что и перемены в русском военном устройстве в значительной степени происходили по сценарию, изложенному в предыдущем абзаце. К началу правления Петра I Россия имела в своем распоряжении обученные (в том числе и тактически) пехотные и кавалерийские полки, выполняющий вспомогательную функцию флот и различные административные структуры, благодаря которым все эти войска могли выйти на поле боя.

---

2 Различные точки зрения по этому вопросу, который по-прежнему далек от разрешения, приведены в сборнике под редакцией К. Роджерса [Rogers 1995].

Однако трансформация военного устройства русского государства происходила не совсем так, как в Европе. Россия не участвовала в первом этапе военных преобразований в раннем Новом времени, инициаторами которых выступили испанские Габсбурги; тогда русская армия представляла собой мобильную степную кавалерию. В действительности Русское государство не участвовало в европейско-османском военном взаимодействии, по крайней мере, до второй половины XVI века. Даже после Петра I русское военное устройство сохранило некоторые нетипичные черты: в частности, ландмилицию, занимавшуюся защитой границ, и необычайно высокий процент кавалерии. Одно из объяснений этих особенностей, озвученное некоторыми лидерами Российского государства — в том числе и самим Петром I, — заключалось в том, что отсталая и пребывающая в стагнации Россия пыталась, насколько это было в ее силах, перенять западные (то есть европейские) военные стандарты. Другая же точка зрения, несомненно, возникшая отчасти как реакция на предыдущую версию, апеллирует к «особому пути» России: необычные и зачастую конфликтующие друг с другом военные задачи, стоявшие перед Русским государством в начале Нового времени, привели к тому, что его военное устройство стало уникальным.

В этом исследовании представлена несколько иная точка зрения. Военное преобразование России было в том числе и геополитическим. К XVIII веку главные военные и дипломатические задачи, стоявшие перед Москвой, заключались уже не во взаимодействии со степными соседями и войной на южных границах: русская империя расширила свои границы, и на первый план во внешней политике вышло соперничество с Константинополем и Европой. Разумеется, эта перемена неизбежно привела к сознательному заимствованию и копированию важных элементов военного устройства новых конкурентов. Однако, хотя геополитический фокус России сместился в сторону Запада, ее окружение и некоторые старые враги никуда не делись. Не только Русское государство, но и Габсбурги, турки, войска Речи Посполитой и шведы часто вынуждены были сражаться на окраинах территории, которую мы сейчас называем Восточной Европой. Речь идет об огромных пространствах со сравнительно малой плотностью населения: от открытой, поросшей травой степи на юге до Пинских болот на севере. В доиндустриальном мире участие в боевых действиях на таких территориях предъявляло особые требования к организации армии и ее снабжению — совершенно иные, чем, например, для ведения войны в Западной Европе. Оборонительные сооружения и преобладающая кавалерия были в таких условиях необходимыми средствами, которые применялись не только Россией, но и другими странами, воевавшими на этих территориях. Поскольку такое военное устройство было типичным для всего восточноевропейского приграничья, можно говорить о том, что здесь идет речь о другой ветви военной эволюции, и в данном случае не очень уместно рассуждать об этом в терминах отсталости или модернизации. В случае России (и других стран) эта «военная революция в [северо-]восточной Европе» зависела от политических, административных и социальных факторов [Frost 2000: 310].

Перемены в военном устройстве связаны не только с чисто военными или технологическими факторами. Еще одна важная особенность этой книги состоит в том, что в ней делается акцент на военных преобразованиях в широком смысле этого понятия, а не только на изменениях в военной организации как таковой. В книге описывается, как политическое устройство, интересы элиты, геополитика, экономика и социальная структура русского общества повлияли на военные преобразования, произошедшие в России в раннем Новом времени. Вот несколько примеров.

Для понимания процессов, лежащих в основе военного преобразования Русского государства, крайне важно учитывать политические изменения, происходившие в России. В раннем Новом времени европейская часть России была очень малонаселенной, ее сельская экономика была самодостаточной, но никак не процветающей. По этой причине военное устройство Русского государства зависело от того, насколько эффективно правительство сумеет мобилизовать и использовать свои скудные и разбросанные по большой территории ресурсы. Решение этой проблемы потребовало от политических и административных институтов России принятия ряда мер, среди которых историки особо выделяют распространение поместной системы. В результате в начале 1500-х годов в награду за верную службу в царской армии представители элиты стали получать от великого князя в личное владение казенные земли. Благодаря этому в первой части XVI столетия Русскому государству удалось переманить людей из частных армий и укрепить собственную политическую и военную мощь. С течением времени эта военная служба приобрела постоянный характер, и в распоряжении московского царя оказалась огромная армия, на создание которой было потрачено минимум средств из казны.

Для русской элиты важнейшими — и тесно связанными между собой — индикаторами социального статуса были занимаемая военная должность и положение при дворе. Однако в начале XVII века возникла необходимость в замене войска старого образца, в которое входила дворянская конница XVI века, массовой армией, состоящей из пехотных и кавалерийских полков. Достижение этой цели требовало очень аккуратной и постепенной перестройки системы социально-политических ценностей элиты. Помимо всего прочего, требовалась правовая кодификация крепостничества.

Наконец, экономические и административные вопросы военных преобразований — как проводить рекрутский набор, выплачивать жалованье и содержать армию — тоже следует рассматривать в контексте развития органов государственной власти и перемен в русском обществе. Для того чтобы понять все сложности, связанные с реформированием военного устройства России в раннем Новом времени, крайне важно иметь представление обо всей картине в целом.

Еще одним предметом этого исследования является природа русских военных инноваций. Хотя Московское княжество и наследовавшие ей Русское государство и Российская империя, безусловно, проводили экспансионистскую политику, нельзя сказать, что она носила постоянный или единообразный характер. Однако, как и большинство других народов, русские, выходя на поле боя, как правило, хотели победить. Для этого их правителям приходилось постоянно решать новые военные задачи и зачастую прибегать к инновациям. По мере того как империя увеличивалась в размерах и ее войска сталкивались с различными соперниками, использующими неизвестные ранее способы военного устройства, русские заимствовали или адаптировали формы организации армии своих врагов. Насколько можно судить по документальным источникам, русские использовали иноземные военные практики, внедряя их чрезвычайно практичным опытным путем. Заимствование военных инноваций у успешного противника было обычным явлением (и остается таковым до сих пор). В раннем Новом времени турки, французы и венецианцы постоянно перенимали друг у друга те или иные методы организации армии и флота или ведения боя, зачастую после того, как эти новшества были успешно применены в битве против них самих. Точно так же и Московское княжество в XIV веке опиралось на конное войско, скопировав его устройство у своих степных соседей, а Петр I в начале XVIII века осознанно взял за образец организационные принципы шведской армии.

Хотя все это представляется очевидным и не вызывает удивления, следует тем не менее добавить к вышесказанному еще несколько слов, чтобы окончательно прояснить некоторые моменты. Прежде всего, говоря об экспериментальном использовании военных нововведений на практике, имеют в виду, что теории «искусства войны» и связанных с этим дискуссий практически не было. В какой-то степени это утверждение справедливо в отношении всего описываемого исторического периода, а не только ситуации в России. Например, в Нидерландах, где существовала печатная литература о военной теории и организации армии, военные инновации возникали как благодаря этим письменным руководствам, так и в неменьшей степени на основании практического опыта, полученного на поле боя [Parker 1988: 21–22]. Однако Русское государство совершенно не участвовало в каком-либо обсуждении (в печатных изданиях) военной теории и принципов военного устройства вплоть до правления Петра I и его наследников. Поэтому военные преобразования в России были следствием использования информации и опыта, полученных в ходе прямых контактов — от наемников, на поле боя или путем дипломатии. Хотя получению такой информации способствовала (или препятствовала) идеологическая, религиозная или политическая близость России с той или иной страной, все эти факторы не играли решающей роли. Опыт — вот что было главным. Поэтому, когда Россия заимствовала такие нововведения, она, как правило, не воспроизводила «степное» или «европейское» военное устройство. Скорее, перенимались конкретные вещи, взятые на вооружение теми или иными армиями — в основном непосредственными противниками России — шведами или поляками. Как было сказано выше, адаптация этих новшеств зачастую требовала взаимодействия с внутренними политическими и общественными институтами. В качестве промежуточного результата военные преобразования в России приобрели некоторые региональные черты восточноевропейских армий.

Поскольку Россия участвовала в военных конфликтах не только с однотипными европейскими армиями, то некоторые особенности русского военного устройства, в том числе и заимствованные у соседей, пришли не с Запада. Из-за того, что историки гораздо больше пишут о том, какое влияние на военные реформы в России оказала Европа, в тени остается роль, сыгранная в формировании военного и социального устройства Русского государства его южными соседями. И речь здесь идет не только об обладающей огромной административной и военной мощью Османской империи, действующей через своего союзника — Крымское ханство, но и о степных кочевниках, чьи постоянные набеги веками были угрозой для Русского государства и наследовавшей ему Российской империи. Природа этого военного (и социополитического) влияния южных соседей на Россию изучена гораздо хуже, хотя нет сомнений, что это воздействие было существенным и разносторонним. Так, например, засечные черты на южных рубежах России были новым словом в использовании оборонительных ресурсов, а в приграничных областях возникало аномальное социальное пространство, благодаря которому Русскому государству проще дался переход к регулярной армии.

Не стоит, однако, представлять это таким образом, будто бы Россия вела войны двух разных типов — одну на юге, другую на западе. В самые успешные периоды существования Русского государства (и Российской империи) военные инновации, за которыми стояли определенные социальные и политические институты, распространялись на всю русскую армию целиком. Пищали использовались как при «стоянии на Угре», так и при присоединении Пскова. Стремительные конные набеги и гуляй-город составляли основу ведения боевых действий как на востоке, так и против Великого княжества Литовского. Отряды засечной стражи, защищавшие южные границы империи, к 1720-м годам могли как нанести ответный кавалерийский удар, так и выступить в поход на запад. Короче говоря, военные и технологические инновации, появлявшиеся в русской армии, позволяли ей действовать скоординированно и единообразно в боевых противостояниях с любыми противниками.

Таким образом, военные преобразования, происходившие в России в раннем Новом времени, представляли собой синтез русского военного устройства, в основе которого лежали свои специфические задачи и механизмы, с европейскими технологиями и инновациями, возникшими в Западной Евразии, где были существенно иные условия. К середине XVIII века эта «гремучая смесь» стала представлять собой очень мощную военную силу.

Работая над книгой, автор становится «должником», обращаясь за интеллектуальной и иной помощью. Выражаю огромную благодарность многим людям за содействие и советы, без которых эта книга никогда не была бы написана. Любое историческое исследование основано на работах предшественников и современников автора, не все из которых оказываются упомянуты в библиографии. Я хочу поблагодарить Брайана Дэвиса, Пола Бушковича, Джанет Мартин, Роберта Фроста, Виктора Остапчука, Маршалла По, Евгения Анисимова, Линдси Хьюз, Александра

Каменского, Чарльза Гальперина, Элизу Киммерлинг-Виршафтер, Бена Баркера-Бенфилда и многих других людей, особенно в библиотеках и архивах, за ценные замечания и прекрасные беседы, полезные предложения и внимательное чтение частей рукописи. Я также крайне благодарна всем тем, кто принял участие в обсуждении моих сделанных на конференциях докладов, материалы из которых вошли в эту книгу: «Muscovy, identity and cultural diversity» (Калифорнийский университет, Лос-Анджелес, 1993; и на русском языке (М.: ИТЗ-Гарант, 1997)); «Peter the Great» (Гарньяно, Италия, 1997); «The Russian army and society» (Кембридж, Массачусетс, 2000); «Modernizing Muscovy» (Кембридж, Массачусетс, 2001); «Writing military history» (Гамильтон, Нью-Йорк, 2002) и «Lives of old Muscovy» (Кембридж, Массачусетс, 2003). Университет Колгейт предоставлял мне отпуска, оказывал поддержку и оплачивал дорожные расходы. Американский Совет по международным исследованиям и научным обменам (АЙРЕКС) выделил мне финансирование, что позволило закончить работу над периодом перехода власти к Петру I. Друзья и семья дарили мне свое время и поддерживали морально. Большое спасибо им всем.

Есть еще несколько человек, которых я должна поблагодарить отдельно. Эндрю Макленнан, до недавнего времени работавший в издательстве «Longman Publishing», утвердил первое английское издание, когда я только начала писать книгу, и поддержал меня в этой работе. Покойный профессор Хэмиш Скотт член Британской академии (на тот момент сотрудник Сент-Эндрюсского университета и впоследствии сотрудник Колледжа Иисуса в Оксфордском университете), предложил мне саму идею написания этой книги и с самого начала был ее образцовым редактором. Я высоко ценю терпение, проявленное им в период долгого «созревания» книги, внимательность, с которой он редактировал мой текст и предлагал правки с целью сделать его лучше, а также поддержку и заботу, которые он оказывал мне в ходе работы над этим проектом. И в завершение хочу поблагодарить моего мужа, Филипа Юнинского, роль которого в создании этой книги колоссальна.

Ответственность за все допущенные в книге ошибки лежит только на мне.

Часть I

1450–1598

Глава первая
Возвышение Московского княжества, ок. 1450 года

Предпосылки

В первой половине XV столетия Московское княжество все еще было относительно небольшим государством по сравнению с некоторыми евразийскими соседями. Его территория, по форме напоминавшая большой, обращенный в сторону запада полумесяц, граничила с землями Ростовского, Тверского и Ярославского княжеств, но к тому моменту еще их не поглотила. В самой широкой части, на юге, расстояние между западной и восточной границами Московского княжества составляло примерно 800 км. Если говорить о протяженности с севера на юг, то в восточной части она, возможно, была чуть большей. Все эти земли на северо-востоке Европейской части России относились к районам с суровыми климатическими условиями, и это сыграло важную роль в формировании и развитии Русского государства в раннее Новое время (XV–XVIII века). На севере русских земель располагались огромные холодные пространства, покрытые вечнозелеными лесами (тайгой), в которых охота на пушного зверя и прочий лесной промысел были более надежными источниками дохода, чем одно лишь земледелие. Далее к югу бóльшая часть крупных городов и населения находились в зоне смешанных лесов. Здесь, несмотря на северный климат и короткий вегетационный период, можно было заниматься земледелием, а в одном месте — рядом с Владимиром — условия для этого были превосходными. Леса также служили защитным барьером, отделявшим эти территории от открытой степи, на чьи богатые земли, торговые пути и кочевые племена, совершавшие набеги, московские правители взирали одновременно и с интересом, и с опаской.

В первой половине XV века в Московском княжестве проживало мало людей, и плотность населения была очень низкой. Даже в южных землях она, по всей видимости, была менее 7 человек на квадратный километр [Gohrke 1978: 74]. Крестьяне жили в изолированных деревнях, выращивая рожь и овес, занимаясь лесным промыслом и скотоводством. Небольшие и отдаленные деревни просто-напросто перемещались на новые места, когда на прежних землях заканчивались природные ресурсы и истощалась почва. В деревнях, расположенных ближе к столице Московского княжества, рост и некоторое увеличение плотности населения приводили к тому, что эти места обитания становились более постоянными и их жители использовали иные методы ведения сельского хозяйства. Помимо лесного промысла и земледелия население Московского княжества занималось торговлей — по преимуществу (но не только) пушниной, солью, кустарными изделиями и лесом; торговые пути вели через открытую степь на юг в Крым и Юго-Западную Европу. В начале XV века на этих землях правили те, кто собирал налоги с плодов всей этой экономической деятельности: православные монастыри и знатные землевладельцы, взимавшие подати с крестьян (которые могли перейти к другому хозяину, если аппетиты предыдущего владельца были слишком большими); доходы с ярмарок и дорожные пошлины шли на содержание городов и княжеств. Центральное место в этой идеологической и политической системе принадлежало московскому князю: верховному правителю, который поглотил соседние княжества и добился того, что их жители присягнули ему на верность.

В ту эпоху территории на северо-западе Евразии обладали очень скудными экономическими, бюрократическими и демографическими ресурсами. Соответственно, и военная мощь обеспечивалась не конкурентным преимуществом в области стратегии и технологий. Ключевую роль здесь играла способность князя утвердить свою политическую власть, несмотря на все географические и институциональные ограничения; хотя это было самой важной задачей правителя, добиться этого было совсем непросто. В частности, для этого требовались социальная стабильность и поддержка со стороны лояльной князю политической элиты.

Незадолго до 1450 года в фундаментальном экономическом и политическом устройстве Московского княжества произошли две кардинальные перемены. Во-первых, там, как и во всем остальном мире, случилась демографическая катастрофа, связанная с «Черной смертью». В 1350-е годы и во время повторных вспышек, продолжавшихся вплоть до 1400-х годов, чума опустошила земли Московского княжества и его соседей. Здесь особенно важно отметить тот факт, что в результате эпидемии сильно пострадала Золотая Орда — образовавшееся в западной части Монгольской империи и властвовавшее над степными торговыми путями государство, которому Московское княжество платило дань. Демографическая катастрофа в совокупности с междоусобицами и экономическим кризисом привели к распаду Золотой Орды. В начале XV века Золотая Орда раскололась на три или четыре ханства и потеряла контроль над торговыми путями, лежавшими через степь. Во-вторых, в 1430–1450-х годах в Московском княжестве случилась междоусобная война. С 1380 года до начала этих событий Московское княжество переживало период турбулентной, но на удивление стремительной экспансии. Оно утвердилось в качестве политического наследника Великого княжества Владимирского, укрепило свои позиции благодаря альянсу с Восточной православной церковью, обладавшей духовной и политической властью, разбогатело и разрослось, присоединив соседние княжества. Однако междоусобная война создала политический хаос: разрушились клановые и династические связи, и на московские земли стали посягать соседи. Победивший в междоусобной войне Василий II начал заново укреплять политический авторитет Московского государства.

Восшествие на престол в 1462 году Ивана III стало поворотным моментом в развитии военного и политического устройства Русского государства. Москва оказалась в очень непростой вне-

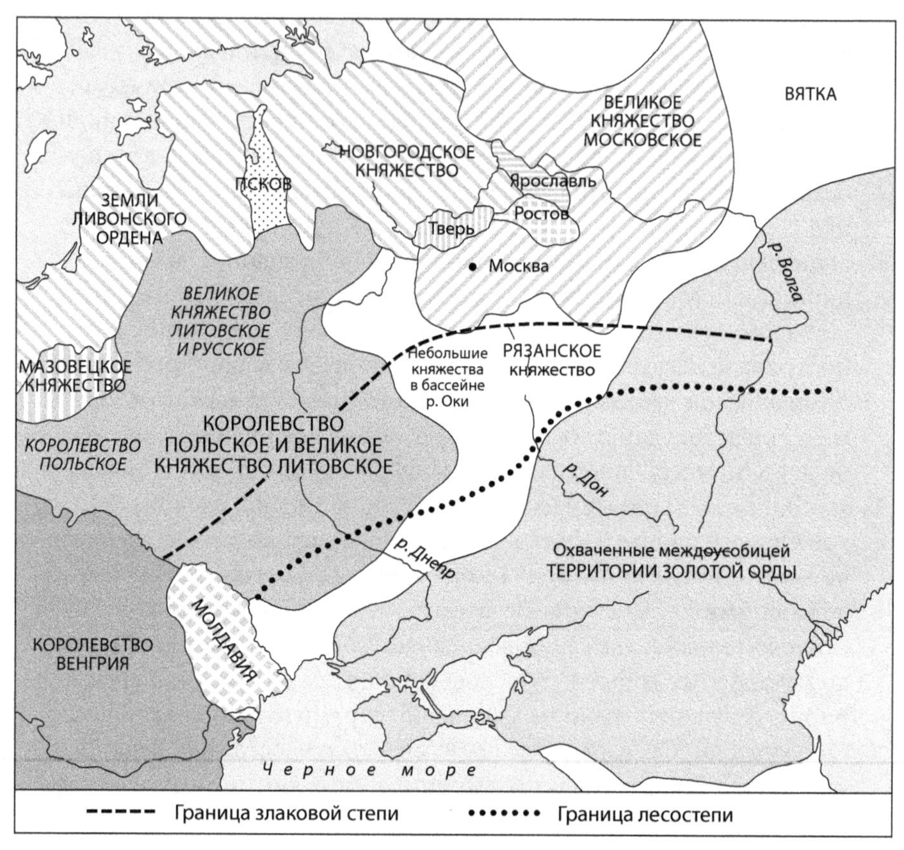

Карта 1. Западная Евразия (ок. 1400) (взята с сайта https://euratlas.com)

шнеполитической ситуации. Неопределенность, возникшая после падения ордынского ига, была сколь соблазнительной, столь же и пугающей. Со стороны степи Московскому княжеству угрожали несколько потенциальных наследников Золотой Орды. К югу и востоку от Москвы соперничали друг с другом три хана, каждый из которых был потомком Чингисхана. Старший хан возглавил Большую Орду, чьи территории находились возле устья Волги, к северу от будущего Астраханского ханства. Другой представитель династии Чингизидов правил Крымским ханством, занимавшим степи к югу от Московского княжества. Третьим соседом было Казанское ханство, раскинувшееся вдоль Северной Волги восточнее Москвы. Юго-восточнее этих ханств находилась Ногайская Орда: кочевники-ногайцы не претендовали на то, чтобы считаться наследниками Монгольской империи, но часто становились важнейшими союзниками тех ханов, которые обладали такими притязаниями. Позиция Московского княжества в отношении этих трех ханств была неоднозначной. С одной стороны, восстановление былой всесокрушающей мощи Золотой Орды под эгидой Большой Орды было не в интересах московского князя. Однако с другой стороны, московская торговля зависела от безопасности ведущих на юг торговых путей, которые при наследниках Золотой Орды и нынешних соперниках Московского княжества уже не так хорошо охранялись новыми хозяевами степи. С 1450 по 1520 год политика Москвы в отношении ханств в большей степени определялась подобными геополитическими соображениями, а не религиозными и культурными разногласиями[1]. Поэтому русские правители часто действовали заодно с крымскими и казанскими ханами, борясь с угрозой возрождения Золотой Орды.

К западу от московских земель после распада Монгольской империи набирало силу Великое княжество Литовское, находившееся с 1385 года в личной унии с Королевством Польским под властью династии Ягеллонов. В годы правления Витовта (умер в 1430 году) Литва захватила территории в 240 км от Москвы,

---

[1] Подробнее об этом см. [Martin 1983: 435–453].

увеличив число своих православных подданных. Обладая большим православным населением, Литва неоднократно пыталась оспорить главенствующую роль Москвы в иерархии Восточной православной церкви. Поскольку Польша и Литва простирались на юг вплоть до Черного моря, эта двуединая монархия также контролировала территории на западе степи, где находился ключевой участок торгового пути из Москвы на юго-запад. Короче говоря, Великое княжество Литовское было не менее сильным претендентом на то, чтобы считаться главной силой в степи, чем Золотая Орда, расколовшаяся на сравнительно небольшие ханства. В начале XV века Литва представлялась даже более мощным государством, чем в 1450 году. Однако к середине XV века перебои в торговле на Балтике и политические смуты, последовавшие за смертью Витовта, несколько подорвали ее влияние.

Придя в себя после междоусобной войны, Московское княжество оказалось единственным русским государством на севере, могущим претендовать на контроль за степью[2]. К началу 1400-х годов в Великое княжество Московское входила уже не только собственно Москва с окрестностями, но также Владимир и другие земли. В середине XV века на севере, помимо Московского, все еще существовали и другие независимые княжества, некоторые из которых обладали большей самостоятельностью по отношению к остальным: Ростов, Ярославль, Тверь и Рязань; кроме того, не подчинялись московскому князю и два процветающих торговых города — Псков и Новгород. Несмотря на внушительные размеры территории, в особенности Новгорода, никто из них в военном плане не мог соперничать с Москвой. Не имея возможности конкурировать с Московским княжеством за наследие Золотой Орды, все эти северо-восточные русские государства пытались защитить себя от московской экспансии. Близость крупного Великого княжества Литовского побуждала их обращаться за помощью и поддержкой к правителям Литвы. В связи

---

2 Доказательством тому служат титулы Ивана III и его наследников. См. [Ostrowski 2002: 180–182].

с этим взаимоотношения между этими православными русскими соседями часто были весьма напряженными, хотя эти конфликты не были напрямую связаны с вопросом о будущем степи.

Таким образом, к 1460 году Московское княжество оказалось региональной силой, естественным образом участвующей в перераспределении власти после распада Золотой Орды. Его соседи, как степные мусульманские ханства, так и восточноевропейские государства-соперники, тоже были участниками этой международной игры. Почти все они оказались втянутыми в московскую усобицу времен правления Василия II. Действия Ивана III, возобновившего агрессивную экспансионистскую политику, привели к новым осложнениям в отношениях с соседями.

Новый политический консенсус

Способность Москвы успешно лавировать в этой непростой международной обстановке в очень большой степени зависела от решения двух тесно связанных между собой задач, касавшихся внутреннего устройства княжества. Первая заключалась в перестройке его политической системы; вторая, напрямую зависевшая от первой, состояла в военном преобразовании Московского государства. После междоусобной войны и последовавшего за ней восстановления порядка ни политическое, ни военное устройство Москвы не имели определенной институциональной формы. Политическая власть была патримониальной и не регулировалась законом. Все определялось личными связями при московском дворе, где правил великий князь при участии глав самых влиятельных семей. К 1460-м годам в число этих влиятельных фигур, находившихся при князе, входили бояре из 15 знатных московских родов, а также союзники, служилые князья и члены правящей семьи — а именно, четыре младших брата Ивана III. Кроме того, при дворе находились представители еще двух менее влиятельных, но более многочисленных сословий служилых людей — дворяне и дети боярские, которые состояли на службе либо непосредственно у великого князя, либо у одной из вышеперечисленных знатных фигур[3]. Эти люди служили великому князю Московскому при дворе и на поле боя по самым разным причинам. Некоторые князья были покорены московским войском, других, несомненно, одновременно пугала и привлекала растущая мощь Москвы. Менее благородные, но тем не менее богатые и влиятельные семьи прибывали к московскому двору, стремясь заполучить часть той военной и политической власти, которой обладал великий князь, а также в надежде на осязаемые материальные блага в виде земли, людей и товаров. Таким образом, верная служба Москве сулила щедрую награду. Тот, кому удавалось в условиях жесткой конкуренции отвоевать себе место при московском дворе, мог рассчитывать на более высокое положение и большее богатство, чем в других соседних княжествах. Для великого князя Московского сохранение стабильности и существующего политического устройства было необходимым условием проведения успешной внешней и военной политики.

Бояре играли в этой системе ключевую роль: они представляли могущественные роды, которые обладали обширными связями и содержали у себя на службе челядинцев и холопов. К середине XV века сформировался определенный круг боярских семей. Эти семьи получали основной доход с приобретенных или полученных в награду земель, находившихся в Московском княжестве или рядом с ним. Приобретение новых земель позволяло роду оказывать большую поддержку членам семьи и людям, состоящим у него на службе. Хотя эти влиятельные группировки все время сражались друг с другом за влияние при дворе великого князя Московского, после междоусобной войны боярские семьи вынужденно умерили свои разногласия ради укрепления власти верховного правителя. Рознь и соперничество при дворе приводили только к хаосу, угрожая уничтожить тот источник богатства и власти, завладеть которым мечтал каждый из родов. Правящая династия, в свою очередь, прислушивалась к советам глав знат-

---

[3] Н. Коллманн подробно описывает то, как была устроена и существовала русская знать в XIV–XV веках [Kollmann 1987: 36–41].

нейших семейств и принимала решения, опираясь на их поддержку [Kollmann 1999: 176; Коллманн 2001].

Прежде всего, бояре представляли собой военную элиту. Воинская доблесть обеспечивала им высокое положение внутри рода и при московском дворе. Получив высокий чин, они прибывали ко двору и становились политическими советниками великого князя. В то же самое время они продолжали нести военную службу, ведя в бой свою свиту и командуя войсками своего сюзерена [Kleimola 1985: 232–258; Чернов 1998: 310]. Боярская свита, состоявшая из вольных людей и рабов (родичей, челядинцев и боевых холопов), к 1460-х годам уже стала терять былую мощь и значение [Hellie 1972: 26; Павлов-Сильванский 1898: 97]. Теперь продвижение боярина по службе определялось повышением его положения при дворе и связанной с этим более высокой должностью в войске великого князя. Также московский государь мог вознаграждать бояр и других служилых людей, отдавая им земли «в кормление», то есть обязывая местное население содержать («кормить») этих временных правителей (наместников) в течение всего периода их службы.

В отличие от бояр, большинство служилых князей лишь недавно появились при московском дворе. Будучи ранее членами правящих династий и независимыми правителями, эти князья оказались втянутыми в сферу притяжения Москвы либо из-за того, что их земли были захвачены, либо из страха перед растущей мощью Московского княжества, либо потому, что были разорены войной. Других привлекала возможность возвыситься: хотя верная служба московскому князю означала утрату независимости, взамен можно было получить богатство и власть, добиться которых было реально только в Москве [Чернов 1954: 23]. Служилые князья обладали разными правами и привилегиями. Некоторые из них состояли при московском дворе, но фактически продолжали править своими бывшими подданными; другие не покидали своих земель. Кто-то был в большей степени союзником, чем вассалом, кто-то держал себя вызывающе и более ревностно относился к собственному положению, чем другие. Место этих князей при московском дворе в каждом *конкретном* случае зависело от *конкретных* обстоятельств, хотя в целом их княжеская кровь и недавняя независимость давали им, на их взгляд, право на более высокое положение и особый статус по сравнению с боярами.

Члены великокняжеской семьи, такие как четверо младших братьев Ивана III, занимали особое место в московской политической системе. До Василия II (годы правления 1425–1462) московский престол в течение нескольких поколений наследовался от отца к старшему сыну, по вертикали. Это отличало Москву от прочих русских княжеств, где престолонаследие обычно происходило по лествичному праву, то есть от брата к брату, по горизонтали. Изначально такая необычная ситуация в Москве возникла благодаря случаю — после смерти одного из великих князей не осталось наследников-братьев или дядьев. Однако у отца Ивана III Василия II были живые дядья, и в 1430 году они оспорили его право на московский престол. Победив в последовавшей династической войне, Василий назначил сына Ивана своим соправителем за 15 лет до собственной смерти, чтобы упрочить его права как наследника трона. Исполняя завещание Василия II, его вдова и четверо младших сыновей в 1462 году присягнули на верность Ивану как московскому князю. Однако при этом Василий оставил в наследство каждому из своих сыновей по уделу. Удел представлял собой значительную территорию в границах Московского княжества, которая передавалась мужским представителям великокняжеской семьи, чтобы те располагали подобающими их положению политическими, экономическими и военными ресурсами. Удел был неотчуждаемым владением, которое возвращалось великому князю в том случае, если семья удельного князя прекращала существовать. Однако вплоть до того момента вдова и сыновья удельного князя были практически независимыми правителями в своих землях. Как и в случае с боярами, хаос, пережитый в годы междоусобицы, а также воля, выраженная Василием II, побудили братьев Ивана III поддерживать его в вопросах войны и внешней политики. Между ними и Иваном с его двором существовало взаимопонимание, суть которого была в том, что влияние братьев на процессы принятия решений, их положение при дворе и границы собственной независимости будут зависеть от успешности проводимого великим князем курса [Howes 1967: 137–142].

Увеличение количества знати при московском дворе после междоусобной войны имело еще одно важное вторичное последствие. Двор великого князя Московского стал пристанищем не только бояр и служилых князей; та местная знать со своими собственными приближенными, которая ранее состояла при дворе своего прежнего князя, волей-неволей последовала за своими предводителями в Москву. Некоторые присягнули на верность великому князю Московскому вынужденно в результате соглашения, заключенного с их побежденным правителем; другие добровольно перешли на службу к Ивану в надежде на высокие награды; третьи проводили бо́льшую часть времени при прежних хозяевах. Однако в результате всего этого двор Ивана III трещал по швам не только от московской знати, но и от бояр, дворян и детей боярских из других княжеств. Все эти люди неопределенного подданства вместе с равными им по положению местными жителями, наводнили двор московского государя.

С 1462 года Иван III был не имеющим соперников правителем Московского княжества, однако его двор представлял собой непредсказуемую и трудноуправляемую смесь различных элит: бояр, вассалов, союзников, служилых князей и родных братьев. Взаимные ожидания Ивана и его двора друг от друга имели очень личный и зачастую своеобразный характер и основывались на исторически сложившихся отношениях и индивидуальных заслугах, текущей ситуации, традиции, местной специфике и некоторых обоюдных обязательствах, а также на подобающем уважении к власти московского князя. После разрушительной междоусобной войны эти люди в целом готовы были поддерживать своего государя и действовать заодно. Нередко эта преданность подкреплялась обеднением, поражением в войне или страхом. Тем не менее в 1460-е годы, когда число людей при дворе Ивана существенно увеличилось, возникла необходимость в какой-то опоре для этих новых связей. Ни великий князь, ни знать не могли более взаимодействовать, руководствуясь прежними обычаями, принципами службы и сложившимися привязанностями. Для того чтобы Московское княжество могло продолжать свою военную и политическую экспансию, необходимо было преобразовать политическое устройство и стабилизировать положение дел при дворе.

Вооруженные силы Московского княжества

В начале XV века московская армия представляла собой трудноуправляемое сборище независимых вооруженных отрядов. Главную роль в ней играло постоянно увеличивающееся личное войско великого князя, состоявшее из бояр, придворных и провинциальных служилых людей. Однако бояре, призванные для выполнения своих обязанностей, прибывали в сопровождении собственной вооруженной свиты, которая была преданной прежде всего своему командиру. Члены правящей московской династии и служилые князья тоже приводили с собой личные армии — бояр, придворных и провинциальных служилых людей из своих уделов. Кроме того, всегда существовала вероятность того, что такой призыв к оружию останется без ответа. Далее эти независимые отряды получали каждый свое задание, которое и выполняли в течение всего срока военной кампании. Относительная важность этого задания и место, занимаемое отрядом на поле боя, напрямую зависели от положения его командира при дворе великого князя. Вместе с тем проявленная на поле боя доблесть могла обеспечить тому или иному командиру более высокое положение при дворе после возвращения из похода. Таким образом, взаимосвязь между военными навыками и местом в политической иерархии становилась только крепче.

К середине XV века в устройстве московского войска не произошло каких-либо существенных изменений. Оно не обладало какими-либо новыми технологическими или организационными преимуществами относительно своих непосредственных конкурентов; в то время технологические инновации были сравнительно редки. Насколько известно, в 1460 году московская армия мало отличалась от своих предшественников, если не считать того, что количество людей, находившихся в распоряжении московского князя, его бояр, союзников, вассалов и подчинявшихся ему удельных князей, увеличилось вместе с ростом его двора. Однако до тех пор, пока не были созданы и внедрены принципы и навыки несения военной службы, для организации этого разнородного войска под командованием бояр и других претендентов на политическую власть при московском дворе правителю приходилось прибегать к сложной дипломатии.

В ту эпоху и в этом регионе вооруженные силы состояли в основном из конных лучников, снаряженных по монгольскому образцу: стеганые куртки или иногда легкие кольчуги, мечи или сабли и, безусловно, могучие составные луки. Эта амуниция вместе с конем, которого каждый воин приводил с собой, стоила сравнительно недорого, но все это позволяло организовать очень мобильное войско, одинаково эффективное как в степи, так и против оседлого населения. Обучение военному искусству требовало прилежания и ежедневных тренировок. В результате конница состояла по большей части из людей относительно высокого положения, окруженных родственниками, челядью и боевыми холопами. Конные силы использовались в мелких набегах, пограничных стычках и более крупных военных кампаниях.

В походе московское войско имело более-менее упорядоченный вид. Конница обычно была разделена на так называемые полки, которые затем разбивались на сотни, полусотни и десятки, у каждого из которых был свой командир. Бóльшая часть двора великого князя, состоявшая из бояр, служилых князей, союзников и дворян более низкого происхождения, числилась в центральном или большом полку. Это было самое элитное подразделение московского войска, кроме тех случаев, когда великий князь сам принимал участие в бою во главе своего государева полка. Когда на поле боя выходила сравнительно небольшая рать, она состояла из трех полков: большого, передового и сторожевого — так называемого «малого разряда»[4]. Судя по описаниям XVI века,

---

[4] Примерно так же было устроено степное войско до монгольского нашествия [Rorex, Fong 1974].

большой полк обычно принимал на себя главный удар неприятеля, в то время как полк правой руки и полк левой руки пытались быстро совершить окружные маневры. Более крупное войско помимо трех полков «малого разряда» включало в себя полк правой руки и полк левой руки, совместно составляющих «большой разряд».

В таких разрядах московские дворяне объединялись с конными дворянами, которые состояли на службе у великого князя, но не были у него при дворе, а также с отрядами и свитами родственников, вассалов и союзников московского государя. Ценным и надежным союзником Москвы мог быть и находящийся у нее на службе татарский военачальник, такой как Касим-хан, в чьем распоряжении была собственная превосходная конница. Также в походе основное войско могло сопровождать и ополчение; правда, неизвестно, были ли у него какие-то особые военные обязанности. Кроме того, поскольку каждый конник обязан был сам обеспечивать себя всем необходимым, войсковой обоз представлял собой скопление принадлежащих отдельным дворянам телег, где слуги и челядинцы охраняли припасы своего хозяина — все это вносило хаос и сумятицу в организацию этой в целом очень мобильной армии.

До середины XV века порох, огнестрельное оружие и тактика ведения боя с его использованием не играли важной роли ни для московского войска, ни, если брать шире, для тех военных действий, в которых оно участвовало. Дело было не только в неведении: в Московском государстве знали о порохе и о том, как его применять. Еще сто с лишним лет назад русские стреляли из небольшой пушки по монгольскому войску, и сами монголы тоже обладали огнестрельным оружием. В начале XV века пушки — вероятно, привезенные из Европы — встречались во всех русских землях. Недавняя междоусобица и враждебные отношения между Московским княжеством и соседним Великим княжеством Литовским, вероятно, замедлили процесс получения информации о последних инновациях в сфере использования огнестрельного оружия. В середине XV века пушки в московских землях были по большей части непередвижными и в основном использовались для защиты крепостных стен. Поскольку артиллерийские орудия были ненадежны и с трудом поддавались транспортировке, их редко задействовали даже при осаде или штурме крепостей. Более того, из-за особенностей евразийского ландшафта, малой плотности населения и специфических методов ведения войны на этой территории захват крепостей в середине XV века не являлся главной военной задачей. Другие виды огнестрельного оружия, в частности ручное, получили распространение уже позже. При Иване III в московском войске стали изредка использовать заряжаемые с дула ружья с фитильным замком. В Московском княжестве, так же как и их противники-татары, считали, что огнестрельное оружие того времени ни стратегически, ни тактически не подходит для вооружения войска, в котором главную ударную силу составляла мобильная конница [Чернов 1954: 28, 33–35, 38, 40; Hellie 1972: 152–153[5]].

В 1450-х годах московское войско было не очень большим, несмотря на то что число людей, которых великий князь мог призвать под свои знамена, все время росло. Крупные силы, о которых говорится в некоторых источниках, по всей видимости, никогда не существовали. Представляется вероятным, что из-за трудностей в управлении войсками, логистики и прочих ограничений, связанных с организацией, размер этого войска составлял около 35 тыс. человек, не считая вспомогательных сил и обоза [Davies 1999: 148]. Вероятно, в Московском княжестве наличие большого числа готовых сражаться людей давало возможность чаще устраивать военные походы, а не собирать более крупную армию для какой-то конкретной кампании.

Великий князь с осторожностью относился к присоединению новых отрядов из недавно присоединенных земель в состав своего войска. Так, например, в 1462 году он отдал приказ о проведении приграничных набегов на севере и северо-востоке русских территорий. Этой операцией руководил боярин, много лет служивший Москве, однако бо́льшая часть конницы была родом из княжеств, граничащих с Казанским ханством, — Устюжского,

---

5 Цит. по: [Кирпичников 1957: 62–65].

Вологодского и Галицкого, — чья преданность московскому государю имела не такой давний характер. Позднее тем же самым людям было приказано защищать московские (и их собственные) земли, когда татары нанесли ответный удар. Некоторые из них участвовали потом в более крупных военных кампаниях против Казани. Сбор таких отрядов осуществлялся либо московским наместником, либо их же собственным князем, присягнувшим на верность Москве. У жителей северо-восточных земель были веские причины вставать под московские знамена. Враг, против которого они сражались, был и их врагом тоже, и в случае победы добыча тоже доставалась им. Однажды Москва даже предложила им еду, обмундирование и стрелы в обмен на защиту границы в течение зимы [Alef 1973: 77][6]. Однако в некоторых других землях на сотрудничество с Москвой шли с куда меньшей охотой. Вятка и Пермь были полунезависимыми территориями, зажатыми между Московским княжеством и Казанским ханством, и их правители отказывались действовать заодно с Москвой из страха перед ответным нападением татар после ухода московского войска. Как демонстрируют эти примеры, к середине XV века власть московского князя и его способность призвать под своим знамена войска из окрестных земель выросли, однако этот механизм еще не был отлажен до конца.

Москва использовала каждую возможность для того, чтобы теснее привязать к себе тех князей, которые либо поступили к ней на службу совсем недавно, либо имели особо высокое происхождение. Военные обязательства, существовавшие между великим князем и его союзниками и вассалами, далеко не всегда были закреплены договором. Нередко случалось так, что некоторые из них не прибывали на сбор войска, несмотря на то что приказ об этом исходил от их сюзерена, или даже уходили вместе со своими людьми посреди военной кампании. Таким образом, для того чтобы собрать вокруг себя всех своих союзников и вассалов, московскому князю все еще приходилось прибегать к сложной дипломатии. Брату Ивана, Юрию, сначала

---

[6] Цит. по: [Сербина 1950: 88].

было поручено руководить от имени московского князя обороной земель, находившихся рядом с его собственным уделом, а затем уже он командовал объединенной русской конницей в военных походах. Члены великокняжеского семейства Ярослава возглавляли московское войско в 1467 и 1469 годах. В военных кампаниях, не связанных с защитой их собственных земель, братьев великого князя (и других его вассалов и союзников, чья преданность и надежность вызывали сомнение) зачастую сопровождали приближенные к Ивану бояре, состоявшие при его дворе [Alef 1973: 88; Чернов 1998: 307; Crosky 1990: 59; Алексеев 1991: 67–68][7]. Московский государь весьма успешно манипулировал членами своей новой военной элиты, однако его взаимоотношения с ними не были ни стабильными (упорядоченными), ни предсказуемыми. На важность такого взаимодействия великого князя с его приближенными в военных вопросах указывает то, что в сохранившихся источниках этому аспекту уделяется исключительное внимание.

Помимо вопросов, связанных с управлением войсками и логистикой, успешный сбор людей и ресурсов для проведения военной кампании зависел от работы централизованного административного аппарата. Историки часто пишут о том, что к середине XV века в администрации Московского княжества должны были сформироваться различные ведомства, поскольку это было необходимо для ведения воинского учета, сбора налогов и всего прочего. Однако имеющиеся в наличии архивные данные, относящиеся к этому времени, содержат очень мало информации как по этой теме, так и по многим другим. Само по себе это может ничего не значить, так как пожары и войны уничтожили большую часть старых московских архивов. Тем не менее некоторые книги с данными о военных назначениях сохранились. В них записаны имена и должности командиров, участвовавших в конкретных военных походах; там указано, что такой-то воевода вел «людей из Вятки» или «людей из Владимира», однако ничего не говорится ни о конкретной численности этих отрядов, ни о том, какие

---

[7] Ср. [Зимин 1972: 98].

задачи они выполняли[8]. Сейчас историки полагают, что эти разрядные книги служили прежде всего для того, чтобы вносить в них сведения о положении дворян и занимаемых ими должностях, а не для ведения записей военного характера. В нашем распоряжении даже нет информации о письменных приказах, полученных наместниками. Общие налоги тоже играли менее важную роль, чем можно было предположить, поскольку войско поддерживало само себя за счет поместий. Прочие налоги были, судя по всему, местными, и их сбор был децентрализованным. Все это наводит на мысль о том, что развитие административного аппарата и делопроизводства не имело такого прямого влияния на военную деятельность Московского княжества, как это считалось ранее[9].

В 1450 году Московское княжество обладало большим потенциалом для того, чтобы стать чем-то бóльшим, чем влиятельной региональной силой на окраине евразийской степи. Действительно, когда Москва начала выстраивать из разнородных политических и военных элементов единый централизованный механизм — процесс, занявший 150 лет, — вокруг нее уже стали сформировываться новые, соперничающие между собой государства. На севере объединение скандинавских королевств, пусть и непрочное в XV веке, заложило основу для создания огромной империи к северо-западу от Новгорода. Ливонский орден на Балтике тоже представлял существенную угрозу трем экспансионистским державам, окружавшим его. Далекие и могущественные Габсбурги и Сефевиды вскоре тоже стали играть важную роль в делах Русского государства, так же как и турки-османы, чьи взаимоотношения с Москвой зачастую проистекали при посредничестве крымских татар.

При Иване III (годы правления 1462–1505), Василии III (годы правления 1505–1533) и, наконец, Иване IV (годы правления 1533–1584) территория Московского княжества (с 1478 года — Русского государства) увеличилась более чем в три раза. Более

---

8 См. [Буганов 1966: 18] (сведения за 1478 год).

9 Ср. [Чернов 1954: 40; Чернов 1948: 3, 117; Рое 1997: 364–365].

того, к концу XVI века Москва подчинила себе восточные русские княжества, победила Казанское и Астраханское ханства и в конце концов присоединила Сибирь. После этого русские торговцы и солдаты отправились дальше на восток к Тихому океану. Продолжая экспансию на юго-восток, Русское государство начало затяжное противостояние за Кавказ с Османской империей. Крымское ханство на юге поначалу было союзником Москвы, но к 1520-м годам стало ее противником и вассалом Константинополя. Москва присоединила Новгород и Псков на западе, и ее притязания на западные приграничные территории привели к нескончаемым войнам, которые в итоге подорвали мощь Великого княжества Литовского. Упадок и крах Ливонского ордена тоже обрек окружающие его государства на постоянные вооруженные конфликты. Однако ближе к концу XVI века экспансия Москвы в этом направлении остановилась. Зато стали активно развиваться коммерческие, дипломатические и военные связи с империей Мин, Сефевидами, турками-османами и королевствами Центральной и Западной Европы. Русское государство в XVI веке постепенно становилось большой, хотя и несколько необычной бюрократической империей, и его политика все теснее была связана с политикой других больших империй.

Вместе с экспансией происходили и перемены в военном устройстве. Во многом этот процесс носил скрытый характер. Так, в 1580-х годах бóльшую часть русского войска составляла конница, разбитая на три или пять полков. Как и раньше, она по большей части состояла из конных лучников благородного происхождения, на чье содержание почти не расходовались средства государственной казны и которых можно было призвать как для защиты от вражеских набегов, так и для участия в наступательных походах. Служба в этом войске по-прежнему имела очень важное социальное и политическое значение, так как положение при дворе все еще сильно зависело от проявленной воинской доблести.

Однако за этим прежним фасадом скрывались очень важные изменения. В отличие от войска конца XV века, русская армия XVI столетия функционировала, опираясь не на «устные договоренности» и «обычаи», а на установленный порядок, и имела в своем распоряжении намного больше хорошо обученных людей, привыкших сражаться под единым и централизованным командованием. За этой армией стояли могущественный двор и множество ведомств и правил. В 1590-х годах служилые князья и братья государя почти не влияли на формирование армии и ее командование. Высшая знать Русского государства воспринимала себя, скорее, как правящее сословие внутри могущественной автократической системы, где от каждого помещика ожидалось, что он будет верно нести военную службу до конца жизни. Хотя конница по-прежнему по большей части сама обеспечивала себя всем необходимым, многие другие вопросы тщательно контролировались и документировались государственными чиновниками: например, количество всадников и сроки их службы. Военная деятельность Русского государства оказалась неразрывно связанной с развитием его административной системы.

Благодаря росту бюрократического аппарата Москва могла не только реагировать на перемены в своем международном статусе, но и постепенно осуществлять военные преобразования. Быстро ударной силой стала артиллерия. Появились люди, обладающие навыками ведения осадной войны, а в XVI веке, так же как Европа и Османская империя, Русское государство обзавелось полками обученной и находящейся на казенном довольствии пехоты, состоящей из вооруженных ручными пищалями стрельцов[10]. Эти пищальники и стрельцы , некоторые из которых несли службу круглый год, не принадлежали к знатному сословию. С учетом этих новых умений произошли изменения в стратегии и тактике ведения войны в условиях осады и открытого боя. Возник налоговый механизм, позволяющий содержать все это новое военное устройство. Хотя в Русском государстве и продолжали функционировать старые принципы придворной политики с ее упором на дворянскую конницу, к 1580-м годам русская армия была уже тесно связана с новой бюрократической системой,

---

[10] Ср. [Imber 2002: 264–281; Thompson 1976: 2–3].

благодаря чему Москва могла добавлять новые элементы в свое военное устройство и приобрела статус мощной региональной державы.

Эти инновации позволяли Русскому государству решать военные задачи в той сложной геополитической обстановке, в которой оно находилось. Примерно с 1513 года враждебно настроенные крымские татары нередко совершали масштабные и опустошительные набеги на южные окраины русских земель, где процветало сельское хозяйство. Защита этих территорий и выкуп пленных требовали от Москвы огромных военных усилий и больших затрат. Организация эффективной обороны, которая могла сосуществовать и взаимодействовать с армией в период ведения боевых действий, стала большим достижением для Русского государства в XVI веке, имевшим далеко идущие последствия. По мере того, как росла русская империя, увеличивалась и ее бюрократическая система, благодаря которой правительству удавалось мобилизовать людей и ресурсы, необходимые для захвата и защиты новых территорий.

Однако к концу XVI века даже эти значительные успехи не смогли сделать военное устройство Русского государства менее обременительным. В Европе к тому моменту уже была поставлена под сомнение эффективность полупрофессиональных армий, находящихся на самообеспечении. Неудачи русского войска в недавней Ливонской войне заставили задуматься об этом и в Москве, поскольку эта война разорила русское крестьянство и остановила раздачу новых земель помещикам, которые служили в коннице. Некоторые из противников Русского государства при помощи муштры развили навыки ведения огнестрельного боя, в то время как необузданное поведение Ивана IV убило в его приближенных желание настаивать на дальнейших реформах. Оглядываясь назад, ясно видно, как успехи Русского государства в XV и XVI веках разрушили границы его традиционных устоев. О том, как это произошло, будет рассказано в последующих главах.

Глава вторая

Создание армии Русского государства (1462–1533)

Обзор

В 1485 году началось строительство мощных стен Московского Кремля из красного кирпича. Одиннадцать лет спустя итальянские и русские зодчие, инженеры и мастера почти закончили возведение величественной новой крепости треугольной формы на месте впадения реки Неглинной в Москву-реку. Вдоль внешних стен протяженностью свыше 2 км и толщиной от 3,5 до 6,5 м были построены 19 высоких башен (венчающие их шатры были сооружены в XVII веке). В самом уязвимом месте — напротив Красной площади — высота стен достигает 19 м. Эта новая крепость, построенная на месте пришедших в негодность укреплений из местного белого камня, возведенных во второй половине XIV века, является прекрасным образцом кватроченто. Внутри образованного стенами треугольника возник комплекс храмовых и дворцовых сооружений (тоже в итальянском стиле), среди которых необходимо отметить Грановитую палату и Успенский собор. При Иване III (годы правления 1462–1505) и его сыне Василии III (годы правления 1505–1533) вплоть до 1513 года в Кремле продолжали возводиться новые укрепления и постройки. При всей значимости Кремля как фортификационного сооружения в начале XVI века и подданные русского государя, и его враги воспринимали эту крепость в первую очередь как символ московской консолидации и экспансии [Анисимов 2003: 62; Brumfield 1993: 99; Ramelli 1976: 130–138].

В течение 75 лет после восшествия на престол Ивана III Русское государство впечатляющим образом увеличило свою территорию и стало куда более важным игроком на международной арене. Сначала Иван III и его наследник Василий III «собрали русские земли». Это выражение, «собирание русских земель», говорит не только о достижениях первых правителей Русского государства, но и точно описывает дальнейшие амбиции Москвы. Большинство соседних с Москвой русскоязычных земель, еще претендующих на независимость в 1462 году, к концу правления Ивана III в 1505 году уже были присоединены к Московскому княжеству и вошли в состав Русского государства. Самым большим и ценным из этих приобретений стал город Новгород, которому принадлежали обширные территории на севере. Хотя Новгород и подписал Яжелбицкий мирный договор с отцом Ивана Василием II Темным, отчасти признав над собой власть московского князя, в начале правления Ивана III новгородские бояре продолжали вести переговоры с Великим княжеством Литовским, надеясь при его поддержке вернуть себе независимость от Москвы. В 1471 году в ответ на эти действия Иван отправил на запад большое войско, последовавшая за этим битва на реке Шелони закончилась полной победой Московского княжества из-за внутренних разногласий между новгородцами и тщательного планирования кампании со стороны Москвы[1]. Поскольку в последующие годы, вплоть до 1478-го, лояльность Новгорода постоянно вызывала сомнения, Иван продолжал посылать туда войска, отбирать земли в пользу казны, арестовывать и заключать в тюрьмы видных новгородцев. К 1490-м годам Новгород фактически уже стал частью Русского государства. Знаменитый вечевой колокол, символ новгородского самоуправления, был отвезен в Москву, а земляные укрепления были заменены кирпичными стенами в итальянском стиле — по московскому образцу [Brumfield 1993: 72]. К 1523 году, а то и ранее, новгородская конница сражалась под знаменами московского государя далеко от родного города.

---

1 Подробнее об этом см. [Разин 1955, 2: 312–318].

Другие северо-восточные княжества и республики, поглощенные Москвой, были не такими большими, и их присоединение происходило куда более спокойно. В 1485 году московское войско окружило Тверь — когда-то главного соперника Москвы, — чтобы помешать местному князю заключить союз с Литвой. Как и в случае с Новгородом, Иван III собрал огромную и внушающую трепет армию, отправив в поход служилых князей, вспомогательные войска, своих братьев, удельных князей и весь свой двор. Столь впечатляющая демонстрация военной мощи позволила ему добиться своих целей, не вступая в бой. Тверское и другие княжества были быстро поглощены Москвой в годы правления Ивана III; его сын Василий III (годы правления 1505–1533) впоследствии присоединил Псков, Рязань и Волок Ламский. Таким образом, за годы этих двух царствований Москва стала претендовать на все земли к северу и северо-западу от причерноморских степей — от Великого княжества Литовского до Казанского ханства.

В то же самое время Русское государство начало играть все более важную роль в продолжавшейся борьбе за контроль над степью. Это произошло как в результате завоеваний, так и благодаря дипломатии. Впрочем, в данном случае задачи и успехи Москвы лучше оценивать не территориальными завоеваниями или аннексией, а усилением ее политического авторитета.

То, что Москве удалось расширить зону своего влияния на юг и восток, во многом — особенно поначалу — было результатом ее взаимоотношений с Крымским ханством. В то время Крымское ханство занимало территорию Крымского полуострова и большой кусок Кипчакской степи к северу от него. Крымские татары вели более оседлый образ жизни, чем их предшественники из Золотой Орды, но в основе их экономики по-прежнему лежали набеги и торговля. Благодаря торговле в крупных крымских городах существовали большие немусульманские общины; Русское государство также вело оживленную торговлю через степь. Политическая стабильность и военная мощь Крыма зависели от способности хана (из династии Гиреев, потомков Чингисхана) добиваться поддержки и сотрудничества от его беев — вождей знатных кланов.

По инициативе Крыма между Москвой и Крымским ханством был заключен взаимовыгодный военный союз, продлившийся почти 40 лет — с 1480 по 1519 год. В ответ на это Великое княжество Литовское заключило стратегический союз с Большой Ордой, которая все еще пыталась возродить былую славу и мощь Золотой Орды. Эти два союза часто конфликтовали друг с другом, и зачастую успех был на стороне крымско-московской коалиции. Одно из таких событий, заслуживающее отдельного упоминания, произошло в октябре 1480 года, когда войска Большой Орды в ожидании своих литовских союзников расположились на южном берегу реки Угры, предполагая после ледостава выступить в поход на московские земли. Силы Ивана III заняли противоположный берег. Однако восстание православных князей и набеги крымских татар с юго-востока отвлекли литовские войска и не позволили им присоединиться к ордынской армии. В то же самое время глава Большой Орды хан Ахмат получил известия о готовящемся нападении со стороны ногайских татар и вынужден был увести свои войска назад, не вступая в битву с Иваном. Это так и не случившееся сражение в символическом смысле стало важнейшей победой Русского государства, хотя, вопреки распространенному мнению, оно и не означало окончание монгольского ига. Последовавшее за этой неудачей ослабление Орды было на руку и крымскому хану. Крым, чьи правители с 1475 года стали вассалами Османской империи (непокорными), помог Москве установить дипломатические отношения со своим сюзереном. В качестве ответной услуги Русское государство постоянно вмешивалось в казанские междоусобицы, что в итоге привело к воцарению династии Гиреев и на ханском престоле Казани [Сыроечковский 1932: 200–204, 217, 224; Khodarkovsky 2002: 77–91; Ходарковский 2019; Martin 1983: 443–445]. Поддерживая навязанных Крымом казанских ханов, Москва добилась того, что в конце XV и начале XVI века на западе степи возник тройственный союз, который мог полностью доминировать на этих территориях.

Однако к 1510-м годам Москву и Крым перестали связывать общие интересы, и их отношения из союзнических превратились во враждебные. Прежде всего увеличение размеров и мощи Русского государства привело к изменению баланса сил. Постоянные завоевания Москвы и рост торговли ослабили позиции Крымского ханства как посредника в степных делах: теперь великий князь Московский обладал достаточным влиянием, чтобы попытаться посадить на казанский престол собственного ставленника и вести дела с Османской империей напрямую. Кроме того, и Крымское ханство, уничтожив в начале XVI века Большую Орду, решило ту задачу, из-за которой оно во многом и было ранее заинтересовано в сотрудничестве с Москвой [Martin 1983: 447; Khodarkovsky 2002: 91–100; Ходарковский 2019]. В 1519 году Крым объявил о разрыве союза с московским князем; теперь Гиреи стали временными союзниками Великого княжества Литовского. В результате Москва обрела в лице Крымского ханства могущественного врага по ту сторону степи. Южные границы Русского государства были уязвимы. Ее степной враг состоял в союзе с обладавшей огромной военной мощью Османской империей. Кроме того, теперь Крым и Москва соперничали за влияние на Казанское ханство.

В отличие от положения дел на юго-востоке, на западе успехи Москвы были закреплены территориальной экспансией. После войны с Литвой, завершившейся в 1522 году, влияние Русского государства усилилось за счет вхождения в его состав юго-западных княжеств. Великое княжество Литовское, состоявшее с 1385 года в личной унии с Польским королевством, имело общего с Польшей монарха из династии Ягеллонов, однако войска, казна и административные системы обоих государств оставались раздельными. Литва была одним из самых упорных соперников Москвы: они конфликтовали друг с другом из-за ведущих на Балканы торговых путей, спорных прав на налоговые поступления, действий своих степных союзников и приграничных территорий. Многие князья и дворяне, жившие вдоль границы с Русским государством и находившиеся в вассальной зависимости от Литвы, исповедовали православие, в то время как двор великого князя Литовского находился в католической Польше. Попытки Москвы переманить этих князей на свою сторону и присоединить их земли к территории Русского государства приводили к войнам, столкновениям, поражениям и эфемерным перемириям в 1492–1494, 1500–1503, 1507–1508 и 1512–1522 годах. В итоге на службе у Василия III оказались сразу несколько новых служилых князей, а их земли, отошедшие Москве, укрепили притязания Русского государства на то, чтобы считаться наследником Киевской Руси. Эти впечатляющие территориальные приобретения, сделанные между 1462 и 1533 годами, сопровождались укреплением дипломатических и торговых связей Москвы с государствами Восточной и Центральной Европы.

Консолидация

Столь успешная экспансия стала возможной благодаря надежной и лояльной московскому князю армии, появившейся в результате внутренней консолидации. Русскому государству удалось постепенно выстроить стабильную политическую систему, разрешив внутриполитические противоречия и добившись определенного административного единства, однако этот процесс был очень сложным. Даже Великое княжество Московское никогда не управлялось как единое целое. Когда великим князем стал Иван III, в его личном владении находились 15 крупных русских городов. Управлял же он куда большей территорией, в которую входили уделы, принадлежавшие его семье, и Вятская земля. Хотя братья Ивана признавали его в качестве верховного правителя всех русских земель, у каждого из них были свои уделы, входившие в состав Русского государства, где они были полноправными хозяевами. Самый большой из этих уделов, включавший в себя пять городов, принадлежал старшему из братьев Ивана Андрею Большому. Следующий по старшинству брат Ивана Борис владел тремя городами, а еще пять городов были поделены между двумя младшими братьями, Юрием и Андреем Меньши́м. По завещанию отца Иван получал только треть от всех доходов Московского княжества, остальное доставалось его братьям и матери [Howes 1967: 137–143]. Другие земли, например

Рязань, не находились в прямом подчинении Ивана III. Некоторые состояли в союзе с Москвой и управлялись отдельно. Другие уже признали власть Москвы, но управлялись как независимые княжества, которыми они когда-то были — иногда своими же прежними князьями. В военное время все они посылали свои войска на помощь московскому князю. Преданность этих земель и их правителей великому князю Московскому по большому счету сомнений не вызывала. Однако управление этими разрозненными территориями представляло собой очень сложную задачу.

По мнению большинства историков, внутриполитическая консолидация Русского государства была достигнута во многом благодаря личным договоренностям представителей элиты. За одним существенным исключением — в исторических источниках не говорится о военной оккупации русских княжеств после их захвата Москвой. Вместо этого постепенные изменения в социальной и политической иерархии, сложившейся при московском дворе, приводили к тому, что некогда свободолюбивые правители независимых княжеств начинали извлекать выгоду из своего нового положения. Теперь их взаимоотношения друг с другом и с великим князем Московским регулировались достигнутыми соглашениями, новыми договоренностями и, в конце концов, более предсказуемыми правилами, так что к 1530-м годам двор великого князя Московского представлял собой арену, на которой могущественные роды действовали сообща друг с другом и в унисон с государем[2].

Первые лица московского двора отнюдь не подчинялись Ивану III беспрекословно (несмотря на достигнутое после междоусобицы согласие). Прекрасным примером этому служат продолжавшиеся всю их жизнь переговоры между Иваном и его младшими братьями. Иван, не отличавшийся излишней щедростью, вопреки обычаю не делил среди членов семьи новые завоеванные

---

[2] Подробнее об этом говорится в работах В. Д. Назарова, в частности, в его неопубликованном докладе «Государев двор в истории России конца XV — середины XVI в.», сделанном в 1993 году в Лос-Анджелесе.

и перешедшие в казну земли. При этом он настаивал, чтобы войска его братьев часто и в полном составе участвовали в его многочисленных военных кампаниях. Когда в 1470-х годах двое его братьев, Борис и Андрей Большой, возмутились таким порядком вещей, Иван пошел на уступки, предложив каждому из братьев те земли, которые тот хотел получить. Однако взамен он значительно ограничил их суверенные права, а также потребовал от братьев поступиться частью своих доходов и признать, что власть великого князя распространяется и на их собственные уделы. Хотя братья и не оспаривали права Ивана на московский престол, им были не по душе его алчность и притеснения [Алексеев 1991: 141]. Когда Иван потребовал от них выдать ему князя Оболенского-Лыко, который сбежал из Москвы и присягнул на верность его брату Борису, они возразили против такого вмешательства в их дела. Это противостояние достигло пика в конце 1479 года, когда Ивану предстояло решить особенно сложные военные задачи. В начале года он отправил войско в Новгород для подавления восстания. После возвращения из этого похода Москва готовилась к отражению нападения со стороны Большой Орды («стоянию на Угре»), а затем армия Ливонского ордена осадила Псков. В этот непростой момент братья Ивана Борис и Андрей Большой проявили свое недовольство, покинув его войско вместе со своими людьми. Они увели свои дружины (насколько можно судить, довольно большие) и двинулись на запад в сторону Новгорода, где вступили в переговоры с польским королем Казимиром. К счастью для Ивана, этот мятеж сошел на нет, и ему удалось договориться с братьями и вернуть их вместе с их войсками.

Впоследствии Иван III еще неоднократно заключал соглашения с братьями, пытаясь ограничить их независимость, но о полном успехе этих действий говорить не приходится. В 1491 году его брат Андрей Большой снова отказался отдать свою дружину в распоряжение московского князя, который тогда оказывал военную поддержку своему крымскому союзнику. Иван арестовал брата и бросил его в тюрьму, где через два года тот и умер. Два племянника Ивана всю оставшуюся жизнь провели в заточении и ссылке, так как их дядя всеми силами противился восстановлению прежней самостоятельности удельных княжеств. При таком положении дел большинство оставшихся удельных князей завещали свои земли Ивану. Таким образом удельные дворы и войска перешли под прямую власть Москвы, и от их былой независимости мало что осталось. Так, например, в правление Василия III удельные войска уже не включались в московскую рать в виде единых дружин, а разбивались на отдельные отряды, которые приписывались к различным полкам. Тем не менее уже после смерти самого Василия в 1533 году два его оставшихся в живых брата, могущих претендовать на московский престол по лествичному праву, были арестованы и умерли в заточении [Martin 1995: 248; Kollmann 1987: 157; Alef 1986: 164–176]. Это не только помогло закрепить положение о вертикальном престолонаследии, но и побудило большинство членов царской семьи встроиться в военную и политическую иерархию Русского государства. К середине XVI века осталось лишь несколько уделов, в которых сохранились кое-какие островки независимости от московского царя [Kollmann 1999: 8; Коллманн 2001; Каштанов 1993].

Наводя порядок в собственной семье, московские правители одновременно с этим начали создавать стройную систему, регулирующую взаимоотношения амбициозных и влиятельных царедворцев как между собой, так и с их сюзереном. В конце XV и начале XVI века на службу к Ивану III и Василию III поступали все новые и новые могущественные князья. Однако даже в течение значительной части XVI столетия не существовало каких-либо единых правил того, какое место должны занимать все эти люди при московском дворе. Их положение в придворной иерархии было результатом торга и зависело от различных факторов — расположения, военной мощности и политической значимости их княжеств для Москвы, размера их двора и дружины и т. д. Особенно важную роль эти обстоятельства играли в ситуациях с татарскими князьями (царевичами). Они не только приводили с собой превосходную конницу, но и, будучи потомками Чингисхана и наследниками трона Золотой Орды, одним своим присутствием придавали блеск московскому двору. Поэтому московские правители прилагали большие усилия, чтобы привлечь их на свою сторону; в награду татарские князья получали землю и право по-прежнему командовать своими войсками. При московском дворе они занимали места выше, чем даже братья великого князя. В случае с татарскими царевичами имевшиеся у них военные навыки и политическое влияние оказывались куда более важными факторами, чем их культурные и конфессиональные различия с другими приближенными московского государя [Ostrowski 2002a: 54–59; Keep 1985: 77–78]. Русские служилые князья занимали в этой иерархии более низкие места. В награду за верность полунезависимого Ярославля в годы московской междоусобицы сыну его последнего князя, его родственникам и даже боярам было позволено сохранить свои земли даже после присоединения этого княжества к Москве в 1463 году. Вскоре они стали видными членами московского двора и получили важные должности в личном войске великого князя. Напротив, когда в 1485 году Иван III завоевал недружественное, но сильно ослабевшее Тверское княжество, местные князья и бояре какое-то время были вынуждены оставаться на своих землях и были лишены права появляться при московском дворе и пользоваться всеми вытекающими из этого возможностями и привилегиями [Веселовский 1947: 301; Alef 1973: 87–88, 90, 95][3].

В то время как удельные князья поступали на службу к московскому государю и съезжались к его двору, Иван зачастую посылал управлять новоприобретенными землями своих наместников. Преданность этих людей была обусловлена их желанием добиться высокого положения при московском дворе и получить большую награду. При этом человек, назначенный наместником в новое княжество, не имел уже достаточно времени и возможностей для того, чтобы завязывать тесные связи со знатными кланами, проживающими рядом с его родными землями. Таким образом, благодаря институту наместничества влиятельные

---

[3] А. А. Зимин, впрочем, указывает, что тверские бояре были лишены своих титулов [Зимин 1988: 293].

русские роды стали осознавать, что их клановые интересы совпадают с интересами Русского государства в целом и в меньшей степени зависят от положения дел в землях, доставшихся им по наследству. Также наместники помогали устанавливать какие-то единые для всего Русского государства правила и обычаи на новых землях, недавно присоединенных к Москве.

Некоторые изменения в структуре придворной иерархии упростили процесс слияния новых элит со старомосковскими боярскими родами. В годы правления Ивана III и Василия III, безусловно, выросло количество важных должностей и чинов; необходимость в них возникла из-за частых военных походов, нужды в наместниках для управления новыми территориями и увеличения самого двора. Тем не менее число соискателей этих должностей при дворе превосходило количество свободных вакансий. К этому можно добавить, что к 1500 году все больше должностей в московском войске стало доставаться служилым князьям; при Василии III княжеские роды приобрели огромное влияние, не уступавшее влиянию бояр [Kleimola 1985: 233; Чернов 1954: 20]. В результате было решено увеличить число боярских родов. Несмотря на все эти изменения, московскому правителю приходилось принимать серьезные меры для предотвращения отъезда князей и представителей нетитулованной знати к другим сюзеренам, в частности, великокняжеским братьям[4].

При Иване III и Василии III в Русском государстве сформировалось местничество — система институционализированного соперничества между знатными родами. Эти правила позволяли разрешать споры и разногласия между влиятельными кланами, не доводя дело до раскола и междоусобицы. Фактически местничество определяло, на какой пост (место) мог претендовать тот или иной аристократ в зависимости от своей знатности и положения внутри своего рода. От места зависело, где претендент

---

[4] В 1479 году князь Иван Владимирович Оболенский-Лыко, впав в немилость к Ивану III, попытался воспользоваться своим правом отъезда и решил перейти на службу к его брату Борису. Иван приложил большие усилия для того, чтобы захватить князя и заключить его в темницу.

имеет право находиться во время придворных церемоний и какую высокую (впоследствии и сравнительно низкую) должность в армии он может получить. Положение человека в этой системе определялось двумя факторами. Одним из них были заслуги перед двором — не только личные, но и всего рода. Вторым — знатность рода, причем как реальная, так и мифологическая. Если заслуги перед государем способствовали продвижению представителей доказавшей свою преданность, но не титулованной знати, то генеалогический критерий был на руку княжеским родам. Повысить свое место в этой иерархии можно было как блестящей службой, так и выгодным брачным союзом. Глава видного рода мог быть выбран боярином или окольничим (придворный чин менее высокого ранга, появившийся в конце 1400-х годов). Благодаря правилам ранжирования младшие представители знатных родов могли сравнивать свое положение в этой иерархии со своими соперниками из других родов. Поскольку при местничестве занимаемый пост всегда определялся местом в родовой системе, человек, стоявший на более низкой ступени в этой иерархии, не мог командовать тем, чей статус был выше. Если кто-то считал, что его права на ту или иную должность были несправедливо ущемлены, он мог обратиться за разрешением «местнического спора» к самому государю. Эта система сложных правил и противовесов, за соблюдением которых тщательно следили, давала возможность влиятельным аристократическим родам соперничать между собой, не вступая в междоусобные войны. Благодаря местничеству стало возможным сравнительно безболезненно для большинства участников процесса интегрировать новые боярские и княжеские роды в правящую элиту Русского государства. Местничество позволило сократить количество споров, распределить политическую власть и сделать ареной соперничества двор московского правителя, а не все Русское государство в целом.

Обмен мнениями, консультации и советы стали привычным элементом политической и церемониальной жизни московского двора. Действуя заодно, крупнейшие боярские роды оказывали очень большое влияние на великого князя и, по мнению многих историков, существенно ограничивали его власть. Ни Иван III, ни его сын Василий III не соглашались даже встречаться с иноземными послами, кроме как в присутствии своих бояр. Другим примером может служить ситуация с престолонаследием, приведшая к кризису 1498–1499 годов. После смерти своего сына Ивана Молодого Иван III вынужден был назначить нового наследника, выбирая между своим внуком Дмитрием, сыном Ивана Молодого, и своим вторым сыном Василием. В 1498-м прошла коронация княжича Дмитрия, которая укрепила и без того сильные позиции при дворе могущественного рода бояр Патрикеевых. Патрикеевы не только были тесно связаны с новым наследником, но и из-за юности Дмитрия могли не бояться того, что другие влиятельные кланы в ближайшем будущем смогут породниться с семьей государя. Однако Иван III не любил Патрикеевых. Несмотря на то что Патрикеевы были потомками великого князя Литовского Гедимина и состояли в родстве с самим Иваном, в течение года все старшие представители этого рода были либо пострижены в монахи, либо заключены в темницу, либо казнены. Многие историки считают, что это произошло в результате давления, оказанного на Ивана членами Боярской думы, которые добивались от него ослабления влияния Патрикеевых и равномерного распределения власти между остальными боярами. К 1505 году наследником Ивана стал его сын Василий. О том, что внутриполитическая консолидация Русского государства была хоть и недавней, но уже весьма прочной, свидетельствует тот факт, что ни одна из противоборствующих сторон не обратилась за поддержкой к иноземной державе или к кому-то из удельных князей [Kollmann 1986: 235–267; Fine 1966: 198–205].

В то же время есть множество примеров того, когда последнее слово оставалось за великим князем. Поскольку именно он решал все вопросы, связанные с прибытием ко двору и поступлением на службу новых вассалов, назначал им должности и выступал судьей в местнических спорах, то и власть его как сюзерена неизбежно возрастала. Поэтому после своей второй женитьбы Василий III «загромоздил двор», сделав боярами родственников своей новой жены Елены Глинской и противопоставив их тем старым боярам, которые поддерживали в вопросе престолонаследия его брата [Kleimola 1985: 235][5].

Установление местничества и последовавшие за этим политические изменения оказали колоссальное влияние на процессы, о которых идет речь в этом исследовании. Сравнительно четкий механизм интегрирования ранее независимых князей в жизнь московского двора дал им возможность стать частью увеличившейся в размерах правящей верхушки, отвечавшей за принятие политических и военных решений. Консолидация укрепила связи между членами элиты Русского государства и установила набор правил, по которым они взаимодействовали друг с другом и со своим сюзереном. Поведение русской верхушки в 1520-е годы показывает, что ее представители больше не воспринимали себя как разрозненную группу князей. Вместо этого они демонстрировали коллективную лояльность к московскому государю, при дворе которого и шли споры и борьба за власть и влияние. Идеологической опорой этой лояльности выступала Православная церковь. В результате этой консолидации практически все важнейшие решения политического (и военного) плана теперь принимались при московском дворе [Бычкова 1986: 43, 96 и в других местах][6].

У политической консолидации были и другие последствия, непосредственно повлиявшие на устройство русского войска. Успешная военная служба могла повысить место в аристократической иерархии как отдельного человека, так и всего рода в целом. Назначение на высокую военную должность означало обретение более престижного статуса при дворе и открывало возможности к дальнейшему обогащению и усилению политического влияния. В конце XVI века представители русской знати стремились сделать военную карьеру на царской службе, а не где-либо еще. Даже в начале своего правления Ивану III не требовалось лично возглавлять каждый военный поход, чтобы быть уверенным в пре-

---

5 Противоположную точку зрения высказывает Н. Коллманн [Kollmann 1987: 144–145].

6 Об исключительных случаях см. [Зимин 1972: 149].

данности своих придворных. Однако, поручая командование войском какому-либо из своих братьев или служилых князей, он назначал его помощниками нетитулованных бояр, чье присутствие удерживало главного воеводу от предательства. К 1533 году в такой подстраховке уже не было прежней необходимости. Как титулованные, так и нетитулованные роды, даже обладая огромной властью и иногда сохранив за собой личную вооруженную свиту, обычно преданно выполняли свои военные обязанности, соперничая друг с другом за награды, полагавшиеся за верное несение службы [Alef 1973: 86–87]. По мере того как бывшие князья и другие знатные роды обретали свое место в единой военной системе Русского государства, их ранее независимые дружины вливались в состав московского войска.

При всех достоинствах местничества у него были и недостатки. Все назначения на военные должности тщательно отслеживались и иногда становились предметами местнических споров, поскольку в каждом таком случае речь шла о возможном изменении статуса того или иного претендента или всего рода [Разин 1955, 2: 307]. В результате высокая должность могла достаться менее способному командиру, а военная кампания могла оказаться отложенной на неопределенный срок. Впрочем, в годы правления Ивана такие споры были редки, а существование схожих, пусть и менее институционализированных систем в Центральной Европе говорит о том, что эта проблема носила общий характер [Hochedlinger 2003: 92–94][7]. На самом деле в Русском государстве воевод для того или иного похода выбирали из большого числа претендентов, которые доказали свою преданность и занимали достаточно высокое место в придворной иерархии.

Консолидации Русского государства и установлению власти московского государя (в том числе и как главнокомандующего русской армией) сильно способствовало то, что Ивану и Василию

[7] Д. Смит в своей диссертации пишет о военной иерархии в современной австрийской армии, о системе производства по старшинству в военно-морском флоте Англии XIX века и о том, что в армии США и сейчас офицеру не полагается служить под началом состоящего в том же звании командира, который получил повышение по службе после него [Smith 1989: 332].

удалось привлечь на свою сторону представителей тех сословий, которые находились ниже бояр и князей. После того, как бывшие независимые князья вступали в новые должности при московском дворе, возникал вопрос о том, чьими придворными должны считаться их прежние дружинники и члены их вооруженной свиты. В последней четверти XV века самые выдающиеся из этих людей, жившие, например, в Ярославле или Владимире, приезжали ко двору великого князя Московского со своими князьями; там они соперничали с москвичами того же статуса. Однако в Московском княжестве были и более низкие сословия, чьи представители не находились при дворе: дети боярские и дворяне; такая же ситуация были и в Ярославле с Владимиром. Эти служилые люди зачастую продолжали жить в своих прежних городах, хотя технически они теперь являлись подданными Москвы [Чернов 1998: 65, 84, 193]. Как правило, эти служилые люди из провинции обладали гораздо более низким статусом, чем те, кто состоял при московском дворе, и были куда беднее их. Для многих из них участие в военном походе было шансом захватить богатые трофеи и увеличить свой доход, а также проявить себя.

Иван III и его наследники в конце концов добились военной поддержки и преданности от большей части таких мелких землевладельцев. Этот процесс был постепенным и эффективным. Сначала, как в 1462 году, этих людей просили нести службу там, где они жили, и защищать свои земли от традиционных врагов под руководством их прежних командиров; лишь позднее им было предложено принять участие в завоевательных походах Русского государства. Если говорить о положении дел в целом, то Москва устанавливала свои порядки в провинции постепенно, иногда через наместников; в 1497 году был издан Судебник — свод единых законов, имеющих силу на территории почти всего Русского государства. Помимо всего прочего, в этом Судебнике был строго определен срок, в течение которого крестьянин мог уйти от своего хозяина — две недели в конце осени, после уплаты всех расходов [Dewey 1966: 7–21][8]. Это постановление позволяло

[8] Особого внимания заслуживает статья 57.

провинциальным землевладельцам меньше беспокоиться об оттоке рабочей силы, поэтому они имели все основания для того, чтобы приветствовать такую инициативу великого князя.

Еще одним важнейшим новшеством стало введение поместной системы. Многочисленные попытки Новгорода отделиться от Москвы, предпринимавшиеся после 1470 года, привели среди прочего к тому, что великий князь конфисковал множество земель, принадлежавших коренным новгородцам, — сначала у знатных родов, враждебно настроенных по отношению к Москве, а затем, в большем объеме, и у тех, кто выступал против него, и у тех, кто его поддерживал, и также у Церкви. Иван III объявил огромную часть новгородских земель собственностью казны, выделив небольшому числу обездоленных новгородцев поместья в других частях Русского государства. Таким образом, когда мы говорим о «собирании русских земель» Иваном, важно учитывать, что ситуация с Новгородом была исключительной: здесь уместнее говорить о захвате города и его оккупации, и новгородцы были призваны к московскому двору только после того, как многих представителей прежней элиты заменили новые люди. Затем Иван воспользовался своей властью для того, чтобы раздать конфискованные у Новгорода земли своим преданным сторонникам, при этом сохранив за собой право отозвать их обратно. К 1500 году не только московской знати, но и многим незнатным служилым людям были пожалованы поместья. Условием сохранения поместий была верная служба в войске великого князя, хотя первоначально крестьяне, жившие на этой земле, помещику не принадлежали; кроме того, он не имел права определять размер уплачиваемой ими подати. С течением времени поместное владение постепенно уравнивалось с вотчинным, то есть наследственным. Поместье гарантировало преданность его хозяина, благосостояние которого уже не так сильно зависело от трофеев и прочих источников дохода, доступных в военное время. До тех пор, пока продолжалась успешная экспансия, поступление в казну новых земель на протяжении нескольких поколений служило усилению мощи Русского государства.

После того как наградой за преданную службу стала земля, поместная система быстро распространилась по всему Русскому государству, дав возможность великому князю содержать преданное ему поместное войско больших размеров. Получение поместья ставило служилых людей в прямую зависимость от московского двора и гарантировало верное несение ими военной службы (даже если изначально предназначение поместной системы было иным)[9]. Василий III особенно преуспел в том, чтобы с минимальными расходами для казны задействовать в военных кампаниях Москвы поместные войска, состоявшие из служилых людей, которые сражались вдали от своих домов. В результате землевладельцы, относившиеся к низшей части военно-служилого сословия, оказались неразрывно связаны с государственной службой, превратившись в «средний служилый класс»[10].

Внутренняя консолидация Русского государства происходила медленно, однако в первой половине XVI века процесс политической и социальной интеграции новых территорий все-таки начал набирать обороты. Все это имело большие последствия для военного устройства. То, что раньше представляло собой разрозненное множество отдельных отрядов под общим командованием, превратилось в единую армию, возглавляемую великим князем или его ставленником. Удельные и служилые князья, ранее руководившие собственными вооруженными свитами или дружинами, постепенно лишались былой независимости; региональные и даже этнические и конфессиональные различия были

---

9 В своей недавней работе Дж. Мартин высказывает предположение, что при первой раздаче земель служилым людям в Новгороде Иван III не требовал от них военной службы, однако к 1523 году это условие уже было обязательным. См. неопубликованный доклад Дж. Мартина «Some observations on the creation and development of the pomest'e system in Novgorod during the reign of Ivan III», представленный на 35-й конференции Американской ассоциации содействия славянским исследованиям (AAASS) (переименована в Ассоциацию славянских, восточноевропейских и евразийских исследований (ASEEES) в 2010 году. — *Примеч. ред.*) [Martin 2003]. В. Б. Кобрин утверждает, что поместная система была введена среди прочего для того, чтобы земля находилась в руках мирян и не переходила в собственность Церкви [Кобрин 1980: 150–195].

10 Термин, предложенный Р. Хелли [Hellie 1972: 21 и далее].

не так важны, как факт нахождения на службе у московского государя. К началу правления Василия III землевладельцы из различных областей Русского государства служили в армии как командирами, так и обычными конниками. Кроме того, этот интеграционный процесс укрепил связь между двором и армией. Как и при старом московском дворе, новая консолидированная элита Русского государства наибольшее внимание уделяла военным вопросам.

Последним ключевым элементом этого процесса интеграции стало развитие административной системы. Все политические вопросы Русского государства решались при дворе, где бояре и окольничие заседали с великим князем; этот ближний круг советников государя часто, хотя и не совсем точно, называется Боярской думой. В провинции проводниками центральной власти были наместники, которые с помощью местных представителей следили за соблюдением законов и выполнением фискальных, воинских и прочих обязанностей. Эти наместники тоже имели связи при дворе; фактически они и были царедворцами, выполнявшими поручение великого князя, и от их места в придворной иерархии зависели военное значение, древность и размер городов, которыми им было поручено управлять. Наместники получали эти земли «в кормление». Как уже говорилось выше, назначение московского наместника правителем новоприобретенных территорий позволяло ускорить процесс их интеграции в состав Русского государства [Dewey 1965: 21–39]. Вся эта важная деятельность, придворная политика и многое из того, чем занимались наместники, по-прежнему зависели от покровительства со стороны высокопоставленных лиц, взаимоотношений между кланами и личных связей — не в последнюю очередь с самим великим князем.

Территориальная экспансия, «разбухание» великокняжеского двора, увеличение количества наместников и рост численности армии в конце концов привели к появлению некоторых новых ведомств, в обязанности которых входило составление и хранение записей для канцелярии и двора великого князя. Эта деятельность не имела особой политической важности для придворных и бояр, и происходившее при дворе мало влияло на то, как велись архивы. Начальники приказов (дьяки), подьячие и писцы не взаимодействовали с самим двором, и придворные, надзиравшие за их работой, редко принадлежали к боярскому сословию. Со второй половины XV века записи еще велись всего о четырех видах деятельности. Записи о военных назначениях (разрядные книги или разряды) существовали еще в 1470-е годы. Поскольку их предназначение заключалось прежде всего в том, чтобы зафиксировать высокое положение воеводы в придворной иерархии, в них в основном говорится, кому доставалась какая военная должность; иногда там указывается, откуда были ратники, находившиеся под началом у воеводы («люди из Галича», «люди из Владимира» и т. д.). Впоследствии в такие документы стали вносить более существенные военные сведения, например, сколько людей было призвано на службу и как они были вооружены. В конце концов институционализация военной службы потребовала введения новой системы документооборота, которая уже была более последовательной и стандартизованной. В результате возникли небольшие административные структуры, которые осуществляли за этим надзор, хотя историки не сходятся во мнениях о том, когда именно впервые возникла такая специализация [Рое 1997; Гальперин 1964: 74–85; Буганов 1966: 18, 21; Очерки истории СССР 1955: 120].

По мере того как Русское государство увеличивалось в размерах и в нем возникла небольшая, но комплексная система делопроизводства, стали вестись записи еще об одном виде деятельности — сборе налогов. Налоги, некогда взимавшиеся многочисленными независимыми князьями, теперь шли прямо в государеву казну. В частности, военные преобразования Василия III было бы невозможно осуществить без финансовой поддержки. Новые налоги, уплачиваемые деньгами и натурой, шли на перестройку старых крепостей, на оплату труда чиновников, следивших за этими работами, и, при Василии III, даже на покупку лошадей; некоторые из этих налогов были сугубо местными. Общий налог, «ямские деньги», собираемый наличными деньгами, позволял содержать эффективную ямскую (почтовую) службу, возникшую еще при монголах; крестьяне отбывали эту повинность, строя и поддерживая в порядке пути сообщения и почтовые станции (ямы). Были и другие налоги, которые шли на содержание экспериментальных пехотных войск Василия III во время их участия в военных походах и на порох для них.

Раздача поместий была еще одной сферой деятельности, которая требовала ведения все большего количества записей. Какие именно земли входили в поместье, сколько на них проживало крестьян, какие подати они платили и кто из помещиков нес какую службу — все это тщательно записывалось, сначала в Новгороде, а потом и в остальных городах Русского государства. В земельные кадастры вносили сведения о том, кто из служилых землевладельцев умер, какая помощь была оказана их семьям и какие поместья были переданы новым хозяевам. Наконец, расширение границ Русского государства привело к усилению его дипломатической активности; в результате стали вестись записи о деятельности посольств, переговорах и церемониях при московском и иностранных дворах, а также переводы дипломатических нот [Зезюлинский 1889–1893: 16; Зимин 1972: 144; Милюков 1892: 15; Бобровский 1885: 95; Флоря 1990: 333].

Несмотря на всю свою важность, которая с течением времени становилась все более существенной, вся эта новая система делопроизводства оставалась небольшой и не играла никакой политической роли при дворе. Ведавшие записями дьяки были людьми низкого социального статуса и ценились главным образом за свою грамотность. Мало кто из них был специалистом в какой-то конкретной области, кроме, возможно, тех, кто отвечал за воинский учет (разрядные книги) и дипломатические дела [Зимин 1971: 219–256].

За годы правления Ивана III и Василия III Русское государство смогло создать систему, позволяющую собирать и поддерживать более крупную, управляемую и способную к координированным действиям армию, чем прежде. Эту силу можно было одинаково эффективно использовать как для защиты русских земель, так и для захвата новых территорий.

Военные преобразования

Военная активность Русского государства в 1520-е годы по большей части заключалась в совершении и отражении набегов. Подобно охоте, набеги были привычной и чуть ли не повседневной частью жизни в огромном степном приграничье на юге и востоке русских земель. Татарские ханства, Ногайская Орда, Вятская земля и некоторые другие государственные образования были кочевыми или полукочевыми сообществами, и их экономические системы и военное устройство позволяли практически мгновенно подготовиться к участию в набеге. Частота набегов, особенно в приграничных областях, часто объясняется климатическими условиями и образом жизни проживавших там народов — фактически это был печальный, хотя и имевший очень важные последствия, побочный эффект кочевого образа жизни.

Набеги представляли собой весьма сложный феномен. Безусловно, Русское государство постоянно имело дело с мелкими набегами, ведя бесконечную и выматывающую «малую войну» на окраинах лесостепи. Местные, сравнительно плохо организованные отряды нападали на ближайшие поселения, сжигали дома, грабили имущество и угоняли скот и людей — для выкупа или продажи в рабство. Захваченная добыча была большим подспорьем для воинов — конных лучников, иногда вооруженных еще саблями или копьями, — становясь приятной, а иногда и необходимой для выживания добавкой к доходам, извлекаемым ими от скотоводства. Русские границы каждый год подвергались множеству мелких набегов; то же самое происходило на севере Китая и на границах владений Габсбургов и Османской империи [Каргалов 1973: 140–148; Каргалов 2019]. Такими набегами часто занимались децентрализованные или фрагментированные сообщества; даже если в них существовала власть или они входили в какой-то племенной союз, авторитета их вождей было недостаточно, чтобы запретить деятельность, необходимую для экономического выживания участников набега [Khodarkovsky 2002: 16–17, 20; Ходарковский 2019]. Эта «малая война» была почти постоянной составляющей жизни русского приграничья.

Когда те или иные татарские князья поступали на службу к московскому государю, это автоматически уменьшало количество тех из них, кто кочевал по степи и нападал на земли к северу. Союз Москвы с Крымом тоже несколько улучшил ситуацию, однако и он не избавил Русское государство от этой напасти, которая с течением времени становилась все более тяжкой.

Однако словом «набеги» обозначалась и намного более организованная военная деятельность, в том числе и крупные и хорошо спланированные военные кампании, во главе которых стояли влиятельные лидеры, решавшие вполне понятные политические задачи. Так, в 1501 году хан Менгли-Гирей приказал всему мужскому населению Крыма выступить в поход против Киева, явившись на пункт сбора с тремя лошадьми, оружием и продовольствием. Мурзы и беи прибыли во главе отрядов из 10, 100 и 1000 человек. Эти крупные армии, также называемые «загонами», наступали по степным дорогам (шляхам) и рассчитывали за счет быстрой мобилизации и неожиданного нападения застать местное население врасплох. Если крымцы не встречали сопротивления, то рассеивались на множество небольших отрядов, которые захватывали трофеи и пленников; добившись своего, они так же быстро возвращались домой. В 1500 году одни крымские отряды заблокировали польско-литовские гарнизоны в крепостях, в то время как другие «загоны» беспрепятственно отступили в свои степи с добычей. Такие большие набеги имели не только экономический, но и политический эффект. Нападения крымских татар на Литву в 1500 и 1501 годах не только обогатили казну хана, но и сыграли важную стратегическую роль в отношениях между Москвой и Крымом, так как они сковывали армии Польши и Литвы[11]. Впоследствии жертвой таких крупных набегов стало уже само Русское государство — в 1507, 1512, 1521 и 1531 годах. Ведение боевых действий такого рода было присуще не только Крымскому ханству. В частности, на раннем этапе своих завоеваний подобные набеги осуществляли турки-османы.

---

[11] См. гл. 2, ч. 1 [Загоровский 1991].

Этих кратких сведений, приведенных выше, достаточно для того, чтобы понять, что набеги не были ни «естественным явлением», ни «частью кочевого образа жизни». Это была военная стратегия. Участники набега осуществляли быстрые и зачастую хорошо скоординированные вторжения на уязвимую территорию. Их целью не было завоевание: ни военное, ни территориальное. Скорее, они стремились захватить какие-то ресурсы, добиться политических или экономических уступок или получить признание и славу [Jones 1987: 55–56; Rothenberg 1960: 27]. Добившись результата, они мгновенно отступали, избегая столкновения с армией противника.

Степные набеги на Русское государство в XV и XVI веках идеально вписываются в эту схему. Нападавших интересовали трофеи, дань, союзы и вопросы престижа, а не оккупация поселений и городов. Татары ездили на неподкованных степных лошадях — небольших, но быстрых и выносливых животных, которые довольствовались подножным кормом и не требовали особого ухода [Collins 1975: 259]. Татарские «загоны», как крупные, так и небольшие, были укомплектованы умелыми конными лучниками, сражавшимися, стоя в стременах. Кочевники обучались искусству боя, в том числе и верхом на лошади, и умело использовали эти навыки. Однако, если говорить о военной стратегии, татары полагались на стремительные и хорошо скоординированные атаки и столь же быстрые и спланированные отступления; всадники почти не были защищены доспехами и не несли лишнего груза. Они нападали и отступали, а не встречали противника лицом к лицу.

Современному читателю может показаться, что такой набег был делом нехитрым[12]. Однако для того, чтобы вывести в поход все татарское войско, требовались снабжение, качественная разведка, тщательное планирование и политическая дальновидность. Крымцы унаследовали от монголов организованную конницу и большое количество военных технологий [Allsen 2002:

---

12 Н. Стэнден утверждает, что набеги не являются «примитивной стратегией» [Standen 2005: 129–174], однако ср. [Grousset 1970].

265–293, особенно 286]. В их армии были профессиональные военные, и они знали об огнестрельном оружии и умели им пользоваться; нам известно, что уже в 1493 году в крымском войске был небольшой пехотный отряд, вооруженный пищалями [Collins 1975: 259–260]. Однако пехота и огнестрельное оружие плохо годились для участия в набегах и потому так и не стали играть важную роль в крымском военном устройстве. Вместо этого набеги стали краеугольным камнем военной политики крымских татар и других степных сообществ, вся экономика которых теперь строилась на постоянном получении дани, притоке рабов для сельскохозяйственных работ, продажи или выкупа, а также захвате добычи[13].

Однако при всем этом не стоит думать, что набегами на юго-восточных рубежах Русского государства занимались только татары и степные кочевники. Это не были односторонние боевые действия, которые вели воинственные крымцы против мирных оседлых жителей степного приграничья. На самом деле между ведением сельского хозяйства и кочевой жизнью не было такой четкой грани. Окраина Русского государства была, скорее, зоной свободного проживания, а не пограничной территорией в политическом смысле. Некоторые русские крестьяне занимались подсечно-огневым земледелием и поэтому часто переезжали с места на место. Их хозяева не посвящали все свое время ведению сельского хозяйства, но, будучи конниками в поместном войске, ежедневно упражнялись вместе со своими челядинцами в верховой езде и стрельбе из лука. Очевидно, что некоторые из них занимались и скотоводством. Так что не вызывает сомнений, что подданные русского государя, проживавшие в приграничных землях, сами тоже устраивали небольшие набеги на своих соседей; иногда это были единичные случаи разбоя, а иногда — регулярный источник дохода [Загоровский 1991: 86–87; Сыроечковский

[13] После завоевания Константинополя в 1453 году туркам-османам, чтобы прокормить свою армию, понадобилось множество рабов для возделывания земель, расположенных вдоль Черного моря [Martin 1995: 314]. Дань, которую Русское государство выплачивало Крымскому ханству, называлась «поминки».

1932, 3: 208–209][14]. В середине XV века на юге русских земель появились казаки, которые вели полуоседлое хозяйство и свободно перемещались по всему приграничью [Никитин 1986: 168–169 и далее]. В XVI веке Москва платила казакам, бродягам, беглецам и прочим вольным кочевникам, принимая их на службу в русское войско именно из-за навыков ведения степной войны [Бобровский 1885: 70–71; Загоровский 1991: 90–91]. Так, казаки, поселившиеся на западной границе Русского государства возле Смоленска, в начале 1500-х годов постоянно совершали набеги на литовские земли[15]. Многие из татар, переселившихся в Русское государство, больше занимались скотоводством, чем их славянские соседи. Другие кормились сезонными степными набегами [Сыроечковский 1932, 3: 205–206]. Белгородские и азовские казаки нападали на крымцев [Бобровский 1885: 99]. В «малой войне» между Москвой и Крымом набегами занимались обе стороны.

Более масштабные боевые действия, осуществляемые Русским государством, тоже имели форму набегов или ответов на них. В 1462 году великий князь Московский послал войско в край Коми, а затем в Пермь Великую — явно для того, чтобы захватить добычу и внушить страх местным племенам, но однозначно не для захвата этих земель. Татары ответили Ивану своим неудачным набегом, после чего он в 1465 году совершил карательную экспедицию на Югру, вынудив местных вождей выплатить ему дань [Martin 1983: 438–439, 447–448]. Несложно вспомнить и другие военные кампании Москвы (не только против татар), целью которых была месть, нанесение ущерба или извлечение политической выгоды, но отнюдь не захват территорий или завоевание крепостей.

«Малая война» оказала не только важный экономический и психологический эффект на жизнь русского пограничья, но и сыграла определяющую роль в формировании военного устрой-

---

[14] Ср. [Standen 2003: 160–191] о таких же явлениях в степном приграничье Китая.

[15] См., например, в [ДАИ 1846–1875, 1: 23–26 (документ 26)].

ства Русского государства. Русское войско было организовано и вооружено наилучшим образом именно для ведения боевых действий подобного рода. Основными стратегическими характеристиками главной ударной силы русской армии — легкой кавалерии — были быстрота и мобильность. В непостоянных и вспомогательных войсках служили представители различных этнических и конфессиональных групп — казаки, возглавляемые своими князьями татары, черемисы и мордва, — ценимые за те же самые достоинства[16]. Вооружение конницы было легким, чтобы лошадям не приходилось нести лишнего веса. В отличие от своих западных соседей, Русское государство не занималось разведением крупных кавалерийских коней, ежегодно закупая в Крыму степных тарпанов [Зезюлинский 1889–1893, 1: 16]. Москва поддерживала свои войска, позволяя им захватывать добычу и даже продавать пленных христиан ногайцам и крымским татарам [Бобровский 1885: 99]. Более того, набег с его стремительной атакой и столь же быстрым отступлением был скоротечной операцией, что тоже было на руку помещикам, так как, занимаясь сельскохозяйственной деятельностью, они не могли проводить в походах все время, а периодически должны были присматривать за домом.

Действия русских войск на поле боя были выдержаны в рамках общей военной стратегии[17]. Армия Русского государства иногда участвовала в крупных битвах, хоть и не так часто. В таких ситуациях основные силы, как правило, сбивались в тесную массу в центре, пытаясь как можно дольше сдерживать атаку противника. В это время конница обходила вражеское войско и нападала на неприятеля с флангов и тыла. Всадники выпускали залп из луков, а затем выхватывали сабли и сходились с врагами врукопашную; в то время как действия пехоты были второстепенные, вспомогательные: пехота вступала в схватку на мечах, топорах

---

16 См. о мордве [Herberstein 1969: 23; Герберштейн 2008: 301–303], о жизни в приграничье [Herberstein 1969: 25–26, 37; Герберштейн 2008: 307–309, 323], о «разбойниках» [Herberstein 1969: 35–36; Герберштейн 2008: 379].

17 Замечания иностранцев XVI века // Отечественные записки. 1826. Т. 25. С. 97.

и т. п. Такая тактика оставляла мало пространства для маневра на поле боя, хотя перед битвой воевода мог разработать весьма продуманный план сражения [Hellie 1972: 29].

С. фон Герберштейн, посол Священной Римской империи, чьи записки о посещении Русского государства в 1517 и 1526 годах содержат одни из самых первых описаний русской армии, очевидно, не вполне разобрался в тонкостях русской военной стратегии, ее преимуществах и тех требованиях, которые она предъявляла к устройству войска. Он правдиво, но несколько пренебрежительно пишет о том, что московиты уповают в бою на быстроту и военные хитрости, невысоко ценя умение держать строй под огнем противника. Русский авангард заманивал врага в ловушку или сам нападал из засады на не ожидающего этого противника, как в бою с литовцами на Митковом поле (в Ведрошской битве) в 1500 году [Соловьев 1959–1966, 3: 114; Davies 2004a: 10]. В 1524 году впервые упоминается о наличии в русском войске разведывательного отряда, который двигался впереди основных сил. Далее Герберштейн делает следующее нелестное наблюдение: «В сражениях... все, что они делают, нападают ли на врага, преследуют ли его или бегут от него, они совершают внезапно и быстро» и «они нападают на врага весьма храбро, но долго не выдерживают» [Herberstein 1969: 78; Герберштейн 2008: 243, 245; Баиов 1909: 44].

Однако все эти вещи вряд ли должны вызывать удивление с учетом того, что русские земли в течение многих поколений входили в сферу влияния Монгольской империи [Ostrowski 2002б; Богоявленский 1938: 258–259]. Кроме того, это военное устройство вполне подходило Русскому государству для ведения той внешней политики, которой оно придерживалось. А именно: насколько мы можем судить, покоряя новую территорию, московский правитель начинал нападать на соседнее княжество, разоряя его набегами до тех пор, пока местный князь не начинал молить о пощаде. Еще одним приемом была демонстрация огромной военной мощи. За исключением Новгорода, в письменных источниках нет сведений о том, что за этими действиями следовал военный захват новых земель; скорее, процесс присоединения новых земель завершался включением местной знати в московскую придворную иерархию. Даже после 1462 года эта стратегия продолжала приносить свои плоды, и фундаментальные принципы ведения «малой войны» лежали в основе военного устройства Московского государства еще в течение нескольких поколений.

Эффективность русской военной политики можно объяснить еще и тем, что, насколько известно из архивных записей, система административных и фискальных органов, необходимая для содержания армии Русского государства, была сравнительно простой. В военных кампаниях была задействована значительная часть населения, но для большинства людей участие в походе было явлением разовым или временным. Впереди шли согнанные на службу крестьяне, которые прокладывали дорогу и занимались прочими приготовлениями в ожидании подхода войск. Знатные землевладельцы-конники сами обеспечивали лошадьми, продовольствием и оружием себя и всех своих челядинцев и боевых холопов. Отправляясь на войну, они брали с собой минимум припасов. Так, Иван III в 1477 году во время похода на Новгород перевел половину своих полков на фуражировку, не желая замедлять продвижение войска большим обозом. У фуражировки был и психологический эффект: она наводила страх на местное население [Разин 1955, 2; Smith 1989: 3, 13, 40–43; Herberstein 1969: 79–80; Герберштейн 2008; Чернов 1954: 35; Hellie 1972: 29]. После успешных кампаний ратники, помимо военных трофеев, получали медали и дополнительные выплаты [Баиов 1909: 68; Smith 1989: 86]. Конники призывались на службу по мере необходимости и в порядке очередности: как правило, половина весной, а другая половина в конце лета. Эта ротация позволяла Москве с максимальной выгодой использовать свое увеличившееся боеспособное население. Конники обязаны были упражняться в военном искусстве все время, свободное от участия в походах. Сохранились записи, из которых следует, что при Василии III в Русском государстве проводились периодические кавалерийские смотры, участники которых демонстрировали навыки верховой езды и владения оружием. Однако эти записи не говорят о том, сколько именно людей из каждого поместья призывались на службу и как они были вооружены. С учетом того, что в каждом новом походе были свои командиры, человек мог в одной кампании руководить небольшим отрядом, а в другой быть рядовым конником. Судя по картине одного польского художника того времени, воевод можно было отличить на поле боя только по головным уборам. Иван III и Василий III, как правило, не командовали собственными войсками, хотя Василий явно считал, что своим присутствием воодушевляет солдат [Smith 1989: 3, 13, 40–43]. Такое простое, но продуманное устройство армии позволяло московскому правителю при небольших расходах собирать внушительное войско, пусть и на короткий период времени.

Несмотря на то что главной стратегической силой продолжала оставаться легкая кавалерия, в начале XVI века в военной политике Русского государства произошли как минимум два важных изменения. Во-первых, Москва стала создавать более эффективную систему защиты против бесконечных степных набегов. Для этого потребовались не столько технологические инновации, сколько мобилизация имеющихся ресурсов, ставшая возможной благодаря введению документооборота и переменам в административном устройстве. Те средства защиты, которые были в распоряжении местных землевладельцев на приграничных территориях, вероятно, возникли сами собой: вдоль привычных путей татарских набегов — шляхов, по которым всадники могли продвигаться с юга на север через Оку и Югру в торговых, политических и военных целях, — возникли бревенчатые палисады и небольшие земляные валы. К середине XV века возле нескольких шляхов были возведены маленькие деревянные крепости. Эти укрепления были предназначены для защиты местного населения, однако начальники некоторых крепостей стали рассылать казачьи разъезды, которые предупреждали их о приближении больших «загонов». Казаки получали жалованье, и их услуги ценились очень высоко [Баиов 1909: 68; Чернов 1954: 29; Разин 1955, 2]. Есть свидетельства, показывающие, что уже при Иване III Москва стала принимать участие в этих защитных мерах. Проблема заключалась в том, что, постоянно состоя в крепостном гарнизоне, помещики не могли заниматься своими землями. Поэтому, например, в 1469 году Иван заплатил людям своего брата Юрия за охрану приграничья в течение большей части зимы. Содержа даже сравнительно небольшие отряды в уязвимых местах границы, можно было организовать эффективную оборону от набегов. В 1472 году, получив известия о приближении большого ордынского войска, основные силы русской армии получили приказ прибыть к Серпухову, в то время как гарнизон крепости Алексин сдерживал татар на берегу Оки; услышав о сборе русских войск в Серпухове, татары сожгли Алексин, но не решились продолжать наступление [Alef 1973: 78][18].

С 1500 года защите русских земель от набегов стало уделяться все больше внимания. Москва использовала средства, полученные от введения новых налогов, для строительства крепостей под руководством присланных городовых приказчиков. Предпринимались попытки координировать оборонительные действия. Новые крепости соединялись друг с другом в цепочки. В сезоны набегов в этих крепостях содержались постоянные гарнизоны, и русские войска регулярно собирались в заранее намеченных местах, готовясь отразить ожидаемое нападение татар. Тогда же появились и передвижные крепости (гуляй-город), о которых пойдет речь ниже. Необходимость в создании продуманной стратегии обороны от степных набегов сильно возросла после распада союза между Москвой и Крымом в 1510-х годах, когда нашествия крупных крымских «загонов» на русские земли приобрели особенно частый и угрожающий характер. К 1518 году уже существовала некоторая координация между действиями русских войск и обороной на местах. К 1527 году было завершено строительство крепостей в Переяславле-Рязанском, Кашире, Коломне, Туле и Одоеве, что впоследствии облегчило освоение пахотных земель далее к югу [Тихомиров 1962: 415]. Все это было сделано именно для защиты от татарских набегов, так как эта широко раскинувшаяся цепь укреплений перерезала пути на-

---

[18] А. В. Чернов описывает похожую ситуацию, случившуюся в 1517 году, см. [Чернов 1954: 28].

ступления быстрой и маневренной крымской конницы. Системные меры, предпринимаемые Русским государством для защиты от набегов, оказались более успешными, чем действия поляков и литовцев, которые продолжали делать ставку на победу в прямых столкновениях с татарами; в Польше и Литве крепости и замки принадлежали знатнейшим представителям шляхты, и их гарнизоны были невелики. Чем дальше, тем яснее становилось, что стратегия, выбранная Москвой, намного эффективней [Каргалов 1986: 64–65; Багалей 1887]. Более того, строительство крепостей и содержание в них гарнизонов имело далеко идущие последствия не только на юго-восточной границе, но и на западе.

Помимо строительства укреплений на границе со степью, Иван III и Василий III стали все больше использовать в своих военных кампаниях огнестрельное оружие и начали приглашать в Москву иностранных инженеров и ремесленников и развивать новые технологии [Сыроечковский 1932: 198, 199]. Иван III особенно сильно интересовался южно-европейскими новшествами в области вооружений и фортификации. Вероятно, это было связано с тем, что в то время в Польше и Литве стали в большом числе строиться крепости из кирпича и камня. Все это не означало отказа от летучей кавалерии, которая по-прежнему была очень эффективна и необходима на поле боя. Однако использование артиллерии современного образца и других инноваций открывало новые возможности, особенно в том, что касалось ведения осады. В то время русские войска чаще захватывали города и крепости благодаря упорству (осадой или измором), а не штурмом [Hellie 1972: 159; Herberstein 1969: 79; Герберштейн 2008]. На широких и малонаселенных просторах Восточной Европы конница все еще являлась лучшим инструментом для блокирования крепостей, отражения вылазок и снабжения осадных войск [Frost 1993: 60–62]. Однако с помощью артиллерии и инженеров войско, главной ударной силой которого по-прежнему была кавалерия, могло захватывать крепости намного быстрее.

Эти инновации быстро прижились. В 1460-х годах в нескольких русских городах были отлиты железные пушки. После приглашения Иваном III в 1470-х годах архитектора и военного инженера из Болоньи Аристотеля Фиораванти в Москве была создана пушечная изба[19], в которой производился порох и отливались пушки из импортной меди. В XV столетии артиллерия все еще по большей части использовалась для защиты крепостных стен, однако ближе к концу века с появлением лафетов и цапф пушки стало проще перемещать с места на место. Тяжелые орудия по возможности перевозились по воде, а не сушей. Фиораванти участвовал в кампаниях Ивана III и был начальником артиллерии в походах против Новгорода (1478), Казани (1482) и Твери (1485). В начале XVI века пушки также использовались русскими войсками под Псковом, Казанью, Феллином, Серпейском, Оршей, Выборгом и Смоленском. Поначалу русские пушкари не отличались особым умением, однако артиллерийский огонь все равно играл важную роль при осаде, отвлекая внимание защитников крепости в то время, когда сам штурм происходил в другом месте. В 1513 году Василий III успешно использовал защищенную земляными валами артиллерию при осаде Смоленска [Гуляницкий 1994: 59–60; Чернов 1954: 37–38; Зимин 1982: 106; Разин 1955, 2: 346; Davies 2004a: 8].

Фиораванти обладал и другими технологическими и инженерными познаниями, имевшими военное применение. В 1477 году он возвел временный, но чрезвычайно прочный понтонный мост через Волхов и научил русских делать прочные кирпичи. Также Фиораванти познакомил Ивана III с новыми[20] тенденциями в области фортификации, в которых делался упор на использование артиллерии — прямые и более широкие, чем раньше, куртины, ниши для пушек, турели и слегка выступающие угловые башни, игравшие ключевую роль при обороне крепости. По всему Русскому государству началось строительство укреплений

---

[19] Первое летописное упоминание о пушечной избе относится к 1475 году, на базе пушечной избы в конце XV века был создан Пушечный двор. — *Примеч. ред.*

[20] Кремль стал фортификационным сооружением нового типа для Русского государства. Однако он был возведен по образцу миланской крепости (замка Сфорца), который скоро устарел, в то время как с середины 1490-х годов во Франции и далее везде стали вместо башен использовать бастионы многоугольной формы, о которых писал Л.-Б. Альберти в своем трактате «Десять книг о зодчестве» (1485).

с использованием инновационных материалов и технологий; организацией и субсидированием всех этих проектов занимались новые власти, вводившие специальные налоги. Первым был построен Московский Кремль, затем были возведены крепости в Новгороде, Пскове, Ладоге, Копорье, Яме и Ивангороде — с прямоугольной цитаделью современного типа. При Василии III были построены крепости в Нижнем Новгороде, Зарайске и Туле. Эти фортификационные сооружения были символом единства Русского государства, так как они оберегали не прежние границы Московского княжества, а рубежи всех русских земель в целом [Parker 1996: 9; Зимин 1972: 97; Разин 1955, 2; Земцов, Глазычев 1985: 132, 134, 142; Ramelli 1976: 130–138; Мильчик 1997: 14–18].

Внедряя в русскую армию новшества, связанные с использованием огнестрельного оружия, русские правители первоначально опирались на умения иностранных мастеров и наемников. Враги Москвы пытались этому противостоять: Швеция, Германия и балтийские города вводили военное эмбарго против Русского государства (кто жесткое, кто не очень) [Esper 1967a: 187; Tiberg 1995: 232–238]. Перемещение товаров военного назначения и специалистов военного дела из Европы на восток и обратно имело очень ограниченный характер, однако этому мешало не только эмбарго. Фиораванти и сопровождавшие его соотечественники были одними из самых выдающихся иностранцев, которые, несмотря на все препятствия и запреты, состояли на службе (напрямую или опосредованно) у русских правителей в XV и XVI веках. В Москве возникла Немецкая слобода, в которой жили итальянские и немецкие наемники. Эти европейцы участвовали почти во всех военных кампаниях Ивана III и Василия III, сражаясь бок о бок с русскими ратниками, несмотря на все языковые, этнические и конфессиональные барьеры, которые их разделяли[21]. Однако в первой половине XVI века русское правительство стало постепенно заменять европейских наемников своими подданными. Новая служба считалась менее почетной, чем служба в кон-

---

[21] В отличие от иностранных наемников татарская конница принимала участие не во всех военных походах Русского государства.

нице, которая комплектовалась исключительно из представителей знати, поэтому пушкарями и другими специалистами становились представители податных сословий. Военная служба такого рода тоже не давала шанса стать членом правящей элиты. Поэтому, как и казаки, русские пушкари и затинщики были служилыми людьми «по прибору», которые проходили обучение, получали довольствие и жили в особых слободах [Зимин 1972: 143; Smith 1989: 126–127; Разин 1955, 2; Очерки истории СССР 1955: 126–127]. К 1520 году в московском войске были собственные артиллерийские части, во главе которых зачастую стояли знатные русские командиры. Поначалу командование артиллерией не считалось почетным, особенно по сравнению с командной должностью в коннице. Однако через некоторое время представители не самых знатных семей стали воспринимать службу в артиллерии как возможность добиться таких высоких постов, на которые они никак не могли бы претендовать при прежнем положении дел [Зимин 1972: 144; Smith 1989: 137–138]. Производство и использование пушек, особенно при осадах, без труда стало частью военного устройства Русского государства. Со временем русские пушкари стали очень искусны в артиллерийском деле.

Однако в распоряжении русского войска имелись не только пушки. Уже при Иване III существовали небольшие отряды пехоты, вооруженной огнестрельным оружием. Пищали использовались во время «стояния на Угре» в 1480 году, также известно о существовании отрядов пищальников в 1504–1508 годах. В 1510 году Василий III при присоединении Пскова и в походе на юг задействовал отряд из 1000 пищальников [Hellie 1972: 157–158; Земцов, Глазычев 1985: 135]. Эти люди набирались из городского населения и, безусловно, не принадлежали к помещичьему сословию, представители которого служили в коннице. Их обучение было недолгим, и само оружие им не принадлежало. Как и прочие служилые люди, они призывались только на время проведения военной кампании и после окончания похода распускались по домам [Чернов 1954: 30][22].

---

[22] См. гл. 1 [Гулевич 1911].

Появление даже нескольких отрядов, вооруженных огнестрельным оружием, требует внесения некоторых корректив в действия армии, где главной ударной силой является легкая конница. В случае с Русским государством эти изменения носили тактический характер, то есть повлияли на происходящее на поле боя. Пищальники использовали бердыши в качестве подставок для стрельбы и во время перезарядки и выцеливания нуждались в защите. Пушкарям тоже требовалось какое-то время для подготовки к новому выстрелу. Поскольку поместная конница не была вооружена пиками и в русском войске вообще не было пехотинцев-пикинеров, то для защиты артиллерии и пищальников была придумана передвижная крепость — гуляй-город. Первое упоминание об этих полевых укреплениях из сцепленных друг с другом деревянных щитов относится к 1522 году; во время боя они служили защитой артиллерии и пехоте и были особенно эффективны против татарских луков и стрел. Хотя гуляй-город и можно было ценой больших усилий перемещать по полю боя, он не был предназначен для проведения смелых пехотных маневров. Скорее всего, эти щиты или поставленные кругом обозные телеги (*вагенбург* или *табор*) служили укрытием пехоте и артиллерии на поле боя, где главные события, как и раньше, происходили с участием легкой конницы; все это позволяло сохранять прежнее устройство русского войска без фундаментальных изменений. Кроме того, гуляй-город давал возможность и коннице сделать передышку и перегруппироваться после неудачной атаки; все эти факторы способствовали тому, что русские войска все чаще стали использовать в сражениях какое-то количество пушек. Тем не менее, с учетом того, что поместная конница по большей части сама обеспечивала себя всем необходимым во время похода, Русское государство долго не могло создать тыловые службы, которые позволяли бы своевременные поставки пороха в армию на марше.

Два этих нововведения — создание стратегии защиты от степных набегов и внедрение огнестрельного оружия — стали ответом Москвы на те конкретные задачи, которые были поставлены перед Русским государством на рубеже XV–XVI веков.

Во-первых, началось строительство цепи укреплений, которые должны были защитить занимавшихся сельским хозяйством подданных русского государя на границе со степью. Хотя конное войско умело отражать татарские набеги, в стратегическом плане крепости оказались гораздо более действенным средством защиты оседлого населения, позволяя сосредотачивать и локализовать конницу и другие войска для их эффективного использования. В то же самое время Москва не оставила без внимания и частично переняла инновации в области фортификации и использования пехоты и артиллерии, подмеченные у западных соседей Русского государства.

Однако не надо впадать в заблуждение, делая вывод о том, что Русское государство вело военные действия двух типов — один против татар, а другой на западе. Русские воеводы эффективно использовали все эти новшества на обоих фронтах. Пищали использовались не только при присоединении Пскова, но и во время стояния на Угре. Новые крепости строились как рядом с Казанским ханством (Васильсурск), так и на западе (Ивангород). Конные набеги и гуляй-город были важнейшими инструментами в войне как с татарами, так и с Литвой. Дипломатическая деятельность Русского государства была скоординированной и последовательной как в отношении исповедующих ислам татарских соседей на юге и востоке, так и с христианами-европейцами на западе. Точно так же и военная политика Москвы состояла в том, чтобы одинаково эффективно использовать тактические и технологические инновации во всех случаях и независимо от противника.

Однако при всей своей значимости эти новшества не повлекли за собой серьезных изменений в структуре русского войска. Вплоть до второй половины XVI века московские правители продолжали делать стратегическую и тактическую ставку на легкую мобильную кавалерию, и это было оправдано и с военной, и с экономической точки зрения. Благодаря развитию единого государственного аппарата, Русское государство получило новые возможности по организации людских и прочих ресурсов. Это позволило заняться строительством крепостей и наладить производство огнестрельного оружия. Однако даже солдаты, служившие в новых частях русской армии, по-прежнему, пусть и частично, существовали в рамках старой фискальной системы. Хотя они и получали жалованье, многие из них жили в слободах и занимались сельским хозяйством. Такое смешение старого и нового сохранялось в Русском государстве и после 1650 года, при этом доминирующая роль конницы — и как военной силы, и в плане статуса — оставалась прежней. Поместное войско было ядром русских вооруженных сил, и социально-политическая структура Русского государства была устроена таким образом, чтобы увеличивать и поддерживать дворянскую конницу. На самом деле, поскольку новые территориальные приобретения Москвы только укрепляли поместную систему, фундаментальные принципы организации русской армии по образцу степного войска не только не менялись, но становились еще более прочными.

Экспансионистские войны

Успех экспансионистской политики Русского государства при Иване III и Василии III был обусловлен двумя факторами: внутренней консолидацией и увеличением военного и стратегического потенциала Москвы. В некоторых случаях захват обширных территорий и присоединение соседних княжеств происходили благодаря консолидационным процессам — сложным дипломатическим переговорам, матримониальным связям и угрозой применения военной силы, — а не боевым действиям как таковым. Однако Русское государство все равно постоянно воевало со множеством врагов: с Казанью, Литвой, Ливонским орденом, Швецией и другими русскими княжествами. Ключевым элементом военной стратегии при Иване III и Василии III по-прежнему оставались конные набеги, однако теперь Москва могла осуществлять вторжения более часто и более крупными силами, что привело не столько даже к захвату новых территорий, сколько к росту ее политического влияния. Кроме того, Русское государство постепенно осваивало и все активнее использовало военные стратегии, основанные на строительстве, захвате и удержании крепостей. Эти стратегии часто были связаны с использованием огнестрельного оружия, которое в то время как раз стало внедряться в русской армии.

Так, при Иване III большая часть военных действий, проводимых Москвой, представляла собой стремительные походы и набеги, цель которых заключалась не в захвате или занятии новых земель. Когда в Русском государстве сформировалась эффективная административная система, великий князь получил возможность в течение одного календарного года провести две (или даже больше) крупные военные кампании против одного и того же противника, иногда задействуя в них артиллерию и пехоту. Однако эти походы по большей части были очень короткими. Все это находилось в полном соответствии с политикой Русского государства, его излюбленной военной стратегией и самой природой поместного войска. Армия, состоящая из людей, которые сами упражняются в военном искусстве и сами обеспечивают себя вооружением и всеми необходимыми припасами, не может воевать круглый год; помещики должны были какое-то время уделять присмотру за своими землями.

Прекрасным примером такой военной политики являются ранние кампании Москвы против Казанского ханства. Во второй половине XV века главная военная задача Русского государства заключалась не в захвате татарских земель, а в оказании политического давления на Казанское ханство в интересах союзника Ивана III — Крымского ханства. И здесь ключевую роль сыграли новые административные возможности Москвы, позволившие проводить более частые и масштабные кампании. Русские войска выступали на Казань в конце 1460-х, в 1486–1487 и в конце 1490-х годов, вмешиваясь в местные междоусобицы и способствуя возведению на казанский престол ставленников Крыма. Эти походы не всегда заканчивались полным успехом, однако военное присутствие Москвы постоянно угрожало независимости Казанского ханства.

В начале XVI столетия Российское государство оказывало давление на Казань, действия уже в своих собственных интересах, однако избранная Москвой военная стратегия почти не изменилась. Василий III, особенно в начале своего правления, все так же делал ставку на крупные и частые набеги. Когда в 1506 году в Казани было совершено нападение на русских купцов и был захвачен московский посол, Василий быстро организовал против татар сразу два больших похода. Как и в годы правления Ивана III, набеги и походы русских не привели к уничтожению независимости Казанского ханства или захвату земель, но это и не было их целью.

Со временем сработал кумулятивный эффект от русских вторжений, и политическая стабильность Казани была подорвана. Впрочем, давление, оказываемое Москвой, было непостоянным, и Казанское ханство еще долго оставалось серьезным противником Русского государства — отчасти из-за того, что русскому войску было трудно добраться до его столицы. Два похода Василия III в 1506 году закончились неудачей, и татары отпустили московского посла на свободу только в 1507 году, когда русские начали подготовку к новой военной кампании. В 1520–1523 годах Казанское ханство все более враждебно реагировало на вмешательство Москвы в свои дела; все это закончилось казнью московского посла в Казани в 1523 году.

В последовавшей за этим событием военной кампании Василий III впервые прибег к новой стратегии, заключавшейся в захвате плацдарма на территории Казанского ханства. На этот раз на татарском берегу пограничной реки Суры в месте впадения ее в Волгу была построена крепость — Васильсурск. Эта крепость сократила время и расстояние, требовавшиеся русскому войску для нападения на Казань; это были ключевые факторы, которые ранее мешали успешному ведению войны с татарами. Кроме того, Васильсурск открыл дорогу к использованию новых военных возможностей Русского государства. Медленно движущаяся пехота[23], тяжелая артиллерия и осадные орудия, которые должны были участвовать в нападении на столицу Казанского ханства, были заранее отправлены в новую крепость впереди основного

---

[23] Первые пехотные части русского войска назывались «судовая рать», поскольку они обычно перемещались водой — на судах [Разин 1999, 2].

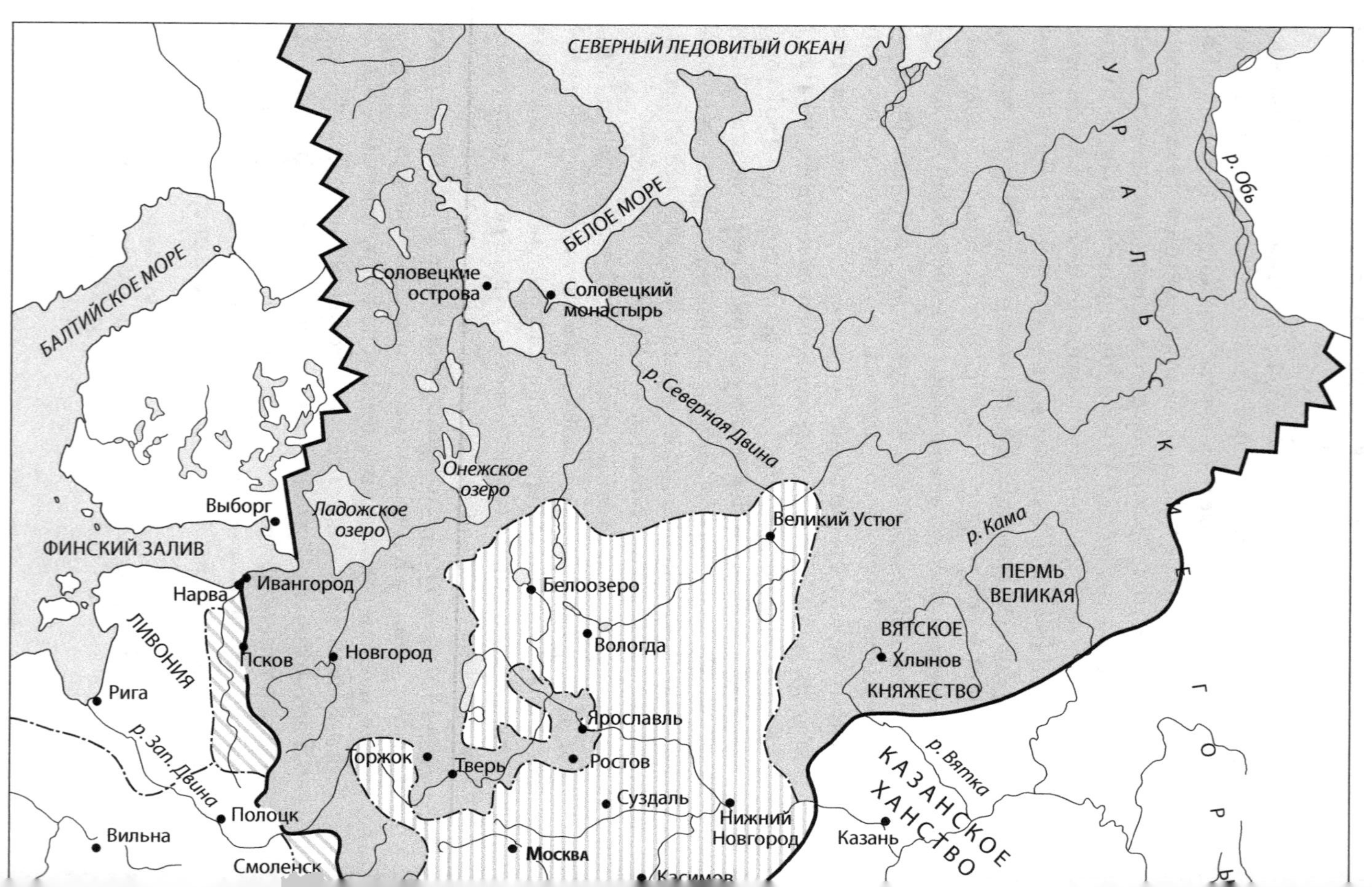

СЕВЕРНЫЙ ЛЕДОВИТЫЙ ОКЕАН
УРАЛЬСКИЕ ГОРЫ
р. Обь
БЕЛОЕ МОРЕ
БАЛТИЙСКОЕ МОРЕ
Соловецкие острова
Соловецкий монастырь
р. Северная Двина
Онежское озеро
Ладожское озеро
Выборг
ФИНСКИЙ ЗАЛИВ
Великий Устюг
р. Кама
ПЕРМЬ ВЕЛИКАЯ
Белоозеро
Нарва
Ивангород
ЛИВОНИЯ
Вологда
ВЯТСКОЕ
Хлынов
КНЯЖЕСТВО
Псков
Новгород
Рига
Ярославль
р. Зап. Двина
Торжок
Тверь
Ростов
р. Вятка
КАЗАНСКОЕ ХАНСТВО
Суздаль
Полоцк
Нижний Новгород
Казань
Вильна
Москва
Смоленск

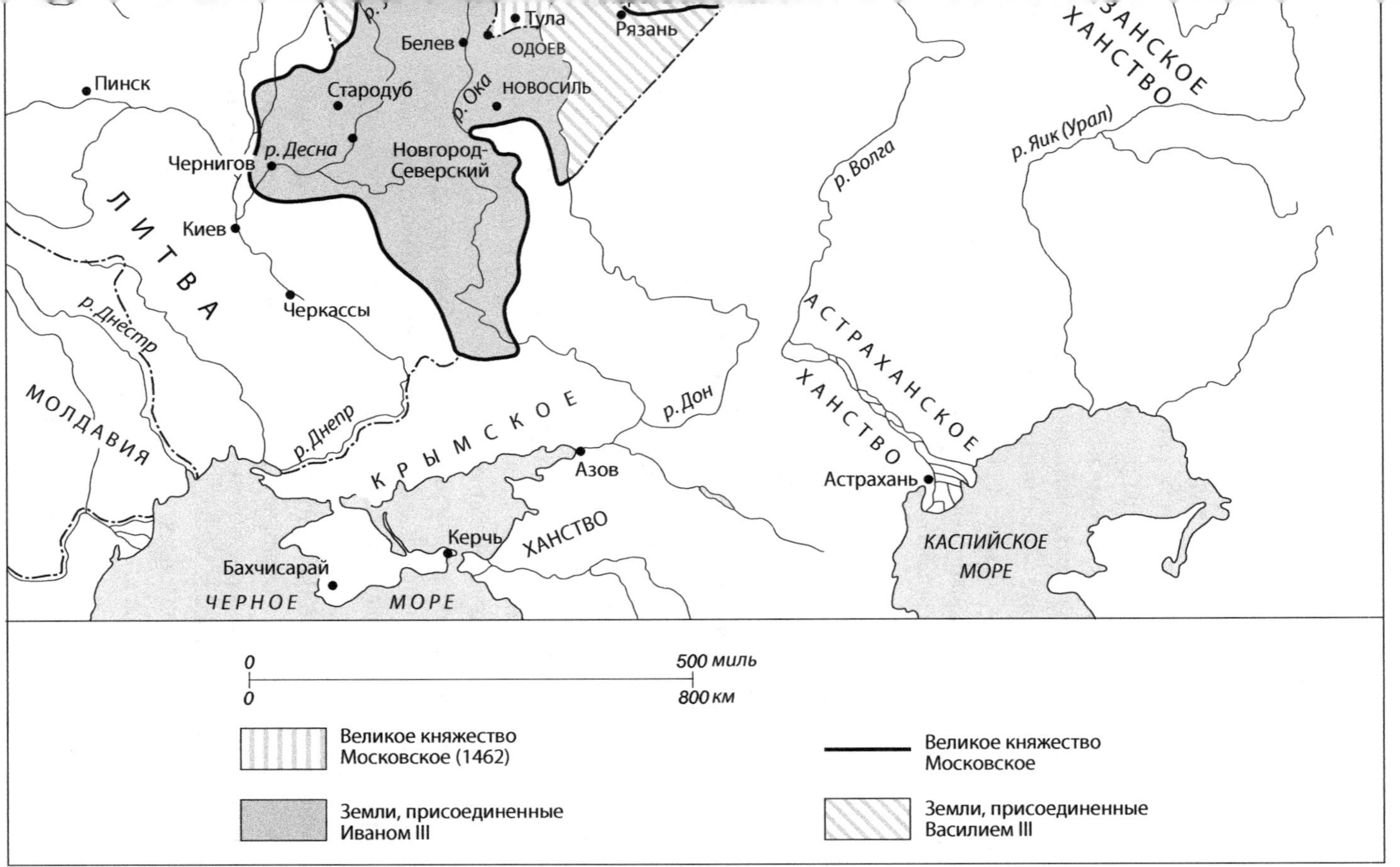

Карта 2. Великое княжество Московское (1462–1533) (взята из атласа «An Atlas of Russian History: Eleven Centuries of Changing Border» А. Ф. Чу [Chew 1971])

войска. Однако, как и в других укреплениях на границе со степью, в Васильсурске необходимо было содержать постоянный гарнизон, что для армии, собранной из поместных землевладельцев, представляло трудность [Pelenski 1974: 50; Разин 1955, 2]. В случае с Васильсурском новая стратегия не дала быстрых плодов. Из-за нападений татарской конницы русские войска, выдвинувшиеся в том же 1524 году из Васильсурска к Казани, лишились большей части своих припасов и вскоре были вынуждены свернуть осаду столицы. В результате политические задачи, стоявшие перед Василием III в этом походе, были решены лишь отчасти. По окончании русско-казанской войны 1521–1524 годов престол занял новый хан, который был крымским ставленником, заинтересованным в мире и сотрудничестве с Москвой, — компромиссная фигура, а не марионетка Кремля. В 1524 году русские купцы занимались торговлей в Нижнем Новгороде, а не в Казани; таким образом, непрочный мир продержался вплоть до смерти Василия III. Русское государство все сильнее укреплялось в своем желании полностью подчинить себе Казанское ханство, которое отдельные элементы в русском обществе уже начали воспринимать как своего идеологического противника [Pelenski 1974: 52].

Стратегия использования крепостей также оказала большое влияние на ход русско-крымского противостояния, начавшегося после того, как при Василии III распался союз между этими двумя государствами. После 1500 года обе стороны выказывали все меньше интереса в продолжении прежнего сотрудничества. С падением Большой Орды у них больше не было общего врага, а что касалось ситуации с Казанским ханством, то здесь Москва с Крымом не столько действовали заодно, сколько боролись друг с другом за то, чтобы посадить на ханский престол своего ставленника. Нежелание Василия III отправлять крымскому хану и его приближенным щедрые подарки тоже не улучшило положения дел. Не объявляя войны, крымцы начали опустошать русские земли: до 1520 года было совершено 17 крупных набегов, а после — множество мелких. Оборонительная стратегия Москвы оказалась до некоторой степени эффективной, хотя военная удача склонялась то на одну, то на другую сторону.

Уязвимость системы русских крепостей стала очевидной после того, как отношения Москвы с Крымом стали еще хуже и в 1519 году был заключен крымско-литовский союз. Два года спустя, когда главные силы русского войска сражались на западе, хан Мехмед I Гирей предпринял крупный поход на Русь. Его всадники свободно миновали слабо защищенные приграничные крепости с небольшими гарнизонами: стремительная татарская конница могла не бояться нападения с тыла. Один крупный отряд повернул на восток, другой же занял предместья русской столицы и окружил Кремль. По иронии судьбы, единственный почти за 100 лет враг, осадивший московскую крепость, не стал испытывать на прочность ее стены, рассчитанные на отражение артиллерийской атаки. Мехмед I Гирей добился от московских бояр и командовавшего обороной столицы казанского царевича Худай-Кула (после крещения Петра Ибрагимовича. — *Примеч. пер.*) — потомка Чингисхана и зятя Василия III — обещания выплатить дань и отступил со своим войском. Крымские татары увели с собой огромное количество пленных и захватили богатую добычу. Оказалось, что сами по себе приграничные крепости не могут защитить русские земли от крупного набега. В 1522 году Василий III лично возглавил ежегодный сбор русского войска, ожидая нового нападения крымцев; оборона границ была усилена пехотными частями и артиллерией. Для координирования действий по защите от набегов была построена новая крепость в Коломне; успешная реализация этого проекта стала большим достижением русского правительства [Khodarkovsky 2002: 97–100; Ходарковский 2019; Martin 1995: 325; Каргалов 1973: 141, 145]. Однако тот факт, что в Русском государстве по-прежнему каждый год объявлялся сбор войска для защиты от татарских нашествий, демонстрирует приверженность великого князя прежней военной стратегии с акцентом на действия легкой конницы и ответные набеги. Строительство и содержание в порядке крепостей были лишь дополнением к этому.

Задачи, которые стояли перед Русским государством в пограничных войнах с его западным соседом и соперником, Великим княжеством Литовским, были совершенного иного рода.

Здесь речь шла в первую очередь о присоединении новых территорий. Особенно сильно Москва стремилась отнять у Литвы те княжества, которые когда-то входили в состав Киевской Руси.

Военное устройство Великого княжества Литовского во многом напоминало московское; литовцы тоже прибегали к стратегии опустошения приграничных земель быстрыми набегами, участники которых после боевых действий возвращались в свои поместья и занимались сельским хозяйством. Соперничая за контроль над степью, Литва и Русское государство при случае заключали союзы с татарскими князьями. У Великого княжества Литовского не было существенного преимущества над Москвой в области военных технологий. В Литве, как и у ее восточного соседа, не было постоянных пехотных частей вплоть до второй половины XV века — по административным и политическим причинам. Как и Польша, с которой у нее был общий монарх, Литва не расходовала на оборону границ средства из казны. Поэтому не стоит удивляться, что в пограничных войнах между Русским государством и Литвой обе стороны использовали тактику выматывания и убеждения, а набеги и походы были средством политического и военного воздействия на местных князей, заставлявшим их перейти на службу новому сюзерену.

Однако в Великом княжестве Литовском, королевстве Польском (с которым Литва образовывала двуединую монархию) и близлежащей Ливонии было сравнительно много городов с каменными, а не деревянными замками и крепостными стенами. Ливония была просто усеяна такими крепостями, некоторые из которых были возведены по новейшему немецкому образцу. В начале XVI столетия в армиях этих государств были специалисты по артиллерийскому и осадному делу, и некоторые из них были наняты Москвой [Зимин 1972: 153][24]. Хотя Русское государство, безусловно, использовало артиллерию, осадные орудия и вооруженные огнестрельным оружием войска во всех своих

[24] Разин пишет о том, русские добились больших успехов в искусстве захвата и обороны крепостей, а также развили навыки владения артиллерией [Разин 1955, 2].

военных конфликтах, все эти инновации пришли с запада, и именно в войнах начала XVI века за пограничные территории с Литвой они играли особенно важную роль. В 1500-х годах это противостояние приобрело сложный военно-дипломатический характер. Москва часто организовывала большие походы на Литву (как и на Казань). Навыки осады и штурма каменных крепостей, полученные на западе, вскоре пригодились и в восточных военных кампаниях.

Однако с 1480 по 1491 год Русское государство по большей части ограничивалось мелкими (иногда более крупными) набегами на литовские земли; литовцы отвечали тем же самым. В это и последующее десятилетия, устав от этих опустошений, немало крупных православных землевладельцев и князей присягнули на верность московскому государю. Согласно одной точке зрения, эти люди чувствовали себя ущемленными географически и политически при литовском дворе. Их переход на службу Москве был обусловлен не столько конфессиональными соображениями, сколько тем, что они хотели защитить свои земли от русских набегов и получить возможность возвыситься при дворе московского князя, где они получали право на новые должности и награды [Кром 2010: 131][25]. Таким образом, присоединение этих княжеств началось с набегов, однако завершилось благодаря включению их правителей в московскую придворную элиту. Новосильские князья, став активными союзниками Москвы, попытались в какой-то степени сохранить свою автономию. Другие вместе со всеми своими землями и людьми просто переходили на службу великому князю Московскому. Так, например, поступили представители знатного рода Бельских. Бежавший в Москву Федор Бельский, участвовавший в заговоре против короля Казимира, получил в управление ряд областей на литовской границе, находившихся между его прежними землями и поместьями, дарованными ему Иваном III. Такая политика кнута и пряника (постоянное военное давление

[25] А. А. Зимин считает, что православие, напротив, сыграло существенную роль в этом процессе [Зимин 1982: 95–97].

с одной стороны и возможность возвыситься с другой) позволила Москве присоединить к своим владениям огромные территории на западе.

После известий о смерти великого князя Литовского и короля польского Казимира IV в 1492 году Иван III послал против Литвы крупное войско. Некоторые литовские города, например Вязьма, были взяты почти без боя. Другие, в том числе Любутск, Мценск, Серпейск и Мезецк (Мещовск), князья которых не захотели переходить на сторону Москвы, были захвачены после осады и штурма. На защиту Серпейска были брошены литовские войска из Смоленска; после взятия русским войском город был сожжен. Русские добились больших успехов в захвате и обороне крепостей. В 1494 году был заключен мирный договор, по которому большая часть захваченных земель вошла в состав Русского государства. Дочь Ивана III Елена стал женой нового великого князя Литовского Александра, и Литва признала за Иваном право именоваться «государем всея Руси». Князьям, которые в ходе этой войны перешли на сторону Москвы и оказали поддержку русским войскам, было позволено сохранить свои владения. Хотя часть захваченных земель по договору была возвращена Литве, новоприобретенные территории с трех сторон окружали литовские княжества возле реки Угры. Эти земли зачастую вступали в состав Русского государства из-за того, что такое решение приняли их князья, а не вследствие завоевания и захвата [Разин 1955, 2; Alef 1973: 104–105; Зимин 1982: 97–104].

Активное военное присутствие Русского государства на территориях, примыкающих к восточной части Балтийского моря, привело к более частым контактам Москвы со столь непохожими на нее странами Европы. В 1480 году рыцари Ливонского ордена напали на Псков, а год спустя русские войска совершили поход на ливонские земли. Мирные соглашения были подписаны только в 1493 году. Мирный договор с Литвой — в 1494 году[26]. В рамках агрессивной экономической политики, направленной против Ливонии и Ганзейского союза, Иван III закрыл ганзейский

26 Подробнее об этом см. гл. 11 и 12 [Urban 2003; Урбан 2010].

квартал в Новгороде (Немецкий двор) и повелел возвести напротив ливонской Нарвы порт-крепость Ивангород, чьи построенные в форме каре стены были способны противостоять артиллерии [Hellie 1972: 158; Мильчик 1997: 119–132].

Находившееся к северу королевство Дания, оценив, как выросло влияние Русского государства в Восточной Балтике, заключило с Москвой союз против правителя (регента) Швеции Стена Стуре Старшего. Дания стремилась к главенствующей роли в Кальмарской унии, а Русское государство хотело передвинуть финскую границу дальше на запад. Успешные набеги русских войск на территорию шведской Финляндии привели к тому, что в 1496 году шведы в ответ взяли Ивангород и сожгли его. Однако вскоре русские отбили эту крепость и, после того как в 1497 году со шведами было заключено шестилетнее перемирие, снова отстроили Ивангород [Мильчик 1997: 32–45][27].

Немалую роль в укреплении международного положения Русского государства сыграли и дипломатические контакты. Иван III установил отношения с королевством Венгрия и Священной Римской империей, которой в то время правил Максимилиан II. В 1480-х годах Иван заключил плодотворный союз с господарем Молдавии Стефаном III Великим; этот альянс стал еще прочнее после брака дочери Стефана Елены и наследника московского престола (на тот момент) Ивана Молодого. Союз, заключенный в 1490-х годах между Молдавией и Крымским ханством, привел к образованию тройственной коалиции против Польши и Литвы. Нападение Польши на Молдавию, бывшую вассалом Османской империи, привело к ответной карательной экспедиции турецких войск против поляков. В те же годы ко двору османского султана прибыл первый русский посол [Смирнов 1946, II: 70–72].

В 1500–1503 годы Русское государство снова воевало с Литвой. Иван III ударил по двум направлениям: одно войско выдвинулось

---

[27] Шведы подожгли деревянные сооружения в Ивангороде с помощью зажигательных стрел; они не штурмовали крепость, используя артиллерию [Tiberg 1995: 137].

на юго-запад в сторону Брянска, а другое — на запад в направлении Дорогобужа. Поначалу русские почти не встречали сопротивления. Силы Ивана III захватили несколько городов, и местные князья стали массово переходить на сторону Москвы. В 1500 году Литва проиграла крупное сражение на реке Ведрошь. Однако литовцы быстро пришли в себе, и продвижение русских войск стало менее быстрым и успешным, притом что военные кампании Москвы в принципе не были рассчитаны на длительный срок. Кроме того, действия Ивана III спровоцировали ответную реакцию со стороны соседних государств: Венгрия угрожала прийти на помощь Литве, а союзник Великого княжества Литовского Ливония открыла второй фронт и напала на земли вокруг Ивангорода и Пскова — в ответ войска Русского государства совершили успешный рейд в Ливонию, разорив окрестности Дерпта и дойдя до Нарвы. Также в военный конфликт вступили Большая Орда и Крымское ханство.

В 1502 году русские войска осадили стратегически важную литовскую крепость Смоленск. Политическую и военную важность этой кампании подчеркивал тот факт, что во главе ее стоял третий сын Ивана Дмитрий Жилка и лучшие московские воеводы. В помощь им были направлены дополнительные войска, однако благодаря решительным действиям литовских рыцарей им не удалось соединиться с основными силами, и Дмитрию пришлось отступить от Смоленска. Неудачу этой кампании можно объяснить тем, что русские не смогли собрать воедино все свои силы; кроме того, было плохо организовано артиллерийское снабжение и была выбрана не лучшая стратегия. Благодаря своим союзническим связям Ивану III удалось только отвлечь литовские войска и не пустить их к Смоленску на помощь осажденному гарнизону крепости. Несмотря на то что в этой войне с Литвой успех не всегда был на стороне Москвы, подписанное в 1503 году перемирие де-факто закрепило за Русским государством право на огромные территории, завоеванные в годы правления Ивана III — почти треть от прежней площади Великого княжества Литовского. Впрочем, этот мир был весьма хрупким, и различные приграничные набеги и военные конфликты между Литвой и Русским государством продолжались еще много лет [Кром 2010: 131, 229; Разин 1955, 2; Зимин 1982: 178–196][28].

Новая война между Москвой и Литвой началась в 1507 году уже после смерти Ивана III и Александра Ягеллона. Вассал великого князя Литовского князь Михаил Глинский восстал против своего сюзерена, брата Александра Сигизмунда I. Потерпев поражение, он бежал в Москву и занял высокое место при дворе Василия III. После распада союза с Крымским ханством Русское государство оказалось в непростой ситуации. Войскам Василия III пришлось дважды отражать крупные набеги крымских татар на южные рубежи русских земель. Впрочем, на этот раз Ливонский орден выступил союзником Москвы.

Главной целью Василия III был захват Смоленска и его крепости. Окончательное вхождение Пскова в состав Русского государства, произошедшее в 1510 году, помогло подготовить плацдарм для новой осады Смоленска[29]. Далее было организовано несколько небольших походов на этот город. За этими набегами последовала безуспешная шестинедельная осада Смоленска в начале 1513 года. Летом того же года русская армия совершила второй поход под Смоленск и еще четыре недели осаждала его. В составе русского войска были наемники и специалисты по ведению осады из Священной Римской империи. Ключевой стала третья осада Смоленска летом 1514 года: крепость была взята после артиллерийского обстрела с окружающих город холмов [Дулов 1983: 219][30].

Война продолжалась; Москве не удавалось развить свои первые успехи. В том же 1514 году русское войско, переправившись через Днепр, потерпело чувствительное поражение в битве под Оршей

---

[28] Также см. гл. 8 [Fennell 1961].

[29] Псков перестал быть вольным торговым городом; власть перешла в руки новой администрации, и в крепости был размещен новый гарнизон; сама крепость достраивалась и перестраивалась в 1517 и 1524–1526 годах [Зимин 1972: 121, 123].

[30] Герберштейн не был впечатлен действиями русских войск [Herberstein 1969; Герберштейн 2008].

(см. иллюстрацию на обложке); польско-литовская летучая конница умело координировала свои действия с маневрами отрядов наемников (пехотой и артиллерией). Хоть Сигизмунду и удалось отбить у русских несколько городов, он не смог вернуть себе Смоленск; в 1517 году польско-литовская армия неудачно осаждала Опочку. После этого Русское государство прибегло к тактике пограничных набегов, вынуждая противника пойти на мирные переговоры. В 1519 году на Польшу напала Ливония; эта кампания, в целом не принесшая ощутимых плодов, была оплачена Москвой [Разин 1955, 2]. Поход крымского хана на Москву в 1521 году только способствовал желанию всех участвующих в конфликте сторон заключить перемирие, которое и было подписано в 1522 году сроком на пять лет и впоследствии было продлено до 1534 года.

К 1530 году Русское государство продемонстрировало свою способность регулярно собирать крупную армию, главной ударной силой в которой была легкая мобильная кавалерия при поддержке артиллерии и небольших отрядов пехоты, состоящей из временно призванных на военную службу посадских людей. Конные набеги по-прежнему играли ключевую роль в русской военной стратегии; кроме того, конница была и важнейшим тактическим инструментом на поле боя. Увеличение числа деревянных, каменных и кирпичных крепостей на границах Русского государства привело к повышению навыков осады, штурма и обороны таких укреплений. Отдельные военные кампании редко затягивались надолго, однако, как выяснилось в войне Василия III с Литвой, на большой территории русские войска вполне могли вести боевые действия в течение продолжительного периода времени. С учетом всего этого, Русское государство успешнее решало свои задачи на западе, чем в противостоянии с Казанью и Крымом. Против своих татарских соперников, несмотря на возведение крепости Васильсурск и начало строительства систем укреплений, которые впоследствии стали называться засечными чертами, Москва действовала не так эффективно — именно крымские, а не литовские войска окружили русскую столицу в 1521 году. Было очевидно, что главенствующая роль летучей конницы в военном устройстве Русского государства сохранится еще на какое-то время — как по чисто военным, так и по социополитическим соображениям.

Заключение

На момент смерти Василия III в 1533 году в Русском государстве уже сформировались единые принципы военной службы, хотя отдельные удельные и служилые князья все еще сохраняли некоторую степень автономии. Основу поместного войска составляли служилые люди «по отечеству», которые служили государству из поколения в поколение, воевали в рядах легкой дворянской конницы и занимали все командные должности в армии. Вооруженные силы Русского государства, главной ударной силой которых была мобильная кавалерия, постоянно росли благодаря тому, что на службу к великому князю Московскому переходила элита из новоприсоединенных княжеств. Самые высокие военные должности доставались представителям боярских, княжеских и других знатных родов, которые не только командовали войсками в различных походах и управляли теми или иными землями, но и выступали советниками московского государя в вопросах политики; их власть и влияние зависели от того, какими личными и родовыми связями при дворе они обладали. Помимо этих фигур верхнего уровня при дворе московского правителя состояли и люди менее высокого положения, тоже служившие в русском войске. На территориях, недавно вошедших в состав Русского государства, тоже были дворяне, в семьях которых право на службу передавалось по наследству; сначала они защищали собственные земли, а впоследствии стали принимать участие и в других военных кампаниях Москвы.

Военная служба была важнейшим элементом политического, социального и экономического устройства Русского государства. Она была той площадкой, на которой представители русской знати соревновались друг с другом за политическое влияние и более высокий социальный статус; в результате личные интересы правящей элиты Русского государства были тесно связаны со службой короне. Кроме того, вся эта система опиралась на поддержку землевладельцев из более низких сословий, которые в награду за свою службу получали поместья и крестьян для работы на них. Для многих помещиков условием владения землей (и, соответственно, экономического благополучия) было обязательство немедленно являться на военную службу, получив приказ свыше. Чтобы раздавать новые поместья все большему числу служилых людей, Российскому государству приходилось постоянно увеличивать площадь казенных земель за счет присоединения новых территорий; другими словами, поместная система в какой-то степени сформировалась благодаря выдающимся военным успехам Москвы, достигнутым до 1533 года. Все эти социальные, политические и экономические факторы, которые обусловливали как организацию русской армии, так и ее использование, только укрепляли значение легкой конницы как системообразующего элемента всего военного устройства Русского государства.

В то же самое время русская армия — пусть постепенно и в небольшом объеме — внедряла и некоторые новшества. Среди новых людей на службе московского князя были как иностранные специалисты в области артиллерии, фортификации, так и наемники-пехотинцы. Были и призванные на службу подданные русской короны (служилые люди «по прибору»); в отличие от поместной конницы, эти казаки, пушкари, затинщики и пищальники не принадлежали к знатному сословию. Некоторые из них специализировались в такой новой сфере военных технологий, как огнестрельное оружие, другие занимались организацией системы обороны от степных набегов и входили в состав небольшого государственного аппарата Русского государства. Их было немного, и они успешно взаимодействовали с главной ударной силой русского войска — легкой конницей — и регулярно использовались в военных кампаниях Москвы как на западе, так и на востоке. Русско-литовская война, завершившаяся в 1522 году, наглядно продемонстрировала, как успешно были освоены русскими некоторые из этих новых военных навыков. Эти инновации привели к некоторым незначительным изменениям в организации и тактике русской армии.

К концу первой трети XVI столетия Русское государство проявило себя как могущественная региональная держава. Оно выстояло под натиском со стороны своих степных соседей, а на западном фронте отвоевало у Литвы множество княжеств, некогда входивших в состав Киевской Руси. Хотя последняя война с Литвой и сделала очевидным тот факт, что для надлежащего снабжения армии, занимающейся осадой городов и участвующей в многочисленных сражениях, необходимо вводить новые налоги, Москва, безусловно, все еще была в состоянии продолжать территориальную экспансию, необходимую для содержания поместного войска. Такой была ситуация в Русском государстве к 1533 году, когда умер Василий III, оставив регентом свою вдову, а наследником престола своего трехлетнего сына.

Глава третья
Армия, завоевавшая империю

Обзор

После 14 тревожных лет, когда страной сначала управляла его мать, Елена Глинская, а затем боярские кланы, в 1547 году первым русским царем стал сын и наследник Василия III Иван IV. В последующие полвека выдающиеся события в Русском государстве, во главе которого находились Иван IV, а затем его сын Федор I, подтвердили право московских государей на этот титул, который в монархической иерархии Запада был равен императорскому. Русское царство вобрало в себя новые земли и народы, говорившие на разных языках и исповедовавшие разные религии, а также столкнулось с новыми военными задачами, неизбежно возникающими при строительстве империи.

Иван IV, также известный как Иван Грозный, правил Русским государством 37 лет — с 1547 по 1584 год. Это было беспокойное время, в ходе которого произошли важнейшие государственные реформы и были достигнуты большие военные успехи: в частности, состоялось покорение Среднего Поволжья. Однако имели место и сокрушительные поражения, и разорение русских земель — особенно в период опричнины (1562–1572), когда Иван разделил свое царство на две части и начал терроризировать собственных подданных. Историки расходятся в своих оценках правления Ивана Грозного, и многолетние споры о причинах и последствиях его действий не утихают и по сей день[1].

Разумеется, политические пертурбации и хаотичные метания, сопровождавшие правление Ивана IV, в какой-то степени наносили ущерб и военному устройству Русского государства. Однако так как все это время Москва неуклонно придерживалась своей экспансионистской политики и имела дело с одними и теми же противниками, набор военных задач, стоявших перед Иваном Грозным, а затем и перед его наследником Федором, был более-менее постоянным. При Иване IV Русское государство вело множество войн: начало этой экспансии было положено в 1550-е годы, когда состоялись Казанские и Астраханские походы, завершившиеся покорением обоих этих ханств. Русские завоевания в низовьях Волги и продвижение в сторону Кавказа привели к недолгому противостоянию с Османской империей и нескольким походам на Крым. Наконец, ослабление Ливонии побудило Ивана IV напасть на эту привлекательную со стратегической и коммерческой точек зрения территорию в восточной части Балтийского моря. Это привело к многолетнему военному конфликту между Русским государством, Речью Посполитой и Швецией, длившемуся с 1558 по 1582 и затем с 1590 по 1595 год. При этом в ходе всей экспансионистской деятельности Москвы присутствовала постоянная военная задача: защита южных границ государства от набегов крымских татар, которые по мере роста империи становились все более частыми.

Вся эта лихорадочная деятельность происходила в постоянно меняющейся и нестабильной социальной и политической обстановке. Разногласия, разрывавшие московский двор в годы регентства Елены Глинской и боярского правления, угрожали разрушить политическое равновесие, существовавшее в Русском государстве. Достигнув совершеннолетия, Иван попытался ста-

---

1 См., например, в журнале «Russian History». 1987. Vol. 46. № 2, который почти полностью посвящен этой теме. Если говорить о недавних исследованиях, полезные соображения высказываются в книге И. де Мадариаги [de Madariaga 2005: x–xv; де Мадариага 2007].

билизировать отношения между боярами; в 1565 году он отказался от этого курса и учинил опричнину, а после опричнины его решения стали еще более сумасбродными. В конце концов, когда поражение в Ливонской войне стало неминуемым, Иван Грозный в 1581 году нанес политическому устройству Русского государства еще один имевший катастрофические последствия сокрушительный удар, когда в приступе безумия убил своего сына и наследника. В последние годы правления стареющего царя бездетность его единственного законного преемника Федора создала предпосылки для последующего династического кризиса.

Скорее всего, главным катализатором перемен в военном устройстве Русского государства при Иване IV стала колоссальная и непрекращающаяся, хотя и неравномерная и не всегда успешная экспансия. До 1550 года Русское государство поглотило множество русских княжеств — отчасти за счет административных усилий наместников, а отчасти благодаря включению новых элит в московскую придворную иерархию. Даже Новгород, чье сопротивление Москве было не единожды подавлено силой, в конце концов стал частью единой административной системы с прямым управлением из Москвы. Однако в случае с завоеваниями Ивана Грозного в середине XVI века дела обстояли совершенно иначе. Территории, захваченные Москвой во второй половине XVI столетия, не так легко поддавались вхождению в Русское государство. Ситуацию усугубляли и становившиеся все более весомыми идеологические установки, согласно которым Москва отождествлялась с Восточной православной церковью, а ее враги (в том числе покоренные и вошедшие в состав империи) — с другими религиями. Русской армии на завоеванных землях приходилось защищать не только новые границы, но и саму власть московского государя. Казанское и Астраханское ханства оставались по-прежнему враждебно настроены по отношению к Москве и в любой момент были готовы восстать. В ходе Ливонской войны Ивану IV удалось оставить за собой только те территории, где он мог на постоянной основе удерживать крепости и земли вокруг них. Примерно так же обстояли дела и на южных рубежах империи, где крымские татары все более ожесточенно нападали на приграничные крепости — форпосты русской экспансии на юг. Походов и карательных набегов было уже недостаточно: Русскому государству требовалось содержать постоянные гарнизоны во все большем количестве крепостей.

С течением времени экспансия привела к возникновению империи, которая не могла более функционировать за счет имевшихся ресурсов и очевидно требовала перемен в военном устройстве. Во-первых, Русское государство нуждалось в том, чтобы иметь возможность гарантированно и в установленном порядке собирать крупные армии для защиты своих постоянно расширяющихся границ — разведки, отражения внезапных вторжений и ответных кампаний. Иван IV попытался решить эту задачу, укрепив позиции поместного дворянства и взамен потребовав от помещиков исполнения новых военных обязанностей.

Во-вторых, что, возможно, даже более важно, для комплектования гарнизонов все большего количества крепостей на окраинах Русского царства стало необходимым создать более-менее регулярные войска, служба в которых была бы постоянной[2]. Элитная поместная конница, члены которой уделяли воинской службе только часть своего времени, а оставшееся время — управлению своими поместьями, могла выполнять эти обязанности только в исключительных случаях. Решением этой задачи стало появление в Русском государстве служилых людей «по прибору» — по сути, людей, состоящих на службе по контракту. Слова «по прибору» означают, что они были набраны на службе, а не состояли в служилом сословии по праву рождения. Поэтому в условиях того времени их социальное положение было ниже, чем у дворян-помещиков. При Иване Грозном тактика ведения боя уже предполагала ведение массированного огня, и потому бо́льшую часть служилых людей «по прибору» составляли стрельцы — обученные обращаться с огнестрельным оружием пехота и конница, ставшие первыми постоянными частями русского войска; они использовались и при ведении боевых действий, и на

---

2 О составе вооруженных сил Русского государства при Иване IV см. [Баиов 1909: 69–70].

гарнизонной службе. В армии Ивана IV было больше пушкарей, инженеров, затинщиков и даже воротников, чем при Василии III. Кроме того, существенно возросло число ополченцев: казаков и прочих служилых людей, которые состояли в крепостных гарнизонах, получив взамен находившиеся неподалеку небольшие участки земли. Многие из них несли коллективную службу: так, у казаков земля принадлежала общине, а не отдельным людям. Хотя эти разряды и отличались друг от друга боевой подготовкой и опытом, все они были полезными при осаде или защите крепостей. Кроме того, хотя татарские царевичи по-прежнему получали в армии Русского государства самые высокие командные должности, членами рядового состава иноземных войск — то есть отрядов, набранных в вассальных княжествах или из людей нехристианского вероисповедания, — тоже были служилые люди «по прибору». В результате всех этих преобразований во второй половине XVI века социальная структура русских вооруженных сил претерпела существенные изменения. За исключением иноземных частей, армия Русского государства во времена Ивана IV и его сына Федора на треть состояла из людей, бывших на контрактной службе. Есть мнение, что, несмотря на некоторый политический и социальный антагонизм, существовавший между ратниками знатного происхождения и стрельцами, принадлежащими к низшим сословиям, роль этих самых служилых людей «по прибору» как раз и заключалась в том, чтобы служить противовесом поместной коннице [Hellie 1972: 267][3].

По мере того как происходили все эти изменения, в русской армии становилось все больше иноземных военных и специалистов, и влияние, оказываемое ими на организацию русской армии, тоже постоянно росло. При Иване IV в русской армии состояли 4 000 иноземцев. Несмотря на военное эмбарго, введенное Ливонией, военные специалисты из Литвы, Италии и прочих стран

---

[3] Р. Хелли и Дж. Кип утверждают, что появление в русской армии отрядов стрельцов было обусловлено военными причинами. М. Брикс же особо подчеркивает тот факт, что, по его мнению, они выступили в роли политического противовеса помещикам [Hellie 1972: 161; Keep 1985: 60; Brix 1867: 93].

во множестве стекались в Москву. Носителями новых идей становились и русские люди, прежде служившие в армии Речи Посполитой. Эффект от всего этого был совершенно потрясающим [Hellie 1972: 267; Esper 1967a: 182–183]. Во второй половине XVI века Русское государство инвестировало значительные ресурсы в производство пороха и разработку огнестрельного оружия, стало использовать тяжелую артиллерию для осады крепостей и подготовило специалистов в области инженерного, а также саперного дела и минирования. Было завершено строительство 150 крепостей: некоторые из них были простыми деревянными укреплениями, однако другие были кирпичными или каменными и могли выдерживать артиллерийские обстрелы. Кроме того, при Иване Грозном государство стало создавать собственное огнестрельное оружие (артиллерию и ручное оружие) силами русских орудийных и оружейных мастеров, а также приглашать военных специалистов из Западной и Центральной Европы для обучения пехоты. Полевая артиллерия стала элементом русской армии. Похоже, в Русском государстве при Иване IV были хорошо осведомлены о последних технических разработках своего времени [Hellie 1972: 156–157; Чернов 1954: 100; Разин 1955: 400–401].

Однако, хотя все эти преобразования были очень важными и масштаб этих перемен был велик, они не повлекли за собой коренных изменений в военном устройстве Русского государства. Стратегия, основанная на набегах и высокой мобильности поместного войска, продолжала играть ключевую роль — как по военным, так и по политическим соображениям[4]. Русское государство по-прежнему вело степную войну, как оборонительную, так и наступательную — это и походы против Казанского ханства, и ежегодный сбор войск для отражения набегов крымских татар, и новые расходы на строительство крепостей и содержание в них гарнизонов, сформированных из служилых людей «по прибору».

[4] Обоз русской армии во время похода на Полоцк и Оршу в 1564 году состоял всего из 5000 телег при численности войска 17 000–18 000 человек. Такое соотношение — одна телега на трех-четырех ратников — на удивление близко к стандарту, существовавшему в татарском войске — одна телега на пятерых [Collins 1975: 259].

Политическая и военная значимость поместной конницы не ставилась под сомнение вплоть до самого конца правления Ивана IV.

Изменения в организации русских вооруженных сил, необходимые для эффективного ведения боевых действий против Ливонии, Литвы, Польши, Швеции и Османской империи, не изменили того факта, что русское войско по сути своей по-прежнему оставалось армией степного типа. Однако это не стало препятствием для внедрения и активного использования огнестрельного оружия. Москва вполне успешно брала на вооружение и применяла наиболее подходящие и технологичные новшества того времени в области фортификации, снабжения, нового артиллерийского и прочего вооружения, строительства крепостей и гарнизонной службы. В 1590-е годы в Западной Европе стали впервые использоваться тактические новшества с акцентом на использование пехоты, создателями которых были в первую очередь Мориц Оранский (1567–1625) и Вильгельм Людвиг Нассау-Дилленбургский (1560–1620). Однако ближайшие соседи Русского государства, Польша и Литва, не располагали большим количеством регулярных войск. Если говорить о военных инновациях в ближайших к Русскому государству странах, то самой прогрессивной из них была Швеция, задействовавшая иноземцев и крестьянское ополчение; русские стрельцы — пешие и конные — использовались несколько иначе, однако едва ли уступали шведам в эффективности. В долгосрочной перспективе оказалось, что самыми трудноразрешимыми задачами как для Русского государства, так и для его ближайших западных соседей стало исправление невидимых глазу внутренних системных изъянов, вскрывшихся в условиях длительной войны.

Казань

В годы регентства Елены Глинской и боярского правления (1533–1547) военным преобразованиям уделялось мало внимания. Правительство, раздираемое внутренними разногласиями, с трудом изыскивало ресурсы для отражения 20 с лишним крупных набегов крымских татар, случившихся в этот период. Влияние Москвы на Казань ослабло настолько, что в ходе очередной казанской междоусобицы московский ставленник был изгнан [Каргалов 1973: 141; Каргалов 2019; Pelenski 1974: 52]. Вполне вероятно, что военная политика Ивана IV и те задачи, которые он прежде всего пытался решить, сформировались именно вследствие всех этих многочисленных конфликтов с татарами, случившихся в его детские годы, однако в то время люди, находившиеся у власти, сделали очень мало для изменения военного устройства или внешнеполитического курса Русского государства.

Однако после венчания молодого Ивана на царство положение дел стало быстро меняться. При сильной поддержке со стороны Православной церкви Иван IV начал строить планы покорения Казанского ханства. Притом что для войны с мусульманским государством имелись серьезные идеологические причины, и Православная церковь, и правящая верхушка Русского государства прежде всего мечтали о захвате новых земель и поместий. Однако поход, состоявшийся в 1547 году, завершился неудачей. Во Львовской летописи сказано, что причиной поражения стали ранняя оттепель и таянье льда на Волге: «и пушки и пищали многие проваляшеся в воду...; и многие люди в продушинах потопоша»[5]. Второй поход состоялся зимой 1549–1550 годов после известия о смерти хана Сафа-Гирея, сильного правителя и родственника правящей крымской династии. Проведя 11 дней у стен Казани под проливным дождем, русские войска вновь сняли осаду и отступили. Оба этих похода продемонстрировали (не в первый и не в последний раз), что Казань находилась слишком далеко от Москвы и русское войско могло проделать этот путь в оба конца за одну кампанию только в том случае, если погодные условия были близки к идеальным[6]. Для решения этой проблемы на обратном пути

---

[5] ПСРЛ. Т. XX. Ч. 2. С. 473–475, 477. Также цит. по: [История Татарии 1937: 113–115].

[6] Более подробно об этом говорится в одном из следующих разделов данной главы «Контуры империи».

на правом берегу Волги была построена крепость Свияжск. В отличие от своего предшественника Васильсурска Свияжск был возведен на территории Казанского ханства, недалеко от самой Казани. Вместе с восстановленным Васильсурском Свияжск стал важным опорным пунктом во время следующего Казанского похода [Разин 1955: 355; История Татарии 1937: 123][7].

Крепость Свияжск сыграла ключевую роль в противостоянии Москвы и Казани. С 1551 года народы, жившие в Среднем Поволжье, — мордва, чуваши, марийцы, татары и удмурты — стали присягать на верность Ивану IV. Из-за страха перед Свияжском и его гарнизоном Казань согласилась вновь возвести на ханский престол ставленника Москвы. Однако столь внезапное усиление Русского государства в этом регионе привело и к росту протестных настроений. Когда промосковский хан Шах-Али, не справившись с оппозицией, покинул Казань незадолго до третьего похода Ивана IV, завершившегося взятием этого города, споры о политическом будущем Казанского ханства привели к открытому восстанию; в нем приняли участие и чуваши с правого берега Волги. В 1552 году Москва стала готовиться к следующей крупной кампании против Казани.

Военные реформы

Почти одновременно с Казанскими походами правительство Ивана IV провело ряд реформ, которые сильно повлияли на устройство русской армии. Была создана система, позволившая более эффективно распоряжаться военными ресурсами государства: отчасти за счет более пристального контроля за ними, а отчасти за счет установления правил несения помещиками военной службы. В то же самое время появились первые посто-

---

[7] В то время еще не так часто строили форпосты с постоянным гарнизоном, однако во Львовской летописи прямо говорится о том, что Свияжск был возведен именно в этих целях: ПСРЛ. Т. XX. Ч. 2. М., 1965. С. 497; см. также [История Татарии 1937: 114].

янные войска, и в русских вооруженных силах все бóльшую роль стали играть артиллерия и инженерные части. Некоторые из этих реформ, например, касающиеся артиллерийского дела и военных инженеров, стали результатом неудачных кампаний против татар. Другие — особенно в отношении поместной конницы — носили политический характер.

Частью этих реформ 1550-х годов стал новый масштабный военный проект на южных границах Русского государства. Недавние атаки крымских татар на эти земли имели своей целью отвлечь русские войска от действий, направленных против Казанского ханства. Для противостояния этим набегам уже была построена цепочка сторожевых крепостей, в которую входили Коломна, Кашира, Серпухов и Калуга. В период правления Ивана IV эта линия обороны (засечная черта) была дополнительно укреплена; главной крепостью всего этого региона стала Тула. В конце 1550-х годов началось строительство второй линии. Новая цепочка сторожевых крепостей пролегала дальше к югу и соединила Рыльск, Новгород-Северский, Орел, Новосил, Ряжск и Шацк; везде, где было возможно, гарнизоны этих крепостей были набраны из местных служилых людей «по прибору». Между старыми и новыми деревянными крепостями были сооружены земляные валы и засеки, мешавшие продвижению конницы; наряду с лесами, росшими в этих местах, они представляли собой эффективную защиту от крымских набегов и отодвигали границу Русского государства далее к югу. Эта стратегия обороны была возможной главным образом благодаря климатическим и географическим особенностям местности, в частности, непроходимым брянским лесам: татарской коннице было гораздо сложнее маневрировать в таких условиях, чем в открытой и поросшей травой степи [Багалей 1887: 36; Загоровский 1969: 23].

Также в 1550 году были образованы выборные стрелецкие отряды[8]. Эти войска представляли собой намного более эффек-

---

[8] А. В. Чернов считает возможным, что стрелецкие отряды возникли ранее и принимали участие в боевых действиях против казанских татар в 1546 и 1547 годах [Чернов 1951: 283–284].

тивную силу, чем плохо обученные и призывавшиеся только на временную службу пищальники, воевавшие в армии Василия III и потом в 1540-х годах. Стрельцы получали жалованье, состояли на постоянной службе, регулярно практиковались в обращении с оружием и не распускались по домам в мирное время. Первые 3000 выборных стрельцов были разделены на 6 «статей» (отрядов) по 500 человек в каждой. Стрельцы «прибирались» в службу из «вольных» людей, однако обязаны были служить пожизненно и наследственно. Каждый вступивший в стрелецкое войско получал небольшой участок земли рядом с местом службы, а также денежное и хлебное жалованье от 4 до 7 рублей в год. Стрельцы носили единую форму — длиннополые красные кафтаны. Они были вооружены бердышами и пищалями и обучались стрельбе на точность — настолько, насколько это было возможно с оружием того времени. В отличие от рядовых стрельцов, стрелецкими командирами назначались дворяне и дети боярские — служилые люди «по отечеству»; их звания и обязанности были такими же, как и в поместной коннице: сотник командовал двумя пятидесятниками, а те, в свою очередь, пятью десятниками каждый.

Первые стрелецкие части состояли в дворцовой страже. Когда же их стали задействовать в военных кампаниях, их роль на поле боя заключалась в том, чтобы вести массированный огонь по противнику. Как правило, стрельцы стреляли залпами из-за какого-то укрепления — крепостной стены, рва или гуляй-города; также их защищала конница. В русской армии пехота численно не превосходила другие рода войск и не представляла собой независимую тактическую единицу на поле битвы. В бою стрельцы, стоявшие за длинной стеной щитов гуляй-города, легко могли простреливать широкое пространство перед собой, и их действия были скоординированы с маневрами поместной конницы, которая защищала их от атак вражеской кавалерии. Однако возможности тактического использования стрельцов в таких условиях были очень ограниченными. Они не могли с легкостью менять свою позицию и перемещаться по полю боя — отчасти из-за малого количества командиров. Поэтому стрельцы, как правило, не вступали в рукопашный бой, все время оставаясь под защитой стен. Что любопытно, авторитет стрельцов со временем вырос настолько, что их неудачи обычно объяснялись ошибками в обращении с гуляй-городом.

Такое использование стрельцов было весьма необычным. В Западной Европе того времени пехота нередко осуществляла самые различные маневры на поле боя, однако это происходило на ограниченном пространстве, и европейские мушкетеры выстраивались в ощетинившиеся пиками компактные каре [Parker 1996: 18] — иначе говоря, действовали в совершенно других боевых условиях. Первые свидетельства о том, как русские стрельцы вели залповый огонь, выстроившись в длинные и не защищенные укреплениями линии, относятся к началу XVII века[9]. Этот эксперимент (проведенный под командованием европейских офицеров) по времени приблизительно совпал с началом использования залпового огня в голландской армии, однако так и не получил широкого распространения в Русском государстве, где привычное расположение стрельцов на поле боя и так давало им возможность вести массированный огонь и простреливать широкое пространство перед собой.

Вскоре стало понятным, что у постоянных стрелецких полков есть и другое полезное применение. Такие части стали все чаще создаваться в провинциальных городах Русского государства. Получая жалованье, стрельцы могли нести круглогодичную гарнизонную службу, не испытывая необходимости отлучаться в свои земли и поместья для ведения сельского хозяйства. К концу XVI столетия в городах и крепостях Русского государства служили в общей сложности 20 000–25 000 стрельцов [Чернов 1954: 46–50, 82–85; Hellie 1972: 162–163].

Многие историки считают, что пехота стрельцов была создана для успешного действия против польской и шведской пехоты того времени, и, действительно, в годы правления Ивана IV стрельцы занимались именно этим [Марков 1886: 110][10]. Одна-

---

[9] Битва при Добрыничах, см. главу четвертую.

[10] Цит. по: [Hellie 1972: 161].

ко русские вооруженные силы представляли собой более единую и целостную структуру, чем могло показаться на первый взгляд, и стрельцы выполняли в них самые разные обязанности в зависимости от того, что требовалось в данный момент времени. Появившись в середине XVI века, они впервые были задействованы в боевых действиях в ходе Казанских походов, где не только участвовали в боях, а тоже обстреливали защитников казанской крепости во время осад[11]. Иван Пересветов, светский писатель, публицист того времени, еще до 1550 года писал о необходимости создания постоянных частей, которые будут размещены в крепостях на границе со степью, и стрельцы действительно активно привлекались к гарнизонной службе, причем не только для защиты от татар [Зимин 1956: 175]. Бóльшая часть наших предположений о причинах создания постоянной пехоты и внедрения прочих военных инноваций основана на результатах этих действий. Увеличение численности стрелецкого войска и тот факт, что оно с течением времени стало играть все более важную роль в военном устройстве Русского государства, приводят нас к тому выводу, что стрельцы были тем инструментом, который позволял Ивану IV решать весь комплекс военных задач, возникавших перед ним в процессе расширения его империи.

Помимо дорогостоящих, но ценных стрельцов в состав русских вооруженных сил были включены и другие служилые люди «по прибору». Их было меньше, чем стрельцов, но они тоже получали жалованье, проходили боевую подготовку и наряду с пехотой участвовали в осадах крепостей и состояли на гарнизонной службе. К таким людям относились пушкари, которые учились артиллерийскому делу на ходу, а также саперы и минеры. Они использовали те военные технологии и инновации, о которых шла речь выше. На службе русского царя было много казаков, значительную часть которых составляли беглые люди, жившие на границе со степью; некоторые из них какое-то время состояли во вспомогательных войсках. При Иване IV появились «городо-

---

[11] ПСРЛ. Т. XX. Ч. 2. М., 1965. С. 519; см. также [История Татарии 1937: 120–121].

вые казаки», поселившиеся при пограничных крепостях. В обмен на некое жалованье — долю в общинной земле, иногда деньги и льготы по торговле — они селились рядом с укрепленными городами и были готовы в любой момент защищать их. Несмотря на то что все это очень сильно напоминало поместную систему, русское правительство относило казаков к более низкому по отношению к помещикам сословию — так же, как и стрельцов и прочих служилых людей со скромными доходами. Из-за этого низкого социального статуса казаки не могли претендовать на получение поместий и на престиж, которым обладала поместная конница. Этих городовых казаков не следует путать с «вольными казаками», жившими на землях, неподконтрольных Русскому государству, в частности, в низовьях Дона и Днепра [Чернов 1954: 86–91; Баиов 1909: 68, 70; Загоровский 1969: 29–30].

Несмотря на всю несомненную пользу, приносимую постоянными войсками, услуги профессиональной армии обходились Русскому государству очень дорого. Выплачиваемое круглый год жалованье, а также обучение и содержание все большего количества служилых людей «по прибору» выкачивали из правительственной казны огромные средства — особенно по сравнению с поместным войском, которое почти полностью находилось на самообеспечении. Отчасти решить эту проблему позволили административные реформы, в результате которых были созданы отдельные специализированные ведомства. В 1571 году уже был известен Стрелецкий приказ, в ведении которого находились различные служилые люди «по прибору» — главным образом стрельцы и городовые казаки. Была введена особая стрелецкая подать, причем ее размер зависел не от доходов населения, а только от потребностей государства. То есть высчитывалась сумма, необходимая для содержания постоянной армии, и делилась между всеми русскими налогоплательщиками [Милюков 1905: 42–67]. Податное население Русского государства росло не так быстро, как стремительно увеличивающееся в размерах стрелецкое войско, и потому этот налог с течением времени становился все более обременительным. Фискальная нагрузка тем более увеличилась, поскольку сельское хозяйство испытывало трудности в связи с наступлением Малого ледникового периода[12]; кроме того, крестьяне должны были во время военных кампаний содержать еще и поместное войско. Ближе к концу столетия, в связи с увеличением числа стрельцов и, соответственно, ростом расходов на их содержание, были приняты временные меры, которые позволили отчасти выправить ситуацию: стрельцам, служившим не в столице, были предложены льготы по торговле и участки земли; в результате они стали меньше зависеть от получаемого жалованья. Однако у этих мер была и обратная сторона. Они действительно позволили снизить фискальную нагрузку податного населения, но вместе с тем сделали стрелецкое войско полупостоянным, так как теперь стрельцы часть времени тратили на дела, не связанные с несением службы. В конце XVI века стрельцы так много внимания уделяли ведению собственного хозяйства, что фактически мало чем отличались от городовых казаков [Чернов 1954: 84–85].

Мы видим, что при Иване IV — как и в других случаях — именно перемены в сложно устроенной военной организации Русского государства привели к важнейшим реформам налоговой и административной систем. Более подробное ведение записей и создание специализированных ведомств помогло не только укрепить русскую армию и ввести в ее состав постоянные части, но и изыскать средства на ее содержание. Судя по всему, бóльшая часть этих реформ была направлена на поместную конницу.

Правительство Ивана IV приняло целую серию мер, направленных на улучшение сбора податей и повышение доходов государства, для того чтобы компенсировать возросшие военные расходы. В начале правления Ивана проводились межевания, целью которых было выяснить, кому принадлежат те или иные пригодные для ведения сельского хозяйства территории, чтобы все не имевшие владельца пахотные земли могли быть переданы

---

[12] Малый ледниковый период — период глобального относительного похолодания, имевший место на Земле в течение XIV–XIX веков. Самый холодный период по среднегодовым температурам за последние две тысячи лет. Был ответственен за неурожай, голод и пандемии по всей Европе, в результате чего погибли миллионы людей. — *Примеч. ред.*

новым помещикам. Кроме того, Иван IV рассматривал возможность секуляризации церковных земель. Была введена единая единица взимания налогов — большая соха, — которая позволила распределить фискальную нагрузку более равномерно. Постепенно ограничивались полномочия наместников, были отменены кормления и сокращена отдача налогов на откуп. Представители новых органов местного самоуправления — в частности, земские старосты — обладали меньшей личной властью, и их злоупотребления легче было пресекать. Собираемые ими пошлины и налоги были фиксированными и вносились в писцовые книги, поэтому в столицу стало поступать большее количество средств [Dewey 1965: 37–38][13]. Чтобы увеличить доходы государства, Иван IV поощрял торговлю — вниз по Волге, на Балтике и через Белое море; все это тоже облагалось пошлинами. У Москвы появились важные торговые партнеры — Османская империя, Англия (проложившая торговый путь на север Русского государства в 1550-е годы) и города на Балтике. Русская экономика процветала, по крайней мере, до 1560-х годов. Она поддерживала растущую фискальную нагрузку, и доходы государства росли [Zlotnik 1965: 253].

Должным образом стал вестись воинский учет, который раньше, судя по всему, существовал только в головах местных бояр и старейшин. С 1552 года, когда была взята Казань, еще до сбора поместной конницы стали составляться списки местных помещиков, которые должны были прибыть для прохождения службы. С 15 лет и до выхода в отставку, ранения или смерти конники должны были являться на периодические смотры войск, и эта обязанность теперь была закреплена в письменном виде. На этих сборных пунктах писец делал записи о количестве лошадей, амуниции и физическом состоянии каждого помещика и всех тех, кто его сопровождал. Цель этих смотров заключалась в том, чтобы заставить помещиков соблюдать минимальные требования к несению службы, а не заставить их перейти на более современное вооружение. Конному воину по-прежнему достаточно было

---

[13] См. также Судебник 1550 года [Греков 1952].

иметь при себе кольчугу или стеганую куртку, железный шлем, лук со стрелами и саблю. Конники, явившиеся на смотр с неполной амуницией, облагались штрафом. После смотра помещики (и их челядинцы) распускались по домам, призывались для участия в осаде, отправлялись в дальний поход или на юг в помощь войскам, готовым отразить нападение татар на какую-нибудь пограничную крепость [Разин 1955: 306–307, 327–330, 338–341; Чернов 1954: 75–82][14]. Порядок несения службы становился все более регламентированным. Помещики из некоторых областей стали получать предсказуемые назначения из года в год и проходили службу в одном и том же полку. Иными словами, конники из Мурома могли, например, всегда входить в состав Большого полка войска, отправляющегося в какой-либо поход. Кроме того, командные должности в этом полку также каждый раз доставались людям из той же группы. Таким образом, даже в нерегулярной армии сохранялось более-менее постоянное командование, и люди в этом войске выполняли привычные обязанности [Петров 2004: 39].

В 1556 году было принято Уложение о службе — законодательный акт, который впервые определил порядок службы для владельцев вотчин и поместий. Согласно Уложению, помещик или вотчинник обязан был с каждых 100 четей (около 50 га) «доброй угожей пашни в поле» выставить по одному ратнику «на коне и в доспехе полном», а в дальний поход — «при двух конях». Уложение о службе обозначило новую веху во внутренней политике Русского государства, так как в нем порядок несения службы был единым как для владельцев поместий, так и для вотчинников, которые получили свои земли по наследству. Тем, кто выставлял большее количество ратников, чем предписывалось Уложением, увеличивалось денежное жалованье. Чтобы выполнить или превзойти эти требования, землевладельцы приезжали на сборные пункты не только с обозными холопами, но и с боевыми. По подсчетам Р. Хелли, около трети ратников в армии Ивана IV были холопами, то есть рабами [Hellie 1982: 468]. Несо-

[14] См. также АМГ. Т. II. № 85.

блюдение требований Уложения о службе было чревато лишением поместья или вотчины, зато те, кто выставлял больше ратников, получали денежное жалованье и могли претендовать на продвижения по службе, а следовательно, и на новые земли и более высокий социальный статус. Все эти меры — в том числе и штрафы, полагавшиеся за нарушение предписанных норм, — помогли стандартизировать порядок прохождения службы, сформировать конные полки с предсказуемой численностью и единой структурой и упростили процедуру призыва [Скрынников 1975: 60; Скрынников 2001; Баиов 1909: 68; Davies 1999: 153][15]. В ходе своего долгого правления Ивана Грозный вел нескончаемые войны, и именно это регламентирование порядка несения службы — наряду с налоговой реформой и созданием постоянного войска — дало возможность Русскому государству справиться с этой возросшей военной нагрузкой.

Регламентирование столь сложной системы было бы невозможным без надлежащего документооборота, и в правительственном аппарате Русского государства возникли новые специализированные структуры. Такие ведомства, называемые «избами», существовали уже в 1540-х и 1550-х годах. С 1566 года одна из них — Разрядная изба — стала ведать всеми делами, связанными с поместной конницей, смотрами, назначениями на командные должности и порядком несения службы. Усиление роли бюрократии позднее нашло отражение в изменении номенклатуры этих ведомств: «избы» стали называться «приказами». Разрядный приказ стал центральным государственным учреждением, органом военного управления. В какой-то степени его деятельность была скоординирована с деятельностью других военных ведомств, например, Стрелецкого приказа [Бобровский 1885: 64, 66; Poe 1997: 372–375]. Кроме того, возросшее влияние государ-

---

[15] Также это регламентирование привело к укреплению системы должностей военно-придворной службы, так как представители «служилых людей городовых» получили теоретическую возможность попасть в «служилые люди московские» (их было четыре, и выше были только «служилые люди думные»). См. великолепный анализ этого у Кипа [Keep 1985: 29–34]. Благодаря этому возникли «служилые города».

ственного аппарата привело к возникновению двух новых высоких чинов. В Боярскую думу — высший совет Русского государства, обладавший огромной политической властью, — вошла верхушка русской бюрократии: думные дворяне и думные дьяки. Последние назначались на особенно важные административные должности.

Реформы, проведенные по политическим причинам, имели серьезные последствия и для русской армии. Принято считать, что в ранние годы своего правления Иван Грозный и его окружение, стремясь стабилизировать ситуацию при дворе, пытались ослабить коллективное политическое влияние главных боярских родов или, возможно, каким-то образом обновить служилое население столицы. Так, например, в 1550 году Иван IV наградил 1000 помещиков из не самых знатных дворянских семей землями вокруг Москвы и вместе с этим дал им право участвовать в жизни двора. Одновременно с этим бояре и другие придворные обнаружили, что их амбиции теперь оказались направлены в другое русло и даже, можно сказать, урезаны. Так, из-за постепенной отмены института наместничества бояре могли теперь проявить себя и продвинуться по службе только при дворе или в армии[16]. Наконец, было ограничено местничество — в том, что касалось назначения на военные должности. Безусловно, московские государи и раньше использовали свою власть для того, чтобы местнические споры не мешали нормальному функционированию армии. Однако при Иване IV такие споры стали возникать при московском дворе все чаще. Когда разногласия между командирами из-за того, кто из них занимает более высокое положение, привели к неудаче Казанского похода 1549 года, Иван принял решение о проведении военных кампаний «без мест». Иначе говоря, командиры, участвовавшие в таких походах, получали назначения вне зависимости от своего положения, и все споры на эту тему были строжайше запрещены. В последующие годы количество таких кампаний «без мест», где высшие должности

---

[16] Фон Штаден писал, что Иван нуждался в боярах для ведения войн [Staden 1967: 63; Штаден 2008].

выдавались, предположительно, согласно личным заслугам, существенно возросло. Впрочем, на самом деле Иван IV не отменил, а лишь урегулировал местнические счеты [Зимин 1956: 347–348; Чернов 1954: 53][17].

Правительство Ивана IV принимало и другие меры, направленные на экономическую поддержку поместной системы. В Судебнике 1550 года было сохранено постановление из Судебника 1497 года, согласно которому крестьянин мог перейти к новому хозяину только после сбора урожая и уплаты всех пошлин. Благодаря этому землевладельцы могли меньше беспокоиться об оттоке рабочей силы. Кроме того, поскольку вошло в обычай наделять новыми поместьями всех сыновей помещиков по достижении ими совершеннолетия, в Русском государстве, как уже было сказано выше, были проведены перепись и перераспределение земель[18].

Наконец, в 1549 году в Москве состоялся первый Земский собор, в котором приняли участие представители всех сословий, кроме крестьянского. На таком соборе царь и его советники могли получать информацию из провинции напрямую, а не от наместников-бояр, институт которых постепенно упразднялся. Второй Земский собор 1566 года поддержал намерение правительства Ивана IV продолжать Ливонскую войну.

Контуры империи

Заложив всеми этими реформами прочный фундамент своей военной политики, в начале июня 1552 года Иван IV по главе русского войска выступил в новый поход против Казани. Логистика этой военной кампании была тщательно продумана. Пер-

---

[17] Детальный обзор посвященной этой теме исторической литературы см. в комментариях к Сборнику «Законодательные акты Русского государства второй половины XVI — первой половины XVII века» [Мюллер, Носов 1986: 10–11].

[18] Подробное описание земель, произведенное в царствование Ивана IV, также позволило улучшить сбор податей [Бобровский 1885: 69].

выми на судах вниз по Волге в недавно отстроенную деревянную крепость Свияжск были отправлены пехотные части (стрельцы), артиллерия и припасы. Хотя крымские татары предприняли набег на южные границы Русского государства, чтобы отвлечь внимание остального войска, передвигавшегося по суше, эта попытка окончилась неудачей: к середине августа русская конница, которой командовал князь Александр Горбатый-Шуйский, прибыла в Свияжск. Несмотря на тщательную подготовку к этому походу, дорога до Казани заняла у русского войска почти шесть недель. С учетом того, что военные кампании не могли длиться долго, вопрос тылового обеспечения становился ключевым, и у этой проблемы не было решения. Каким образом Русское государство могло перебросить свою конницу, не говоря уж о пехоте, артиллерии и обозе, через огромную и малонаселенную степь (и обратно), не затягивая кампанию сверх меры и не истощив при этом все заготовленные припасы?

В 1552 году Ивану IV сопутствовала удача — Казанское ханство быстро пало. От Свияжска воссоединившееся русское войско, почти не встречая сопротивления, прошло маршем до Казани и осадило столицу ханства. Большой и Передовой полки подступили к городу с юго-востока и расположились на Арском поле, как и в 1550-м году [Худяков 2004: 22–23][19]. Вылазки татар не помешали русским установить против восточной стены трехэтажную осадную башню (туру) и обнести ее окопами и валами; все эти саперные работы проходили под прикрытием стрельцов. После этого началась планомерная осада города. Главной защитой Казани от Русского государства являлось расстояние, отделявшее столицу ханства от Москвы; после того, как Ивану IV удалось решить эту задачу, татары оказались в очень тяжелом положении. Казанское войско было не таким многочисленным, как русское, хотя в нем тоже были и пехота, и конница. Защитники города были вооружены пищалями и пушками, но стены казанской крепости не могли долго выдерживать артиллерийский обстрел.

---

[19] План см. [История Татарии 1937: 120]. Оценки численности русского войска очень сильно разнятся [Martin 1995: 352; Hellie 1972: 270].

После того, как русские саперы подорвали подземную галерею, обеспечивающую Казань питьевой водой, татарская столица была обречена, хотя взятие ее состоялось только 2 октября 1552 года в результате приступа и после кровопролитного боя [Khodarkovsky 2002: 105; Ходарковский 2019; Ермолаев 1982: 26; Hellie 1972: 162; Марголин 1948а: 93].

Однако падение Казани не привело к мирному вхождению Казанского ханства в состав Русского государства. Для умиротворения татар потребовалось еще несколько лет и военных кампаний. В ходе осады 1552 года Казань была разграблена, и многие ее жители погибли или бежали из города. Бывшая столица ханства была отстроена заново — как русский город и православный центр. Частью новых укреплений стали стены Зилантова Успенского монастыря. На севере и в центре Казанского ханства были построены крепости Алатырь (1552) и Чебоксар (1555), в которых были посажены гарнизоны, удерживавшие в повиновении татар, живших вне столицы. Хотя часть покоренного населения ханства присягнула на верность московскому царю, партизанская война против русских захватчиков началась сразу же после падения столицы. Двухлетнее восстание 1553–1554 годов было подавлено карательными силами русских войск, в результате которых погибли многие тысячи татар и обезлюдели огромные территории. Вскоре после этого были основаны еще три или четыре монастыря, мощные стены которых тоже служили укреплениями. Тем временем за стенами Казанской крепости возникла новая татарская слобода.

И даже после всех этих событий установление русской власти в Казанском ханстве шло медленно и тяжело. В 1556 году Ивану IV пришлось отправить в Казань более трех карательных экспедиций для подавления татарских волнений. К 1558 году для защиты от набегов со стороны открытой степи на территории бывшего ханства были построены три новые крепости, а к середине 1570-х годов к ним добавились еще три: вместе они сформировали новую линию укреплений. Несмотря на продолжавшееся сопротивление местного населения, Иван IV начал постепенно раздавать захваченные земли помещикам — в том числе

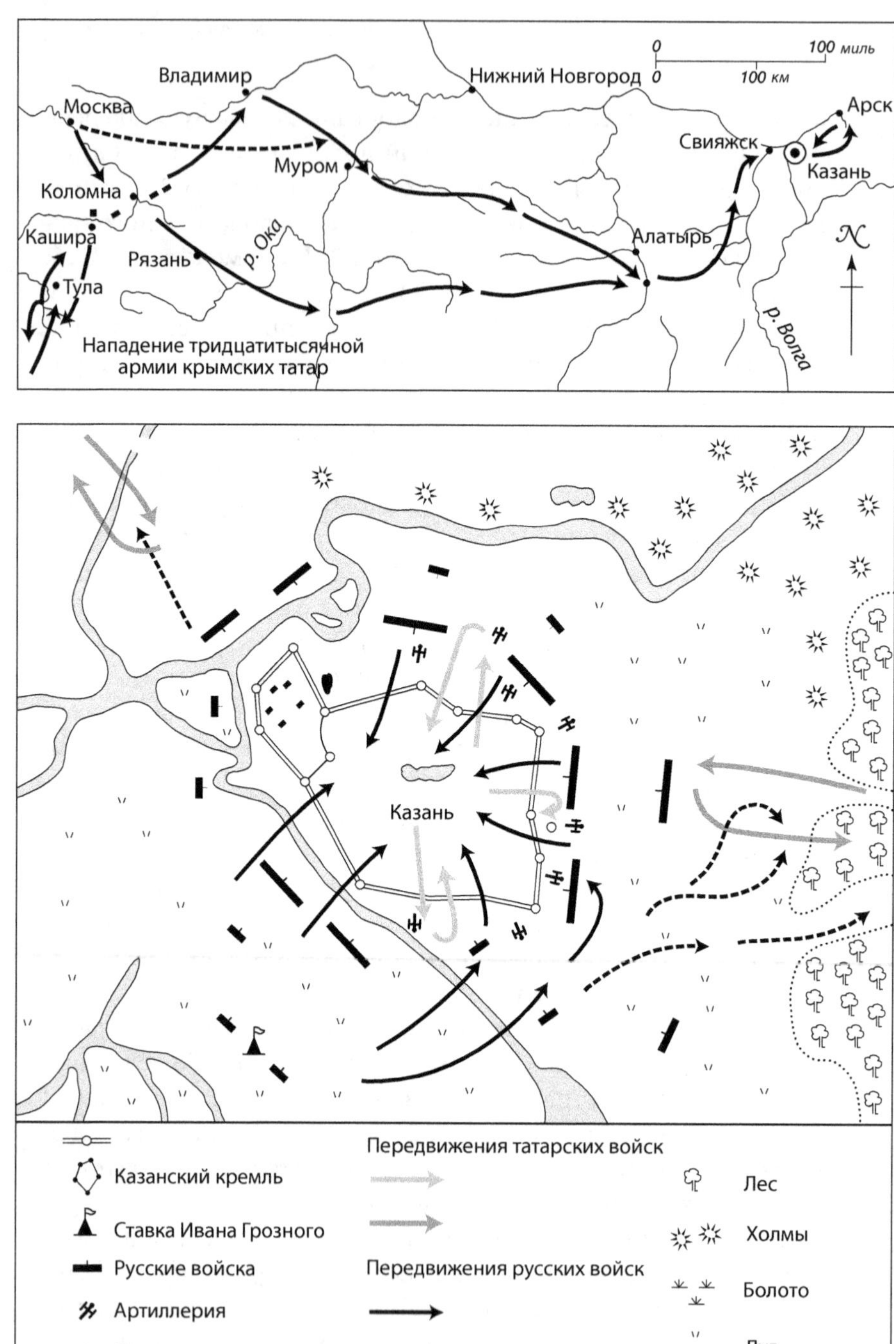

Карта 3. Казанский поход (1552)

и татарам. В некоторых аспектах вхождение Казанского ханства в состав Русского государства происходило по тем же лекалам, что и в предыдущих случаях — принудительное изъятие имущества у прежней элиты, перераспределение земель и строительство линии укреплений. Вместе с этим проводились карательные походы и возводились новые крепости, в которых насаживались русские гарнизоны. Однако при всем этом Казанское ханство так полностью и не стало частью единой административной системы Русского государства, как Новгород или Тверь. Его исповедовавшие ислам князья не заняли высоких мест при московском дворе. Для управления бывшим ханством было создано специальное ведомство — Приказ Казанского дворца. Казань продолжала оставаться особым элементом в структуре Русского государства. То же самое касалось и военных отрядов — татарских, чувашских, марийских и прочих, — которые входили в состав русского войска, но явно находились в нем на особом положении [Romaniello 2003: 22–23; Pelenski 1974: 268; Худяков 2004: 130–138; Ермолаев 1982: 26, 28, 36; История Татарии 1937: 157, 168–169][20].

Тем не менее Москва быстро распространила сферу своего влияния далее на юг и на восток. Некоторые входившие в Ногайскую Орду племена, чьи земли находились в Нижнем Поволжье, уже давно периодически состояли в союзе с Москвой. После падения Казани Иван IV в 1554 году посадил на престол Астраханского ханства ногайского князя. Когда этот князь перешел на сторону Крымского ханства и напал на стоявший в Астрахани русский гарнизон, в 1556 году состоялся второй Астраханский поход, закончившийся поражением ханского войска и установлением в Астрахани власти русского воеводы. После покорения Астраханского ханства Ногайская Орда в значительной степени утратила былую независимость, хотя Русское государство по-прежнему рассчитывало на ногайцев как на силу, способную если не победить, то частично сдерживать Крым. В 1555 году

[20] См. также раздаточные материалы к докладу М. Романелло «Perceptions of Frontiers and Borders in Muscovite History», представленному в рамках круглого стола AAASS в Бостоне 6 декабря 2004 года.

сфера влияния Русского государства продвинулась еще далее на восток вплоть до Сибирского ханства, которое начало выплачивать дань Москве [Khodarkovsky 2002: 112–113; Ходарковский 2019; Ермолаев: 23].

Восточные завоевания Москвы привели к тому, что власть Ивана IV теперь распространялась на огромные новые территории, в том числе на северный конец важнейшего торгового пути, который вел вниз по течению Волги и далее на юг через Каспийское море и на запад в Константинополь. Неожиданно для самого себя Русское государство стало контролировать бо́льшую часть центральной Евразии и степи. У этих завоеваний обнаружилась и идеологическая подоплека. Хотя подобные соображения вряд ли играли большую роль в начале этой экспансии, Иван IV очень скоро начал позиционировать себя — и на домашней арене, и перед западными соседями (особенно перед Польшей) — как правителя, обеспечившего победу христианской веры над исламом [Pelenski 1974: 265]. В ознаменование победы над Казанью в Москве был воздвигнут великолепный собор Василия Блаженного (строительство началось в 1551 году и закончилось в 1558-м). Однако при всей важности этих идеологических установок, Иван IV, обращаясь к своим новым подданным, претендовал на почести, полагавшиеся ему как наследнику престола Золотой Орды, и неоднократно говорил, что в его землях ислам может сосуществовать с христианством[21].

Экспансия принесла Русскому государству новые территории, пригодные для ведения сельского хозяйства. При покорении Казанского и Астраханского ханств были захвачены огромные земли, которые стали постепенно распределяться в виде поместий. Более того, эти завоевания открыли русским путь к дальнейшей колонизации на восток. Привилегии, жалованные русским царем крупным промышленникам, дали возможность не-

[21] Степные племена именовали Ивана «белым царем». Сам он не использовал этого словосочетания, хотя «царь казанский» и «царь астраханский», по всей видимости, намекали на его притязания на этот титул [Khodarkovsky 2002: 44, 114; Ходарковский 2019].

которым из них, в частности Строгановым, заняться освоением новых земель. Они создавали собственные военные дружины и продвигались в поисках пушнины все далее на восток, строя новые крепости и поселения[22]. Самый известный из таких походов под предводительством казака Ермака закончился захватом столицы Сибирского ханства в 1582 году. Хотя сам Ермак и большинство его казаков вскоре были убиты, Москва, когда это было возможно, направляла правительственные отряды, действовавшие заодно с частными дружинами промышленников, основывая форпосты в Сибири и быстро продвигаясь далее на восток.

Все эти успехи наглядно продемонстрировали важность планомерной подготовки, непосредственно предшествующей военной кампании. Хотя некоторое время спустя в адрес Ивана IV прозвучали обвинения, в которых шла речь о допущенных им ошибках и некомпетентности [Fennell 1955: 114–115, 138–139][23], Казанский поход 1552 года и Астраханский поход 1556 года были однозначно успешными, продемонстрировав эффективность инвестиций в артиллерию, пехоту и тыловое обеспечение, а также оправдав ставку, сделанную на использование казаков и координированные действия поместной конницы и постоянного стрелецкого войска под командованием воевод, назначенных «без мест». Даже если говорить о карательных экспедициях, последовавших за этими завоеваниями, то и они были хорошо спланированы и при всей своей бесспорной жестокости оказались весьма успешными.

Падение Казанского ханства изменило баланс сил в степи и вокруг нее и повлияло не только на политику и дипломатию Русского государства, но и на его военно-административную систему, от которой теперь требовалась еще бо́льшая эффективность в вопросах мобилизации и снабжения. Особенно остро эта

---

[22] В. Кивельсон. Участник дискуссии в рамках круглого стола AAASS "Perceptions of Frontiers and Borders in Muscovite History". AAASS. Бостон. 6 декабря 2004 года.

[23] Подлинность переписки Ивана IV с Курбским долгое время является предметом исторических споров.

проблема встала в ходе противостояния Москвы с Крымским ханством и его сюзереном — Османской империей. Хан Девлет I Гирей, правивший Крымом, отказывался признавать переход Казани и Астрахани под власть Москвы. Династия Гиреев продолжала претендовать на оба эти ханства. В результате после 1556 года Крым был во враждебных отношениях с Русским государством, не соглашаясь даже на временные перемирия. Напротив, крымцы совершали крупные и опустошительные набеги на южные рубежи русской империи, зачастую действуя в союзе с другим врагом Москвы — Литвой. Иван IV ответил серией Крымских походов (1557, 1559 и 1560 годы), которые, впрочем, не принесли желаемых результатов. Эти кампании, о необходимости которых при московском дворе велись ожесточенные споры, не сократили число набегов крымских татар на русские земли и не подорвали военную мощь Девлет-Гирея. Крым был недостижим. Союзники Москвы ногайцы тоже не имели возможности постоянно удерживать крымцев от набегов на территории Русского государства. Покорение Казанского ханства привело к ухудшению положения на южных границах русской империи, задача по защите которых не только не решалась, но и становилась со временем все более сложной, несмотря на то что правительство Ивана IV уделяло огромное внимание строительству и содержанию в порядке новых засечных черт [Renner 1997: 103, 114; Реннер 1966; Королюк 1954: 27–28, 44][24].

Экспансия свела Русское государство лицом к лицу с Османской империей, которая тогда находилась на вершине своего могущества [Findley 2005: 115]. Еще до падения Казанского ханства султан Сулейман I пытался воспрепятствовать завоеваниям Москвы, создав союз степных народов, однако его отвлекли войны с Персией и Священной Римской империей. К тому моменту, когда турки вновь обратили свое внимание в сторону

---

24 Поддержку русскому войску в Крымских походах оказывали казаки из Запорожской Сечи, которые продолжали нападать на принадлежащие туркам поселения на Черном море даже после того, как русские войска отступили в свои земли [Lemercier-Quelquejay 1969: 267–270].

Русского государства, Иван IV уже расширил сферу своего влияния до Астрахани и вступил в союз с Кабардой; эта коалиция вскоре была упрочена браком русского царя с кабардинской княжной. Русское присутствие на Кавказе представляло угрозу турецким интересам [Садиков 1974: 143]. Набеги казаков уничтожили торговые пути, ведшие на восток. Более того, захватив Астрахань, русские могли перекрывать пути следования паломников в Мекку (и иногда делали это); также оказались перерезанными военные и торговые связи Константинополя с Центральной Азией. Османская империя — при поддержке крымского хана, претендующего на Казань, — стала планировать войну с Русским государством по крайней мере с 1563 года.

Первая кампания турок против Русского государства началась весной 1569 года после почти двух лет подготовки. Турецкая армия не встретила большой поддержки со стороны Девлет-Гирея, которого присутствие османских хозяев на его землях беспокоило едва ли не сильнее, чем угроза со стороны Москвы. В первую очередь турки планировали прорыть канал между Доном и Волгой. Такой канал обеспечил бы им важнейшее стратегическое преимущество, позволив турецкому флоту перемещаться между Черным и Каспийскими морями и открыв Османской империи прямой путь не только на Астрахань, но и к Северному Кавказу и Персии. Далее турки собирались воспользоваться этим каналом для снабжения своей сухопутной армии в походе на Астрахань. Правительство Ивана IV, крайне встревоженное появлением турецкого колосса у своих южных границ и занятое выматывающей войной на западе, испытало огромное облегчение, узнав, что турецкая экспедиция расстроилась практически сама по себе. Прорыть канал между Доном и Волгой оказалось невозможно, тем более в течение одного лета[25]. Без этого канала великолепная логистическая система Османской империи оказалась не в состоянии обеспечить снабжение армии, выступившей на Астрахань. По первоначальному

[25] Длина существующего Волго-Донского канала составляет 101 км; его строительство велось с 1948 по 1952 год.

плану турецкое войско должно было зимовать у стен Астрахани, готовясь к штурму. Однако их крымские союзники, обеспокоенные присутствием турок на этих территориях, убедили их как можно скорее вернуться к Черному морю. В исторических свидетельствах того времени даже высказывались предположения, что крымцы сеяли раздор в турецком войске[26]. Опасаясь нападения со стороны как русских, так и персов, командовавший походом Касим-паша принял решение отступить через степь к Азову, несмотря на возникшие в связи с этим гигантские проблемы со снабжением. Из османского войска, выступившего в Астраханский поход, обратно вернулось меньше трети [Inalçik 1946–1947: 61–69; Садиков 1974: 152].

По всем внешним признакам, в этой кампании Османская империя потерпела полное фиаско. Крах амбициозного проекта строительства канала между Доном и Волгой привел к тому, что военная операция, ключом к успеху которой была организация водного снабжения из Черного моря в Каспийское, завершилась провалом. Без этого канала Константинополь был так же неспособен обеспечивать свою армию припасами в бесплодной и малонаселенной степи, как и Москва. Вплоть до XVIII века этот фактор играл ключевую роль во всех русско-турецких войнах. Даже татары при поддержке янычар и артиллерии не могли решить эту проблему [Smith 1993: 71][27]. Однако с политической точки зрения эта экспедиция была не такой провальной, как могло бы показаться. Русское государство осознало степень обеспокоенности Константинополя в связи с русской экспансией и поняло, какую серьезную опасность представляет военный союз между Османской империей и Крымом. В течение следующих нескольких лет Москва вновь открыла ведущие через Астрахань торговые и паломнические пути и уничтожила крепость, построенную на реке Терек. После Крымского похода на Русь

---

[26] См. «речи» Семена Мальцева, приведенные у П. А. Садикова [Садиков 1974: 147].

[27] О схожей ситуации, в которой оказалась русская армия в XVIII веке, см. [Menning 2004: 277].

в 1571 году, когда Девлет-Гирей сжег Москву, заслужив похвалу от своего сюзерена в Константинополе, Иван IV был готов передать крымскому хану Астрахань и, возможно, даже Казань [Khodarkovsky 2002: 117; Ходарковский 2019; Бурдей 1963: 63; Inalçik 1946–1947: 61–82, 107–111; Benningsen 1967: 427–446].

Покорение и вхождение в состав Русского государства бывших ханств — Казанского и Астраханского — имело важные последствия и для русского военного устройства. Во-первых, в результате этих событий Москва стала еще больше нуждаться в многочисленной армии — для ведения боевых действ в Нижнем Поволжье и подавления сопротивления в казанских землях. Даже после карательных походов 1552–1556 годов для защиты Казанского ханства и удержания в повиновении его жителей русскому правительству требовалось почти постоянно держать там свои войска[28]. Чем более эффективно и организованно удавалось проводить мобилизацию в этих целях, тем менее обременительным это было и для военных ведомств, и для самих призванных на службу людей.

Кроме того, после завоевания Казани и Астрахани еще сильнее возросла потребность в войсках нового типа. Особенно остро ощущалась необходимость в постоянных гарнизонных войсках в бывшем Казанском ханстве. В крепостях были размещены постоянные части, обученные обращению с огнестрельным оружием, а пограничную службу несли отряды конницы. К 1560-м годам гарнизоны новых крепостей в казанских землях были в значительной степени укомплектованы служилыми людьми «по прибору»; в гарнизоне самой Казани их было больше половины от общего числа. Схожая ситуация сложилась и на южных границах, где все более важную роль стали играть стрельцы и казаки. В годы правления царя Федора I была предпринята попытка усилить казанские гарнизоны за счет раздачи поместий преданным царю русским дворянам и татарским князьям на русской службе. Все эти меры помогли Москве умиротворить казанцев

---

28 ПСРЛ. Т. XIII. М., 1965. С. 523, 528. Упоминания о восстаниях в 1572 и 1582 годах см. [История Татарии 1937: 127].

так же, как ранее это произошло с новгородцами [История Татарии 1937: 125, 128, 189–190].

С другой стороны, казанская и астраханская конницы под командованием татарских военачальников — наряду с другими татарскими отрядами из Ногайской Орды и Касимовского ханства — стали ценным приобретением для вооруженных сил русского государства [Martin 2002: 365–388]. В то время как гарнизонную службу в казанских землях несли русские служилые люди, татарская конница воевала в Ливонии; все это стало возможным благодаря созданию административной системы, способной эффективно собирать налоги и использовать людские и технологические ресурсы государства. В период нескончаемых войн, ведшихся при Иване IV, реформы, начатые в 1550-е годы, позволили Русскому государству в 1560-х годах укрепить свою военную мощь.

Ливонская война

Задолго до того, как ситуация в Поволжье успокоилась, Русское государство ввязалось еще в одно непростое противостояние — Ливонскую войну. Ливонией называлась территория, находившаяся к северо-востоку от Русского государства — между русскими землями и Великим княжеством Литовским. Ко второй половине XVI века она представляла собой конфедерацию, в которую входили остатки владений некогда могущественного римско-католического ордена крестоносцев, а также несколько богатых ганзейских городов и епископств, часть которых была на пороге перехода в протестантизм. В 1550-х годах Ливония была не только лишена сильной централизованной власти, но и раздираема внутренними конфликтами. Иван IV быстро воспользовался благоприятным моментом. Выдвинув в качестве повода к войне древние права на причитавшуюся Москве дань, русский царь в 1557 году неожиданно напал на Ливонию. Для того чтобы максимально использовать эффект неожиданности, атака была осуществлена одновременно с двух сторон; командование походом было поручено касимовскому хану и еще двум татарским князьям, а также русским воеводам. В состав русского войска входили поместная и татарская конницы, казаки, стрельцы и большой артиллерийский обоз [Martin 2002: 366, 381; Martin 2001: 5; Rasmussen 1973: 226].

Застигнутые врасплох ливонцы не сразу собрались с силами для того, чтобы дать отпор русским. Хотя города и земли Ливонского ордена были защищены большим количеством замков, многие из которых были недавно перестроены по последнему слову фортификационной науки, а независимые города, такие как Дерпт (Юрьев, ныне Тарту), были хорошо вооружены, в период 1558–1562 годов действия русских войск в этой не слишком привычной для них военной обстановке были на удивление успешными. Так, в 1558 году русские взяли Дерпт и Нарву и осадили Ревель (ныне Таллинн); ливонцам удалось отвоевать обратно только Везенберг. В ходе кампании следующего года войска Ивана Грозного оккупировали бо́льшую часть центральной Ливонии, после чего было подписано шестимесячное перемирие; Иван воспользовался этой передышкой для того, чтобы совершить поход на Крым. В 1560 году после осады был взят Феллин. В августе 1560 года под Эрмесом ливонская конница атаковала многократно превосходящее их численностью русское войско и потерпела сокрушительное поражение; после этой битвы армия Ордена фактически перестала существовать. Ливонские города и епископства обратились за помощью к иностранным державам и наемникам.

Все эти ранние успешные кампании Ивана IV в Ливонской войне проходили по одному и тому же сценарию. Походов было много, длились они недолго и завершались взятием городов и крепостей после коротких осад. Важную роль при этом играли стрельцы, которые обстреливали защитников замков из окопов и из-за деревянных укреплений; в случае вылазок ливонцев встречала русская и татарская конницы. Кроме того, активное участие в осадах принимала артиллерия. При этом боевые действия были непродолжительными. Кампании были недолгими, и в промежутках между ними заключались короткие перемирия.

Карта 4. Экспансия Русского государства (1533–1598) (взята из Атласа М. Гилберта «Atlas of Russian History» [Gilbert 1989])

В результате всех этих войн земли вокруг ливонских замков и городов были полностью разорены. К 1560 году все ливонцы, у кого была такая возможность, укрылись в оставшихся не взятых русскими городах и крепостях, чтобы не стать жертвами набегов, в ходе которых захватывались добыча и пленники. Угроза исходила не только от отрядов Ивана IV, но и от местных разбойников и наемников, которые начали грабить все вокруг после того, как правительство Ливонии наняло их для защиты, но не смогло расплатиться [Renner 1997: 37–39, 113–115, 121, 175; Реннер 1966].

Однако впоследствии ход войны изменился: масштаб и характер боевых действий стали иными. Успех стремительных и сокрушительных военных кампаний Русского государства привлек внимание других соседей Ливонии, которые тоже решили урвать свои куски от этого распадающегося на части пирога. В 1560 году в Ливонию вошли датские войска, а в 1561 году — шведы, и тогда же о своих правах на южную Ливонию объявила Литва, взявшая в 1562 году под свой протекторат Ригу. В результате Ливония оказалась разделенной между четырьмя этими державами. После чего Ливонское противостояние стало всепожирающей региональной войной, участие в которой с течением времени все более тяжелым грузом давило на Русское государство, и так постоянно воевавшее на многих других фронтах.

На севере Ливонии ход событий диктовался давней враждой между Данией и Швецией. Датский король купил для своего брата у Ливонии остров Эзель (Сааремаа) у побережья нынешней Эстонии. Условием покупки стало подавление датчанами эстонского крестьянского восстания. Однако в 1561 году Швеция объявила об установлении протектората над городами Ревель и Пернау (ныне Пярну). Долгая вражда между двумя скандинавскими королевствами привела к Северной семилетней войне, которая длилась с 1563 по 1570 год. Русское государство заключило союз со Швецией, в то время как его главные враги и соседи Польша и Литва (с 1569 года единое государство Речь Посполитая. — *Примеч. пер.*) вместе с ганзейским городом Любеком поддержали Данию. Впрочем, Русское государство и польско-литовские силы в основном сражались друг с другом в Ливонии и землях, находившихся далее к югу, и мало участвовали в конфликте между скандинавскими странами. В исторической перспективе итогом Северной семилетней войны стали, скорее, не какие-то значимые территориальные приобретения, а то, что Швеция и Дания получили ценный опыт ведения непрерывных боевых действий на суше и на море [Frost 1993: 36].

Тем временем в 1561 году Великое княжество Литовское заключило договор с Ливонским орденом, согласно которому Орден был ликвидирован, а Рига и принадлежавшие рыцарям земли на юге Ливонии переходили под протекторат Литвы. Русское государство и Литва стали готовиться к войне, причем каждая из враждующих сторон рассчитывала в этом противостоянии на помощь союзников. Сначала дело ограничивалось приграничными стычками и набегами. Военные кампании 1561 и 1562 годов не принесли решающего успеха ни тем, ни другим. Тогда в декабре 1562 года русское войско выступило в крупный поход на литовский город Полоцк. Полоцк был стратегически важным городом Великого княжества Литовского, угрожавшим группировке русских войск в Ливонии. Кроме того, он был очень богат и находился в центре густонаселенной местности. Еще одним важным фактором, обусловившим выбор Полоцка как цели этого похода, были исторические притязания Москвы. Иван IV, провозгласивший свое царство преемником Киевской Руси, считал Полоцкую землю своей отторгнутой вотчиной, в то время как поляки и литовцы отказывались признавать за русским государем право на титул царя, принятый им после коронации. Также Иван Грозный объявил эту кампанию войной против врагов истинной веры — как и в случае с походом на Казань [Bogatyrev 2002: 326; Александров, Володихин 1994: 88–90].

Благодаря летописям и самому раннему из сохранившихся до нашего времени официальному отчету о численности принимавшего участие в походе русского войска мы обладаем удивительно подробными сведениями о ходе этой кампании. Документально зафиксированная численность русских войск составляла свыше 31 500 человек. Пятую часть армии Ивана IV составляли инородцы: казанские и астраханские татары, ногайцы и другие народы.

Среди воевод тоже были татарские князья. Хотя к ним были приставлены русские бояре, судя по всему, все оперативные решения, связанные с командованием, они принимали самостоятельно. Татарские конники, наводившие ужас на своих противников, использовались и в головном охранении, и на поле боя; при этом, будучи заняты на Ливонской войне, они не могли участвовать в бунтах у себя на родине [Martin 2002: 374–375; 382–383; Renner 1997: 40; Реннер 1966][29]. Кроме того, в походе участвовали отряды поместной конницы из Москвы и еще 17 русских городов. Около 38 % русского войска, 12 000 человек, составляли служилые люди «по прибору» — стрельцы и пушкари. Под руководством самого Ивана Грозного русская армия в полном составе (семь полков и три артиллерийских отряда) выступила на Полоцк из Великих Лук. Инженерные работы и снабжение были тщательно продуманы и хорошо организованы; все было готово для осады. На пути следования войска были возведены мосты, и несмотря на то, что дорога на Полоцк была запружена пехотой и конницей, артиллерия и осадные башни были вовремя доставлены под стены города [Martin 2002: 374][30].

Русские конники быстро установили контроль над всеми литовскими территориями вокруг Полоцка. На поле боя ключевую роль сыграли части, вооруженные огнестрельным оружием. Стрельцы и пушкари[31], расположившиеся на острове посреди Двины и на обоих берегах реки, обстреливали литовцев, ведших огонь со стен города, и прикрывали государев полк, который осуществлял попытки штурма. Стрельцам удалось поджечь укрепление (острог), находившееся возле реки, что сыграло ключевую роль в последовавшем взятии города. После того, как

---

29 См. также [Сапунов 1885]. Эта оценка численности русского войска совпадает с официальными документами того времени [Скрынников 1975: 45–46]. Другой точки зрения придерживаются С. Богатырев и Д. Н. Александров с Д. М. Володихиным [Bogatyrev 2002: 381; Александров, Володихин 1994: 111].

30 Подробнее см. [Сапунов 1885: 58–63].

31 А. В. Чернов пишет о том, что для участия в Полоцком походе были собраны пищальники [Чернов 1951: 290].

сам город пал, замок какое-то время еще продолжал сопротивление, хотя литовцы не могли рассчитывать ни на передышку, ни на помощь со стороны. Русская артиллерия продолжала обстреливать крепость, и неделю спустя осажденные сложили оружие. Хотя Иван IV проявил снисходительность по отношению к гарнизону Полоцкого замка, согласно летописям, сам город был разграблен и сожжен, католические храмы были разрушены, а множество мужчин, женщин и детей были угнаны в плен [Чернов 1954: 50–51][32]. В Полоцке был оставлен русский гарнизон, а остальное войско с царем во главе вернулось в Москву после двух месяцев зимней кампании. Русские инженеры восстановили поврежденный замок и построили новые укрепления вдобавок к уже существующим. Полоцкий поход является прекрасной иллюстрацией того, что при благоприятных условиях русское войско могло успешно завершить хорошо продуманную и подготовленную недолгую осаду.

Однако взятие Полоцка стало последним успехом Ивана IV в этой войне, так как боевые действия на разных фронтах начали истощать ресурсы Русского государства. Иван отчаянно сражался за то, чтобы сохранить свои ливонские завоевания, однако его стали преследовать потери и поражения. Литва тем временем не жалела расходов на войну и постепенно восстанавливала утраченные позиции. В 1564 году из-за ошибок командования русское войско потерпело тяжелое поражение от литовцев на р. Улле близ Орши (к юго-востоку от Полоцка) из-за оплошности воевод [Чернов 1954: 51]. Вскоре после этого в Литву бежал князь Андрей Курбский, один из виднейших политических деятелей Русского государства и успешный военачальник, ярко проявивший себя в Казанском походе. Еще одно поражение от литовцев ждало русских в 1567 году в битве при Чашниках, при этом южные границы русской империи все время подвергались набегам со стороны крымских татар.

---

[32] Р. Г. Скрынников пишет, что всего в плен было взято 11 000 человек [Скрынников 1975: 64]. В схожей ситуации Иван IV приказал стереть город с лица земли [Новиков 1790: 279–290].

В тот самый момент, когда Ливонская война приняла неблагоприятный для Москвы оборот, в жизни Русского государства произошел коренной перелом. В приступе гнева, возможно, вызванного поражениями в русско-литовской войне, Иван IV подверг свой двор опале и уехал из столицы в Александровскую слободу — крепость приблизительно в 100 км от Москвы. Вскоре после этого, к ужасу своих подданных, он разделил свое царство на две части. Земли, которые перешли в его личный удел, получили название опричнина[33]; они были изъяты из состава Русского государства, и многие землевладельцы лишились своих вотчин и поместий. У опричнины были свой государственный аппарат и своя армия, в которой к началу 1570-х годов состояли 15 000 стрельцов и казаков. Тем временем остальная часть Русского государства, названная земщиной, управлялась отдельно. В годы начавшегося после этих событий террора Иван использовал опричников для того, чтобы избавляться от тех своих подданных, кого он подозревал в измене. В 1570 году опричное войско с чудовищной жестокостью взяло и разграбило Новгород[34].

Вряд ли стоит удивляться тому, что в этот период глубочайшего внутриполитического кризиса положение дел в войне с Литвой складывалось для Русского государства не лучшим образом. К внутренним проблемам добавились и внешние. В 1569 году в результате Люблинской унии Великое княжество Литовское и Королевство Польское объединились в государство Речь Посполитая. Несмотря на то что у этого союза были и минусы, Литва получила прямой доступ к военным ресурсам более богатой и обладающей бóльшим населением Польши. Возникла перспектива создания антирусской коалиции между Речью Посполитой и Швецией, и в это же время, в 1569 году, Османская империя предприняла поход на Астрахань, о котором шла речь выше.

Поразительно, но, несмотря на весь хаос, царивший внутри страны, Русское государство по-прежнему изыскивало ресурсы

---

33 От слова «опричь», т. е. особо. — *Примеч. ред.*

34 Событие, известное как «Новгородский поход Ивана Грозного» или «Новгородский погром». — *Примеч. ред.*

для ведения активной военной политики. Ответственность за защиту южных границ русских земель была поровну поделена между земщиной и опричниной. Опричные войска также участвовали и в боевых действиях в Ливонии и Литве, хотя собирать, снабжать и содержать армии, воюющие на западе, обязана была как раз земщина. Впрочем, эти коллективные военные усилия не приносили успеха — скорее всего, из-за внутренних противоречий, раздиравших Русское государство, а не из-за коррупции или плохого командования[35]. Пытаясь переломить ситуацию, Иван Грозный предложил герцогу Магнусу, владевшему Эзелем, стать «королем Ливонии», вассалом русского царя. Однако и под командованием Магнуса, брата датского короля Фредерика II, русские войска не смогли добиться больших побед. Затем Иван нанял датского корсара Карстена Роде, который создал собственную эскадру, занимавшуюся каперством на Балтике; после нескольких успешных операций датский король положил конец этой пиратской деятельности, арестовав несостоявшегося русского адмирала [Разин 1955: 374; Королюк 1954: 73 и далее].

В 1571 году Русское государство потерпело самое сокрушительное поражение за все годы правления Ивана Грозного, когда крымский хан Девлет-Гирей предпринял очередной набег на Русь. Неизвестно, почему объединенные силы земщины и опричнины, охранявшие южные границы империи, не смогли остановить продвижение татарского войска. Скорее всего, свою роль сыграли сразу несколько факторов: русские войска были деморализованы; воеводы не смогли договориться между собой о распределении обязанностей; раздор внутри страны, безусловно, препятствовал эффективной мобилизации. К изумлению своего сюзерена, турецкого султана, Девлет-Гирей прорвал оборону русских крепостей, устремился на север к Москве, разграбил и сжег столичные посады, после чего беспрепятственно вернулся домой. Именно тогда Иван всерьез раздумывал о том,

---

[35] А. В. Чернов считает, что опричники были «вполне боеспособным войском», хотя и не сумевшим добиться побед [Чернов 1954: 62]. Той же точки зрения придерживается и Д. Смит в своей работе «The Oprichnina Army of Ivan the Terrible» (рукопись).

чтобы отдать крымскому хану Астрахань и, возможно, даже Казань, чтобы предотвратить дальнейшее разорение [Lemercier-Quelquejay 1972: 557–558][36].

Крымское войско у стен Кремля потрясло царя до такой степени, что в самом скором времени, в 1571–1572 годах, опричнине пришел конец, однако поведение Ивана Грозного не стало более рациональным. Первыми решениями вновь созданного единого правительства стали реформы, направленные на укрепление южных границ государства, и возобновление активных военных действий против Литвы на территории Ливонии. В Русском государстве были 22 крепости с постоянным гарнизоном, многие из которых входили в линии укреплений на границе со степью. В гарнизонных войсках было немало служилых людей «по прибору»: стрельцов, пушкарей, воротников и казаков [Разин 1955: 334]. Рядом с ними «осадную службу» несли и помещики. На «осадную службу» назначалось только мелкопоместное дворянство или те помещики, которые не могли участвовать в дальних походах, то есть самые бедные представители этого сословия, чье социальное и экономическое положение было почти таким же, как у городовых казаков [Щепкина 1890: 6–7]. Защита южных рубежей Русского государства нуждалась в более продуманной организации, и в 1571 году Иваном Грозным был утвержден «Боярский приговор о станичной и сторожевой службе» — фактически первый русский устав пограничной службы. Возле всех крупных крепостей были созданы постоянные заставы (сторо́жи), продолжительность службы в которых составляла шесть недель в период с 1 апреля до начала зимы. Помимо постоянных застав возникли и заставы передвижные (разъездные станицы), которые непрерывно перемещались вдоль всей границы, отыскивая сакмы — следы, оставленные татарскими всадниками. Станичников было так много, и их маршруты были проложены так умело, что они охватывали всю степную границу. В случае необходимости станицы и сторо́жи оповещали о приближении татарских загонов местные гарнизоны,

---

36 См. также описание этих событий у Дж. Флетчера, посетившего Москву в 1588 году [Флетчер 2002].

предупреждали об угрозе население пограничья, которое успевало скрыться в близлежащих крепостях, и передавали известия о набегах конным отрядам, которые были расположены в стратегически важных местах вдоль всей засечной черты и были готовы по первому сигналу выехать навстречу врагу [Беляев 1846а][37]. Сторо́жи и станицы не могли защитить южные рубежи империи сами по себе, однако благодаря пограничной службе угроза русским землям со стороны крымских татар существенно снизилась. В 1572 году хан Девлет-Гирей, не ожидая встретить серьезного сопротивления, решил повторить свой прошлогодний успех и отправился в новый поход на Русь. Предупрежденное о приближении татар русское войско встретило армию крымского хана и разгромило ее в битве при Молодях, тем самым лишив Девлет-Гирея благосклонности его сюзерена в Константинополе [Буганов 1959: 174–177; Lemercier-Quelquejay 1972: 558–559][38].

После 1577 года в Ливонской войне Русское государство вновь перешло к активным действиям с переменным успехом. Людские и материальные ресурсы Москвы были не бесконечны; когда Иван Грозный снова обратил свой взор на Запад, он предпочел воевать в Ливонии, а не в воспрянувшей духом Литве. В ходе военной кампании 1572 года был взят замок Вейсенштейн (ныне Пайде, Эстония), в то время как вассал русского царя король Магнус безуспешно осаждал Ревель. К 1575 году русские захватили Пернов (ныне Пярну, Эстония) и разорили почти всю центральную Ливонию. Вслед за этим были взяты Динабург, Кокенгаузен (ныне Даугавпилс и Кокнесе) и другие города в Польской Ливонии. Почти вся территория бывшей Ливонской конфедерации, за исключением Риги, Ревеля и Эзеля, оказалась в руках Ивана Грозного.

Однако в 1576 году в Ливонскую войну вновь вступили другие державы. Шведы, под чьим контролем находился Ревель, возобновили активные действия. Шведские войска разбили русских под

---

[37] АМГ. Т. I. Док. 1, 2, 1–5. Детальное описание маршрутов станичников см. [Марголин 1948б: 18–23].

[38] Десятая часть русского войска были стрельцами, свыше 25 % — служилыми людьми «по прибору», среди них — 3800 казаков [Скрынников 2001].

Перновом, а затем совершили неожиданный и стремительный рейд к русской границе и в 1581 году захватили Нарву и Ивангород. Какое-то недолгое время фортуна улыбалась королю Магнусу, так как ливонские города предпочли видеть своим правителем его, а не других претендентов из соседних стран. Однако после длительного междуцарствия в недавно образованной Речи Посполитой был выбран новый монарх — Стефан Баторий, и польский сейм согласился выделить средства на войну с Иваном Грозным. К радости местного населения, польско-литовские войска вскоре вытеснили русские гарнизоны из нескольких захваченных Москвой крепостей [Александров, Володихин 1994: 120; Новодворский 1904: 158]. В 1579 году Стефан Баторий отвоевал обратно Полоцк и, перейдя границу, отправился в поход на русские земли. В 1580 году он взял Великие Луки, которые оборонял относительно небольшой гарнизон под командованием воеводы Ивана Воейкова [Королюк 1954: 101–102; Olejnik 1998: 142–143]. Затем пал Холм, и Стефан Баторий начал пятимесячную осаду Пскова (1581–1582); в то же время шведы напали на Русское государство с севера.

Хотя в 1577–1582 годы военно-административная система Русского государства удивительным образом продолжала исправно функционировать, ресурсы Ивана IV были истощены. С середины 1550-х годов его империя почти непрерывно находилась в состоянии войны. Хотя в начале Ливонской войны кампании русских войск перемежались временными перемириями, эти перерывы в боевых действиях не использовались для отдыха и восстановления сил. Напротив, во время этих передышек Иван Грозный насаждал гарнизоны в новых приграничных крепостях, подавлял восстания в Казанском ханстве и отразил свыше 20 крупных набегов крымских татар. В итоге эта непрекращающаяся война, ведущаяся на многих фронтах, логичным образом привела к тому, что выполнение военных обязанностей — как служилыми людьми «по прибору», так и помещиками — становилось все более трудным делом [Новиков 1790][39]. Раздоры

---

[39] Подробное описание того, как были организованы передвижения войск на южных рубежах Русского государства, см. [Буганов 1959: 167–174].

внутри страны и экономическая сумятица, вызванные опричниной, тоже не способствовали улучшению ситуации. Опричный террор и вызванный им политический хаос расширили те трещины в фундаменте Русского государства, которые ранее были едва заметны. Русская экономика, которая в середине XVI столетия процветала, оказалась в глубоком кризисе. Некоторые землевладельцы, чьи поместья были отобраны опричниками, получили новые земли рядом с Казанью, а затем вновь были переселены обратно [Скрынников 1961: 226–230]. Быстрота, с которой только что захваченные ливонские территории распределялись между русскими помещиками, показывает, что плодородных земель внутри самого Русского государства, достаточных для содержания поместного войска, оставалось немного [Демидова 1998: 122–196][40]. Во второй половине 1570-х годов русская экономика начала ощущать последствия того, что землевладельцы вместо того, чтобы управлять своими вотчинами и поместьями, постоянно воевали вдали от дома. Их крестьяне, задавленные налогами и оброками, начали массово продавать себя в рабство или просто сбегать на пограничные территории. Для того, чтобы как-то исправить положение дел, после 1580 года были введены ограничения на переход крестьян от одного хозяина к другому. Однако это не остановило бегства; в следующие десятилетия некоторые землевладельцы, обедневшие в результате всех этих событий, тоже оставляли свои поместья и бежали.

Последствия этих процессов для армии были предсказуемо тяжелыми. Поместная конница была главной ударной силой русского войска, но многие землевладельцы перестали появляться на обязательных смотрах. И даже из тех, кто объявлялся на пункте сбора, немалое число дезертировало, вынуждая правительство отправлять за ними погоню [Буганов 1960: док. 1 и 2; Флоря 1998: док. 28; Скрынников 1975: 45–46, 49]. Общая численность конников, доступных для мобилизации, уменьшилась. В Ливонии и Литве правительство Ивана Грозного компенсиро-

---

[40] Это документы, в которых записано, как захваченные земли распределялись среди помещиков.

вало нехватку людей тем, что задействовало в боевых действиях татар и других иноземцев, процент которых в вооруженных силах Русского государства на финальном этапе войны существенно вырос [Martin 2002: 384–387]. Кроме того, в русской армии стало больше казаков, стрельцов и других служилых людей «по прибору», хотя у правительства Ивана Грозного не хватало средств для того, чтобы платить им за службу. Тем не менее свыше половины войска, которое было собрано в 1580 году для защиты Пскова, состояло из таких ратников. Однако, несмотря на все эти усилия, число людей, принимавших участие в последних кампаниях Ливонской войны, неуклонно снижалось[41]. Русское государство — как и его соседи — не могло далее нести расходы, связанные с ведением столь продолжительной войны.

В начале 1580-х годов Москва была вынуждена заключить мир со Швецией и с Речью Посполитой. По условиям Ям-Запольского мира (1582) между Русским государством и Речью Посполитой Иван IV должен был отказаться от всех захваченных им в Ливонии земель и крепостей; взамен Стефан Баторий возвращал ему русские города, захваченные в результате похода на Псков, при этом восстанавливалась прежняя граница между Литвой и Русским государством. В 1583 году на три года было заключено первое Плюсское перемирие со шведами, в результате которого за Россией остался только узкий выход к Балтийскому морю в устье Невы; Нарва, Ивангород и ряд других городов отошли Швеции.

Царь Федор

Положение, в котором оказалось Русское государство после смерти Ивана Грозного в 1584 году, было близким к катастрофическому. Русская империя переживала политический, социальный

---

[41] Хотя само это утверждение в целом представляется верным, о точных цифрах историки продолжают спорить. О различных точках зрения по этому вопросу (Р. Г. Скрынникова и др.) см. [Martin 1995: 367]. П. П. Епифанов пишет об ухудшении качества русского оружия и снаряжения [Епифанов 1977: 298].

и экономический кризис. Как ни странно, почти полтора десятилетия правления немощного сына Ивана Федора I (годы правления 1584–1598) прошли в относительном мире и спокойствии — в значительной степени благодаря мерам, принятым его шурином и амбициозным главным советником Борисом Годуновым.

К удачам этого совместного правления следует отнести и некоторые достижения на военном поприще. Возобновившееся после 1590 года противостояние между Русским государством и Швецией завершилось в 1595 году подписанием Тявзинского мирного договора, условия которого были более выгодными для Москвы. Итоги Ливонской войны были сокрушительными для русских: Речь Посполитая вышла из нее победителем, а некогда слабая Швеция сделала крупные территориальные приобретения. Однако после смерти Стефана Батория и в Речи Посполитой, и в Швеции началась борьба за власть; благодаря этому, а также некоторому экономическому подъему в отдельных регионах Русского государства, царь Федор и Борис Годунов решились начать войну со шведами, которая длилась с 1590 по 1595 год. Обе стороны участвовали в этом конфликте с большой осторожностью, и за краткими военными кампаниями следовали перемирия и передышки. После первого нападения войск Федора I шведы были вынуждены отдать русским города Ям, Копорье и Ивангород, однако им удалось отстоять Нарву. В следующей военной кампании русские войска разорили окрестности Выборга и Або (ныне Турку), а шведам не удалось вернуть себе Ивангород. Продемонстрировав свою военную мощь, Федор решил ограничиться достигнутыми успехами, тем более что возникла угроза вступления в войну Речи Посполитой [Soloviev 2002: 47–48, 52]. Помимо Ивангорода и Копорья, Русское государство получило часть побережья Балтийского моря (Ингрию) и Кексгольм (Корелу).

В десятилетия, последовавшие за смертью Ивана Грозного, стало окончательно ясно, что судьба русской империи в огромной степени зависит от защищенности ее южных и юго-восточных рубежей. В то время как центральные области Русского государства обезлюдели из-за становившегося все более тяжелым налогового бремени и тягот, связанных с несением военной службы, население пограничья неуклонно росло благодаря притоку людей из различных сословий, некоторые из которых даже шли на понижение своего социального статуса. Борис Годунов — сначала в качестве регента, а затем уже и как царь — направил этот миграционный поток в полезное для государства русло, позаботившись о строительстве новых крепостей. В цепи укреплений, защищавших Русское царство от угрозы из степи, возникли новые звенья: Ливны и Воронеж (1586), Елец (1592), а также Белгород, Оскол (ныне Старый Оскол), Волуйка (ныне Валуйки) и Кромы (1593). Наконец, был построен город Царев-Борисов (1599), который на удивление «далеко выдвинулся в степь». Это был тщательно укрепленный и обнесенный двойной деревянной стеной и земляным валом городок с гарнизоном почти 3000 человек, две трети которого (в 1600 году) составляли конные и пешие ратники, вооруженные огнестрельным оружием [Багалей 1887: 38, 43, 49, 50]. Пункты сбора войск для защиты границы были перенесены дальше на юг — далеко за Оку. За счет строительства всех этих крепостей и переселения на новые территории большого количества людей — гарнизонных войск, крестьян и беженцев — граница Русского государства, если брать в расчет возделываемые земли, за полтора десятилетия между смертью Ивана Грозного и началом нового столетия продвинулась на юг примерно на 480 км. Схожие, пусть и не столь стремительные и непрерывные процессы происходили и в бывшем Казанском ханстве, где тоже возводились новые крепости, укреплявшие власть русского царя на этих землях и способствовавшие дальнейшему продвижению на восток. Эти крепости становились все более заметными островками русского присутствия на бескрайних просторах Сибири[42].

Однако военная и сельскохозяйственная колонизация степного пограничья Русским государством вызвала ответную реакцию со стороны соседних стран и народов. Так, вскоре после своего основания Воронеж был захвачен и сожжен черкасскими казаками [Khodarkovsky 2002: 123; Ходарковский 2019; Hellie 1972:

---

[42] Подробнее об этом см., например, [Dmytryshyn et al. 1985: 8–9].

175; Багалей 1887: 38, 42–50]. Восстания и волнения сотрясали Казанское ханство все 1580-е и 1590-е годы, и восстановление порядка там дорого обходилось Москве. Когда попытки добиться повиновения от местного населения путем обращения его в христианство и другими способами оканчивались неудачей, правительству Федора I приходилось отправлять в Казань войска [Khodarkovsky 2002: 123; Ходарковский 2019; Pelenski 1974: 274–275; История Татарии 1937: 128]. И Крымское ханство, и Ногайская Орда были в эти годы враждебно настроены по отношению к Русскому государству, хотя этот антагонизм не всегда носил открытый характер. Так, например, Крым не вел боевых действий против Федора и донских казаков, когда вступал в противостояние с общими врагами (Литвой и запорожцами) или подчинялся приказам, исходившим из Константинополя [Imber 2002: 65–71; Смирнов 1946, I: 134, 149–150]. Однако крымские ханы прекрасно понимали, чем грозит им дальнейшая экспансия Русского царства на юг. В 1587–1588 годах и позднее в начале 1590-х годов, когда было завершено строительство новых крепостей на границе степи, крымцы совершили несколько крупных набегов на русские земли. Один из таких походов завершился тем, что крымское войско прорвалось сквозь цепь русских укреплений, дошло до Москвы и сожгло столичные предместья, однако не стало осаждать Кремль и отступило. Это был последний поход, в котором войска Крымского ханства смогли подступить к Москве. Тем не менее в 1590-х годах Русское царство вновь стало платить Крыму дань [Hellie 1972: 98, 177; Khodarkovsky 2002: 124; Ходарковский 2019; Анисимов 2003: 81].

Военный кризис?

В исторической перспективе представляется очевидным, что военная политика конца XVI века поставила перед Русским государством две очень непростые проблемы. Первая была связана с тем, что прежнему внутриполитическому устройству, которое объединяло московского государя и его двор общими военными и политическими интересами и сыграло важнейшую роль в успехе русской экспансии, был нанесен тяжелый удар. Хотя его базовая структура сохранилась, политическое равновесие, когда царь принимал решения, советуясь с боярами и служилыми князьями, в годы правления Ивана Грозного почти постоянно было нарушено: сначала в период регентства Елены Глинской и боярского правления, а затем царским самодурством, административными реформами, Земским собором и, как следствие всего этого, ослаблением влияния бояр. Все попытки восстановить прежнюю систему и объединить правящую элиту Русского государства, предпринимавшиеся при Федоре I, воспринимались лишь как временные меры по одной веской причине — из-за отсутствия у царя наследника.

Второй не менее важной проблемой стали фундаментальные политические и экономические изменения, сотрясшие поместную систему. Суть ее заключалась в том, что в награду за преданную службу царю дворянин получал кусок пахотной земли и высокий социальный статус. Поместье было базовым элементом всей этой конструкции; поместная конница — результатом. Однако затяжная и почти непрерывная Ливонская война наряду с безумной внутренней политикой Ивана Грозного привели к тому, что эта система стала давать сбои. Прежде всего, у государства просто не было достаточного количества пахотных земель. Только один из сыновей знатного конника мог унаследовать его поместье. Остальные, как правило, претендовали на то, чтобы получить свои земли из казны. Отпрыскам великих боярских родов доставались в наследство семейные вотчины, однако после того как через несколько поколений эти земли дробились на крошечные наделы, многим из них тоже приходилось надеяться на раздачу поместий. Какое-то время эти запросы удавалось удовлетворять благодаря успешным завоеваниям и захвату новых территорий. Однако в результате опричнины и поражения в Ливонской войне проблема нехватки пахотных земель вновь резко обострилась. Уже в начале 1560-х годов ситуация, при которой безземельный дворянин, служивший в поместной коннице, состоял на иждивении своего отца или брата, была довольно частой.

Однако дело было даже не только в недостаточном количестве земли как таковом. Для того чтобы поместная система функционировала как должно, одной земли было мало — нужна была еще и рабочая сила. Иначе говоря, требовался стабильный прирост населения и создание приемлемых условий жизни, при которых крестьяне были бы готовы трудиться на благо своего хозяина. Однако Ливонская война легла на плечи русского крестьянства невыносимым экономическим бременем, поскольку из-за нее не только выросли государственные подати на содержание стрельцов и артиллерии и строительство новых крепостей, но и увеличился оброк, выплачиваемый непосредственно помещику, который теперь часто участвовал в далеких военных кампаниях. Эта фискальная нагрузка, усугубленная повсеместным разорением вследствие опричнины, привела к тому, что огромное количество крестьян не могли более возделывать хозяйские земли. Люди стали массово покидать центральные регионы Русского государства — либо переходили на службу к более крупным землевладельцам, либо переселялись на новые земли в южной части империи, либо вообще бежали за пределы страны. Не все помещики страдали от этого бегства в одинаковой степени. Наиболее часто крестьяне оставляли небольшие поместья, где налоговое бремя было особенно тяжелым. Иногда их даже переманивали к себе на службу владельцы крупных соседних поместий, где условия жизни были значительно лучше.

К сожалению, вся эта ситуация нанесла тяжелый удар вооруженным силам Русского государства. Многие рядовые конники — даже те, что в начале войны обладали приносящими доход поместьями, — к концу 1570-х годов не могли более соответствовать требованиям о службе. В 1570-х и 1580-х годах некоторые помещики отказывались от участия в походах и оставались дома для того, чтобы самим возделывать землю или не давать сбежать своим оставшимся крестьянам. Наказывать их или их людей было бессмысленно. В 1590-е годы крестьянский выход был временно запрещен, однако эта мера была принята слишком поздно и не спасла от разорения мелкопоместное дворянство.

В конце концов даже небольшой экономический подъем 1590-х годов завершился Великим голодом (1601–1603).

У всего этого были очень важные последствия — как социополитического плана, так и военного. Дети боярские и дворяне, лишившиеся своих поместий и крестьян, более не имели привычных атрибутов своего высокого социального статуса. Кроме того, у них не было средств, за счет которых они могли нести военную службу, восстановить свое положение в придворной иерархии и даже попросту прокормиться. Чем ближе к концу столетия, тем больше таких людей устремлялось в поисках счастья на юг — либо в недавно построенные крепости, либо в поселения по ту сторону границы, где они вливались в беспокойную и буйную казачью массу, состоявшую из таких же беженцев и тех, кто давно обосновался в степном приграничье.

Не вполне понятно, насколько все эти факторы повлияли на изменение русской военной доктрины в конце XVI века. Правящая верхушка Русского государства, безусловно, сознавала, что поместное войско ненадежно и непригодно для решения целого ряда боевых задач; однако мало кто ставил под сомнение ценность поместной конницы как таковой [Fletcher 1967: 179–180; Флетчер 2002]. Пересмотр фундаментальных принципов организации русской армии был опасен не только с политической точки зрения, но и с чисто военной: в Восточной Европе конница по-прежнему была важнейшим стратегическим и тактическим инструментом ведения войны. Конные войска играли ключевую роль в наступательных боевых действиях. Они использовались для отражения набегов и в разведке, могли заниматься фуражировкой за пределами разоренной войной местности, а также осуществлять тактику выжженной земли. Главной характеристикой конницы была мобильность: бесценное качество для государства, которому приходилось воевать на фронтах, отстоящих друг от друга на 1500 км, притом что снабжение и переброска войск по рекам не всегда были возможны. Позицию русского правительства о важности роли конницы разделяли и в других восточноевропейских странах. На протяжении следующих 100 лет кавалерия составляла почти половину от общей численности армии не только в Русском государстве, но и в Швеции, Османской империи и Речи Посполитой [Stevens 2002: 153–154]. Таким образом, поместная конница по-прежнему оставалась ударной силой русского войска — отчасти по экономическим и военным соображениям, отчасти в силу инерции. Почти каждый год объявлялся сбор войск для отражения татарских набегов. Для недолгих военных кампаний быстрота и мобильность были важнейшими достоинствами. Русская конница блестяще продемонстрировала свою способность добиваться успеха в таких условиях — особенно на раннем этапе Ливонской войны. За то время, что требовалось обученному стрельцу на перезарядку пищали, умелый конник, всю жизнь практикующийся в стрельбе из лука на охоте в своем поместье, успевал выпустить в сторону противника несколько стрел; при этом, в отличие от стрельца, чье содержание недешево обходилось казне, помещик сам обеспечивал себя всем необходимым. Даже в начале XVII века Русское государство не хотело переходить на конницу другого типа или снаряжать своих конников огнестрельным оружием (хотя те из них, кто являлся на службу с пищалями, вносились в отдельные разрядные книги и получали порох) [Буганов 1959: 169, 174].

Впрочем, сохранив поместную конницу, в конце XVI века Русское государство не только признавало заслуги других своих войск и важность различных военных инноваций, но и стало уделять им больше средств и внимания. Строительство крепостей, организация пограничной службы, производство пушек — все эти меры оказались очень успешными в военном плане. Создание постоянной армии — особенно стрелецкого войска, вооруженного пищалями, — позволило использовать в ходе боя тактику ведения массированного огня (хотя в то время русская пехота еще не умела маневрировать). Стрельцы показали себя надежными и боеспособными солдатами как в ходе Ливонской войны, так и на гарнизонной службе. Однако политический и экономический кризис помешал повышению их статуса в военной иерархии Русского государства конца XVI века. Организация стрелецкого войска и его использование на поле боя не предполагали каких-либо изменений в структуре главной ударной силы русских вооруженных сил — поместном войске. Русское правительство даже не пыталось возложить на помещиков обязанности, выполняемые стрельцами: эта попытка привела бы к политическим потрясениям. Вместо этого были созданы совершенно новые войска, в которых на контрактной основе служили представители более низких сословий — стрельцы, пушкари и некоторые казаки. Социальный статус этих людей был невысок, однако правящая элита Русского государства сознавала их необходимость: видно, как всю вторую половину XVI столетия число их неуклонно растет. Впрочем, поскольку ближе к концу века ресурсы Москвы истощились, правительство стало оплачивать услуги этих солдат не денежным жалованьем, как поначалу, а другими средствами — в частности, налоговыми льготами и участками земли. В трудное для русской империи время эти поощрительные (хотя и потенциально вредные) меры помогли не только сохранить постоянные войска, но и увеличить их численность — особенно тех, что служили в гарнизонах.

В последние годы XVI века московская правящая верхушка прекрасно сознавала всю глубину политического (и военного) кризиса, в котором оказалось Русское государство, однако фискальные и экономические ресурсы страны были почти исчерпаны. В такой ситуации русское правительство не имело возможности в кратчайшие сроки исправить военное положение страны или проводить реформу вооруженных сил. Временные меры — такие как запрет на переход крестьян от одного хозяина к другому или предоставление стрельцам торговых привилегий — помогали только в краткосрочной перспективе, а иногда и вредили в долгосрочной. Для того чтобы возникла политическая воля на проведение крупномасштабных преобразований, необходимо было, прежде всего, решить ключевой вопрос, стоявший перед Русским государством: кто станет наследником почти прервавшейся царствующей династии?

Карта 5. Ливонская война и Смутное время (1558–1619) (взята из книги Р. Фроста «The Northern Wars: War, State and Society in Northeastern Europe, 1558–1721» [Frost 2000])

Заключение первой части

XVI век: успехи и ограничения

В конце XV и начале XVI века Русское государство проводило на удивление успешную экспансионистскую политику. За счет завоеваний, а также дипломатических маневров и правления боярских родов, к середине 1550-х годов Великое княжество Московское поглотило близлежащие княжества, города-государства и ханства, расположенные на Среднерусской возвышенности. Некоторыми из этих успехов Москва была обязана удачно сложившейся международной обстановке, а не собственным действиям. Расширив свои владения, московская правящая династия (Даниловичи) постепенно отказалась от принятого у Рюриковичей лествичного права в пользу более надежного права первородства — наследования от отца к старшему сыну. Постепенно объединяя прежде независимые политические субъекты в династический союз, русское правительство создало административный аппарат, который позволил собрать из разрозненных земель единое государство. И, наконец, что самое поразительное, из местных дружин, которые ранее подчинялись только своему князю, московскому государю удалось создать единое войско, ради службы в котором люди на удивление легко отказывались от прежних региональных и феодальных связей[1].

Экспансия Русского государства на юг и на восток привела к возникновению на окраинах империи огромных приграничных

---

[1] Подробнее об этом см. у Дж. Мартин [Martin 1995: 300–301].

областей (на самом деле речь здесь идет о территориях, не принадлежащих ни одному государству и не имевших очерченных границ). Это была зона политического и военного противостояния между Русским царством, коренным населением Северной Сибири, Крымским и центральноазиатскими ханствами, грозной и хорошо вооруженной Османской империей и, на самом востоке, Китаем. Кроме того, это была территория культурной адаптации и конфронтации. В этой евразийской лесостепи оседлые сельскохозяйственные сообщества сосуществовали (к несчастью для себя) с полукочевыми скотоводческими племенами; ислам сталкивался с враждебными по отношению друг к другу католицизмом и православием, а государства с централизованной военно-фискальной бюрократической системой взаимодействовали с мощными, но слабо организованными племенными союзами, жившими за счет сбора дани. Эти культурные границы не всегда были четко очерчены и не всегда совпадали с границами политическими; очень часто они накладывались одна на другую. Так, в православном Русском государстве были татарские помещики, а в русском войске — отряды татарской конницы; когда это было выгодно, русское правительство поощряло казачью вольницу, а в других обстоятельствах называло казаков «разбойниками».

Три с лишним столетия главной военно-политической задачей Русского государства было установление контроля над степью. Московское войско представляло собой стремительную легкую конницу, которая могла быть мобилизована в кратчайшие сроки; неудивительно, что в культурном и политическом плане русская элита была тесно связана со степной жизнью и бывшим повелителем — Золотой Ордой. В 1520-х и 1530-х годах, как и в предыдущем столетии, русская армия по своей структуре, социальному составу и организации снабжения фактически представляла собой степное войско[2]; в значительной степени это фундаментальное устройство вооруженных сил Русского государства оставалось прежним и в течение следующих ста лет.

---

2 Герберштейн пишет о том, что русские действуют «внезапно и быстро» [Herberstein 1969: 78; Герберштейн 2008: 243].

Однако в середине XVI века в ходе экспансии на запад Русское государство столкнулось со странами, проводившими столь же агрессивную внешнюю политику — Польшей и Литвой, объединившимися в единое государство — Речь Посполитую, и Швецией. В силу своего геополитического положения и политических амбиций оба этих государства (хотя и по-разному) были вовлечены в процессы военных преобразований, стремительно происходивших в Западной и Центральной Европе. В новой военной доктрине, взятой на вооружение также и в Османской империи, делался акцент на артиллерию и осадную войну, строительство фортификационных сооружений, создание обученных пехотных полков, участвующих как в штурме, так и в обороне крепостей, и формирование государственного аппарата, который помогал бы содержать и снабжать эти новые войска; впоследствии стали применяться боевая подготовка и тактические новшества с акцентом на использование пехоты. Такие широкомасштабные военные преобразования требовали больших расходов и влекли за собой существенные перемены в административном и социальном устройстве.

Правители Русского государства понимали, что для того, чтобы не уступать соседям, нельзя было оставаться в стороне от военных инноваций; особенно важно все это стало в тот момент, когда обострилось династическое и территориальное соперничество Москвы с Речью Посполитой и Швецией. Очень скоро русская армия обзавелась превосходной осадной и полевой артиллерией, русские крепости на западе строились по последнему слову фортификационной науки, а небольшие стрелецкие отряды, получавшие жалованье и состоявшие на постоянной службе, умели вести массированный огонь. Однако все эти перемены не привели к появлению армии, организованной по какому-то единому европейскому образцу. Напротив, явление, известное в истории как «пороховая революция», принимало самые разные формы как в самой Европе, так и за ее пределами. В Русском государстве эти инновации сосуществовали наряду с мобильной легкой конницей — такое необычное сочетание наилучшим образом отвечало его геополитическому устройству и имперским амбициям. Благодаря военным реформам и искусному ведению степной политики Русское государство добилось огромного успеха, покорив в 1540-х и 1550-х годах Казанское и Астраханское ханства.

Однако участие в Ливонской войне (1558–1583) едва не разрушило эту прежде безотказно работавшую систему. Хотя поначалу русские кампании в Ливонии завершались быстрыми победами, интенсивность и продолжительность этой войны оказались слишком непомерны для армии Ивана Грозного. В результате Русское государство столкнулось с глубоким внутриполитическим кризисом. С начала 1560-х годов поместному войску, сражавшемуся в Ливонии, все труднее было содержать себя за счет оставшихся без присмотра поместий и даже захваченной на поле боя добычи. Пытаясь соперничать с экономикой объединившихся в единое государство — Речь Посполитую — Польши и Литвы, Русское государство стало повышать налоги. Деньги шли на содержание поместного и стрелецкого войск, на артиллерию и на строительство крепостей. Крестьяне из центральных и западных областей Русского государства (а также нередко и их хозяева) стали массово сбегать в степь, спасаясь от тяжких поборов и ужасов опричнины; в результате центральные области русской империи обезлюдели. Разрушение аграрной экономики привело к тому, что государственная казна, обремененная военными расходами, опустела. Войска, сражавшиеся в Ливонии, были вымотаны долгой войной; пошли поражения — как от шведов, так и от польско-литовских сил. Экономические проблемы и прекращение дальнейшей экспансии поставили под сомнение способность государства обеспечить поместьями следующее поколение русской элиты, то есть выполнить важнейшее условие договора, заключенного между московским царем и знатью.

Восстановление внутриполитического равновесия, которое было в значительной степени нарушено Ливонской войной и последовавшими за ней событиями, стало главной задачей Русского государства в начале следующего века. Новое государственное устройство сложилось только после окончания Смуты и воцарения династии Романовых; именно оно на долгие годы обусловило характер военных преобразований, происходивших на границе с Евразией.

Часть II

1598–1697

Глава четвертая
Политические предпосылки военных реформ

Общий обзор

Вступление Русского государства в XVII столетие было отнюдь не спокойным и гладким. После смерти в 1598 году царя Федора I, последнего представителя древней династии Рюриковичей, русская империя почти на два десятилетия погрузилась в пучину гражданской войны (Смуты), кровавых раздоров и интервенции со стороны иностранных государств[1]. В течение этих 20 лет первоочередным политическим вопросом, стоявшим перед Русским государством, было воцарение нового монарха и основание им легитимной династии — будь то в результате завоевания, «избрания», пропаганды или манипулирования и интриг. Сменявшие друг друга в Кремле правительства больше были озабочены проблемой выживания, чем системными реформами. Сначала Борис Годунов (годы правления 1598–1605), затем его сын Федор (год правления 1605), а за ними Лжедмитрий I (годы правления 1605–1606) и Василий Шуйский (годы правления 1606–1610) боролись с внутренними врагами, оспаривавшими их право называться царем; с 1604 года главным очагом сопро-

[1] Подробнее о Смутном времени см. [Скрынников 2008; Платонов 2018]. Из недавних исследований заслуживают внимания книги М. Перри и Ч. Даннинга [Perrie 1995; Dunning 2001]. Кроме того, большой интерес представляют воспоминания иностранных очевидцев Смуты Ж. Маржерета и К. Буссова [Margeret 1983; Маржерет 1913; Bussow 1994].

тивления Москве были южные земли Русского государства. В 1610 году, после крушения центральной власти, в Русское царство вторглись шведы и поляки — первоначально по приглашению бояр. Иностранная интервенция привела к росту патриотических настроений в русском обществе, и этот импульс был поддержан Русской православной церковью. В 1612 году собранное в провинции народное ополчение в конце концов освободило Москву от поляков. Этот исторический период, известный под названием Смутное время, формально завершился в 1613 году после того, как на Земском соборе царем был избран Михаил Романов, бывший в родстве с Рюриковичами через первую жену Ивана Грозного Анастасию Романовну. Однако военные действия — особенно против Швеции и Речи Посполитой — закончились только после подписания Столбовского мира (1617) и Деулинского перемирия (1618).

После тревожных десятилетий Смуты мало у кого остались сомнения в высочайшей эффективности дисциплинированных и обученных войск, вооруженных огнестрельным оружием и ведомых многочисленными офицерами. И стрельцы, и устроенные по европейскому образцу отряды во главе с иностранными наемниками сыграли ключевую роль во многих сражениях той эпохи — роль, куда более важную, чем предполагала их численность. Легкость, с которой соседи Русского государства, Швеция и Речь Посполитая, вторглись в конце Смуты в охваченные внутренними раздорами русские земли, устранила последние сомнения на этот счет. Обе эти державы имели в своем распоряжении, среди прочего, хорошо обученную и способную к маневрированию пехоту и большой офицерский корпус. Когда правительство Михаила Федоровича поставило перед собой задачу вернуть утраченные после 1618 года земли, у него не было другого выхода, кроме как сделать ставку на такие же прошедшие боевую подготовку войска под управлением профессиональных военных — главным образом на пехоту.

Однако если военные цели, стоявшие перед Москвой, были ясны, то для их выполнения необходимо было преодолеть серьезные социополитические и экономические барьеры. Двор Михаила Романова, особенно в первые годы его правления, вынужденно выстраивался по тем же принципам и лекалам, что и при Рюриковичах — Иване IV и его предках. В идеологическом плане это способствовало более быстрой легитимации новой династии и восстановлению политической стабильности и привычного порядка вещей. С практической точки зрения, возвращение к служилому государству с его опорой на поместную систему обеспечило молодому царю поддержку со стороны прежней политической элиты. Кроме того, это позволило с минимальными затратами создать хоть какие-то вооруженные силы в разоренной бесконечными гражданскими войнами стране.

Однако эта вновь сделанная ставка на поместное войско, собранное из представителей преданной царю знати, обернулась большими проблемами, у которых не было быстрого решения. Было очевидно, что помещики более не представляли собой эффективную военную силу. Когда в начале своего правления царь Михаил пытался изгнать из своих земель оккупационные войска шведов и поляков и подавить постоянно вспыхивающие восстания, ему приходилось для этого прибегать к помощи казаков, которых он открыто презирал. К 1630 году, несмотря на поддержку правительства и общий экономический подъем, по меньшей мере 40 % русских помещиков[2] все еще не могли выполнить минимальные требования к несению воинской службы, по которым они даже не обязаны были обеспечить себя огнестрельным оружием. Хуже того, по соображениям социального престижа, они не желали вступать в войска нового типа, в которых так нуждалось Русское государство. Поэтому правительству Михаила Федоровича приходилось надеяться на то, что эти разорившиеся помещики смогут принести пользу в пограничных крепостях, где их бедность и отсутствие современной военной подготовки не станут препятствием к службе.

---

[2] Помещики были своего рода русским аналогом английских джентри; их ключевой характеристикой как сословия были передававшиеся по наследству права на владение землей, игравшие важнейшую роль в военной и экономической политике Русского государства в XVII веке.

Все эти обстоятельства не только не развеивали опасения мелкопоместного дворянства по поводу сохранения своего социального и военного статуса, но, напротив, лишь усиливали их. После окончания Смутного времени помещиков особенно остро волновал вопрос доступности новых земель и сохранения (или возвращения) крестьян, которые могли бы эти земли обрабатывать; земля и крестьяне не только давали помещику надежду на возрождение его экономического благосостояния, но и определяли его политический статус. Другие опасения помещиков были вызваны «выскочками»-казаками и служилыми людьми «по прибору», которые еще при Иване Грозном стали играть в русской армии все более важную и значительную роль. С каким бы презрением к ним ни относились царь и его приближенные, они доказали свою эффективность в годы Смуты и из-за своего низкого политического и экономического статуса не так противились бы вступлению в войска нового строя. Ясно было одно: прежде чем создавать столь желаемую дисциплинированную и хорошо обученную армию, необходимо было определиться с теми людьми, которых можно было бы завербовать в это войско, не ввергая при этом неокрепшую новую монархию в политический и социальный кризис.

Еще одно препятствие на пути к созданию такой армии находилось в экономической и административной плоскости. Содержание большого профессионального постоянного войска легло бы тяжелом бременем на сельскую экономику с ее слабой производственной мощностью и на облагаемые большими налогами города и ярмарки, даже несмотря на наметившийся экономический подъем. Однако в Русском государстве постепенно сформировался бюрократический аппарат, который научился эффективно извлекать и использовать доступные ресурсы. Новые канцелярии (приказы) по-прежнему базировались в Москве, подчинялись царю и не были заинтересованы в том, чтобы поддерживать политическое или региональное недовольство действиями Кремля. Изменения в региональном управлении укрепили вертикаль власти; когда Русское государство понемногу оправилось от последствий Смуты, царь Михаил получил возможность беспрепятственно проводить свою внутреннюю политику, оказавшуюся весьма эффективной.

Правительство Михаила Федоровича вместо того, чтобы решать наболевший вопрос с дворянами и детьми боярскими, решило потратить скопленные средства иначе. В спешном порядке из иностранцев и русских людей, принадлежавших к разным сословиям, были набраны полки «нового строя» (или полки «иноземного строя»), которыми командовали офицеры-наемники, и в 1631 году Русское царство объявило войну Речи Посполитой [Hellie 1972: 170; Сташевский 1919: 12, 56]. В короткие сроки были потрачены гигантские средства, и в 1632 году русская армия численностью 34 500 человек, почти половина из которых состояла в полках «нового строя», осадила крепость Смоленск. Посреди длившейся два года осады решимость русского правительства довести войну до победного конца пошатнулась из-за смерти главного инициатора этой кампании — отца царя Михаила, патриарха Филарета, а также в связи с опустошительными набегами крымских татар на оставшиеся без защиты южные границы Русского государства. Русская армия потерпела сокрушительное поражение, и большинство иностранных наемников вернулись домой.

Тогда Москва обратила свое внимание на юг и занялась масштабным строительством и укомплектованием новых укреплений на границе со степью. Эти усилия не только восстановили и даже существенно увеличили оборонительные возможности Русского государства, но и дали правительству Михаила Федоровича возможность обходным путем решить часть стоявших перед ним острейших социально-политических вопросов. В результате Русское государство вновь заявило о своих притязаниях на Северное Причерноморье. Благодаря своим новым административным и военным возможностям оно смогло превратить южное пограничье в плацдарм для очередной территориальной экспансии.

Тем временем, боясь лишиться поддержки со стороны помещиков, Романовы и приближенные к ним бояре с неохотой пошли на ограничение прав крестьянства. В 1620-е и 1630-е годы были увеличены сроки сыска беглых крестьян. А в 1649 году было принято новое Соборное уложение, по которому крестьяне были навечно прикреплены к земле. Крепостничество, ставшее косвенным последствием Московского восстания 1648 года (Соляного бунта), во многом обусловило ход военных (и многих других) преобразований на 200 лет вперед.

Начало Смуты

Начало периода, вошедшего в историю под названием Смутного времени, или Смуты, принято отсчитывать с восшествия на престол Бориса Годунова (годы правления 1598–1605). Борис Годунов, происходившей из помещичьей семьи средней руки, возвысился при дворе Ивана Грозного, затем стал доверенным советником следующего царя Федора I, который был женат на его сестре, а вскоре стал фактическим регентом, поскольку Федор был очевидно не способен управлять Русским государством самостоятельно. После смерти Федора при московском дворе началась борьба за власть среди боярских кланов, которую Годунов выиграл, подвергнув впоследствии репрессиям своих политических противников. Имевший большой опыт в управлении государством и связанный с династией Рюриковичей через брак, Борис Годунов был избран царем на спешно собранном по такому поводу Земском соборе[3].

Став единоличным правителем, Борис Годунов до какой-то степени продолжал следовать военному и внешнеполитическому курсу, начало которому было положено в предыдущее царствование. Русские войска продвинулись глубже в Сибирь, был предпринят окончившийся неудачей поход в Дагестан. Новые деревянные городки — Царев-Борисов (1599) и Томск (1604) — обозначили притязания Русского государства на земли, лежащие за переделами старых границ. Кроме того, была проведена грандиозная реконструкция Смоленской крепости — город был обнесен массивными стенами, соединенными друг с другом много-

---

[3] Подробнее об этом см. главу 9 в [Скрынников 1978].

этажными оборонительными башнями, типичными для этого региона [Разин 1955, 3: 159; Разин 1999, 3; Косточкин 1964: 71–119].

Однако состоявшие на контрактной службе служилые люди «по прибору», процент которых в армии Ивана Грозного постоянно увеличивался, в вооруженных силах Русского государства при Борисе Годунове стали играть куда менее важную роль, чем раньше. Многие из них были переведены из действующей армии на полупрофессиональную гарнизонную службу. После Ливонской войны стрельцы и пушкари, годами не получавшие положенного им жалованья, вынужденно занимались торговлей; Борис Годунов официально закрепил такой порядок вещей, переведя их в податное городское сословие вместо того, чтобы вернуть им их прежний статус. На казаков и прочих служилых людей в южном пограничье были возложены дополнительные обязанности и повинности. Эти меры правительства вызвали большое недовольство со стороны местного населения [Багалей 1887: 10; Скрынников 1988: 106–107, 111, 114–115; Dunning 2001: 69, 88–89; Анпилогов 1967: 381–383; Миклашевский 1894: 62–63].

Вместо того чтобы опереться на стрельцов и казаков, Годунов сделал ставку на европейских наемников, которые были в курсе всех последних военных инноваций и не имели сословных или феодальных связей в Русском государстве. Изначально у него на службе состояло 2500 таких людей, в числе которых был и французский капитан Жак Маржерет, ставший затем автором известных мемуаров о Смутном времени. В течение нескольких лет Борис Годунов увеличил число иноземцев в русских вооруженных силах до четырех с лишним тысяч человек — столько же было при Иване Грозном, хотя тогда их статус был несколько иным [Hellie 1972: 169; Сташевский 1919: 9][4].

В то же самое время правительство Годунова прилагало огромные усилия для поддержания поместной системы. Новая династия не могла себе позволить покуситься на военные и политические

---

[4] А. К. Баиов пишет, что «уже при Борисе [Годунове] из иноземцев была составлена особая дружина, по некоторым сведениям, из 9000 человек» [Баиов 1909: 119].

привилегии поместной конницы. Напротив, Годунов пытался вернуть ей былую мощь, предпринимая как раз те меры, которых требовали сами помещики. Общее мнение было таково, что, имея в своем распоряжении постоянную рабочую силу в лице крестьян, землевладельцы смогут вновь разбогатеть, а увеличение благосостояния помещиков, в свою очередь, приведет к тому, что они вновь станут представлять собой грозную боевую силу.

Даже через десять лет после окончания Ливонского войны ситуация в Русском государстве была далека от идеальной. Сельское хозяйство было в упадке, и размеры собираемых податей продолжали резко снижаться. Вокруг Новгорода обрабатывалось только 5–10 % пахотных земель; множество поместий оставались заброшенными. Вокруг Москвы ситуация была несколько лучше: земледелием занимались на 30–40 % земель [Масловский 1891, I: 192–193; Hellie 1972: 94–97, 106][5]. Многие крестьяне, которые еще не сбежали в южное пограничье в поисках более свободной, хотя и менее стабильной жизни, продали себя в рабство, приняли монашество или переселились в крупные поместья, где было проще пережить тяжелые времена. Для мелкопоместного дворянства последствия этой миграции были катастрофическими.

Правительство Годунова отреагировало на это продлением периода заповедных лет, введенных еще Иваном Грозным в качестве временной меры, которая лишила крестьян их древнего права перехода от одного хозяина к другому в течение двух недель после сбора урожая. К 1602 году крестьянский выход оказался фактически под полным запретом.

Однако ставка Бориса Годунова на помещиков не сработала ни в политическом, ни в военном отношении. Крестьяне продолжали бежать, и крестьяне продолжали восставать. Дворяне и дети боярские по-прежнему уклонялись от несения службы, а среди тех, кто все же являлся на сборные пункты, многие были плохо вооружены и обучены. Нельзя сказать, что вина за такое поло-

---

[5] Выражаю отдельную благодарность Ричарду Хелли за плодотворную дискуссию на эту тему и ознакомление меня с приведенными выше данными.

жение вещей лежала целиком и полностью на царе Борисе. Из-за долгих холодов, установившихся вследствие Малого ледникового периода, и вызванного этим Великого голода (1601–1603) Русское государство оказалось на грани экономической катастрофы. Правительство помогало голодающим, в том числе из личных амбаров царя, однако остановить народное брожение было уже невозможно. На усмирение народных бунтов и восстаний были брошены войска.

Провал внутренней политики Бориса Годунова имел тяжелые последствия для всего Русского государства. Обнищание народных масс, повальное бегство крестьян и катастрофический недобор налогов привели к брожению в русском обществе. При этом, что было крайне нетипично для того времени, недовольство царем охватило не только бояр, которые представляли собой политическую элиту империи, но и мелкопоместное дворянство, а также и другие слои населения, как правило, не участвовавшие в политической жизни Русского государства. Многие восприняли Великий голод как Божью кару и знак того, что царствование Бориса Годунова было незаконно [Perrie 1995: 245–246][6].

Появился новый претендент на царский престол, получивший широкую поддержку масс. Им стал Дмитрий Иванович, младший сын Ивана Грозного от его седьмой жены Марии Нагой. История царевича Дмитрия очень напоминает легенду о «принцах в Тауэре», якобы убитых по приказу Ричарда III. В обычных обстоятельствах Дмитрий Иванович вообще бы не считался легитимным наследником русского престола, поскольку брак его матери с Иваном IV не был благословлен церковью. Тем не менее, поскольку его единокровный брат Федор оставался бездетным, вокруг юного царевича, которому на момент смерти его отца в 1584 году не исполнилось и двух лет, сразу начали плестись политические интриги. В результате он со своими опекунами и родичами был сослан в Углич, где и умер в 1591 году при не до конца выясненных обстоятельствах. Дело о смерти царевича

---

6 Более подробно о религиозной составляющей царской власти см. [Rowland 1990: 125–155].

Дмитрия расследовала прибывшая из Москвы следственная комиссия — якобы совершенно независимая и самостоятельная, — которая признала смерть мальчика несчастным случаем и исключила причастность к ней царя Федора и его регента Бориса Годунова. Казалось, что на этом Угличскому делу пришел конец.

Однако в 1603 году в Речи Посполитой — на относительно безопасном удалении от Москвы — объявился молодой человек, объявивший себя царевичем Дмитрием, чудесным образом пережившим попытку покушения на себя со стороны людей Бориса Годунова[7]. Каково было подлинное происхождение этого юноши, неизвестно, хотя, скорее всего, он был самозванцем — возможно, искренне верившим в рассказываемую им историю. Впрочем, кем бы он ни был, объявивший себя «истинным царевичем» Дмитрий быстро заручился поддержкой значительной части населения Русского государства, особенно на юге. В 1604 году он, объявив о своих притязаниях на трон, пересек со своими сторонниками юго-западную границу Русского царства; так начался период войн и волнений, продлившийся почти десять лет.

Казаки на южных окраинах

Южное пограничье Русского государства сыграло важную и сложную роль в военных событиях Смутного времени, начало которым было положено в 1604 году. В отличие от центральных областей русской империи, здесь наблюдался существенный рост населения, и даже осваивались новые земли. Этот приток переселенцев был по большей части спонтанным, а не инициированным государством. Бывшие мелкопоместные дворяне и дети боярские, бывшие крестьяне, бывшие боевые холопы, даже стрельцы, пушкари и прочие обученные военному делу служилые люди начали массово бежать на юг еще в 1580-х годах. Многие из них перестали получать жалованье из опустошенной государ-

---

[7] См. об этом, например, у К. Буссова, бывшего очевидцем этих событий [Bussow 1994: 8].

ственной казны; другие считали, что с ними плохо обращаются [Скрынников 1978: 96; Загоровский 1969: 7, 21–24].

Некоторые из этих беглецов обосновались в лесостепи, и Русское государство быстро начало извлекать выгоду из их присутствия. После того как в 1591 году крымское войско дошло до стен Москвы, Годунов укрепил и расширил засечную черту, возведенную при Иване Грозном, и построил шесть новых крепостей на южных рубежах Русского государства, чтобы защитить население степного приграничья от новых набегов[8]. В этих городках были поставлены гарнизоны, состоящие из набранных в центральных областях Руси служилых людей «по призыву» — в основном стрельцов. Некоторые из новых переселенцев охотно шли на службу царю в обмен на хоть какую-то поддержку и защиту со стороны государства, становясь кем-то вроде «городовых казаков». Правительство, когда имело такую возможность, выплачивало этим людям жалованье, одаривало их земельными наделами, строило новые укрепления для их защиты, время от времени снабжало их едой, вооружением и амуницией, а в экстренных случаях даже высылало в поддержку им войска. Поощряя военную колонизацию и сельскохозяйственную экспансию, Москва пыталась вернуть своих беглых граждан в лоно империи и обратить их пассионарность себе во благо. В некоторых случаях эта политика оказывалась успешной, однако не менее часто она вызывала отторжение со стороны переселенцев. Тем не менее ни одна другая держава, граничащая с Северным Причерноморьем, не предпринимала столь последовательных и финансируемых из государственной казны усилий по освоению этих территорий [Загоровский 1969: 23–25][9]. Наличие этих крепостей существенно ускорило продвижение Русского государства далее на юг.

---

8 В период с 1592 по 1600 год были построены городки Елец, Кромы, Белгород, Оскол, Волуйка и Царев-Борисов.

9 Подробнее об этом см. [Багалей 1886а]. Стоит отметить, что схожим образом военная колонизация степи велась в Китае при династии Хань (эта информация почерпнута из лекции П. Пердью «Китай, Внутренняя Азия и имперская экспансия, 1500–1800», прочитанной в Колгейтском университете 27 сентября 2002 года).

Другие беженцы из центральных областей Русского государства изо всех сил пытались оказаться вне пределов досягаемости со стороны Москвы. Вольные люди, пастухи и торговцы жили на окраине степи; среди них были представители самых разных народов — калмыки, чуваши, черемисы и ногайцы, — а также многоэтничные казачьи общины, которые принимали к себе некоторых беглецов. Жизнь казачьих общин часто преподносится в романтическом свете, как вольная, демократичная и «рыцарская»[10]; вместе с тем она была нестабильной и полной опасностей. Самыми крупными и политически влиятельными из этих общин были донские казаки на юго-востоке русских земель и запорожские казаки на Днепре в южной Украине. На начало Смуты оба этих казачьих войска существовали уже не менее 100 лет. Другие небольшие общины, рассеянные по всей границе степи от владений Османской империи до восточного берега Дона, тоже занимались набегами. Согласно официальной истории казачества, вся деятельность этих вольных общин была направлена исключительно против турок и крымских татар; на самом деле в своих грабежах и пиратстве они не всегда были так избирательны.

В XVI столетии казаки стали играть еще более важную роль в освоении степи. Казаки были всегда готовы вступить в бой и, что было редкостью в условиях степи, имели доступ к огнестрельному оружию, поэтому Русское государство (а также Речь Посполитая) охотно использовало большие отряды казаков в качестве союзников или как вспомогательные войска. Небольшие группы этих вольных людей (или отдельные бойцы), желавшие перейти на оседлый образ жизни, становились городовыми казаками при южных крепостях. Однако полагаться на казаков было еще более рискованно, чем на переселенцев, живших севернее в лесостепи. Казачьи войска и городовые казаки хранили верность царю только до тех пор, пока тот оказывал им помощь и одарял их деньгами и товарами [Багалей 1886а: 94, 104–105;

---

[10] Автор «Истории войны казаков против Польши» П. Шевалье сравнивал казаков с мальтийскими рыцарями (разумеется, с поправками на конфессиональные различия) [Plokhy 2001: 21].

Чернов 1954: 88–89; Загоровский 1969: 54–64; Longworth 1970: 14 и далее]. Более того, казаки постоянно заявляли о своей независимости, и любые попытки центральной власти посягнуть на казачью вольницу довольно часто вызывали у них отпор. Особенно сильно казачество было недовольно посягательствами на свои свободы со стороны правительства Бориса Годунова.

Хотя казаки, безусловно, представляли собой многоэтничную общность, их образ жизни и репутация оказали огромное влияние на разнородное население русского степного пограничья, частью которого эти самые казаки и являлись. Парадоксальным образом, при всем этнокультурном многообразии, характерном для русского пограничья, в нем присутствовала и определенная гомогенность. Так, например, многие поселенцы, обосновавшиеся на южных рубежах Русского государства, обучились навыкам выживания и искусству с ходу вступать в бой, хотя некоторые из них были профессиональными солдатами, а другие нет. Богатых землевладельцев было мало, и большинство жителей пограничья принадлежали к одной и той же экономической страте: важнейшим источником дохода для них являлась служба. Финансовые или политические проблемы, возникающие в Москве, угрожали их образу жизни и ставили под сомнение их лояльность центральной власти. В результате многие из этих поселенцев с недоверием относились к принятым в Русском государстве социальным конвенциям и навязанному из столицы порядку вещей. На Юге не придавали большого значения разнице между службой «по отечеству» и службой «по прибору», и сословные границы, незыблемо соблюдавшиеся в центральных регионах русской империи, были здесь в значительной степени стерты. Некоторые южане (хотя и не все) исповедовали простой православный «патриотизм», согласно которому язычники и еретики по ту сторону границы были врагами русской веры.

В образе жизни казаков и жителей русского пограничья было очень много общего; именно поэтому многие соотечественники относились к ним с недоверием. Южане различного социального происхождения сыграли важнейшую роль в военных кампаниях Смутного времени. Они зависели от Русского государства, но их отношения со столицей всегда были сложными, поэтому, выступая в походы на север, они не всегда шли сражаться на стороне правительства. Их часто называли казаками, хотя, строго говоря, не все из них ими являлись; это слово не несло положительной коннотации, а четко разделяло маргинализованный Юг от исконно русского Центра.

Гражданская война

С 1604 года, когда «царевич Дмитрий» с войском, состоявшим из казаков и поляков, пересек на юго-западе границу между Речью Посполитой и Русью, и до 1613 года, когда был коронован Михаил Романов, Русское государство почти непрерывно пребывало в состоянии войны. Хотя царская власть в Москве оставалась в руках Годунова вплоть до его смерти в 1605 году, юг и юго-запад русской державы стали ареной военных действий между правительственными войсками и отрядами претендента. Однако, когда новым царем стал сын Бориса Федор (год правления 1605), баланс сил быстро изменился в пользу «царевича Дмитрия», который летом 1605 года триумфально вступил в Москву и взошел на царский престол, став известным как Лжедмитрий I. Год спустя он был убит в результате боярского заговора, и трон занял один из главных заговорщиков Василий Шуйский. В течение следующих пяти лет (1606–1610) Шуйский правил на большей части северных и центральных территорий Русского государства, однако так и не смог подавить различные восстания, возглавляемые Иваном Болотниковым[11], так называемым царевичем Петром[12]

---

[11] Восстание Болотникова 1606–1607 годов — крупное восстание крестьян, горожан, казаков, холопов, малых народов России против крепостнических порядков, начавшееся в Путивле под лозунгом «Возвратить трон царевичу Дмитрию и свергнуть Василия Шуйского». — *Примеч. ред.*

[12] Лжепетр, Илейка Муромец — один из предводителей крестьянской войны 1606–1607 годов. В 1605 году избран казаками атаманом и объявлен «царевичем Петром», мифическим сыном Федора Ивановича. В Путивле объединился с Иваном Болотниковым. Из чисто казачьего движения его выступление превратилось в составную часть восстания Болотникова. — *Примеч. ред.*

и Лжедмитрием II[13], чьи притязания на престол поддержали многие отряды, сражавшиеся за Лжедмитрия I. Пытаясь исправить положение дел, которое становилось все более угрожающим, Шуйский в обмен на военную помощь отдал Швеции Корельский уезд на северо-западе новгородских земель. Это решение привело к тому, что Речь Посполитая немедленно объявила войну России, и в результате заговора Василий Шуйский был смещен. Пришедший к власти боярский совет (Семибоярщина) признал русским царем польского королевича Владислава, и вскоре после этого Москву заняли польские войска. По очевидным причинам эти годы Смутного времени часто называются историкам периодом внешней интервенции.

Исследователи до сих пор продолжают спорить о причинах этих непрекращающихся военных конфликтов. Главенствующая точка зрения, истоки которой лежат еще в советской историографии, описывает происходившие тогда события в контексте социальной революции, объясняя эти войны реакцией народных масс на закрепощение или, что представляется более правдоподобным, недовольством казаков и других вольных людей все более жестким ограничением их свобод со стороны продолжающего свою активную экспансию Русского государства. Однако, хотя рост русской империи и связанное с этим введение новых повинностей для низших сословий, безусловно, создали предпосылки для народного возмущения, такие простые объяснения, сводящие все исключительно к социальным мотивам, не выдерживают проверку фактами. Почти все армии, участвовавшие в войнах Смутного времени, состояли из людей, принадлежавших к самым разным сословиям и экономическим стратам. Также важно отметить и географический аспект этого противостояния: гражданская война по большей части велась между югом и юго-западом Русского государства с одной стороны и севером и центром с другой. В одном исследовании высказана такая точка зрения,

---

13 Также известен как Тушинский вор или Калужский царек — самозванец, выдававший себя за «чудесно спасшегося» во время восстания 17 мая 1606 года Лжедмитрия I. — *Примеч. ред.*

что перемены в политическом и военном устройстве Русского государства, которые и сами по себе настороженно воспринимались русским обществом, наложились на глубочайший экономический кризис, переживаемый Россией, и возникшую в связи с этим неопределенность в вопросе законности царской власти[14].

Если говорить о военной стороне вопроса, то, безусловно, важнейшим фактором стала неспособность Русского государства удовлетворить запросы людей, состоявших на государевой службе, особенно в тех регионах империи, где бóльшая часть населения не имела других источников дохода. Беспомощность правительства в этом вопросе подточила лояльность армии и ослабила и без того невеликую военную мощь государства. В ходе гражданской войны выяснилось, что у армии огромного бюрократического государства, как ни парадоксально, нет никакого превосходства над сплоченными, но лишенными какой-либо материальной поддержки антиправительственными силами.

Однако в начале конфликта дела обстояли иначе. Царь Борис (годы правления 1598–1605) был прекрасно осведомлен о деятельности, развернутой в 1604 году самозванцем, однако явно не придавал всему этому большого значения. Москва на удивление мало готовилась к предстоящей войне. Когда в конце года Лжедмитрий вторгся в юго-западную область Русского государства, численность его войска, состоявшего из польских наемников и казаков, составляла около 4000 человек. Объявивший себя истинным царевичем Дмитрий обладал красноречием и харизмой, в то время как последние действия Бориса Годунова вызывали массовое недовольство. В результате на сторону самозванца вскоре перешли немало местных людей, а некоторые близлежащие крепости сдались ему без единого выстрела. Однако даже несмотря на эту неожиданную и активную поддержку со стороны населения юго-западного края, немногочисленные правительственные войска, оставшиеся верными Борису, смогли одержать несколько побед. Так, небольшой, но хорошо оснащенный гарнизон Новгорода-Северского под командованием обученных офицеров

---

[14] Подробнее об этом см. [Dunning 2001: 4–5].

смог отразить штурм крепости войском Лжедмитрия: у нападавших не было полевой артиллерии [Massa 1982: 76–77; Масса 1937: 84–85; Скрынников 1988: 143, 147–148].

Силы Дмитрия продолжали расти, и Борис Годунов объявил сбор правительственных войск. Часть тех людей, на которых мог рассчитывать царь, несла военную службу в других местах — участвовала в походе на Кавказ или состояла в гарнизонах приграничных крепостей. Многие не откликнулись на царский призыв, так как были слишком бедны или испытывали враждебность по отношению к Борису из-за экспансионистской политики. Тем не менее в итоге царская рать, в которой были стрельцы, тринадцатитысячное поместное войско, боевые холопы, крестьянские рекруты и около 2500 европейских наемников, превосходила численностью армию Дмитрия [Скрынников 1988: 55–57; Dunning 2001: 150–156][15]. Разрядный приказ до какой-то степени обеспечил снабжение этого войска. Ему все равно приходилось полагаться на фуражировку, однако, продвигаясь вглубь вражеской территории, войско все же не в такой степени зависело от доброй воли местного населения, как армия самозванца.

Очевидцы первых столкновений между войсками Годунова и Лжедмитрия на юго-западной окраине Русского государства в своих мемуарах все как один отмечают ключевую роль, сыгранную в этих боях обученными частями, имевшимися в распоряжении каждой из сторон. В первой стычке, состоявшейся у стен осажденного Новгорода-Северского, три отряда польской кавалерии напали на полк правой руки царской армии. Судя по всему, застигнутые врасплох правительственные силы не сумели оказать достойного сопротивления, а преданные самозванцу казаки сражались отважно и доблестно (стоит отметить, что казаки хранили верность Дмитрию до самого конца) [Bussow 1994: 423]. Вскоре после этого боя состоялась битва при Добрыничах, где

---

[15] В примечании к мемуарам Маржерета Р. Даннинг пишет о том, что численность отряда наемников составляла 2500 человек, и указывает на одно очень важное обстоятельство — эти части были особенно хорошо экипированы и вооружены [Margeret 1983: 141; Маржерет 1913].

польская конница вновь начала боевые действия, атаковав правительственный полк правой руки. Поначалу хорошо скоординированные действия поляков, казалось, склонили удачу на сторону Лжедмитрия. Однако в ключевой момент боя царская пехота открыла залповый огонь по основным силам армии самозванца, которые выдвинулись вперед, чтобы довершить разгром войск Бориса. Хорошо обученные стрелецкие полки вели массированный огонь из-за стен гуляй-города. Кроме того — видимо, по указанию капитана Маржерета, возглавлявшего отряд наемников, — остальные пехотные части стали вести массированный огонь по противнику, выстроившись в длинные шеренги; это стало первым примером использования русскими войсками линейного боевого порядка, который совсем незадолго до этого стал впервые применяться в Западной Европе. Армия Лжедмитрия пустилась в беспорядочное бегство. Важно отметить, что кавалеристы Маржерета сразу же начали преследовать бегущего противника; некоторые отряды поместного войска последовали их примеру. Правительственная армия одержала победу, и бóльшая ее часть сразу же занялась мародерством на поле боя [Margaret 1983: 62–64; Маржерет 1913; Bussow 1994: 40; Чернов 1954: 84]. Войско Лжедмитрия было полностью деморализовано, лишившись не только победного духа, но и большей части пехоты и добытой ранее артиллерии.

Однако армия Бориса не сумела воспользоваться плодами этой победы. Преданные Лжедмитрию казаки и местные гарнизонные войска постепенно склонили удачу на сторону самозванца, поскольку правительственные войска, хоть и получали подкрепления с севера, вынуждены были действовать на вражеской территории. После того как в апреле царь Борис умер, оставив наследником своего сына Федора, люди из армии Годунова стали массово переходить на сторону Лжедмитрия. Хорошо обученная и вооруженная огнестрельным оружием пехота, так ярко проявившая себя в битве при Добрыничах, доказала свою ценность еще раз, когда несколько тысяч преданных царю Федору стрельцов задержали наступление обессиленной тридцатитысячной армии самозванца на Москву [Massa 1982: 101–102; Масса 1937:

103–104][16]. Тем не менее в июне 1605 года новый царь триумфально въехал в столицу Русского государства.

Военная и внутренняя политика Лжедмитрия I (годы правления 1605–1606) мало отличалась от курса, избранного Борисом Годуновым. Он так же ограничил право крестьян на выход и раздавал новые земли, пытаясь помочь разоренному мелкопоместному дворянству и заслужить его поддержку [Hellie 1972: 101]. Зная о происходящих в Европе военных преобразованиях, Лжедмитрий вкладывал много средств в литье пушек и живо интересовался последними новинками в области военного дела: так, по его поручению в Москве был начат перевод книги о тактике. Наконец, он усилил свою армию, наняв капитана Маржерета и его солдат, которые до последнего хранили верность Годуновым[17]. Другие планы, в том числе крестовый поход против ислама (а именно нападение на турецко-татарскую крепость Азов), так и не были реализованы. Царствование Лжедмитрия I резко оборвалось незадолго до годовщины его вступления на престол. В то время как Москва готовилась к его свадьбе с католичкой Мариной Мнишек, бояре, во главе которых стояли Шуйские и Голицыны, организовали заговор, в результате которого Лжедмитрий был убит, а царем стал Василий Шуйский. Почти сразу же среди последователей самозванца разошлись слухи о том, что Дмитрию вновь чудесным образом удалось избежать смерти от рук своих врагов [Margeret 1983: 75; Маржерет 1913][18].

Хотя Василий Шуйский (годы правления 1606–1610) был отпрыском знатного боярского рода и крупной политической фигурой при московском дворе еще до восшествия на престол Бориса Годунова, ситуация в стране после его воцарения никак не стабилизировалась. Экономическое и социальное неравенство населения только усилилось. Главные внутриполитические вопросы, стоявшие перед правительством, — как обеспечить бла-

---

16 А. В. Чернов отмечает боеспособность стрельцов и их преданность царю [Чернов 1954: 108].

17 См. [Margeret 1983: xviii–xix, 69, 98–99 n. 36].

18 Подробнее об этом см. главы 12 и 13 [Dunning 2001].

госостояние помещиков, на чью военную и политическую поддержку оно рассчитывало опереться, и что делать со служилыми людьми из низших сословий — так и остались без ответа. Неспособность Шуйского решить эти проблемы усугубила политический кризис и снова ввергла Русское государство в гражданскую войну. Почти сразу же начались выступления против нового царя, однако противникам Василия, недовольство которыми было особенно сильно на юге, мешало отсутствие единого харизматичного лидера. Повстанцы под руководством Ивана Болотникова захватили несколько южных крепостей от имени царя Дмитрия. Другой претендент на престол, «царевич Петр», во главе казачьего войска шел на Москву с юго-востока. И Болотников, и Лжепетр собирали людей под знамена царя Дмитрия. Когда появился человек, объявивший себя спасшимся от смерти царем Дмитрием, его сразу же поддержало население русских земель, примыкавших к Речи Посполитой [Чернов 1954: 112].

Этот второй этап гражданской войны, во время которого действия протекали более разрозненно, чем раньше, тем не менее во многом напоминал кампанию Лжедмитрия I. По-прежнему главным оплотом антиправительственных сил было южное пограничье, но после 1606 года важнейшие успехи повстанцев были связаны с другой территорией — между Тулой и столицей. Несмотря на региональный характер противостояния, среди восставших были представители всех слоев русского общества: помещики, стрельцы, казаки, посадские люди, татары и другие народы [Perrie 1995: 172]. И в ставке Ивана Болотникова, и в других повстанческих лагерях было много бывших рабов, прошедших военную службу, — именно поэтому после окончания Смуты в армии Русского государства количество боевых холопов стало сокращаться [Hellie 1982: 471]. Опять-таки, помимо социального-экономического кризиса, охватившего русское общество, по-прежнему ставилась под сомнение легитимность нового царя — и как политического лидера государства, и как помазанника Божьего.

Хотя правительство Василия Шуйского набирало свои войска в тех регионах империи, где положение дел было более стабильным, количество обученных и умелых солдат, готовых встать под правительственные знамена, постоянно сокращалось, несмотря на все усилия, предпринимаемые его воеводами, в числе которых был такой выдающийся государственный и военный деятель, как Михаил Васильевич Скопин-Шуйский, четвероюродный племянник царя Василия Шуйского [ВИО 1995, 1:159][19].

Так как гражданская война опустошала все большее число русских земель, государственная казна оскудела, и разница между войсками правительства и повстанцев практически сгладилась. И Василий Шуйский, и его противники обещали своим сторонникам землю и крестьян, и, когда имели такую возможность, выплачивали жалованье поместной коннице. Казакам платили деньгами и едой, а иногда давали им право взимать контрибуцию с той или иной области. С течением времени зависимость обеих враждующих сторон от этих войск становилась все сильнее. И те, и другие приветствовали участие «наемных иноземцев» как эффективное, хотя и непостоянное средство: после завершения в Европе различных войн готовых воевать в России за кого угодно было предостаточно. Однако оплата услуг этих наемников была делом непростым[20].

Военные действия, возобновившиеся в 1606 году, не принесли успеха ни одной из сторон. Правительство Василия Шуйского наряду с конницей использовало артиллерию, а преданные царю служилые татары наводили ужас на врагов [Чернов 1954: 111], однако наступление царской армии на юг закончилось поражением в этом же году под Кромами. В ответ войска Болотникова осадили Москву, но так и не смогли ее взять. И осаждавшие, и осажденные испытывали нехватку продовольствия. Оказавшись в столь сложном положении, Шуйский все же не лишился поддержки севера и большинства московских бояр. Тем временем в Тушино, совсем рядом со столицей, обосновался новый пре-

---

[19] Г. Н. Бибиков пишет о том, что Скопин-Шуйский интересовался военными преобразованиями, происходившими в том время в Европе [Бибиков 1975: 3–16].

[20] Бибиков пишет о том, что правительственные войска все же были более обучены и лучше снабжались.

тендент на царский престол — Лжедмитрий II. К нему из Москвы бежала часть бояр, в том числе Романовы, и в ставке самозванца было сформировано теневое правительство; основную военную силу Лжедмитрия составляли наемники из Речи Посполитой, и командовали ими польские военачальники[21].

Год спустя эта патовая ситуация разрешилась, причем не в результате военных действий, а сама собой. Бесчинства, учиняемые армией самозванца, которая пыталась обеспечить себя припасами, не имея возможности централизованно собирать и распределять налоги, отвратили от Лжедмитрия II большинство его прежних сторонников. Стоявшие лагерем в Тушино наемники не получали жалованья; в лагере самозванца началась распря. В конце 1609 года Лжедмитрий бежал в Калугу, и в его бывшей ставке воцарился политический и военный хаос.

Иностранные армии

К тому моменту в политический конфликт, охвативший Русское государство, уже были втянуты соседние страны — Речь Посполитая, Швеция и, отчасти, Крымское ханство. После того как со смертью Лжедмитрия I исчезла угроза русского похода на турецко-татарский Азов, крымские татары возобновили регулярные набеги на слабо защищенную южную границу Руси.

В 1608 году, когда отряды Лжедмитрия II стояли под Москвой, Василий Шуйский решил обратиться за помощью к шведам и в обмен на 5000 наемников (и, как оказалось, еще около 10 000 добровольцев) уступил Швеции «Корелу с уездом» [Чернов 1954: 114][22]. В действительности шведский король прислал только 3000 наемников, которые поначалу действительно принимали участие в военных действиях на стороне Шуйского, однако бóльшая их часть вскоре покинула царя Василия, когда оказалось,

---

[21] Ян Петр Сапега и Роман Рожинский [Dunning 2001: 395].

[22] По Выборгскому договору 1609 года. В битве при Клушине в июне 1610 года часть шведских наемников перешла на сторону поляков [Bussow 1994: 132].

что тот не в состоянии выплачивать им оговоренное жалованье. К 1612 году шведские войска стояли в Новгороде и Ивангороде и контролировали большой кусок русской территории вокруг Ладожского озера и к югу в сторону Пскова.

Речь Посполитая, в отличие от Швеции, участвовала в Смуте с самого начала. Изначально польско-литовские войска помогали мятежникам неофициально. В 1609 году поляки вторглись в пределы Русского государства и осадили перестроенную при Борисе Годунове Смоленскую крепость. В то же самое время командиры повстанцев в Тушино, оставшись без своего бежавшего в Калугу лидера Лжедмитрия II, начали переговоры с польским королем Сигизмундом III, предложив московский трон его сыну Владиславу. Кроме того, Сигизмунд надеялся упредить шведов, приход которых в Корелу угрожал территориям, которые Речь Посполитая получила в результате Ливонской войны. Поначалу удача сопутствовала полякам. В 1610 году Василий Шуйский был низложен, и польско-литовское войско быстрым маршем прошло по западным русским землям, несмотря на то что шведский король направил в Россию еще отряды своих наемников. В первое время поляки действовали от имени королевича Владислава, претендовавшего на русский престол, однако затем перешли к политике прямой оккупации [Howe 1916: 129][23]. В 1610–1611 годах польский гарнизон, усиленный немецкими наемниками, стоял в Москве.

Однако оккупация поляками Москвы и других русских земель вызвала в народе возмущение. Так, Новгород сдался шведам; новгородцы заявили, что шведы, чье мастерство в области военного искусства делало их практически непобедимыми на поле боя, помогут Русскому государству в войне с Речью Посполитой. Хотя некоторые бояре пошли на сотрудничество с поляками, занявшими Москву, много русских людей испытывали острую неприязнь и к интервентам, и к наемным иноземцам — вроде тех, что перешли на сторону поляков в 1610 году, — и к тем царедвор-

---

[23] См. также мемуары гетмана Станислава Жолкевского, где он пишет о достоинствах стрельцов и наемников [Żółkiewski 1959: 75–80, 87, 91].

цам, которые вели с ними дела [Dunning 2001: 420; Platonov 1970: 124, 126; Платонов 2018]. К необходимости решения главных внутриполитических вопросов Смутного времени — о законности царской власти и судьбе служилого государства — добавилось еще желание избавиться от интервентов и восстановить порядок.

Хотя очаги сопротивления одновременно возникли в разных местах, ключевую роль в формировании национального освободительного движения сыграла русская провинция. Поскольку отряды поместной конницы собирались и формировались по региональному принципу, в регионах была сильно развита земляческая солидарность, благодаря которой и смогло появиться народное ополчение [Новосельский 1961: 231]. Непрекращающаяся торговля с севером и востоком позволила сформироваться довольно успешному и объединенному общими интересами купечеству. Рассылаемые патриархом Гермогеном[24] грамоты, в которых он призывал русский народ подняться на защиту Отечества, привели к тому, что в ряде русских городов, в частности в Рязани, Нижнем Новгороде и Ярославле, были созданы народные ополчения [Davies 2002: 29; Platonov 1970: 146–147; Платонов 2018].

Первое народное ополчение, выступившее против поляков (1610–1611), не добилось успеха по целому ряду причин: новые самозванцы, соперничество между боярами, борьба за власть между военачальниками, представлявшими различные сословные и региональные группы. Ключевую роль сыграл разлад между казаками и поместным дворянством: первые стремились сохранить свою вольность, а помещики видели в них угрозу своему военному и социальному статусу.

Второе народное ополчение, во главе которого встали нижегородский купец Кузьма Минин и князь Дмитрий Пожарский из захудалого дворянского рода, оказалось более успешным — отчасти из-за того, что различные группы, вошедшие в состав единого войска, сумели найти общий язык и договориться друг

---

[24] Патриарх Московский и всея Руси (1606–1611). Известен как главный вдохновитель народных ополчений, спасших Русское государство от польской интервенции. — *Примеч. ред.*

с другом. Казачьи предводители были инкорпорированы в русскую поместную систему, получив земельные наделы и крестьян; знатным землевладельцам были щедро обещаны новые поместья и субсидии. Городскому населению и стрельцам, из которых были набраны полки пехоты, было заплачено деньгами, собранными купцами. Неизбежные — и необходимые — переговоры бояр о переделе политического влияния велись отдельно и не доводились до сведения лидеров ополчения. Когда войска Минина и Пожарского окружили Москву, Речь Посполитая попыталась прийти на помощь своему гарнизону в Кремле. Однако в октябре 1612 года полякам пришлось сдаться ополченцам; в декабре король Сигизмунд предпринял попытку вновь захватить Москву, но потерпел неудачу [ВИО 1995, 1: 167]. Таким образом, именно русские провинциальные города, создав коалицию и выставив совместное ополчение, смогли восстановить единое Русское государство.

Однако капитуляция брошенного на произвол судьбы польского гарнизона никак не изменила того обстоятельства, что вооруженные силы России по-прежнему были слабо организованы и недостаточно хорошо обучены. В Русском государстве почти не осталось собственных профессиональных войск, которые так убедительно доказали свою эффективность во времена Смуты. Хотя победоносная армия Минина и Пожарского была подготовлена к войне лучше, чем ее предшественники, большинство людей в ней состояли на временной военной службе; по части вооружения и амуниции это было, по сути, степное войско. Опытные в военном деле казаки сражались рядом с необученными городскими и крестьянскими ополченцами. Хуже того, при всех своих претензиях на доминирующую роль в военном устройстве государства, поместная конница ни вооружением, ни подготовкой почти не превосходила городское и крестьянское ополчение [Hellie 1972: 168]. Несмотря на крепкий боевой дух и боевые навыки отдельных ратников, в целом русские вооруженные силы в конце Смутного времени были плохо подготовлены для того, чтобы в открытом бою противостоять тактически обученным или профессиональным армиям.

Восстановление Российского государства

Первоочередной задачей Российского государства была реставрация монархии. В 1613 году на волне народной поддержки (и благодаря пропаганде, за которой стояла его семья) царем стал юный Михаил Романов. Законность новой власти охотно признали и Земский собор, и влиятельные боярские кланы.

Однако избрание новой династии было только первым шагом на сложном пути восстановления Российского государства. Одна из первых проблем, вставших перед правительством царя Михаила, носила военный характер. Значительная часть западных земель Русского царства была по-прежнему оккупирована шведскими и польско-литовскими интервентами. Казачье войско, усиленное поместной конницей, выдвинулось на запад и вступило в столкновения с отрядами шведских наемников, уставших от бесконечной войны. В 1617 году был заключен Столбовский мир, по которому Россия вернула себе Новгород и некоторые другие города, хотя и лишилась выхода к Балтийскому морю. Война с Речью Посполитой протекала менее успешно, за исключением удачно отбитого польского штурма Москвы в октябре 1618 года. По условиям Деулинского перемирия, подписанного в 1618 году, Речи Посполитой достались огромные территории Русского государства между Смоленском и Черниговом. Возвращение этих земель стало главной целью отца царя Михаила Филарета, который, освободившись из польского плена, вернулся в Москву, был возведен в сан патриарха и стал фактическим главой государства при своем сыне.

Меры, которые принимала новая монархия, пытаясь восстановить общественный порядок, воинскую дисциплину и платежеспособность разоренного войной государства, не выглядели последовательными. С одной стороны, правительство царя Михаила провозгласило своей целью возврат к государственной модели, существовавшей в XVI веке, то есть воссозданию социальной и военной структуры служилого государства предыдущего столетия. Крупнейшие боярские роды охотно поддержали юного царя в 1613 году, особенно в связи с тем обстоятельством, что его могущественный отец Филарет в то время находился в польском плену [Bussow 1994: 167; Perrie 1995: 219–220; Crummey 1986: 254–255]. За свою верность и помощь в избрании Михаила царем они были щедро вознаграждены землями, крестьянами и высокими постами при дворе и в армии. Тот факт, что многие из этих людей сотрудничали с иностранными интервентами, ничуть не помешал им занять привычные (и даже более престижные) места в правящей верхушке Русского государства.

В начале правления царя Михаила был предпринят ряд шагов, намекавших на то, что провинциальные дворяне и дети боярские тоже вновь войдут в политическую элиту империи. Первое правительство Михаила Романова выполнило ряд договоренностей, заключенных при формировании армии Минина и Пожарского в 1611–1612 годах, и предложило некоторым помещикам необычно крупные земельные владения и денежные субсидии. Так, смоленские землевладельцы, лишившиеся своего имущества по Деулинскому перемирию, получили права на новые поместья на юго-западе Русского государства[25]. Были проведены новые межевания и составлены земельные кадастры, в которые вносилась вся информация о землевладельцах и их имуществе. Были приняты защищавшие права мелкопоместного дворянства законы, согласно которым право на владение землей закреплялось только за существующими знатными семьями. После краткого периода повышения податей в начале правления царя Михаила помещичьи земли были освобождены от некоторых налогов, и фискальная нагрузка по восстановлению Российского государства легла на плечи городского населения. Были вновь продлены заповедные лета, и взаимоотношения крестьянства с землевладельцами ухудшились. Начался медленный подъем сельского хозяйства. В 1620-х годах часть крестьян даже перебиралась в русские земли с запада. Экономическое положение части мелкопоместного дворянства улучшилось [Воробьев 1995: 93–108][26].

---

[25] Впрочем, смоленские помещики оказались не в состоянии воспользоваться этим предложением, и многие из них обосновались в городах, где и провели весь XVII век, не владея никакой землей [Hellie 1972: 53].

[26] АМГ. Т. I. Док. 259. Я благодарна Б. Дэвису, обратившему мое внимание на этот документ. См. также [Сташевский 1913: 375].

Однако если говорить о ситуации в целом, то провинциальные землевладельцы-конники вновь не смогли восстановить свою экономическую и военную мощь. Правительство постоянно сомневалось в том, что они могут (и хотят) нести военную службу [Новосельский 1961; Чернов 1954: 124][27]. Многим помещикам поручали малозначительные задания, например, зачисляли в крепостные гарнизоны.

При этом в бюрократическом аппарате, занимавшемся политическим и военным возрождением государства, произошли важнейшие изменения. Существовавшая еще в прошлом столетии система воинского призыва по городам, так хорошо проявившая себя в последние годы Смуты, получила более широкое распространение. Недавние события настолько убедительно продемонстрировали эффективность воеводской власти, что правительство стало назначать намного больше воевод, чем раньше; вся эта деятельность приобрела системный характер. С повсеместным введением воевод управление сосредоточилось больше на решении местных и военных вопросов [Чичерин 1856: 338–339]. Центральный бюрократический аппарат тоже быстро разрастался: в течение 20 лет после окончания Смутного времени число приказов увеличилось почти вдвое. До составления новых земельных кадастров была проведена перепись населения; на основании этой переписи собирались налоги, велись разрядные книги, выделялись субсидии обедневшим помещикам. Представляя центральную власть на местах, воеводы отвечали за ведение разрядных книг, фактически выполняя функции Разрядного, Поместного и многих других приказов. В течение следующих десятилетий отчеты, которые они отправляли в столицу, постепенно стали настолько подробными, что правительство уже не испытывало прежней необходимости в созыве земских соборов[28].

---

[27] АМГ. Т. I. Док. 90, 116, 124. Нередки были случаи уклонения от несения военной службы («нетство»). См.: АМГ. Т. I. Док. 89, 114.

[28] Воеводы даже докладывали о действиях, которые могли привести к городским пожарам. См.: АМГ. Т. I. Док. 219–220, 244.

А вот служилые люди «по прибору», сыгравшие такую важную роль в событиях Смуты и национально-освободительном движении, не получили достойного вознаграждения. Как правило, их «восстанавливали» в малозначительных должностях и направляли на службу в приграничные земли. Так, в частности, были набраны новые стрелецкие полки (единственные обученные войска в составе вооруженных сил Русского государства), однако большая часть из них была распределена по провинциальным крепостям, в которых не было достаточно средств, чтобы каждый стрелец получал полагающееся ему денежное жалованье. Число стрельцов, расквартированных в Москве, постоянно уменьшалось[29]. Точно так же царское правительство наотрез отказывалось хоть как-то расширить права казаков, несмотря на все их неоспоримые военные заслуги перед Русским государством в 1610–1613 годах. На самом деле, казаки были главной ударной силой русской армии в войне с Швецией и Речью Посполитой вплоть до 1617 года. Тем не менее казачьи войска, все еще остававшиеся в центральных областях государства, были подвергнуты фильтрации. Части беженцев, примкнувших к этим отрядам, было отказано в праве дальше считаться казаками, а некоторые были возвращены своим бывшим хозяевам. Некоторые казачьи начальники были наказаны за воровство, а небольшому их числу были пожалованы земли, и они вошли в русскую военную элиту как «поместные атаманы» [Сташевский 1913: 111; Platonov 1970: 168–169; Платонов 2018]. Хотя очень немногим казакам и удалось так или иначе встроиться в социальную систему Русского государства, в целом царское правительство по-прежнему относилось к казакам с недоверием, видя в них возможных мятежников [Сташевский 1913: 124].

В таких условиях к 1620-м годам взаимоотношения между Москвой и казачеством оказались примерно в той же точке, в которой они пребывали в XVI веке. Многие казаки вернулись

---

[29] В 1620-е годы основные усилия правительства были направлены на исправление тяжелой финансовой ситуации. См. [Сташевский 1913: 109; Чернов 1954: 126–127].

в пограничье или в свои лагеря за пределами русских земель, где снова приступили к гарнизонной или кордонной службе. Иными словами, в сословной иерархии служилого русского государства казаки опять стали либо фактически служилыми людьми «по прибору», либо передовым отрядом русской колонизации и экспансии.

Однако после того, как бо́льшая часть казаков вернулась на пограничные территории, их статус — благодаря превосходным военным навыкам — стал постепенно меняться. Небольшая их часть вновь была одарена земельными наделами, в результате чего их социальное положение стало несколько иным, причем не обязательно более высоким. Часть казачьих атаманов получила субсидии из казны и право на землю в южных провинциях государства, что фактически приравняло их к помещикам. К середине XVII века Русское государство стало так сильно полагаться на казаков в своей военной политике, что был создан особый Казачий приказ, и тысячи казаков были переведены в состав действующей русской армии[30]. В результате всех этих уступок и ограничений взаимоотношения между казачеством и Москвой временно стабилизировались: казаки лишились части своих свобод, но получили за это материальное вознаграждение.

В то же самое время крупные казачьи общины на никем не контролируемых территориях превратились в степные квазигосударства со своими политическими целями. В 1620-х годах казаки-повстанцы, недовольные отношением к себе со стороны Речи Посполитой, раздумывали над присоединением к Русскому государству вместе со всеми завоеванными ими землями [Plokhy 2001: 277]. А в 1637 году донские и запорожские казаки захватили крепость Азов, принадлежавшую далекой, но внушающей трепет Османской империи. Сознавая, что удержать Азов им не под силу, казаки несколько раз предлагали передать крепость Москве, демонстрируя тем самым и свою преданность русскому

---

[30] АМГ. Т. I. Док. 285. Сибирские казаки были в большей степени предоставлены сами себе, однако это тема для отдельной дискуссии, выходящей за рамки данного исследования.

царю, и свою боевую удаль. Русское государство в тот раз от такого подарка отказалось.

Таким образом, правление Романовых в первой трети XVII века не привело к восстановлению «традиционной» системы государства. Крупные боярские кланы, стоявшие за царем Михаилом и его отцом патриархом Филаретом, не просто восстановили свою прежнюю власть, но еще больше возвысились. Менее знатные потомственные землевладельцы сохранили свое политическое влияние. Однако даже выбравшись из бедности, они не могли быть уверенными в надежности своего политического статуса, поскольку он не был подкреплен положением в военной иерархии. На важный вопрос о том, как будет вознаграждена их служба царю, так и не было дано ответа. Тем временем многие служилые люди «по прибору» получили назначения в провинции и пограничные области, где казаки и другие обученные военному делу люди выглядели тем ядром, вокруг которого будут формироваться вооруженные силы Русского государства; это обстоятельство вызывало большую тревогу у мелкопоместного дворянства. Повсеместное введение воевод позволило центральному правительству намного более эффективно распоряжаться имеющимися ресурсами и решать некоторые вопросы на местах, выходя в какой-то степени за рамки традиционно установленной сферы деятельности.

Смоленская война

Предпринятая Михаилом Федоровичем попытка вернуть принадлежавший Речи Посполитой Смоленск, вошедшая в историю как Смоленская война (1632–1634), была только одним из эпизодов многолетнего регионального конфликта, происходившего к западу от границ Русского государства. Действия запорожских казаков сначала спровоцировали польско-турецкую войну (1620–1621), а потом склонили военную удачу на сторону Речи Посполитой в Хотинской битве (1621); возникшие в результате этой войны разногласия между поляками и запорожцами привели к казацким восстаниям в 1625 и 1630 годах. Шведы вели нескончаемые войны с Речью Посполитой за Ливонию. Победив в этом противостоянии, Швеция, ставшая одной из крупнейший в Европе военных держав, немедленно вступила в уже идущую Тридцатилетнюю войну (1618–1648). По-прежнему враждебно настроенная по отношению к Речи Посполитой Швеция подстрекала Русское государство напасть на Смоленск и вернуть себе этот город. После смерти короля Сигизмунда, совпавшей с окончанием Деулинского перемирия, царь Михаил решился нанести неожиданный удар по полякам.

К 1630-м годам русская армия уже почти 40 лет не имела опыта участия в международном конфликте. По сметному списку 1630 года общая численность людей, пригодных к несению военной службы, составляла примерно 100 тысяч человек. Около 27 400 из них были служилыми дворянами и детьми боярскими, которые некогда составляли основную ударную силу русского войска. Несмотря на все усилия правительства, предпринимавшиеся в предыдущие десятилетия, всего 15 850 человек из этого числа находилось на полковой службе, то есть были признаны способными принимать участие в походах. Остальные 11 580 дворян и детей боярских состояли на городовой и осадной (гарнизонной) службе; около 2000 из них были безземельными, а некоторые всадники были так бедны, что не имели лошадей. Согласно тому же сметному списку, процент служилых людей «по прибору» в русских вооруженных силах был даже немного выше, чем в конце XVI века [Чернов 1954: 125, 130; Сташевский 1919: 3–4]. В это число входили стрельцы (свыше 33 000 человек), которые в последнее десятилетие состояли в основном на гарнизонной службе и не имели большого опыта боевых действий. Хотя благодаря выделению земельных наделов и разрешению заниматься беспошлинной торговлей правительству удавалось поддерживать численность стрелецкого войска на прежнем уровне, стрельцы, вынужденные заниматься всеми этими посторонними делами, уже не являлись теми обученными профессиональными солдатами, какими они были когда-то. Кроме того, в распоряжении правительства было около 11 500 казаков и свыше 4000 пушкарей и затинщиков. Артиллерийские части были хорошо укомплектованы и оснащены. С конца 1620-х годов Русское государство запасалось пушками, порохом и ядрами; в 1632 году под началом иностранных инженеров началась отливка тяжелых осадных орудий [Сташевский 1919: 4–5]. Остальную часть от общего числа ратных людей — около 20 % — составляли татары, чуваши, мордва и прочие.

Разделение служилых людей по традиционным группам в сметном списке 1630 года хорошо показывает те проблемы в военном устройстве Русского государства, которые так и не были решены Романовыми к началу войны против Речи Посполитой. Со времен Ливонской войны в армиях Швеции и, пусть и в несколько ином виде, Польши колоссальным образом выросло значение таких факторов, как процентное соотношение пехоты и кавалерии, координация действий различных родов войск, наличие тактически обученного офицерского корпуса и постоянная (или хотя бы регулярная) военная подготовка [Frost 2000: 107–109, 128]. В русских реестрах (и в головах правителей государства) главное внимание уделяется сословной принадлежности ратников и тому, как они были призваны на службу и кто отвечает за их снабжение. По этим спискам трудно судить, какими военными навыками обладают те или иные войска и какие боевые задачи они могут решать: не все стрелецкие полки были регулярными, некоторые помещики не могли участвовать в боях или даже позволить себе коня и так далее.

Русское правительство хорошо понимало все риски войны с западными соседями. Уроки, полученные во время Смуты, не пропали даром, и, готовясь к нападению на Речь Посполитую, Русское государство заручилось поддержкой Швеции, которая в обмен на беспошлинные поставки хлеба (с 1628 года) посылала в Москву новейшее вооружение, амуницию и военных советников [Porshnev 1995: 58–59; Поршнев 1976: 227–228]. С начала 1630-х годов, по настоянию патриарха Филарета, в вооруженных силах Русского царства стали появляться новые пехотные полки — с большим офицерским корпусом, тактически обученные и по умолчанию профессиональные, — кроме того, значительно усиливались средства осады и артиллерии. Офицерами в русскую армию приглашались «наемные иноземцы», имевшие опыт боевых действий в Центральной Европе. Московские вербовщики предлагали большое жалованье, и недостатка в желающих испытать удачу в России не было. В 1630 году на русскую службу поступил шотландец Александр Лесли, успевший к тому времени повоевать и в польской армии, и за шведского короля. Лесли и другие подобные ему военные советники Михаила Федоровича нанимали в Европе целые корпуса иностранных офицеров с опытом службы в армиях Швеции или Голландии, которые обучали русскую пехоту последним тактическим новшествам [Сташевский 1919: 103, 109][31].

Однако традиционное распределение служилых людей по сословиям, как мы видим из сметного списка 1630 года, все еще не утратило своей актуальности, и новосозданные полки мало что в этой ситуации изменили. Так, когда 2000 беспоместных детей боярских было предложено пойти за жалованье пехотинцами (солдатами) в эти новые полки, очень немногие из них ответили согласием, так как служба в пехоте под началом иноземцев угрожала потерей социального статуса. Тем не менее со временем эти полки стали укомплектованными. Служили в них в основном татары, казаки, вконец разорившиеся дворяне, а позже и даточные люди (крестьяне и посадские); все это лишь еще сильнее способствовало тому, что служба в пехоте воспринималась как занятие, недостойное человека благородного происхождения. В 1632 году началось формирование конного (рейтарского) полка. Рейтарская служба была более престижной, поэтому дворяне и дети боярские записывались туда более охотно; одна из рот в составе этого полка была драгунской. Рейтары получали более высокое жалованье, чем солдаты (хотя и не огромное), что только усилило социальное расслоение, существовавшее в русской армии.

---

[31] Поршнев особо отмечает, что реорганизация русской армии происходила не только по голландскому образцу, но и с некоторыми чисто шведскими нововведениями [Porshnev 1995: 72; Поршнев 1976: 243].

Всего до начала и в ходе Смоленской войны было сформировано десять таких воинских частей, получивших название полки «нового строя» (или полки «иноземного строя»). В пехотных полках числилось свыше 10 тысяч солдат, а в большом рейтарском полку одну роту составляли драгуны, обученные сражаться как в конном, так и в пешем порядке [Сташевский 1919: 320; Davies 1999: 164; Reger 1997: 24]. Каждый такой полк имел командную иерархию, организованную по новому образцу: полковник, подполковник, майор, капитан и т. д.; доля офицеров была больше, чем в традиционной русской сотне. Почти все офицеры и некоторые рядовые солдаты были наемными иноземцами. Воинская дисциплина и военная подготовка, отличавшие эти полки, не были в принципе чем-то новым для Русского государства, поскольку стрельцы проходили примерно такое же обучение, однако для солдат, набранных в эти части, это был первый опыт такого рода. Готовясь к войне и осаде Смоленска, русское правительство начало загодя запасаться провиантом и прочим снаряжением; также были наняты военные инженеры.

В итоге войско, которое под командованием воеводы М. Б. Шеина выступило в 1632 году на Смоленск, стало самой большой армией, собранной Русским государством со времен первого этапа Ливонской войны: всего в поход отправилась треть боеспособного населения империи. Больше половины этого войска составляли полки «нового строя» — почти все пехотные — под началом иностранных офицеров, вооружение и содержание которых оплачивала государственная казна. Чуть меньшую часть от общей численности армии Шеина составляло поместное войско, как обычно, разбитое на сотни. Остальные 16 % русской армии были набраны из служилых людей «по прибору» — стрельцов, казаков, татар и прочих отрядов; стрельцы в этой разнородной массе составляли меньшинство [Hellie 1972: 271]. Хотя предполагалось, что полки «нового строя» станут главной ударной силой этого войска (как ранее стрельцы и артиллерийские части), командование и структура русской армии оставались такими же, как и раньше. В целом эта кампания обошлась казне в огромную сумму. В начале войны правительство оплачивало ее за счет заблаговременно накопленных денежных резервов, а потом, когда эти средства стали иссякать, начало стремительно повышать налоги[32].

С 1632 по 1634 год эта армия осаждала огромную крепость Смоленск, которая была не так давно перестроена по последнему слову фортификационной науки самими русскими; эти укрепления были спешно приведены поляками в порядок, однако гарнизон, защищавший город, был сравнительно невелик. Шеин, руководивший обороной Смоленска в 1609–1611 годах во время русско-польской войны, прекрасно знал устройство Смоленского кремля и окружил город сложной системой траншей и земляных укреплений. Очевидцы осады отмечали хорошую выучку русской пехоты, обилие припасов и снаряжения, имевшихся в распоряжении Шеина, и успешные действия артиллерии, наносившей ощутимый урон крепости[33]. В начале 1633 года казалось, что испытывающий недостаток продовольствия гарнизон Смоленска вот-вот сложит оружие. Однако недавно избранный королем Речи Посполитой Владислав сумел быстро собрать большое войско и блокировать русскую армию под Смоленском. Не в силах выбраться из окружения, в начале 1634 года Шеин был вынужден капитулировать.

Причины этого бесславного и сокрушительного поражения Русского государства в Смоленской войне историки объясняют по-разному. Русская армия располагала огромным обозом и существенным численным преимуществом над поляками. Стрельцы и полки «нового строя» хорошо проявили себя в боевых действиях. По словам очевидцев осады, действия русской артиллерии были превосходны, а полевые укрепления выстроены Шеиным по всем правилам военного искусства. Мало кто подвергает сомнению эффективность этих частей русской армии. Некоторые историки полагают, что, несмотря на все это, поражение в Смоленской войне было вызвано нерешительностью командования, вмешательством из Москвы и недоверием, которое русские испытывали к иностранным офицерам. Кроме того, из-за осенней распутицы

---

[32] П. О. Бобровский также пишет о ссуде в 40 тысяч рейхсталеров, полученной Михаилом Федоровичем у английского короля [Бобровский 1885: 90].

[33] АМГ. Т. I. Док. 347, 362, 366.

часть артиллерийского обоза не сумела в ключевой момент кампании вовремя прибыть к стенам Смоленской крепости [Hellie 1972: 172–173; Fuller 1992: 21–34]. Также слабым звеном в русском войске оказалась конница (в отличие от пехоты). В армии, приведенной королем Владиславом, было много гусар. Эти небольшие полупрофессиональные кавалерийские отряды, мобильные и способные совершать тактические маневры, не дожидаясь указаний из штаба, загнали русскую пехоту в окопы. При этом русская конница была не так хорошо вооружена, сплочена и тактически обучена, как польские гусары, совсем недавно доказавшие свою состоятельность на поле боя против самих шведов [Сташевский 1919: 134, 171, 195; Бобровский 1885: 120; Frost 2000: 57–58, 146–147]. Почти все русские конные части, даже новый рейтарский полк, были набраны из дворян и детей боярских, некоторые из которых шли на службу неохотно и были неспособны к самостоятельным действиям в ходе битвы. При этом количество офицеров в рейтарских полках, из соображений экономии, было сокращено.

События, происходившие вдали от поля боя, тоже складывались не в пользу Шеина и его армии. После смерти патриарха Филарета в 1633 году новый глава правительства Михаила Федоровича не так сильно стремился к возвращению Смоленска в состав Русского государства, как его предшественник. На выручку русского войска, окруженного поляками под Смоленском, не было послано никакого подкрепления. После смерти короля Густава II Адольфа Москва прекратила беспошлинные поставки хлеба в Швецию, и шведы в 1633 году перестали оказывать русским военную помощь. Тем временем Речь Посполитая заручилась поддержкой крымских татар, которые обрушились с набегами на оставшиеся слабозащищенными южные земли Русского государства. В итоге в 1634 году между Россией и Польшей был заключен Поляновский мир, в основном подтвердивший границы, установленные Деулинским перемирием; при этом Владислав отказался от претензий на русский трон. Помимо всех уже понесенных расходов на войну Москва была вынуждена заплатить контрибуцию. Воевода Шеин вместе со своими помощниками был обвинен в предательстве и казнен на Красной площади в Москве; полки «нового строя» были распущены, и иностранные наемники, по условиям Поляновского мира, выдворены из России [Reger 1997: 24].

Несмотря на недолгий срок своего существования, полки «нового строя», возникшие в 1630-х годах, во многом определили ход военных реформ на протяжении всего XVII столетия. В течение многих лет главной целью русского правительства было создание многочисленного и тактически обученного пехотного войска. Эти новые воинские части комплектовались людьми, принадлежащими к различным, по большей части низким сословиям, а также офицерами из Центральной и Восточной Европы [Сташевский 1919: 127–130][34]. Стрельцы, несмотря на все свои боевые заслуги до и во время Смоленской войны, не участвовали в этом процессе и продолжали, как прежде, нести службу в стрелецком войске [Марголин 1953: 83–89]. Политический и социальный статус помещиков практически не изменился. Более богатые из них продолжали нести службу в «сотнях» поместного войска, а обедневшие дворяне и дети боярские записывались в рейтарские части, рассчитывая поправить свое благосостояние и вернуться в ряды поместной конницы. Военной подготовке рейтаров уделялось не слишком много внимания, поэтому по своим боевым характеристикам они не так сильно отличались от поместной конницы. Выбор места службы обуславливался сложными социально-политическими (кто имелся в наличии, мог и хотел служить и на каких условиях) и экономическими факторами. Однако уже в 1630-х годах русская армия испытывала острую потребность в легкой и мобильной кавалерии, которая только отчасти удовлетворялась казаками.

Великая Русская стена

В течение очень долгого времени одной из главных задач, стоявших перед Русским государством, была защита от набегов со стороны крымских татар. В 1570-х годах правительство Ивана

---

[34] Г. Жордания пишет, что среди этих офицеров были и французские наемники [Жордания 1959: 409, 465].

Грозного предприняло ряд эффективных мер, которые помогли существенно обезопасить южные земли от этой угрозы. Всю степную границу патрулировали казачьи разъезды, которые в случае опасности оповещали гарнизоны расположенных в стратегически важных местах южного пограничья крепостей о приближении татарских загонов. Эти крепости служили укрытием для местного населения и сдерживали наступление татар до тех пор, пока из сборных пунктов на реке Оке к ним на выручку не приходили отряды спешно созванной поместной конницы.

При Михаиле Романове меры по защите южных границ были еще более усилены. В связи с массовым оттоком населения русских земель на юг, начавшимся в 1580-х годах, в степном пограничье уже были построены две цепочки крепостей. Более новые укрепления, находившиеся дальше к югу, в основном полагались на конные отряды — для патрулирования границы, оповещения о наступлении татар и преследования небольших крымских загонов. Городки, состоявшие в северной линии крепостей, при отражении татарских набегов больше рассчитывали на пехотные части, поскольку конные войска, ежегодно созывавшиеся на пункты сбора рядом с протекавшей в тех местах Окой, получив известия от пограничных патрулей, отправлялись на юг, чтобы вступить в бой с большими крымскими отрядами [Сташевский 1919: 237, 241]. Главными достоинствами этого войска были его мобильность и то, что в то время года, когда крымские татары пускались в свои набеги, русские конники готовы были быстро явиться для несения военной службы. Та важная роль, которую эти войска играли в защите южных границ, еще сильнее укрепляла убежденность правительства Михаила Федоровича в том, что ударной силой русской армии должна быть мобильная легкая кавалерия.

Несмотря на то что в 1620-х годах Москва не так много внимания уделяла ситуации на Юге, вся эта оборонительная стратегия продолжала неплохо работать до тех пор, пока из-за Смоленской войны правительству не пришлось перебросить на запад конные войска, предназначенные для защиты пограничья [Загоровский 1969: 54–55; Новосельский 1948: 435–436; Сташевский 1919: 245 и далее]. В результате в 1632 и 1633 годах крымские отряды просачивались сквозь южную цепочку укреплений и добирались даже до Серпухова и Коломны [Загоровский 1969: 68].

После поражения под Смоленском правительство царя Михаила решило защитить свои южные земли с помощью новой линии крепостей, расположенной еще дальше к югу. Тем самым удалось обезопасить от набегов огромные черноземные территории Русской равнины и увеличить благосостояние помещиков; кроме того, сильно обогатилась правящая элита государства. Однако, если говорить о долгосрочных последствиях этого проекта, строительство новой системы крепостей привело к тому, что правительству пришлось обременить население новыми военными повинностями, продолжить эксперименты с формированием полков «нового строя» и набором на службу крестьян, а также создать новые органы военно-территориального управления. Кроме того, южное пограничье было последней территорией, где поместное войско выполняло важную военную функцию; с завершением строительства новых укреплений эта роль постепенно сошла на нет.

С 1635 по 1653 год Русское государство активно строило новую укрепленную линию на Юге[35]. Сначала были обновлены и усилены старые пограничные городки, а затем выстроены новые крепости, соединенные друг с другом системой оборонительных валов и засек. Крымским татарам, нападавшим на строителей этих укреплений, удалось на время замедлить эту огромную русскую экспансию. Однако к 1653 году эта цепь укреплений, получившая название Белгородская засечная черта (по находившемуся в центре оборонительной линии городу Белгороду, в котором располагалось ее административное и военное управление), была достроена и протянулась на 800 км — от Тамбова, через Воронеж в среднем течении Дона, дальше на юг через Старый Оскол и Белгород, и потом, почти по прямой линии, на запад до Ахтырки.

С завершением строительства Белгородской черты положение дел в этом регионе изменилось коренным образом. Татарам очень

---

[35] См. главы II и III [Загоровский 1969].

редко удавалось прорываться сквозь эту цепь укреплений, и даже когда такие попытки были успешными, урон, наносимый этими набегами, был минимальным. Обширные земли к северу от Белгородской засечной черты, защищенные от опустошительных набегов, в течение следующих десятилетий были быстро заселены. Кроме того, эта линия крепостей сдерживала не только татар и ногайцев, пытавшихся проникнуть внутрь Русского государства, но и беглых крестьян, стремившихся выбраться из него; вольной военной колонизации степи был положен конец. В 1640-х и 1650-х годах была построена Симбирская засечная черта, а в 1679–1680-х — Изюмская, в результате чего Москва полностью взяла под свой контроль процесс колонизации степи. Речь Посполитая придерживалась прежней стратегии защиты от татарских набегов, рассчитывая в первую очередь на действия своей армии, поэтому, в отличие от Русского государства, ее экспансия на юг была менее управляемой.

В плане фортификации строительство Белгородской засечной черты не сопровождалось какими-то революционными новшествами. Сами по себе укрепления были совершенно обычными: сторожевые башни, обнесенные деревянным палисадом; между городками — полосы густого леса, земляные валы и стены, а в самых уязвимых местах — засеки и надолбы из заостренных бревен, препятствующие продвижению конницы. Русское правительство продолжало привлекать иностранных специалистов для реорганизации русской армии, и кое-какие фортификационные новшества, предложенные голландскими и французскими военными инженерами, все же были реализованы. Кроме того, более важную роль при защите больших крепостей стала играть артиллерия (особенно к 1670-м годам) [Stevens 1995: 172–173]. Однако все же здесь говорится о полезных усовершенствованиях, а не о принципиально новых конструктивных решениях.

А вот в плане организации и мобилизации имевшихся ресурсов после дорогостоящей и проигранной войны возведение Белгородской засечной черты стало проектом инновационным и совершенно исключительным. Строя новую линию укреплений в течение 18 лет в условиях непрекращающихся атак со стороны

Крыма, Русское государство задействовало беспрецедентное количество денег, людей и ресурсов; это достижение, безусловно, по своим масштабам сравнимо с покорением Казанского ханства в предшествующем столетии. В 1638–1644 годах был даже создан Приказ городового дела, который руководил чрезвычайными мерами по укреплению южных границ Русского государства и строительству городов. Над возведением Белгородской засечной черты трудились много тысяч человек, а расходы на эти работы превысили 100 тысяч рублей. Все это требовало колоссальных денежных вливаний из казны. Поэтому после окончания Смоленской войны подати, взимаемые во многих русских землях, не сократились, а даже возросли. Что еще более важно, множество людей было переселено для возведения укреплений и защиты строителей на малонаселенном Юге. На примере строительства Белгородской засечной черты прекрасно видны первые итоги правления новой династии — не возвращение к Руси XVI века, а формирование могущественного военно-фискального государства.

Пожалуй, лучше всего иллюстрирует новые возможности Русского государства тот факт, что правительству удалось изыскать и организовать огромные людские ресурсы, необходимые для реализации этого амбициозного проекта. Для строительства и обороны каждого из 25 участков Белгородской засечной черты русские власти ежегодно собирали до 1100 помещиков и служилых людей «по прибору», а также ремесленников, крестьян, продовольствие и военные припасы — и все это делалось не в ущерб прочим военным проектам государства. Когда новые крепости были достроены, в каждой из них размещался гарнизон, численность которого была почти втрое больше обычного, так как земли вокруг были пока еще мало населены. Решалась эта задача различными способами, в частности, привлечением на городовую службу беглых крестьян, провинциальных стрельцов и казаков. Как и раньше, частично эти гарнизоны состояли из служилых людей «по прибору», которые получали в общинное владение землю по соседству; они находились на военной службе не постоянно и не участвовали в походах [Загоровский 1969: 26–28; 240–243]. Однако одних этих мер было недостаточно.

В конце 1630-х и в 1640-х годах, когда засечная линия еще только строилась, а угроза крымских набегов была вполне реальной, правительство Михаила Федоровича вынуждено было искать новые способы комплектования вооруженных сил. Сначала были возрождены полки «нового строя», которые должны были нести службу на южных границах. Еще в 1636–1637 годах, в ожидании нового набега крымских татар, правительство приказало ветеранам распущенных полков «нового строя» выступить на юг для защиты строящихся укреплений. Поскольку особенно остро ощущался недостаток в пехоте, вольным людям и помещикам, откликнувшимся на этот призыв, было выдано оружие и выплачено жалованье. Однако по финансовым и иным причинам эти так называемые полки «нового строя» не являлись постоянными или профессиональными войсками: каждый год, отслужив фиксированный срок, они распускались по домам и заменялись точно такими же полупрофессиональными новобранцами [Чернов 1954: 137–138].

Но и этих мер тоже оказалось недостаточно. Тогда была введена сезонная воинская повинность для крестьян, которая в иной форме существовала и раньше: в XVI столетии даточные крестьяне составляли «чернорабочую служебную силу», а в Смутное время составляли «главную массу сил народных ополчений» [Бобровский 1885: 94; Чернов 1954: 136]. Первые новобранцы из крестьян в период обучения и прохождения службы получали жалованье, продовольствие и снаряжение из казны; на зиму они распускались по домам. Вскоре правительство придумало, как сократить затраты на их содержание, одновременно с этим повысив их боеспособность. В середине 1640-х годов богатые крестьяне, проживавшие в приграничных землях, призывались на военную службу целыми группами; в обмен на освобождение от податей они вступали в драгунские полки «нового строя»[36]. Проходя драгунскую службу в близлежащих городках, они сами

[36] См. документы 35, 111 [Второв, Александров-Дольников 1851–1853: док. 111, 35].

обеспечивали себя едой, лошадьми и даже оружием. Зимой их содержание брали на себя их семьи и соседи по деревне. Менее обеспеченные крестьяне шли в пехоту, где тоже должны были сами обеспечивать себя всем необходимым для службы; призыву подлежал каждый четвертый. Некоторым крестьянам в благодарность за постоянную (хоть и сезонную) службу выделялись земельные наделы [Белоцерковский 1915: 23; Белокуров 1902: 10–11]. Такой способ комплектования гарнизонов приграничных крепостей оказался очень выгодным и довольно эффективным. Крестьяне из южных областей Русского государства были относительно обеспеченными и имели кровный интерес в защите своих полей и деревень. В случае крайней необходимости — например, во время войны в Украине в 1650-х годах — эти полки переводились в состав действующей армии. Когда такие гарнизонные войска участвовали в походах вдали от родного дома, забота о том, чтобы их хозяйства не пришли в упадок, ложилась на плечи правительства[37].

Такое сочетание избирательной крестьянской воинской повинности и возрождения полков «нового строя» стало первым шагов в реформировании русского военного устройства. Если прежде ядром русской армии считалось поместное войско, то теперь дело шло к введению всеобщей рекрутской повинности и созданию регулярной армии. У этих новых полков уже был большой офицерский корпус, солдаты в них проходили краткую военную подготовку и не требовали для себя привилегий, ссылаясь на знатность своего происхождения. Впрочем, на раннем этапе военных преобразований все это по-прежнему было очень похоже на службу «по отечеству» — только, в отличие от помещиков, куда менее почетную; также эти новшества привели к еще большему сходству между социальными группами на Юге. По крайней мере, в экономическом плане между крестьянами, набранными в южные полки, и местными служилыми людьми «по прибору» разницы не было почти никакой. Однако в результате

---

[37] О том, как была устроена гарнизонная служба в Ельце, см. [Чистякова 1961: 257 и далее].

землевладельцы, получившие поместья в пограничье, столкнулись с нехваткой рабочей силы. Многим местным помещикам принадлежали только два-три крестьянских двора, и некоторым приходилось возделывать землю самим.

Способ набора в новые полки и их организационная структура, впервые опробованные на Юге, вскоре были воспроизведены во всем Русском государстве. Эти воинские части — боеспособные и лишенные серьезных политических амбиций — стали альтернативой поместному войску. С некоторыми изменениями эта же система комплектования вооруженных сил была внедрена и на северо-западной границе империи [Чернов 1954: 143]; все вместе это заложило основу для попыток введения всеобщей воинской повинности, предпринятых в 1650-х годах.

Строительство Белгородской засечной черты привело к возникновению нового типа военно-территориального управления, что, в свою очередь, создало предпосылки для военных реформ, которые с необыкновенной быстротой стали происходить в 1650-х годах [Brown 1978: 473]. Число людей, состоявших на службе в южных регионах Русского государства, было очень велико, и координирование действий между ними требовало огромных усилий. Ратные люди на Юге либо вместе со своими земляками получали назначение в действующую армию и участвовали в военных кампаниях, либо проходили службу в гарнизонах. Гарнизонные войска должны были координировать свои действия с отрядами поместной конницы, которые ежегодно собирались на Оке (до 1646 года), позднее в Белгороде, и, получив от казачьих патрулей известия о татарском набеге, выдвигались на юг для отражения нападения [Hellie 1972: 178–179]. Однако постепенно гарнизоны научились справляться с татарами своими силами, так как их боеспособность в этом отношении со временем стала выше, чем у поместной конницы. Когда это произошло, более важную роль стало играть координирование действий между гарнизонами различных крепостей. В каждом пограничном городке были склады пороха, снарядов, зерна и прочего необходимого снаряжения; все эти запасы накапливались постепенно как благодаря усилиям центрального правительства, так и за счет активности местных властей [Загоровский 1969: 245 и далее][38]. Однако координирование взаимодействий между разными гарнизонами, комплектование воинских частей и снабжение являлось не таким простым делом. На самом деле, это была очень сложная административная задача. Вот уже много лет всеми делами, связанными с военным управлением и служилыми людьми, ведал могущественный Разрядный приказ (или Разряд). Однако поскольку в вооруженных силах Русского государства было мало постоянных войск, которые к тому же находились в ведении отдельных приказов, Разряд с самого начала не обладал достаточными административными ресурсами для координирования действий такого большого количества воинских частей [Загоровский 1980: 168–169]. Эта проблема приобрела особенно острый характер после того, как численность гарнизонных войск на южной границе выросла еще больше: даже в таком городке, как Усерд, в 1651 году на городовой службе состояло свыше 800 человек [Загоровский 1969: 103, 141; Stevens 1995: 34].

Чтобы решить эту задачу, русское правительство пошло на эксперимент, создав на юге империи единый центр управления всеми военно-территориальными формированиями. Так в 1640-х годах появилась новая административная единица — Белгородский разряд, находившаяся в подчинении Разрядного приказа; новая система сильно напоминала прежнее военное устройство Русского государства, при котором поместное войско из одних и тех же городов призывалось для защиты какой-то конкретной территории [Чернов 1954: 170; Brown 1992: 4]. На большей части территории Русского царства местные власти не могли сами принимать решения военного и административного характера, это происходило в столице. Как правило, воеводы отправляли донесения в Москву, центральное правительство изучало их и высылало обратно указания, что делать. Однако с 1640-х годов стали складываться предпосылки для создания единого военного

---

[38] См. документ 108 [Второв, Александров-Дольников 1851–1853]. С. К. Богоявленский приводит примеры такого координирования до 1650-х годов [Богоявленский 1970: 363, 380].

командования всеми войсками, находившимися на территории Белгородского разряда (а это были десятки крепостей «в черте» и «за чертой»). Около половины ратных людей состояли на полковой службе и подчинялись непосредственно белгородскому воеводе. Остальные служили в гарнизонах под началом городовых воевод, которые, в свою очередь, опять-таки отчитывались разрядному воеводе в Белгороде[39]. Тот же, в зависимости от положения дел на том или ином участке засечной черты, назначал людей в действующую армию или в гарнизон, или переводил их на новое место службы. К 1650-м годам в ведение белгородского воеводы постепенно перешли не только военные, но и гражданские дела, и в 1658 был образован Белгородский полк, который стал военно-административной единицей (разрядом), управляемой своего рода региональным правительством. Поскольку, как уже было сказано выше, в отличие от остального Русского государства население Юга было экономически и социально однородным, у этой местной власти появилась возможность устроить военные преобразования на местном уровне. В результате этих реформ Юг вскоре стал плацдармом для новой территориальной экспансии.

Политическая цена

События, происходившие в первые десятилетия после воцарения Романовых, не столько восстановили военный и социальный статус простых помещиков, сколько еще больше подорвали

[39] В 1646 году первым воеводой Большого полка в Белгороде стал князь Н. И. Одоевский, которому было поручено руководить защитой южных границ Московского государства от возможного нападения крымских татар. Начиная с 1658 года при воеводе Белгородского полка Г. Г. Ромодановском действовала особая канцелярия — Белгородская разрядная приказная изба, из которой осуществлялось военное управление территорией. Когда в Белгородский разряд приезжали чиновники из других приказов, они тоже вели все дела через Белгородскую разрядную приказную избу. Впрочем, те чиновники, местные и присланные из столицы, которые к 1640-м годам уже работали на территории Белгорода, так и оставались приписанными к своим старым приказам и канцеляриям.

его. Положение дел, при котором земли и высокий статус были наградой за службу короне, с самого начала таило в себе много проблем, которые только усугубились после Смуты, когда стало ясно, что вооруженные силы Русского государства должны соответствовать новым требованиям времени. Многие дворяне и дети боярские постепенно лишились всех тех признаков, которые подтверждали их принадлежность к знатному сословию. С расширением бюрократического аппарата и установлением сильной централизованной власти провинциальным помещикам стало крайне трудно продвинуться по службе и попасть в столицу, поэтому их политические связи с двором ослабели. Утрата прежней роли в армии, постоянное обеднение и увеличение продолжительности кампаний привели к тому, что все меньше помещиков хотели (и могли) усердно нести военную службу. Хотя право на владение землей было закреплено только за теми, чьи отцы принадлежали к знатному сословию, эта мера не помогла помещикам вернуть свои утраченные позиции. Больным вопросом по-прежнему оставался возврат беглых крестьян. Владельцы небольших поместий, для которых потеря даже одного крестьянина была серьезной утратой, в начале XVII века постоянно заваливали царя прошениями продлить (или вовсе убрать) срок, в течение которого хозяин имел право вернуть своего беглого холопа. Реакция правительства на эти просьбы была двойственной. С одной стороны, оно неохотно согласилось увеличить сроки сыска беглых крестьян с пяти лет до девяти, а потом до десяти. С другой, поскольку на южных границах велось масштабное строительство новых укреплений и в 1635 году существовала угроза набега татар, власти вообще отказались выдавать помещикам их людей, бежавших на юг. Короче говоря, в первой половине XVII века так и не было принято единого решения, что же делать с беглыми крестьянами и претендующими на их возврат владельцами.

Такое положение дел не могло длиться вечно, и в 1648 году произошел взрыв. Когда молодой царь Алексей Михайлович отклонил, не читая, челобитную от «простых людей» о смягчении налогового бремени, в Москве вспыхнул бунт. Историки, писавшие о Московском восстании 1648 года (Соляном бунте), видят его причины в бюрократизации и утрате традиционной политической культуры; особенно сильное недовольство народа вызывал тот факт, что государственный бюрократический аппарат находился в руках коррумпированных бояр, заботящихся исключительно о собственных интересах. После смерти в 1642 году многолетнего советника царя И. Б. Черкасского, последним главой правительства при Михаиле Федоровиче стал Ф. И. Шереметев, который использовал свое положение по большей части для личного обогащения и возвышения. Когда в 1645 году царь Михаил умер, правительство молодого Алексея Михайловича возглавил боярин Б. И. Морозов; Морозов был человеком умным и опытным в государственных делах, однако тоже не чурался злоупотреблений. При его правлении в 1646–1647 годах была произведена перепись, в которой было указано местоположение всех крестьянских (и городских) хозяйств, однако данное помещикам обещание облегчить сыск беглых крестьян он так и не выполнил. Новый царь вскоре оказался в непростом положении.

Сперва бунтовщики были разогнаны стрельцами, однако вскоре стрельцы сами присоединились к восстанию. Толпа разграбила многие боярские дома; некоторые чиновники были убиты, а вспыхнувшие пожары уничтожили часть Москвы. Даже столичные дворяне и дети боярские отказались активно поддержать молодого царя и его советников. В то время как новое правительство пыталось заручиться поддержкой помещиков, обещая им новые земли и денежные субсидии, в Москве, по требованию восставших, был спешно созван Земский собор [Kivelson 1993: 735, 738, 740–741].

В следующем, 1649 году Земский собор принял новый свод законов Русского государства — Соборное уложение[40]. Уложение 1649 года было типично бюрократическим документом. В нем была сделана попытка кодифицировать законодательство русской империи и определить социальный статус всех ее подданных.

[40] ПСЗ. Т. 1.

В частности, такая кодификация позволила упростить системы налогообложения и призыва на воинскую службу, что вскоре привело к возникновению административной базы для создания новых пехотных полков. Кроме того, в Уложении были более четко и подробно, чем ранее, указаны различные повинности и обязанности населения Русского государства перед центральной властью. Помимо всего прочего, там был заново прописан порядок прохождения помещиками воинской службы. Вследствие этой кодификации социальное расслоение русского общества стало еще бо́льшим.

Уложение не только заложило основы для превращения Русского царства в военно-фискальное государство; в нем были детально прописаны повинности различных сословий. Так, например, посадские люди — торговцы и ремесленники — прикреплялись к определенному городу. Однако тяжелее всего пришлось крестьянству, которое лишилось последних остатков своей свободы. Был установлен бессрочный сыск беглых крестьян, и теперь государство само занималось их поимкой. Благодаря этим законам мелкопоместные дворяне получили больше власти над своими крепостными, а условия крестьянской жизни, и без того «тяжкой, скотской и короткой», стали еще хуже. Такое закрепощение крестьян, на самом деле, не во всем отвечало интересам государства. Беглые люди (в том числе крестьяне) активно участвовали в освоении степи и поступали на службу в гарнизоны местных крепостей; царское правительство понимало всю пользу от этого и нередко смотрело сквозь пальцы на нарушения Уложения. Однако в целом окончательное закрепощение крестьян, безусловно, казалось крупной политической победой мелкопоместного дворянства[41]. Теперь помещики, которые и так уже владели всей землей, получили полную власть и над крестьянами, которые должны были эту землю обрабатывать.

Однако эта победа оказалась пирровой. Политическая система Русского государства многие годы функционировала в рамках негласного общественного договора, заключенного служи-

---

[41] ПСЗ. Т. 1. Главы 11, 16, 17, 19.

лыми людьми «по отечеству» с царской властью при посредничестве великих боярских родов. После Смуты по многим признакам становится понятно, что этот общественный договор и принципы, заложенные в его основу, уже не работают так, как раньше. Мелкопоместные дворяне и дети боярские постоянно жалуются на крупных землевладельцев и на бюрократизм новой власти; особенно их не устраивает ситуация с поимкой беглых крестьян и распределением благ и ресурсов. Прежняя система взаимоотношений между властью и дворянством, о крахе которой можно судить по этим жалобам и по поведению дворян по время Московского восстания, так и не была восстановлена Уложением 1649 года. Простые помещики, которых можно считать русским аналогом английских джентри, постепенно отодвигались все дальше от двора, и в течение всего XVII века их шансы на то, чтобы, продвинувшись по службе, попасть из провинции в Москву, а в Москве — ко двору, с каждым десятилетием становились все ниже. Тем не менее гарантии сохранения земли и крестьян, судя по всему, умерили недовольство даже самых бедных помещиков. С 1650 года правительство могло рассчитывать на то, что провинциальное дворянство молчаливо одобрит его политику. Тем не менее реформы, целью которых было создание новой армии, проводились очень постепенно и осторожно.

Иными словами, Соборное уложение 1649 года помогло правительству заручиться поддержкой дворянства, однако так и не был решен вопрос, как эффективно использовать помещиков в вооруженных силах Русского государства. Было понятно, что империи нужна профессиональная регулярная армия, солдаты в которой будут служить и обучаться военному делу постоянно и получать за это жалованье. Осада Смоленска продемонстрировала, что использовать в этих целях наемные войска очень дорого — дороже, чем могла себе позволить государственная казна. Более того, с такими беспокойными соседями на юге и при таких размерах Русское государство нуждалось в очень большой армии. Хотя Российское государство было в невыгодном положении, учитывая отсутствие процветающего сельского хозяйства и слабо развитую торговлю, многие другие страны имели схожие проблемы. Установление четких сословных границ и закрепощение крестьянства, с одной стороны, позволило стабилизировать политическую систему, а с другой — сильно ограничило возможности государства по созданию национальной армии, так как на плечи тяглого населения были одновременно возложены и воинские, и денежные повинности. Как убедить помещиков пойти на службу в армию, где главными достоинствами являлись профессионализм и боевые навыки, а не знатность происхождения и социальный статус? На этот вопрос, который с началом русско-польской войны 1654–1667 годов встал особенно остро, ответ все еще не был получен.

Глава пятая
Тринадцатилетняя война (1654–1667)

Обзор

Возможность проверить на прочность новое политическое устройство и испытать в деле недавно созданные полки «нового строя» представилась Русскому государству уже очень скоро. В 1648 году гетман Войска Запорожского Богдан Хмельницкий поднял восстание против Речи Посполитой. Причиной этого стали глубокие религиозные, социальные и военные разногласия между украинцами и Польшей, главной половиной федеративного государства Речь Посполитая, в которое входила и территория нынешней Украины. Поначалу Хмельницкому удавалось одерживать верх над плохо организованными и политически разрозненными польскими силами, однако постоянно сохранять единство и побеждать казаки не могли. Хмельницкий обратился за помощью в Москву. После нескольких лет колебаний русское правительство в 1654 году заключило с казаками Переяславский договор и взяло территории Гетманщины под свою защиту. В результате этого между Русским государством и Речью Посполитой началась война за Украину, которая длилась много лет и вскоре затронула и другие державы Восточной Европы. Победы русских на начальном этапе Тринадцатилетней войны и вторжение России в Литву привели к вступлению в этот конфликт Швеции. Началась вторая Северная война (1655–1660) между Русским государством, Швецией и Речью Посполитой за господство на Балтийском море и его юго-восточном побережье. После того как в 1660-х годах боевые действия в Украине стали затухать, преодолевшая кризис Османская империя заключила союз с недовольными элементами казачества и вторглась в Польшу и Украину.

Собственно Тринадцатилетняя война (1654–1667) между Русским государством и Речью Посполитой завершилась подписанием Андрусовского перемирия. Вышедшая из этой войны победителем Россия вернула себе утерянные в Смутное время огромные территории от Смоленска до Чернигова, а также получила часть Витебского воеводства, Левобережную Украину и — во временное владение — Киев. Потерпевшая сокрушительное поражение Польша сохранила за собой только Правобережную Украину. Такое разделение Украины на две части и сложная геополитическая обстановка этого региона привели к тому, что условия Андрусовского перемирия соблюдались недолго. Напрямую или опосредованно Москва продолжала воевать в Украине с турками, поляками и другими сторонниками казачества до самого конца XVII столетия. Таким образом, возрождение имперских амбиций Русского государства происходило на фоне непрекращающихся боевых действий.

Тринадцатилетняя война коренным образом преобразила военное устройство России. Опираясь на прежний опыт и задействовав новоприобретенный политический капитал, русское правительство разработало бюрократические механизмы, которые позволили ему в кратчайшие сроки избавиться от некоторых элементов военной организации, унаследованных от степного войска. Теперь в русской армии было множество полков «нового строя». Во многих из них офицерами служили европейские наемники — профессионалы, квалификация которых позволила трансформировать степную конницу и прочие войска в армию «нового строя»; небольшое количество новых офицеров были русскими. Важную роль в вооруженных силах Русского государства стала играть пехота (солдаты), ряды которой регулярно пополнялись за счет сборов даточных людей. Старая поместная конница с ее разделением на сотни постепенно лишилась своего прежнего влияния, и все больше детей боярских и бедных дворян поступали на службу в кавалерийские полки «нового строя» (рейтары). Эти новые боевые части получали поддержку со стороны правительства — административную и отчасти материальную, и финансовую. Хотя до самого конца Тринадцатилетней войны структура верховного командования армии оставалась прежней, к концу 1660-х годов в Русском государстве уже полным ходом шло реформирование военного устройства страны.

Одновременно с процессом реформирования резко увеличилась и численность русской армии. Перед Москвой стояло сразу несколько военных задач: содержание гарнизонов в крепостях на границе со степью, в Сибири и форпостах на западных рубежах, а также ведение войны на нескольких фронтах. Более того, людские потери в Тринадцатилетней войне были очень велики. И тем не менее русскому правительству успешно удавалось довольно быстро набирать в действующую армию все большее количество солдат.

Однако содержание такой многочисленной армии «нового строя» обходилось недешево. Русские войска, сражавшиеся в Тринадцатилетней войне, почти все либо находились на сезонной (временной) службе, либо были полупостоянными. На то имелись причины политического и фискального характера. Особенно дорого обходились казне полки «нового строя» — даже набранные на время; их необходимо было снабжать продовольствием и припасами, укомплектовывать офицерами и платить солдатам жалованье во время боевых действий. Исходя из военных и экономических соображений, русское правительство, вместо того чтобы сформировать сравнительно небольшую профессиональную армию, задействовало множество полков, которые функционировали какое-то недолгое время. В результате эти полупостоянные части, по-видимому, и стоили казне не так дорого, как профессиональные войска, и меньше были склонны к проявлениям недовольства. Пропуск и крестьянами, и помещиками одного-двух сельскохозяйственных сезонов был не так критичен, как если бы они были вынуждены постоянно находиться на службе.

Столь невероятная трансформация русского военного устройства стала возможной благодаря принятию целого комплекса мер, которые, хотя в конечном итоге и были вознаграждены значительными территориальными приобретениями, привели к ухудшению положения населения государства и восстанию. Выросли налоги, а инфляция стала заоблачной. В долгосрочной перспективе усиление давления со стороны правительства на Юге, который из-за своего географического положения и социального устройства особенно тяжело пострадал от введения новых военных повинностей, привело к тому, что вновь остро встал казачий вопрос. С 1667 по 1672 год, когда война за Украину еще не окончилась, крестьянское восстание под предводительством донского казака Степана Разина охватило юг Русского государства и Поволжье.

Украинская прелюдия

Входившая в состав Речи Посполитой Украина была беспокойным регионом. Проблемы, связанные с этой территорией, имели социальные и религиозные корни. Одним из источников политического напряжения была Украинская православная церковь, состоявшая в межконфессиональном конфликте с униатами, которых поддерживала католическая Польша. Другим больным вопросом был рост влияния крупных польских магнатов и ухудшение положения местного мелкопоместного дворянства.

На этом фоне главной угрозой политической стабильности Речи Посполитой были запорожские казаки. Часть запорожцев состояла на государственной службе; они были внесены в правительственный список (реестр) и выделены в особое привилегированное сословие. Большинство реестровых казаков жили в недавно основанных поселениях и городах на Днепре, добившись от польской короны значительной политической и юридической автономии. Количество казаков, входивших в реестр, было строго ограничено, при этом правительство Речи Посполитой зачастую не могло (или не хотело) выплачивать запорожцам полагавшееся им жалованье, что вызывало недовольство у казачества. Реестровые казаки несли те же фискальные и военные повинности, что и мелкопоместное украинское дворянство, то есть их материальное положение и социальный статус были напрямую связаны с возможностью службы на границах польско-литовского государства или участия в военных кампаниях Речи Посполитой. Такая служба была ненадежным источником дохода и не сулила обогащения. Также в Украине были и нереестровые (низовые или сечевые казаки), чье положение было еще хуже, чем у их собратьев, внесенных в реестр. Низовых казаков, живших на сельскохозяйственных землях, постоянно принуждали к труду в поместьях крупных землевладельцев. Бóльшая часть мятежных низовых казаков обитала к югу от освоенных земель. Административным центром этой территории в низовьях Днепра была Запорожская Сечь. Главой нереестровых казаков был выбранный ими самими гетман; в 1648 году им являлся Богдан Хмельницкий.

Во время войн с турками в 1620-х годах недовольство украинцев временно поутихло, поскольку для защиты от внешней угрозы польское правительство увеличило численность реестрового войска и приняло на службу большее количество мелкопоместных дворян. Однако эта передышка оказалась недолгой. После заключения мира с Османской империей Речь Посполитая распустила свою армию и сократила казачий реестр до минимума. Низовые казаки постоянно бунтовали, а реестровое казачество и местное православное население выражали свое недовольство порядком вещей самыми разными (и зачастую непредсказуемыми) способами. В 1637–1638 годах вспыхнули массовые восстания низового казачества[42], которые были жестоко подавлены. Польский комиссар назначил нового гетмана, а нереестровым казакам было предписано вернуться к земледельческой жизни, то есть фактически стать крепостными.

---

42 Восстание Павлюка (1637) и восстание Острянина и Гуни (1638) — казацкие восстания в Украине против польской шляхты, поднятые под руководством гетманов нереестровых запорожских казаков. — *Примеч. ред.*

Одно время казалось, что экспансионистские планы короля Речи Посполитой Владислава IV (годы правления 1632–1648) позволит снизить градус политического напряжения в Украине. Однако польский сейм, опасаясь того, что политика Владислава обойдется казне слишком дорого и приведет к усилению королевской власти, не дал реализоваться этим инициативам. Тайные попытки короля привлечь на свою сторону казачье войско провалились. К середине 1640-х годов положение дел в Украине не улучшилось, напротив, внутренняя нестабильность и уязвимость перед лицом внешней угрозы были как никогда велики [Sysyn 1997: 69–70].

В 1648 году гетман Богдан Хмельницкий возглавил новое восстание казаков против Речи Посполитой. Первым делом Хмельницкий заключил союз с давними врагами поляков — крымскими татарами. Казачье восстание, лозунгом которого было освобождение от национального и религиозного гнета, быстро охватило всю Украину. После смерти короля Владислава в Речи Посполитой начался кризис междуцарствия, и казакам удалось одержать целый ряд на удивление легких побед над разрозненными польскими силами. Однако после 1648–1649 годов сплоченность запорожского войска стала таять, и вторая и третья кампании Хмельницкого были уже не такими успешными. Когда Речь Посполитая во главе с недавно избранным королем Яном II Казимиром собралась с силами для ответного удара, Хмельницкий обратился за помощью к иностранным державам — сначала к туркам, а потом к московскому царю Алексею Михайловичу (годы правления 1645–1676). Русское правительство несколько лет медлило с ответом на это предложение, так как было занято решением внутренних проблем: усмирением бунтов 1648 года, написанием Уложения, подготовкой к церковным реформам и завершением строительства Белгородской черты. В Москве прекрасно сознавали последствия заключения союза с Хмельницким. К тому моменту, как для обсуждения этого вопроса был созван Земский собор, уже полным ходом шла дипломатическая и военная подготовка к войне с Речью Посполитой. После того, как на Земском соборе было решено принять в русское подданство Богдана Хмельницкого и все Войско Запорожское с городами и землями, в 1654 году состоялась Переяславская рада, на которой было объявлено о вхождении Гетманщины в состав Русского государства. О том, каковы были истинные намерения обеих сторон, подписавших Переяславский договор, историки яростно спорят по сей день[43]. Москва послала в Украину на помощь Хмельницкому 4000 человек, однако основные русские силы были отправлены под Смоленск и в Беларусь. Так началась Тринадцатилетняя война[44].

Подготовка к войне

К середине 1650-х годов русское правительство (после Соляного бунта место ближайшего советника царя, ранее принадлежавшее боярину Б. И. Морозову, занял И. Д. Милославский) прекрасно понимало, что для поддержания военной мощи государства необходимы последовательные реформы. Еще в 1640-х годах на русскую военную службу стали вновь нанимать иностранных офицеров, тогда же возобновились производство и закупки огнестрельного оружия[45]. Полки «нового строя», поначалу создававшиеся только для защиты южных границ, в 1650-х годах появились и в действующей армии. Для формирования и снабжения всех этих войск были созданы новые приказы и канцелярии; возникла даже примитивная военно-медицинская служба. Все эти преобразования не означали немедленного отказа от старой военной организации Русского государства. Армии, выступившие на запад в первой половине 1650-х годов,

---

43 Царское правительство и казаки истолковывали положения Переяславского договора по-разному. На самом деле, такая дипломатическая практика была совершенно типичной для Русского государства в его взаимоотношениях со степными народами [Khodarkovsky 2002: 138; Ходарковский 2019; Kappeler 2001: 64; Каппелер 2000: 52].

44 Указ о наборе, март. ПСЗ. Т. 1. Док. 96. С. 295.

45 О тульской Оружейной слободе см. [Заозерская 1969: 144–148].

по-прежнему по большей части состояли из поместной конницы, казаков и стрельцов. Однако масштаб этих реформ был таков, что уже в ходе самой войны с Речью Посполитой могло (и должно было) произойти коренное преобразование всего военного устройства России.

Однако этот процесс был не внезапным, а постепенным. На первом этапе Тринадцатилетней войны Русское государство все еще во многом полагалось на полки старого образца — поместную конницу, казаков и стрельцов. В начале боевых действий выросло число набранных в армию стрельцов: особенно много их было в гарнизонах крепостей на Юге и т. д. Также на военную службу было призвано большое количество казаков — они и так уже проживали в степном пограничье, и их содержание обходилось казне недорого. При этом, принадлежа к низкому сословию, они не так сильно задавались вопросом о том, соответствуют ли условия государственной службы их социальному положению. Около 20 000 казаков в ходе войны были определены в кавалерийские полки «нового строя» (рейтарские), в то время как остальная часть казачества — по большей части недавние выходцы из Украины, принесшие присягу русскому царю (так называемые черкасы), — служили в составе особого казачьего войска. В то же самое время число помещиков, годных к несению военной службы, все еще было достаточно велико, хотя из-за бедности и сословной гордости некоторые из них отказывались участвовать в дальних походах, использовать огнестрельное оружие и добровольно записываться в новые рейтарские полки. Тем не менее вплоть до 1660-х годов поместная конница все еще была количественно важной частью русской армии [Чернов 1954: 130–131, 166–167].

При этом еще в 1640-е годы Русское государство вновь стало активно нанимать на службу иностранных офицеров. Как и прежде, главными задачами, ставившимися перед «наемными иноземцами», были формирование полков «нового строя», обучение солдат и командование. Щедрое жалованье, предлагаемое Москвой, и окончание Тридцатилетней войны в Европе дали русским рекрутерам возможность выбора из большого числа кандидатов. Поскольку московские эмиссары перед наймом действительно экзаменовали желающих поступить на царскую службу, а командные должности в армии Русского государства не продавались и не переходили по наследству, офицерский корпус полков «нового строя» был, по русским стандартам, высокопрофессиональным и усиливался за счет притока новых людей, чьи военные знания и боевой опыт постоянно повышались за счет регулярного получения информации об «иноземных» идеях и обычаях ведения боевых действий на военных театрах Европы [Reger 1997][46].

Внедрение иностранных офицеров в состав русской армии тоже происходило постепенно. Русские в целом враждебно относились к неправославным иноземцам, живущим и работающим рядом с ними, поэтому царь Алексей не спешил с интеграцией наемных иноземцев в действующую армию; поначалу бóльшая их часть жила в Немецкой слободе на окраине Москвы [Baron 1970: 1–17][47]. Кроме того, Алексей Михайлович, хотя и призывал иностранных офицеров выдвигать новые идеи по улучшению устройства русской армии, просил их передавать все такие предложения лично ему, а не через головы вышестоящих воевод, которые могли бы зарубить эти инициативы на корню [Reger 1997: 159]. В 1652 году иностранные офицеры, не перешедшие в православие, были лишены права владеть землей, что сделало их еще более зависимыми от денежного и хлебного жалованья, получаемого из казны; также зачастую им приходилось укреплять свой авторитет в полках без какой-либо поддержки со стороны русских властей.

Несмотря на все эти трудности, с самого начала Тринадцатилетней войны польза, которую иностранные офицеры приносили русской армии, оказалась огромной. За счет муштры, личного

---

[46] Р. Хелли пишет о том, что в Русском государстве не продавалось переведенное на русский язык пособие об использовании огнестрельного оружия, поскольку в нем говорилось о мушкетах устаревшего образца.

[47] История Александра Лесли подробно описана в труде Дж. Фурмана [Fuhrmann 1981: 49–51].

примера и постоянного притока свежих идей они смогли продемонстрировать правительству царя Алексея преимущества новой военной организации и тактики. Эти наемники, прибывшие в Россию со всех концов света — от Шотландии до Османской империи, — вскоре стали играть важную роль не только в столице, но и в действующей армии, и в приграничных гарнизонах. Их присутствие было постоянным и длительным, особенно в южных крепостях. Кроме того, хотя во время Тринадцатилетней войны большинство высших командных должностей в полках «нового строя» по-прежнему занимали иноземцы, некоторые помещики, служившие в рейтарских полках, тоже со временем стали офицерами низшего звена.

Офицеры и другие иностранные специалисты, надолго обосновавшиеся в Москве и русской провинции, стали причиной того, что в русском обществе произошел некий культурный сдвиг, так как население Русского государства, в особенности представители высших сословий, познакомилось с «иноземными» (по большей части европейскими) идеями и обычаями и начало их перенимать. Впрочем, поначалу иностранные офицеры, служившие в полках «нового строя», почти не обладали какими-либо связями при дворе, поскольку все их военные заслуги не имели никакого политического веса. Напротив, члены знатных русских родов считали службу в офицерском корпусе полков «нового строя» недостойной представителей высших сословий. Хотя некоторым отдельным офицерам, особенно ценимым царем в качестве советников по военным делам, и удалось добиться высокого положения, в целом ведение войны находилось в руках старой военно-политической элиты и воевод, привыкших руководить армией старого образца. В краткосрочной перспективе иностранные советники и офицеры смогли повлиять только на положение дел внутри армии, главным образом на ее боевую и тактическую подготовку [Мышлаевский 1899: 39–40][48].

---

[48] ПСЗ. Т. 1. Док. 529. После 1665 года на продвижение по службе были наложены определенные ограничения. Повышение по службе русских офицеров происходило несколько иным образом.

Карта 6. Тринадцатилетняя война (1654–1667) (взята из Атласа М. Гилберта «Atlas of Russian History» [Gilbert 1989])

Набор солдат в полки «нового строя», хотя и потребовал от бюрократического аппарата Русского государства больших административных усилий, в политическом плане проблемой не являлся. Первым шагом в этом направлении стало создание пехотных и драгунских полков[49], укомплектованных тяглыми крестьянами из южного и северо-западного приграничья (об этом шла речь в предыдущей главе). Затем было объявлено о том, что набору подлежат крепостные и тяглые крестьяне и из остальных русских земель. Первый (очень ограниченный) набор был произведен на основе переписи 1646 года, в которой учитывались хозяйства (дворы), а не распаханные земли (сохи). В некоторых регионах Русского государства была введена фиксированная воинская повинность: например, один человек с 10 или 20 дворов. В течение следующего десятилетия такие наборы стали регулярными и заложили основу для введения всеобщей воинской повинности, благодаря чему и стал возможен резкий рост численности армии Русского государства в 1660-х годах. Пережившие военную кампанию крепостные крестьяне возвращались домой, пропустив всего один сельскохозяйственный сезон, поэтому их хозяева не терпели больших убытков. Более четкое распределение повинностей, прописанное в Соборном уложении 1649 года, упростило задачу выявления людей, подлежащих набору, и позволило правительству собрать крупную армию; впрочем, помещичьи привилегии вносили в этот процесс некоторые коррективы.

Однако у Алексея Михайловича никогда не было намерения создавать пехотное войско исключительно из крестьян. Русское правительство с самого начала предпринимало попытки опереться на солдат, уже обладающих боевым опытом. В 1652–1653 годах 8000 человек из неподатных сословий (то есть не крестьяне и не посадские) были посланы служить в крепость Яблонов на южной границе; другие пехотинцы были отправлены под Смоленск. Достигшие совершеннолетия юноши из стрелецких семей зачислялись в полки «нового строя». Для людей, лишившихся права на

[49] Тяжелую конницу, в которой воины были облачены в доспехи, называли рейтарами, кавалеристов без доспехов — драгунами. — *Примеч. ред.*

владение землей в ходе Смуты, служба в полках «нового строя» стала возможностью частично восстановить свой утраченный социальный статус. Однако, когда приказ о зачислении в пехоту или драгуны получали обедневшие дворяне или дети боярские, которые, несмотря на свое тяжелое положение, все еще принадлежали к высшему сословию, они, как и раньше, всеми силами противились этим назначениям; власти по-прежнему почти не преследовали таких отказников от службы. После объявления набора производился расчет содержания новосформированных полков с учетом выплаты жалованья и расходов на снабжение и прочие нужды [Hellie 1972: 189, 215; Чернов 1954: 139–140, 143][50].

После того как были укомплектованы пехотные части, правительство озаботилось созданием кавалерийских полков «нового строя». В марте 1654 года был подписан указ о формировании новых рейтарских полков. Служить в них было велено сыновьям дворян и детей боярских, которые еще не записались в поместную конницу. Тем не менее, став рейтарами, они тоже получали землю и денежные субсидии, как и их собратья, состоявшие на сотенной службе. При этом на поле боя от них было больше пользы, чем от поместных конников, так как рейтары обучались обращению с огнестрельным оружием (месяц осенью и непосредственно перед походом) и, благодаря более современной структуре офицерского корпуса, имели определенную тактическую подготовку.

Нельзя сказать, что мелкопоместное дворянство восприняло эти нововведения благожелательно. Служить в рейтарских частях стало более приемлемым, поскольку их социальный состав был однородным и предполагалось, что рейтары смогут вернуться в поместное войско, как только улучшат свое благосостояние[51]. Однако война затягивалась, и для успеха в ней требовалось все больше кавалерии. Численность русской армии росла, а кавалерия в то время (и еще много лет после) была важнейшим звеном всех восточноевропейских вооруженных сил. К 1660 году часть

---

[50] АМГ. Т. II. Док. 482, 496, 539–542, 617. АИ. Т. IV. № 70.

[51] РГАДА. Ф. 210. Смотр. кн. 35. Л. 186–195; АМГ. Т. II. Док. 540, 717. Т. III. Док. 49, 301; ПСЗ. Т. 1. Док. 261.

поместной конницы была преобразована в рейтарские полки, поскольку новая кавалерия по своим боевым характеристикам, безусловно, ее превосходила. Однако так как процентное соотношение полков «нового строя» относительно войск старого типа постоянно росло, на рейтарскую службу стали привлекаться казаки, крестьяне и прочие представители низших сословий, хотя это и нарушало социальную однородность таких частей. После завершения войны все эти люди были отчислены из рейтарских полков [Чернов 1954: 146; Hellie 1972: 198]. Тем не менее процесс военных преобразований уже был осторожно запущен, и русская военно-политическая элита стала постепенно перетекать из поместных сотен в менее престижные кавалерийские части «нового строя».

Также важной частью подготовки к будущей войне стали производство и закупка огнестрельного оружия. Оружейная палата в Кремле и Оружейная слобода в Туле изготавливали ручные пищали с ударно-кремневым замком, которые состояли на вооружении у драгун и пехотинцев как на южном, так и на западном фронтах. Эти новые ружья были более легкими и скорострельными, чем пищали старого образца. Какое-то огнестрельное оружие Русское государство производило само, но при этом импортировало из-за рубежа ружейные замки, которые уже в России устанавливались на пищали, изготовленные в Москве или Туле. Однако очень много оружия сразу закупалось за границей: благодаря дипломатическим связям со Швецией, Данией, Голландией и другими странами правительство Алексея Михайловича не испытывало проблем с военными поставками из Европы. Как правило, пищали и мушкеты выдавались солдатам на время обучения и непосредственно перед боем; после тренировки их полагалось возвращать в арсенал части. На Пушечном дворе в Москве в большом количестве отливались пушки для крепостной и полевой артиллерии [Hellie 1972: 183–184; Мальцев 1974: 23].

В течение короткого периода времени было создано много новых приказов (например, Рейтарский), которые занимались различными вопросами, связанными с реформами военного устройства Русского государства. Однако сформировать долгосрочную фискальную политику, которая позволила бы содержать эту армию нового типа, оказалось куда более трудным делом. В 1646 году Б. И. Морозов, возглавлявший русское правительство, заменил два прямых государственных налога одним косвенным — на соль. Однако вместо увеличения доходов казны этот налог привел к бунтам и снижению поступлений от налогов; на следующий год монополия на соль была отменена. Вскоре после этого Алексей Михайлович ввел ограничения на продажу спиртного и начал продавать зерно за границу [Базилевич 1936: 5; Longworth 1984: 89]. Как и в других государствах раннего Нового времени, проблема с тем, как платить за содержание профессиональной армии, грозила стать неразрешимой.

Когда в 1654 году русские войска выступили в поход на запад, стало понятно, для чего царскому правительству понадобилось проводить все эти реформы и увеличивать численность вооруженных сил Русского государства. Благодаря новым административным ресурсам стало возможным одновременно перебросить войска и припасы сразу в несколько ключевых точек, отстоящих друг от друга на тысячи километров. Около 6000 человек были посланы в Украину на помощь Богдану Хмельницкому; примерно треть из них остались охранять Киев. Гораздо более крупное войско, в том числе пехотные полки «нового строя» численностью почти 7000 солдат, разделенные на три отдельных, но находящихся в тесном взаимодействии друг с другом отряда, выдвинулись к Белгородской засечной черте в ожидании набега крымцев: крымские татары были категорически против русского присутствия в Украине. Все это были самые неопытные солдаты, имевшиеся в распоряжении русского царя: отчасти из-за того, что положение самого Хмельницкого было достаточно прочным. Алексей Михайлович явно дал понять, какой была его главная цель в войне с Речью Посполитой, лично возглавив войско из 41 000 человек, выступившее на Смоленск; основной базой снабжения этой армии стали Великие Луки. С севера и юга царское войско прикрывали полки Правой и Левой руки — по 15 000 человек в каждом. Также в подмогу этой армии из Украины выступило двадцатитысячное казачье войско. Все это оказалось возможным благодаря новому административному устройству Юга. Полки «нового строя» играли в этой кампании важную роль, однако большая часть действующей армии все еще состояла из войск старого типа [Hellie 1972: 193–194; Мальцев 1974: 29, 34–35].

Успех с привкусом поражения

Первые кампании на белорусско-литовском фронте сложились для Русского государства на удивление удачно[52]. В ноябре пал Смоленск, и русские захватили значительную часть Восточной Беларуси. После того как в конце 1654 года большая часть русского войска была распущена по домам, поляки предприняли неудачные попытки отбить Могилев на севере и Браслав на юге. Весной Алексей Михайлович вновь собрал под своими знаменами крупную армию, которая выступила на запад вглубь Литвы, в то время как часть русских сил осталась в Полоцке и Витебске. Из Украины выступило двадцатитысячное войско; продвигаясь на север, казаки захватили и разграбили множество городов. Русская армия заняла Борисов, Минск, Гродно и Ковно. 31 июля 1655 года была взята столица Великого княжества Литовского — Вильно. Череда военных удач прервалась только во второй половине 1656 года, когда русские войска во главе с Алексеем Михайловичем попытались захватить удерживаемую шведами Ригу. Осада города была начата поздно, когда царская армия уже устала после долгой кампании и действовала вдали от своих границ и баз снабжения. Рига была хорошо укреплена и постоянно получала помощь с моря. После нескольких месяцев безуспешной осады русские были вынуждены отступить [Frost 2000: 177; Мальцев 1974: 111]. В конце 1656 года было заключено Виленское переми-

[52] Подробнее о ходе Тринадцатилетней войны в англоязычной литературе см. у Р. Фроста, О. Субтельного, Ф. Лонгворта и К. О'Брайена (книга последнего была написана намного раньше всех остальных). Также заслуживает внимания работа А. Н. Мальцева [Frost 2000: ch. 7; Subtelny 1988: p. III; Longworth 1984: ch. 5 и далее; Мальцев 1974: особенно гл. 2–6].

рие с Речью Посполитой; Алексей Михайлович объявил себя претендентом на польскую корону [Мальцев 1974: 112].

На тот момент Речь Посполитая была на грани полного разгрома. Ее вооруженные силы были малы, а глубокий внутриполитический кризис привел к тому, что польские военачальники действовали разрозненно и нерешительно. Русские с легкостью захватывали один город за другим; особенно важную роль в этих осадах и штурмах играли пехота и артиллерия. Личное участие в походах царя Алексея укрепило боевой дух русского войска; судя по всему, именно это помогло сплотить столь разнородную по своей структуре армию [Brown 2002: 121–123, 131; Мальцев 1974: 61][53].

Однако успехи в Литве дались Русскому государству дорогой ценой. И русские войска, и казаки безжалостно разоряли все земли, по которым они проходили. Несмотря на все усилия тыловых служб, в обеих армиях остро ощущалась нехватка продовольствия и фуража. Особенно тяжелой была ситуация со снабжением в казацком войске, которое к тому же слабо координировало свои действия с Москвой. Русские войска не брезговали захватом людей в плен (для продажи в рабство), занимались грабежами и еврейскими погромами, а также казнили всех тех, кто пытался оказать им сопротивление. К тому же после трех лет непрерывных военных кампаний Русское государство существенно истощило свои людские и материальные ресурсы, а набор на службу каждый год новых людей и потом отправка их обратно по домам требовали больших фискальных и организационных усилий. Более того, крах Речи Посполитой и русское присутствие на Балтике вовлекли в войну Швецию.

Тем временем положение дел в Украине быстро ухудшалось. Все победы Богдана Хмельницкого остались в 1654 году. В начале 1655 года крымские татары перешли к активным действиям против казаков и заключили союз с Польшей. В ответ Русское государство направило в Украину несколько полков «нового

---

[53] Впоследствии Алексей Михайлович вновь проявил себя как успешный организатор, курируя деятельность печально известного Тайного приказа.

строя», набранных в Белгородском разряде. Тем не менее татарам удалось разорить часть украинских земель, после чего они заключили с Хмельницким перемирие. Объединенное русско-казацкое войско подошло к Львову — одному из немногих городов Западной Руси, все еще остававшихся во владении польской короны, — однако почти тут же отступило в обмен на контрибуцию, так и не начав осады. Успех украинского освободительного движения оказался под угрозой из-за внутренних конфликтов между самим казаками, политики царя Алексея и изменившейся международной ситуации.

В середине 1655 года в войну вступила Швеция. Главной задачей шведов был захват герцогства Пруссия, принадлежавшего датчанам. Высокопрофессиональная шведская армия, прекрасно проявившая себя в недавно закончившейся Тридцатилетней войне, столь стремительно выступила на юг, что некоторые польские наемники даже присоединились к наступающему противнику в надежде на лучшую или хоть какую-нибудь плату. Разоренная Литва первой согласилась на шведский протекторат и подписала договор, по которому вошла в состав Шведского королевства. Казалось, что Речь Посполитая находится на грани распада. Русское государство объявило войну своему грозному северному соседу, однако после вялой Ливонской кампании 1657 года заключило в 1658 году со шведами Валиесарское перемирие. Впрочем, после первых успехов, достигнутых малыми силами, шведский король Карл X Густав был вынужден отступить обратно на север. Ему пришлось довольствоваться победой над Данией и миром с Речью Посполитой, который после долгих переговоров был заключен в Оливе в 1660 году[54].

Во время этой шведской интерлюдии внимание Москвы было приковано к Украине, где после смерти Богдана Хмельницкого в 1657 году его наследники безуспешно пытались распутать клубок внутренних и внешних конфликтов, раздиравших эти

---

[54] Участие Швеции в Тринадцатилетней войне кратко описано у Р. Фроста [Frost 2000: 169–183]; см. у него же о политической подоплеке краха и частичного возрождения Речи Посполитой [Frost 1993].

земли. Иван Выговский, ближайший советник Хмельницкого и его преемник, видя, что царь Алексей куда больше заинтересован в Литве и польском троне, чем в Украине, принял решение заключить союз с Крымским ханством и поляками. В 1659 году Выговский и его крымские союзники разгромили под Конотопом три русские армии и крупный отряд казаков, оставшихся верными Переяславскому договору. Благодаря этой победе крымцы смогли с запада обойти Белгородскую засечную черту и разорить южное пограничье России [Кушнерев, Пирогов 1892, I: 375–376; Новосельский 1994: 60–68].

В Украине разразилась опустошительная гражданская война. Сменявшие друг друга гетманы пытались объединить раздираемое внутренними конфликтами казачество, обращаясь за поддержкой то к русскому царю, то к польскому королю, то к крымскому хану и подвигая их тем самым к соперничеству. В 1659 году казаки сами сместили Выговского, передав гетманскую булаву сыну Богдана Хмельницкого Юрию. Однако, когда Москва, пытаясь восстановить свою власть над Гетманщиной, послала ему на помощь войска, поляки, заключив в 1660 году мир со шведами, высвободили часть своей армии, воевавшей на севере, и вновь вторглись в Украину вместе со своими союзниками-татарами. Юрий Хмельницкий, потерпев поражение в бою, перешел на сторону Речи Посполитой. В том же 1660 году в битве под Чудновым русские войска были разгромлены объединенными польско-крымскими силами [Баиов 1909: 154–157; Новосельский 1994: 70–71]. К тому времени за союз с Москвой выступали преимущественно левобережные казаки, в то время как Правобережная Украина сохраняла верность польской короне. Юрий Хмельницкий и сменивший его в качестве гетмана Правобережья Павел Тетеря пытались, в том числе и с помощью крымских татар, объединить Левобережную и Правобережную Украины под протекторатом польского короля. Им противостоял избранный в 1663 году гетманом Левобережья Иван Брюховецкий, которому помогали русские войска. Все это время татары продолжали совершать набеги на южное приграничье Русского государства. Несмотря на то что и Россия, и Польша были вымотаны бесконечной и не приносящей успеха ни одной из сторон войной, боевой задор, особенно у казаков, все еще не иссяк. В 1665 году Брюховецкий заключил с царским правительством новый договор, существенно ограничивший автономию Гетманщины. В свою очередь, Петр Дорошенко, избранный в 1666 году гетманом Правобережной Украины, в начале своего правления принес присягу польскому королю, однако вскоре попытался изгнать поляков из земель к юго-западу от Киева, заключив союз с могущественной державой: он не только вступил в коалицию с Крымским ханством, но и объявил себя вассалом турецкого султана, который прислал ему в подмогу янычар.

Угроза вступления в войну Османской империи, наконец, подтолкнула Речь Посполитую и Русское государство к заключению мира. Когда в 1658 году на белорусско-литовском фронте возобновились боевые действия, военная удача сразу же отвернулась от Москвы. Против русских армий, делавших ставку на фуражировку, была развязана партизанская война [Бобровский 1885: 114; Новосельский 1994: 75, 77 и далее]. Польская тяжелая кавалерия наносила большой ущерб русским силам, особенно пехоте, не защищенной укреплениями. Так, например, в битве под Полонкой события развивались таким образом, что солдаты и стрельцы князя Хованского остались без поддержки со стороны рейтаров: в результате польские гусары практически уничтожили беззащитную русскую пехоту. Войска Алексея Михайловича начали отступать на восток, остановившись только у Могилева в 1662 году. К тому моменту ни Москва, ни Польша уже не имели ни сил, ни воли для того, чтобы продолжать эту войну. Разоренная Речь Посполитая больше не могла платить своим наемникам, а русская армия, жалованье в которой выплачивалось обесцененными медными деньгами, была близка к развалу. В 1664 году польско-литовским силам ненадолго удалось загнать русских обратно на их собственные земли под Псковом, однако эта успешная для поляков кампания не имела продолжения из-за разразившейся в 1665–1666 годах в Речи Посполитой гражданской войны, а также из-за угрозы турецкого нападения с юга.

Тринадцатилетняя война закончилась в 1667 году, когда Русское государство и Речь Посполитая, до предела ослабленные этим противостоянием, заключили в деревне Андрусово перемирие сроком на 13 лет. По Андрусовскому договору Москве отошли Смоленск, Северская земля вместе с Черниговым и часть Витебского воеводства. Правобережная Украина (к западу от Днепра) осталась под контролем Речи Посполитой. Левобережная Украина (к востоку от Днепра) досталась русскому царю, как и Киев (последний — временно). Граница, проведенная по Днепру, оказалась долговечной и в итоге привела к культурному и политическому расслоению Украины. Запорожская Сечь перешла под совместное русско-польское управление, и обе стороны договорились помогать друг другу и казакам в случае нападения крымских татар и Османской империи на Гетманщину.

Некоторые условия этого договора были в лучшем случае временными и могли в будущем привести к новым конфликтам. Так, поляки согласились уступить русским Киев на два года, рассчитывая за это время подавить мятеж гетмана Дорошенко и вернуть себе этот город. И хотя судьба древней столицы Руси оставалась предметом споров, Москва не собиралась отказываться от Киева, удерживая его за собой как дипломатией, так и оружием. Но, что еще важнее, раздел Украины был произведен без учета реального положения дел на этих землях. Польская часть Украины по факту находилась в руках Дорошенко и его союзников. Они вовсе не собирались принимать условия Андрусовского договора. При этом сам Дорошенко (хотя и не все войска, находившиеся под его началом) был популярен в Левобережной Украине, в то время как Брюховецким, пошедшим на большие уступки царской власти, многие в Гетманщине были недовольны. Кроме того, представлялось крайне сомнительным, что подписавшие соглашение стороны действительно могли как-то контролировать запорожских казаков, хоть совместно, хоть независимо друг от друга.

Создание новой армии

Участие в Тринадцатилетней войне обернулось для Русского государства огромными людскими потерями, причем как на поле боя, так и вне его[55]. Количество жертв среди гражданского населения было очень большим. Последствия этой войны для мирных жителей — в особенности Речи Посполитой и Правобережной Украины, — к сожалению, недостаточно подробно освещены в исторической литературе. Первые военные успехи Богдана Хмельницкого сопровождались массовым истреблением беззащитного еврейского населения украинских местечек, католиков и польской шляхты. Во время крымского набега на юг русских земель в 1659 году было разорено свыше 4000 хозяйств и свыше 25 000 человек были уведены в татарский плен. Мирное население страдало от боевых действий не меньше, чем их непосредственные участники: после захвата русскими войсками Мстиславля и Вильно погибли около 18 000 жителей этих городов. Не имея возможности удержать в своих руках Копысь и Дубровно, царские воеводы сожгли эти местечки, чтобы не отдавать их полякам. Однако все же в 1654–1655 годах русское правительство предпринимало некоторые усилия для того, чтобы уменьшить число потерь среди гражданского населения [Мальцев 1974: 39, 47, 53, 67].

Боевые потери тоже были очень велики. Ян Пасек, польский шляхтич из обедневший семьи, сражавшийся в войске Стефана Чернецкого, писал в своих мемуарах, что при осаде Фридрихс-Одде (ныне Фредерисия) в 1675 году погибли 20 000 шведов и датчан [Pasek 1976: 39; Мальцев 1974: 49, 67]. Потери русской армии к концу Тринадцатилетней войны были довольно большими. В Конотопской битве (июнь 1659 года) были убиты почти 5000 человек. Кампании 1660 года были еще более кровопролитными. Считается, что при осаде Ляховичей потери русских составили 30 000 человек убитыми. Описывая битву под Полонкой (тоже в 1660 году), Пасек замечает, что польская кавалерия

---

[55] АМГ. Т. II. Док. 1035.

«убивала их [русских пехотинцев], как овец» [Pasek 1976: 75]. В том же 1660 году общее число сражавшихся со всех сторон превысило 100 000 человек; в одной только битве под Чудновом поляки и татары взяли в плен 20 000 русских солдат вместе с воеводой В. Б. Шереметевым: остальное его войско, насчитывавшее перед боем 36 000 человек, почти полностью было уничтожено. Еще 19 000 русских были убиты в битве на Кушликовых горах (1661) и около 10 000 в битве под Бужином (1662). О точных цифрах потерь можно спорить, однако в любом случае они говорят о том, что творившееся кровопролитие было беспрецедентным. И особенно дорогую цену людскими жизнями платило именно Русское государство — даже без учета пленных, выкуп которых тоже лег на государственную казну тяжелым бременем [Новосельский 1994: 66–68, 70, 71; Stevens 1995: 68][56].

Судя по всему, именно огромные людские потери, несомые Русским государством во время Тринадцатилетней войны, ускорили конец поместной конницы. С самого начала войны многие помещики всячески увиливали от выполнения своего воинского долга. Несмотря на то что отказ от несения службы грозил утратой чести и высокого социального статуса, а вступление в поместное войско вознаграждалось деньгами, число дворян и детей боярских, являвшихся на пункты сбора, постоянно сокращалось, хотя некоторые из них посылали взамен в армию своих челядинцев. Царское правительство не обладало достаточным административным ресурсом для того, чтобы заставить помещиков выполнять свои обязательства [Hellie 1972: 217, 269][57]. На самом деле, оно и не было заинтересовано в сохранении поместной конницы. В стратегическом плане пользы от этих войск было немного. Поскольку эти войска каждый год набирались заново, первую половину каждой весенней кампании приходилось тратить на то, чтобы заново отвоевывать территории, захваченные в прошлом году, но утраченные после роспуска части русского

---

[56] Даже на первом — успешном — этапе войны потери Русского государства были велики [Reger 1997: 88–92].

[57] АМГ. Т. II. Док. 736, 768, 913–915, 933. Т. III. Док. 410, 524.

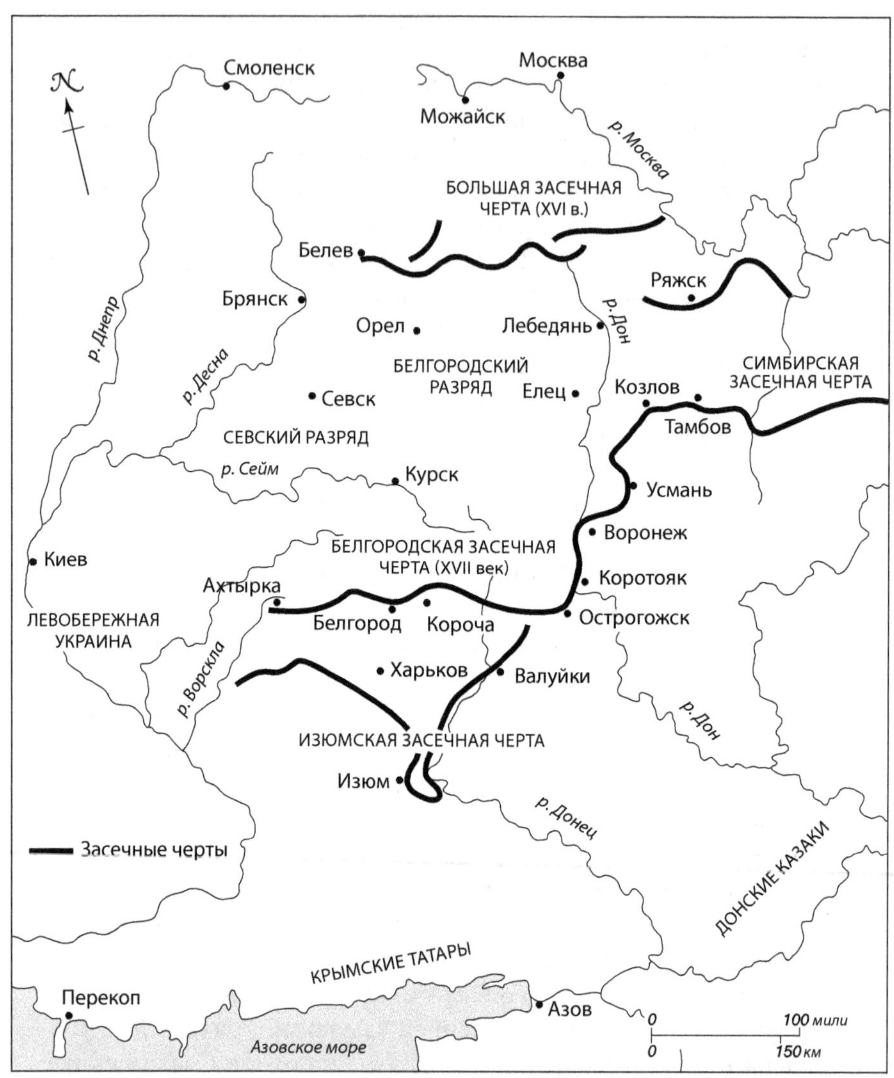

Карта 7. Южное пограничье Русского государства в XVII веке (взято из моей книги «Soldiers on the Steppe: Army Reform and Social Change in Early Modern Russia» [Stevens 1995])

войска на зиму. Даже в ходе одной кампании помещики представляли собой сколько-нибудь боеспособное войско только до тех пор, пока их собственные припасы не подходили к концу; после этого начиналось мародерство и массовое дезертирство. В отличие от польских гусар, в русском поместном войске была слабая дисциплина, и оно не смогло себя проявить на поле боя даже сражаясь против запорожских казаков. Кровопролитная война предопределила участь поместной конницы. В 1659 году после Конотопской битвы в сорокатысячной армии Шереметева числились почти 7000 поместных конников, то есть 17–18 % личного состава; после 1661 года в действующей русской армии вообще не осталось таких частей, которые функционировали бы как самостоятельные боевые единицы [Hellie 1972: 218–219, 269; Бобровский 1885: 108, 117][58].

Русское государство, ведшее затяжную войну, безусловно, не могло себе позволить просто распустить поместное войско. Задача правительства заключалась в том, чтобы встроить дворян и детей боярских в армию нового типа; особенно много внимания этому вопросу стало уделяться после кампаний 1659–1660 годов. Самые бедные помещики были определены на гарнизонную (городовую) службу. Большая часть из них была направлена в полки «нового строя» — главным образам в рейтарские, численность боевого состава в которых к 1663 году возросла с 2000 до 18 000 человек. Чтобы не оскорблять помещиков соседством с казаками и прочими простолюдинами, были сформированы полки, в которых служили только представители высших сословий. После окончания войны правительство начало очищать рейтарские полки от тяглых и служилых людей «по прибору», при этом создавалось обманчивое впечатление, что рейтары в результате приобретут такой же элитарный социальный статус, что и дворянская конница [Stevens 1995: 69; Чернов 1954: 146].

С 1660-х годов рейтары стали играть важную роль в вооруженных силах Русского государства. Конница всегда была ключевым элементом русской армии — как и армий других во-

---

[58] АМГ. Т. III. Док. 301, 336, 530.

сточноевропейских государств вплоть до XVIII века. Однако русское правительство не имело опыта инвестирования в кавалерию, и в разгар войны сумело изыскать средства только на содержание кавалерийских полков «нового строя», в которых служили в основном представители высших сословий. Как и в пехотных полках «нового строя», у рейтаров был большой и иерархически структурированный офицерский корпус, состоявший как из иностранных, так и из русских командиров. Однако, хотя благодаря этому новые части и были более маневренными, рядовой состав был все еще недостаточно сплочен; кроме того, ему недоставало боевого духа [Reger 1997: 168]. Отчасти это можно объяснить уникальной фискальной политикой Русского государства, которое стремилось увеличить свою армию, насколько это было возможно. На словах правительство обязывалось выплачивать рейтарам денежное (от 6 до 15 рублей в год) и хлебное жалованье (по две четверти ржи для всадника и овса для лошади). Однако фактически это довольствие получали только кавалеристы, состоявшие на действительной службе. Более того, когда дворяне и дети боярские являлись на пункты сбора и записывались в рейтарские полки, они, как и их отцы и дядья, получали от государя в награду поместья. В зависимости от размеров этих земельных наделов жалованья, выплачиваемые этим рейтарам знатного происхождения, урезались на бо́льшую или меньшую сумму, так как служилые люди «по отечеству», получившие от казны поместья, все еще обязаны были сами себя вооружать, снаряжать и содержать, хотя бы частично. Были и некоторые другие небольшие изменения по сравнению со службой в поместном войске: в частности, плохо экипированные рейтары могли купить оружие у военного ведомства [Бобровский 1885: 81–82; Uroff 1970, 2: 566][59]. Все эти ухищрения, хотя и снижали боеспособность полков «нового строя», тем не менее позволили Русскому государству существенно увеличить свой кавалерийский корпус. Впрочем, рейтары все равно были

---

[59] См. главу 9, раздел 2 [Kotoshikhin 1980]. Также существовали поставщики, которые продавали оружие по рыночным ценам (ПСЗ. Т. 1. Док. 132, 138).

более надежными и умелыми ратниками, чем их предшественники на сотенной службе.

Однако после 1659 года главной силой русской армии стали не рейтары, а пехотные (солдатские) полки «нового строя». Тяжелые потери в живой силе и опыт, полученный в первые годы Тринадцатилетней войны, дали толчок военным реформам. Русское командование давно поняло, какое большое значение имеет тактическая выучка пехоты. В пограничных регионах России уже несколько лет существовала практика комплектования полков «нового строя» за счет добровольцев и крестьян. В 1640-х годах на Юге создавались такие солдатские и драгунские полки, которыми командовали полковники-иноземцы, а за муштру отвечали наемники [Davies 1992: 481–501; Uroff 1970, 2: 570–571]. Однако начиная с 1658 года эти региональные наборы на службу сменились новой политикой: теперь на территории большей части Русского государства в армию подлежал призыву один человек с 25 дворов. Нормы набора слегка разнились в различных областях, а населению прифронтовых территорий были даны поблажки. В разные годы нормы могли меняться в бо́льшую или меньшую сторону, однако наборы на службу стали проводиться регулярно, так как царское правительство стремилось как можно быстрее увеличить число полков «нового строя». Фактически это был уже почти всеобщий воинский призыв, и он проводился в 1659, 1660, 1661 и 1663 годах; кроме того, были и дополнительные наборы, не такие масштабные. Всего в последние годы Тринадцатилетней войны на службу были набраны около 100 000 человек. Многие из них были убиты, умерли от болезней, дезертировали или попали в плен. Тем не менее в 1663 году в солдатских полках состояли примерно 50 000 пехотинцев; даже после окончания войны на службе осталось около половины людей от этого числа.

Увеличение численности пехоты и возможность компенсировать естественную убыль за счет новых наборов на службу позволили Русскому государству иметь в своем распоряжении большую армию даже на финальном этапе войны с Речью Посполитой несмотря на все тяжелые потери, которые она несла в ходе боевых действий. Такое решение проблемы было выгодным с политической точки зрения: крестьяне, набиравшиеся в полки «нового строя», не представляли собой политической силы, могущей бросить вызов власти, и без каких-либо протестов быстро отправлялись на фронт, где в них была острая необходимость. С военной точки зрения все тоже было хорошо. В царском правительстве сознавали необходимость содержания обученного пехотного войска и оперативно реагировали на регулярные донесения воевод, требовавших послать подкрепления в районы боевых действий. Введение массовой воинской повинности и создание большого количества полков «нового строя», пусть даже не все из них входили в состав действующей армии, означало, что в военном устройстве Русского государства произошли масштабные и необратимые перемены [Hellie 1972: 194–195].

Однако такое колоссальное увеличение численного состава русских вооруженных сил вызвало множество трудностей. На плечи многострадального русского крестьянства была возложена еще одна тяжелая ноша. Лишившиеся рабочих рук крестьянские хозяйства по-прежнему обязаны были выплачивать в казну большие налоги, а иногда и платить подати своим хозяевам, тоже «прибранным» на службу. Крепостные стали часто пускаться в бегство, и русская экономика оказалась в кризисе; в результате этого после 1660 года нормы набора были несколько уменьшены.

Введение массовой воинской повинности привело к существенным бюрократическим и инфраструктурным изменениям в Русском государстве. Казна обязана была содержать солдат, служащих вдали от дома, и выделяемые на это средства были довольно значительными. Пехотинцы получали хлебное и денежное жалованье; кроме того, во время кампаний их надо было обеспечивать оружием (шпагами, пиками, ручными гранатами, латами и мушкетами) и снаряжением. Огнестрельное оружие тщательно охранялось и находилось в ведении особого «дозорщика над оружием» (каптенармуса), который выдавал мушкеты солдатам непосредственно перед боем. Муштрой и обучением солдат стрельбе занимались в основном иноземные офицеры, чьи услуги обходились русской казне недешево. Кроме того, в полках «нового строя» была своя артиллерия [Беляев 1846б: 59; Hellie

1972: 196]. Однако, как и в случае с рейтарскими полками, далеко не все солдатские полки, принимавшие участие в Тринадцатилетней войне, представляли собой постоянные части. Солдаты получали жалованье, только находясь на действительной (полковой) службе. По окончании военной кампании крепостные возвращались к своим хозяевам. Помещикам нередко предписывалось оплачивать расходы на отправку крестьян в расположение армии, а иногда даже и их содержание во время кампании[60]. Денежного жалованья, выделяемого пехотинцам, не хватало для покупки дорогостоящего продовольствия на прифронтовых территориях; поэтому, как и большинство армий того времени, русские во многом полагались на фуражировку[61]. Некоторые солдаты получали от государства вместо жалованья земельные наделы. Часть полков «нового строя» была не полностью укомплектована и недостаточно обучена.

Главным вопросом, который должно было решить русское правительство для того, чтобы сохранить свою новосозданную большую армию, стало изыскание средств для ее содержания и снабжения. В недалеком прошлом, во время Смоленской войны, Русское государство уже столкнулось с такой проблемой, и тогда все закончилось роспуском полков «нового строя» всего через два года боевых действий. Подсчитано, что на содержание своих вооруженных сил в 1650-х годах — то есть еще до масштабных реформ — русская казна тратила свыше 3 млн рублей. Позднее во время войны один только офицерский корпус и два элитных постоянных полка «нового строя» обходились России в четверть миллиона рублей. Несмотря на все финансовые ухищрения царского правительства, содержание столь быстро растущей армии нового типа стоило после 1658 года Русскому государству, мягко говоря, недешево. К 1663 году только на действующую армию тратилось вчетверо больше средств, чем в 1630 году.

---

60 РГАДА. Ф. 210. Новгородский столбец 293. Л. 326, 331.

61 Уже тогда отступающими войсками вовсю использовалась тактика «выжженной земли». Г. К. Котошихин описывает случаи мародерства, свидетелем которых он был во время Тринадцатилетней войны [Бобровский 1885: 84].

Доходы Русского государства в 1660-е годы можно подсчитать только приблизительно, поскольку сводный бюджет России стал составляться не раньше 1680-х годов. Тем не менее очевидно, что военные расходы были огромными и едва ли посильными для национальной экономики того времени [Сташевский 1912: 416, 439; Hellie 2002: Table 21][62].

Даже частичная выплата офицерского и солдатского жалованья за неполный год службы ложилась на русский бюджет тяжким бременем[63]. В западных странах благодаря растущим национальным экономикам возникали новые денежные резервы, которые можно было обложить налогом на военные нужды. Создавались новые структуры, с помощью которых становилось возможным иначе распределять экономические ресурсы; кроме того, развитие системы международного кредитования позволяло правительствам европейских стран обращаться за военными займами к другим державам. Однако Русское государство, как вскоре выяснил Алексей Михайлович, не могло прибегнуть ни к одному из вышеперечисленных способов. Извлечь дополнительные ресурсы из национальной экономики было крайне сложно. Хотя теоретически царское правительство могло вводить любые налоги по своему усмотрению, трудно было найти новые источники дохода, с которых можно было бы взимать подати, и в большинстве приказов предпочитали действовать по старинке, не придумывая ничего нового. Иностранные банки и правительства не готовы были одалживать значительные суммы государству, не имевшему глубоких финансовых резервов и бюджета. Москве приходилось рассчитывать почти исключительно на собственные силы. В течение Тринадцатилетней войны царское правительство пыталось организовать внешний или внутренний заем. Были

---

[62] По подсчетам Р. Хелли, 3 млн рублей составляли примерно 12,5 % от ВВП Русского государства.

[63] Термин «бюджет» здесь понимается в широком смысле этого слова, потому что сводный национальный бюджет появился в Русском государстве только в 1680-х годах; о доходах России до того времени можно судить только приблизительно.

подняты налоги и введены две особые денежные пошлины. Наконец, Алексею Михайловичу пришлось прибегнуть к обесцениванию национальной валюты, что имело катастрофические последствия: казна стала платить армии (и всем остальным) медными деньгами, приравняв их к серебру. Хотя поначалу медные монеты принимались населением по курсу, близкому к номинальному, вскоре началась страшная инфляция. Поставщики армии либо вовсе не принимали оплату медью, либо брали новые деньги по куда более низкому курсу. При этом правительство издало указ, по которому налоги и пошлины должны были уплачиваться в государственную казну серебром. Денежного и хлебного жалованья, получаемого солдатами и офицерами действующей армии, никак не хватало на покупку продовольствия и прочих необходимых припасов. Солдаты начали роптать и волноваться; некоторые иностранные офицеры подали прошения об отставке и возвращении на родину. Народное недовольство продолжало тлеть вплоть до 1662 года, когда в Москве вспыхнул Медный бунт. Через год после этого чеканка медной монеты была остановлена. В силу всех этих причин Алексею Михайловичу пришлось отменить ограничения на продажу спиртного и вернуть винные откупа: финансовые соображения перевесили моральные принципы [Stevens 1995: 58; Базилевич 1936: 10, 27, 32, 37; Uroff 1970, 2: 486; Брикнер 1864: 27, 28; Бобровский 1885: 90][64].

Все эти финансовые меры в конечном счете так и не привели к улучшению или хотя бы нормализации монетарной политики Русского государства. Царское правительство по-прежнему в значительной степени полагалось на старую фискальную практику, заключавшеюся в том, чтобы, по возможности, свести к минимуму число денежных расчетов на внутреннем рынке. Воевода Г. Г. Ромодановский, командовавший русской армией в Украине в 1655 году, взимал с местного населения подати зерном и маслом и так же — натурой — выплачивал жалованье

---

[64] После Медного бунта русскому правительству удалось получить заем от Англии [Бобровский 1885: 90, 100].

своим солдатам и офицерам. Известны случаи, когда наемным иноземцам платили не деньгами, а сибирскими мехами [Бобровский 1885: 97][65].

Выплата солдатам и офицерам жалованья натурой была правильным решением правительства. Получая зерно вместо обесценившихся денег, войска не так сильно возмущались из-за взлетевших до небес цен на продовольствие в прифронтовых районах. Кроме того, эта практика позволяла казне легче компенсировать недоимки, неизбежные в условиях волатильной русской экономики. Такое натуральное продовольственное обеспечение армии вовсе не являлось чем-то новым. Русское государство давно уже собирало стрелецкую подать не только деньгами, но и зерном. Хлебные сборы, существовавшие в пограничных землях, позволяли правительству содержать гарнизоны местных крепостей, оказывать срочную помощь пострадавшим от татарских набегов и иметь под рукой средства на случай каких-то форс-мажорных обстоятельств: например, для выплаты дани донским казакам. Сначала стрелецкая подать, а затем и особые южные пошлины стали взиматься зерном, которое пошло на снабжение армии в военных кампаниях 1655, 1656, 1657 и 1662 годов [Stevens 1995: 57–58]. Хотя собранных средств все равно было недостаточно и голодающие солдаты по-прежнему нередко дезертировали из полков «нового строя», польза от замены денежных налогов натуральными была очевидной [Бобровский 1885: 114; ДАИ 1846–1875, 4: док. 128].

Когда в первой половине 1660-х годов начались наборы в пехоту, увеличились и объемы хлеба, поставляемого в действующую армию, в основном в связи с тем, что денежного жалованья, выплачиваемого медными деньгами, явно не хватало на закупку продовольствия по завышенным ценам в районах, разоренных войной. С 1663 года Хлебный приказ осуществлял снабжение части войск за счет зерна, собранного в выморочных и конфискованных поместьях; других (не только стрельцов) кормил

---

65 Примеры выплаты иностранным офицерам жалованья мехами см. в: АИЮЗР. Т. XIII (Санкт-Петербург, 1884). Док. 13.

Стрелецкий приказ, который тоже собирал свою подать натурой; наконец, Хлебный стол Разрядного приказа с 1664 года взимал ежегодную пошлину с населения Юга тоже зерном, которое шло на содержание остальных войск [Stevens 1995: 58–59][66]. Приоритет отдавался снабжению полков «нового строя». Стрельцы получали хлебное жалованье только после того, как зерном были обеспечены более ценные войска [Uroff 1970, 2: 451, 507; Сташевский 1910: 20 и далее]. Такое архаичное и нескоординированное снабжение армии в Тринадцатилетнюю войну, безусловно, свидетельствует об отсутствии единой государственной организации в этой сфере. Тем не менее систематические попытки обеспечить продовольствием прежде всего самые боеспособные войска говорят о том, что в военном устройстве Русского государства происходили важные изменения.

В частности, стало очевидным, что создание военно-административных единиц, управляемых своего рода региональным правительством, позволяет эффективно решить множество вопросов. Белгородский разряд всю войну поставлял на фронт солдат и зерно, при этом продолжая содержать гарнизоны крепостей засечной черты. Новгородский и Смоленский разряды, созданные более-менее по образцу Белгородского на северо-западных границах Русского государства в начале войны, тоже на удивление успешно справлялись с комплектованием полков «нового строя». Около 1665 года из ставшего очень большим и сложным Белгородского разряда был выделен отдельный Севский разряд, в который вошли юго-западные русские города с уездами. Благодаря появлению такой системы военно-административных единиц Москва получила возможность гораздо эффективнее собирать и распределять различные ресурсы, необходимые для ведения войны. В конце Тринадцатилетней войны многие полки действующей армии были «разрядными», то есть

---

[66] Зерно, собранное в южных регионах Русского государства, уходило не только в действующую армию, сражавшуюся на различных фронтах; часть его распределялась между гарнизонами пограничных крепостей и использовалась на другие местные нужды.

приписанными к тому или иному разряду [Чернов 1954: 170–171; Stevens 1995: 167][67].

В целом следует признать, что за годы Тринадцатилетней войны военное устройство Русского государства претерпело полную трансформацию. В начале войны в сметном списке людей, годных к несению военной службы, было около 100 тысяч человек; в отдельных кампаниях участвовали до 40 тысяч ратников, в то время как все прочие либо состояли на гарнизонной службе, либо числились в резерве. На первом этапе войны русские вооруженные силы на треть состояли из стрельцов, а более чем наполовину из поместных конников. К 1663 году почти 80 % человек, находившихся на военной службе, были зачислены или переведены в полки «нового строя», которые, по общему мнению, были лучшими частями русской армии. Однако, возможно, еще более важным является то, что в 1660-х годах целых 40 % армии Русского государства составляла пехота (25 тысяч солдат служили в полках «нового строя», остальные — в стрелецком войске). Подготовкой лучших частей русской армии занимались иностранные офицеры (это обучение было хоть и кратким, но регулярным). Наличие в русских вооруженных силах большого числа наемных иноземцев, служивших командирами в самых разных уголках России, дало возможность русским ратникам познакомиться с новейшими достижениями в области военного дела [Мышлаевский 1899: 4–5; Сташевский 1910: 50–57]. Царское правительство признавало свои обязательства перед полками «нового строя»: выплачивать им денежное и хлебное жалованье, а также (в случае пехоты) обеспечивать их огнестрельным оружием и амуницией на период ведения боевых действий. Административные реформы и более последовательная институциональная политика позволили Русскому государству с большей эффективностью использовать имевшиеся в его наличии ресурсы.

В ходе этих преобразований были сделаны первые шаги к созданию в России полноценной регулярной армии, в которой на-

---

[67] Подробнее о структуре русской армии см. у Г. К. Котошихина [Uroff 1970, 2: 561–562].

значение в ту или иную часть зависело бы прежде всего от подготовки и боевых навыков рекрута. В солдатских и рейтарских полках «нового строя» — пусть и раздельно друг от друга — служили как обедневшие дворяне и дети боярские, так и крестьяне вместе со служилыми людьми «по прибору» — казаками и стрельцами. Царское правительство вело осторожную социальную политику, так как помещики уделяли большое внимание соблюдению сословных различий, но на первом месте для власти было повышение боеспособности вооруженных сил Русского государства.

Все эти военные реформы проводились при Алексее Михайловиче хоть и с оглядкой, но последовательно. Безусловно, им оказывалось определенное социально-политическое противодействие, и правительству, создавая армию нового образца, зачастую приходилось опираться на устаревшие обычаи и практики, приспосабливая их к изменившимся обстоятельствам. В частности, это касалось помещичьих прав и фискальной политики. К сожалению, как раз финансовая сторона всех этих преобразований не отличалась продуманностью и надежностью. Тем не менее результатом тесных контактов Русского государства с польско-литовскими войсками, наемниками Габсбургов и шведской армией стало создание в нем «вооруженных сил европейско-османского типа» — то есть армии, структура, тактическая выучка и возможности которой позволяли ей вести не только степную войну, но и успешно перенимать военный опыт у соседей по Восточной Европе.

Впрочем, это описание русского военного устройства будет неполным без некоторых важных уточнений. Во-первых, после окончания войны правительство провело социальную фильтрацию полков «нового строя». Рейтарские полки, в частности, в мирное время напоминали дворянскую конницу, куда не принимали людей из низших сословий. Впрочем, собственно поместное войско после Тринадцатилетней войны почти перестало существовать. Во-вторых, в 1660-х годах обучение солдат в полках «нового строя» зависело от боевого опыта и личных предпочтений его командира. То есть подготовка рейтар, за которую отвечали иностранные офицеры, была краткой и не велась по какой-то общей методике. Поскольку единственными печатными инструкциями по обучению пехоты было переводное голландское пособие и русский «Устав ратных, пушечных и других дел, касающихся до воинской науки», написанный в начале XVII века, подготовка солдат тоже в основном зависела от способностей, усердия и опыта отдельных командиров [Reger 1997: 150–151; Чернов 1954: 103–104]. Хотя эти офицеры, как правило, было компетентными и хорошо обученными профессионалами, отсутствие единой методики обучения осложняло координирование совместных действий и ограничивало тактические возможности использования пехоты. В-третьих, за исключением частей, определенных на гарнизонную службу, все полки «нового строя» почти сразу отправлялись на фронт и обучались военному делу прямо на поле боя. Некоторые иностранные офицеры, в том числе шотландец Патрик Гордон, ставший генералом русской службы, невысоко оценивали боеготовность этих частей. Тем не менее полки «нового строя» показали в ходе Тринадцатилетней войны, что могут маневрировать и организованно отступать под огнем неприятеля, как, например, при осаде Борисова или Ляховичей, где русская пехота, отступая, сохраняла боевой порядок, даже несмотря на тяжелые потери [Reger 1997: 112–127]. Устойчивое присутствие полков «нового строя» на огромной территории боевых действий сослужило Русскому государству хорошую службу.

Часть своих умений русская пехота усвоила не от иностранных инструкторов, а из военного опыта прошлых времен. Солдаты полков «нового строя», как и их предшественники пищальники и стрельцы, эффективно использовали заграждения и окопы, которые позволяли им «вести массированный огонь из укрепленных позиций». В степи русские применяли в этих целях гуляй-город (русский аналог вагенбурга[68]); к этой же тактике прибегали и многие другие народы, в частности, венгры и турки. Укрыв пехотинцев за обозными телегами и передвижными щитами гуляй-города, русские командиры могли медленно осуществлять войсковые

---

[68] Вагенбург (нем. *Wagenburg*) — передвижное полевое укрепление из повозок в XV–XVIII веках. — *Примеч. ред.*

маневры на открытой местности даже под вражеским огнем, как в битвах под Конотопом и Чудновом [Davies 1992: 70, 81–82].

Полки «нового строя» были хороши не только своей тактической выучкой, но и тем, что для их создания не требовалось прикладывать больших дополнительных усилий. Поначалу организационные структуры, позволяющие набирать, обучать и снабжать большое количество людей для службы в этих частях, появились в южных регионах Русского государства с их сравнительной однородной социальной средой и постоянной готовностью отразить набеги крымских татар. Когда такие полки стали создаваться и в остальных русских землях, сразу стало понятно, что они более надежны и пригодны для решения самых разных боевых задач, чем их предшественники.

Однако несмотря на все эти новшества, экономический кризис, охвативший Русское государство, и неспособность правительства вести единую военную политику, скоординировав деятельность различных приказов (например, в сфере тылового обеспечения), затрудняли и продлили войну с Речью Посполитой, которая затянулась на долгие 13 лет. Во многих отношениях результатом стала полупостоянная, полурегулярная армия. Эту административную неразбериху прекрасно демонстрирует положение дел в Разрядном приказе, чья деятельность в мирное время существенно отличалась от тех обязанностей, которые выполняли его служащие в течение войны [Калинычев 1954: 95 и далее; Чернов 1948: 119–120, 140]. Тем не менее способность Москвы постоянно набирать людей в действующую армию, снаряжать их и снабжать продовольствием и боеприпасами на время проведения боевых действий, а также год за годом проводить военные кампании в конечном итоге обусловили победу Русского государства в Тринадцатилетней войне.

После Андрусово

В Андрусово Русское государство примерило на себя новую роль важного игрока на европейской дипломатической сцене. А. Л. Ордин-Нащокин, возглавлявший русскую делегацию на переговорах в Андрусово, договорился с польской стороной о расширении совместных действий против Османской империи. Русское правительство стремилось к установлению регулярных дипломатических контактов с Габсбургами, Францией, Англией, Испанией, Нидерландами, Данией, Швецией, Бранденбург-Пруссией, Венецией и Персией [Davies 1992: 93].

Однако Андрусовское перемирие не привело к окончанию войны в Украине, которая продлилась еще по меньшей мере десять лет[69]. В течение следующих пяти лет после заключения мира в Андрусово Украина продолжала оставаться театром многочисленных военных действий, которые затронули не только саму Гетманщину, но и сопредельные государства — Крым, Османскую империю, Речь Посполитую и Россию, чьи армии тоже участвовали в этих конфликтах.

На момент подписания Андрусовского договора гетманом Левобережной Украины был Иван Брюховецкий, которого поддерживала Москва. Стремясь установить полный контроль над Левобережьем, царское правительство в 1662 году учредило Малороссийский приказ, отвечавший в том числе за материальное обеспечение гарнизонов крепостей на левом берегу Днепра (а также Киева) и сбор налогов для этих целей [Brown 1978: 476–477]. Эта деятельность, направленная на встраивание Левобережья в административную систему Русского государства, вызывала глубокое недовольство у местного населения.

Петр Дорошенко, бывший гетманом Правобережья, пытался объединить под своей властью всю Украину, однако оказался не в силах добиться этого без поддержки извне. Поначалу он в основном сражался с выступившими против него в поход войсками Речи Посполитой. Однако в начале 1668 года Дорошенко заключил союз с Брюховецким, который восстал против власти Москвы. После первых успехов восстания Дорошенко привлек на свою сторону часть сторонников Брюховецкого и взял в плен гетмана Левобережья. Брюховецкий был убит, а гетманская булава досталась одному из его бывших приспешников Степану Вдовиченко.

---

[69] Подробнее об этом см. [Davies 1992; Костомаров 1995].

Ответ с нескольких сторон не заставил себя долго ждать. В распоряжении русского государства на Юге имелась сорокатысячная армия, почти наполовину состоявшая из стрельцов, которая была разделена на два войска и отправлена в Украину с тем, чтобы взять Левобережье в клещи, снять осаду с оставшихся незахваченными русских крепостей и защитить Киев [Longworth 1984: 197]. В то же самое время (1668–1669) Дорошенко и запорожские казаки начали вести переговоры с Османской империей об установлении над Украиной турецкого протектората.

В результате Гетманщина недолго оставалась объединенной. Дорошенко вернулся в столицу Правобережья, Чигирин. Русские войска подошли к Нежину и напали на войско его ставленника Демьяна Многогрешного. Вместо того чтобы отступить через Днепр, Многогрешный заключил соглашение с Россией и в начале 1669 года стал гетманом Левобережья. Восстановив контроль над Левобережной Украиной, царское правительство усилило гарнизоны юго-западных крепостей ратниками из южной армии, укрепив свои новые границы.

Между тем попытки Дорошенко добиться большей автономии для Украины привели к ухудшению международной обстановки, в результате чего Османская империя и Крымское ханство оказались на грани войны сначала с Речью Посполитой, а потом и с Русским государством. Заключив соглашение с Портой, Дорошенко начал вести переговоры с Польшей. Поддерживая своего нового вассала и союзника гетмана Дорошенко, турецкий султан пожаловался Москве на набеги донских казаков на принадлежавшие Османской империи черноморские города и на присутствие русских войск в районе Киева. В ответ царское правительство высказало Порте претензии в связи с набегами крымских татар на южные русские земли. Россия с Турцией стали обсуждать условия Андрусовского договора и действия своих вассалов — крымцев и казаков [Смирнов 1946, II: 116 и далее]. В то время как обе империи постепенно становились все ближе к открытому конфликту, гарнизоны крепостей русского Юга пребывали в состоянии полной боевой готовности; в Белгородском и Севском разрядах собирались зерно и прочие припасы для снабжения крепостей Левобережья, поскольку в самой Левобережной Украине русские сборщики податей встречали холодный прием. Однако решающим фактором, повлиявшим на вступление Турции в войну, стали события, случившиеся в южной Польше и западной Украине. Пытаясь подорвать авторитет Дорошенко, Речь Посполитая признала законным гетманом Правобережья его противника. В ответ на это Дорошенко и султан Мехмед IV провели против польско-литовских сил масштабную военную кампанию, завершившуюся взятием Каменца-Подольского. После этого в 1672 году Речь Посполитая была вынуждена заключить с Портой Бучачский договор, по которому Правобережная Украина переходила под протекторат Османской империи.

Все было готово для открытой войны между Россией и Турцией за Украину; с некоторыми перерывами этот вопрос был ключевым во внешней и военной политике Русского государства вплоть до самого конца XVII столетия. В тот момент трудно было представить, что Москва выйдет победителем из этого нескончаемого и опустошительного противостояния. Русские войска на юге с большим трудом удерживали под своим контролем территории, полученные по Андрусовскому договору. Содержание гарнизонов на левой стороне Днепра, защита новых границ и сохранение под своим контролем с таким трудом доставшегося Киева практически исчерпали военно-административные ресурсы Русского государства. Османская империя, напротив, при поддержке Дорошенко и Крыма, казалось, была способна сокрушить любую восточноевропейскую армию, которая посмела бы бросить ей вызов на этих землях.

Сильную тревогу у турецкого султана и крымского хана вызывали происходившие в Украине демографические изменения. Положение дел на левом берегу Днепра, находившемся под защитой русских крепостей, представляло разительный контраст с тем, что творилось в Правобережье, ставшем ареной долгой и разорительной войны. Население этих земель, по которым постоянно сновали различные армии и где все время кто-то с кем-то сражался, стало массово покидать свои дома. Часть западных украинцев переселилась в Левобережье, которое было поделено на административные единицы Гетманщины — казацкие полки. Другие двинулись еще дальше на восток. Царское правительство, поначалу радостно принимавшее новых поселенцев, впоследствии решило, что небезопасно пускать такое большое количество беспокойных и, возможно, не слишком лояльных по отношению к Москве беженцев во внутренние земли Русского государства, находившиеся за засечной чертой. Вместо этого прибывшим из-за Днепра казакам было предложено обосноваться в Слободской Украине — огромных малозаселенных землях к юго-востоку от русских засечных черт. Численность местного населения стала быстро расти, особенно в 1670-х, и вскоре Слобожанщина стала неотъемлемой частью Русского государства, хотя и пользующейся некоторой автономией[70]. Медленно, но неотвратимо, к растущему беспокойству Крымского ханства, граница Русского государства продвигалась все дальше на юг.

Несмотря на это незапланированное территориальное приобретение, угнетение населения южных земель после 1667 года только усилилось. Русское государство явно ожидало возобновления вооруженного конфликта. Хотя после Тринадцатилетней войны иностранный офицерский корпус был частично распущен [Hellie 1972: 191], южные военно-административные округа — Белгородский и Севский разряды — по-прежнему находились в состоянии полной боевой готовности, и численный состав находившихся там полков (вместе с офицерами) был таким же, как и во время войны[71]. После Андрусовского перемирия повинности, возложенные на сравнительно бедных служилых людей Юга с их небольшими земельными уделами, не только не вернулись к довоенным нормам, но стали еще более обременительными. Чиновники из военных ведомств выжимали из них все соки. Если в семье были трое взрослых мужчин, годных к несению

---

[70] Подробнее см., например, [Багалей 1886б: док. 14; Багалей 1890: док. 8; Костомаров 1879: № 5, 8], АИЮЗР. Т. XIII. № 42.

[71] Можно сделать такой вывод, так как известно и общее число людей, состоявших на военной службе, и количество офицеров, продолжавших получать жалованье в южных регионах [Stevens 1980: 116; Бобровский 1885: 77].

военной службы, призывались все трое: самый умелый в воинском деле получал назначение в действующую армию, а из двоих оставшихся один обрабатывал семейный надел, а второй служил в местном гарнизоне. Во внутренних областях Русского государства, которые уже почти двадцать лет не страдали от татарских набегов, было резко сокращено количество людей, состоявших на гарнизонной службе; прежняя численность сохранилась только в крепостях, непосредственно входивших в Белгородскую засечную черту. Правительство вновь стало использовать старые экономические и административные приемы: например, из холостых мелких землевладельцев создавались артели служилых людей [Иванов 1903: 409 и далее]. На плечи этих полувоенных-полукрестьян была возложена не только воинская повинность: также они были обязаны выплачивать зерном постоянно увеличивающиеся подати. Готовясь к войне с Турцией, царское правительство пыталось завоевать преданность донских казаков, постоянно отправляя на Дон из Воронежа суда с зерном. Денежного жалованья, получаемого гарнизонами Киева и крепостей на левом берегу Днепра, никак не хватало на то, чтобы по рыночным ценам покупать продовольствие в опустошенных войной землях, где местное население относилось к русским все хуже и хуже. Поэтому снабжение Киева тоже осуществлялось с русского Юга [Бобровский 1885: 117; Stevens 1995: 67–68][72]. Служилым людям (и администрации южных разрядов) стало очень трудно справляться со всеми этими многочисленными обязанностями, выполнения которых требовало от них правительство в Кремле.

Потребности в людской силе и экономическое угнетение вскоре вызвали ответную реакцию со стороны населения. В Москву посыпались жалобы на то, что из-за новых норм набора на службу и требований на Юге не хватает людей как для обработки земли, так и для службы в крепостях. Солдаты гарнизонов в Киеве и Левобережной Украине, которым годами не посылали замену, роптали или попросту дезертировали. Хотя

---

[72] АИЮЗР. Т. 9. Док. 2, 5, 75, 131.

подготовка к новой войне тяжким бременем легла не только на Юг, именно там население страдало больше всего. Поскольку царское правительство почти ничего не сделало, чтобы облегчить участь этих регионов с наиболее развитой военной инфраструктурой[73], местные жители, в конце концов, решили взять дело в свои руки.

Другие маршруты русской экспансии

Русское государство осуществляло военную экспансию не только на запад, но и в причерноморские степи. Стратегия строительства цепочек крепостей на границе со степью доказала свою эффективность, и Белгородская черта была продлена далее на восток от Тамбова до Волги, в результате чего казанские земли были защищены от набегов из Нижнего Подонья. Однако во всех остальных случаях военная экспансия на восток принимала другие формы.

Калмыки, появившиеся в низовьях Волги в середине XVII века, стали угрозой мирной жизни в регионе к юго-западу от укрепленной линии между Тамбовом и Самарой. Это был кочевой народ, чье внушительное и хорошо организованное конное войско имело богатый опыт набегов и ведения степной войны [Collins 1975: 275]. Русское государство не могло отгородиться от калмыков еще одной засечной чертой, поскольку такое строительство перерезало бы важные торговые пути между Средним Поволжьем и Астраханью в устье Волги. Поэтому в течение XVII столетия царское правительство заключило с калмыками несколько соглашений, откупившись от новых соседей ежегодной данью и подарками их вождям, а также выделив им обширные пастбища и даровав право беспошлинной торговли. В результате этих договоренностей во второй половине XVII века калмыки не нападали на русские земли. Этот казавшийся не-

---

[73] Впрочем, необходимо отметить, что в остальных землях Русского государства помещики подлежали фактически всеобщей мобилизации.

прочным союз тем не менее позволил Русскому государству предварительно распространить свой контроль на новые степные территории. Оставив в покое русские поселения, калмыки стали совершать набеги на земли Крымского ханства, вассала Османской империи. Чтобы защитить себя и своих союзников-ногайцев от этих вторжений, крымские татары вынуждены были построить собственные линии укреплений; кроме того, в конце 1660-х и начале 1670-х годов состоялось несколько морских походов казаков на Крым [Ostapchuk 2001: 60–61; Загоровский 1969: 281–282].

Однако в долгосрочной перспективе надежды Москвы на то, что калмыки станут послушными союзниками, которых можно будет использовать как вспомогательные войска, указывая им цели для новых набегов, так и не сбылись. Калмыки сами выстраивали и развивали отношения со своими соседями по степи и за ее пределами [Khodarkovsky 2002: 138; Ходарковский 2019]. В этой непростой ситуации царское правительство ограничилось тем, что укрепило некоторые поселения и города Среднего и Нижнего Поволжья, не соединяя их друг с другом валами и засеками. Из-за проходящих здесь торговых путей и меньшего геополитического значения Москва не тратила на военно-административную консолидацию этого региона столько ресурсов — как материальных, так и организационных, — сколько на юго-западе империи [Михайлова, Осятинский 1994: 101–102].

В то же самое время длинная рука Москвы через всю Сибирь дотянулась до Тихого океана. Русское присутствие в Сибири ограничивалось небольшим количеством разбросанных по огромной территории острогов; царскому правительству приходилось решать там принципиально иные военные задачи, чем в сравнительно густонаселенных регионах с развитым сельским хозяйством. Снабжением и комплектованием гарнизонов этих городков занимался Сибирский приказ [Gibson 1969: 3–9; Никитин 1988: 28–30; 42–43], и в целом продвижение русских казаков и служилых людей все дальше на Восток в XVI и XVII веках происходило по одному и тому же сценарию: «исследование и заселение земель, покорение местных племен и строительство укрепленных острогов» [Hughes 1990: 210][74]. Из-за жадности русских промышленников и ясака, собираемого казаками, местное население часто восставало и нападало на остроги. Однако в условиях северной тайги эти восстания, как правило, быстро затухали, столкнувшись с бюрократической мощью Русского государства, неуклонно расширявшего сферу своего влияния все дальше на восток вплоть до самого Тихого океана.

Однако в отличие от ситуации в северной Сибири русская экспансия на юго-восток вдоль границы Казахской степи происходила медленно и с трудом даже в петровское время. Здесь Русское государство столкнулось с ожесточенным и неутихающим сопротивлением со стороны различных степных народов. Стратегия царского правительства заключалась в том, чтобы собрать как можно больше информации об этих племенах и убедить казахов и их соседей совместно оберегать древние, но все еще активно используемые торговые пути. Однако из-за постоянных войн всех этих племен между собой этот план потерпел наудачу; попытки Москвы тем временем обратить местное мусульманское население в православие еще сильнее восстанавливали кочевников против русских. В результате все южно-сибирское приграничье было зоной постоянных военных конфликтов [Khodarkovsky 2002: 147–148; Ходарковский 2019; Проскурякова 1998: 103–140; Gibson 1969: 4–8]. Только в XVIII и XIX веках русское правительство изыскало возможность для строительства оборонительных линий к востоку от Урала. Благодаря этому Российская империя смогла, наконец, установить более надежный контроль над этими территориями [Gorban 1984: 177–178; Горбань 1953].

Вся эта экспансионистская деятельность медленно истощала военные и административные ресурсы Русского государства. Установление контроля над Средним и Нижним Поволжьем, Сибирью и Внутренней Азией не являлось в XVII веке первостепенной задачей русской политики — ни внешней, ни военной. Тем не менее в конце XVII столетия эта экспансия привела

---

[74] Впрочем, нельзя утверждать, что Сибирский приказ выполнял свою работу более эффективно, чем остальные ведомства.

к столкновению России с другой большой и агрессивной империей — Китаем. Чтобы утвердить свое присутствие в Забайкалье, Русским государством в 1653 году была построена крепость, официально названная в 1659 году Нерчинским острогом. Оттуда русские промышленники и небольшие казачьи отряды двинулись на юг в долину Амура; к 1650–1651 годам в среднем течении Амура был построен и сразу сожжен городок Албазин; Албазинский острог, служивший пограничной крепостью, был восстановлен усилиями России только в 1665 году. Однако в 1685 году цинские войска напали на этот русский опорный пункт и взяли его. Хотя вскоре казаки отвоевали Албазин обратно, китайцы не хотели уступать русским Приамурье и особенно упорно препятствовали заключению русскими союза с Джунгарским ханством[75]. После получения известий об этом конфликте из Москвы для заключения договора с империей Цин было отправлено посольство во главе с Ф. А. Головиным. Следуя полученным инструкциям, он пошел на территориальные уступки, но добился включения в текст соглашения выгодного для России положения о торговле. По Нерчинскому договору, подписанному в августе 1689 года, Россия официально отказалась от претензий на долину Амура[76]. Это событие совпало по времени с безрезультатным походом против Крымского ханства. Впрочем, новости с востока доходили до столицы нескоро, поэтому утрату Приамурья, в отличие от неудачи в Крыму, нельзя считать одной из причин политического кризиса, приведшего к падению правительства Софьи.

При этом не стоит преуменьшать значение восточной экспансии — как в Поволжье, так и в Сибири — для Русского государства. Безусловно, Москва воспринимала Китай как второстепен-

---

[75] Лекция «China, Inner Asia and imperial expansion, 1500–1800» («Китай, Внутренняя Азия и имперская экспансия, 1500–1800»), прочитанная П. Пердью в Колгейтском университете 27 сентября 2002 года.

[76] ПСЗ. Док. 1346. Нерчинский договор действовал почти 200 лет. Когда он был подписан в 1689 году, Головин расписался на картах, где были изображены новые границы. Подробнее об этом см. [Демидова 1973: 289–310].

ного, если не третьестепенного противника. Центральное место в степной политике России занимало временами переходящее в войну соперничество с Османской империей за контроль над огромными территориями от Украины до Уральских гор, которое длилось всю последнюю четверть XVII столетия. Однако Москва не прекращала вкладывать средства в освоение Сибири и усиление там своего военного присутствия. Во-первых, все эти годы торговля сибирскими мехами приносила казне большие деньги, и лишиться этого источника доходов было крайне нежелательно. Во-вторых, все, что происходило на востоке степи, особенно действия калмыков, непосредственно влияло на положение дел на степном западе — в землях ногайцев, крымских татар и донских казаков.

Восстание

К 1660-м годам численность казаков, проживавших в низовьях Дона, резко увеличилась. В эти земли бежало много людей из центральных и южных областей Русского государства и даже из Украины. Однако по мере того, как на Дону становилось все больше казачьих станиц, казакам становилось все труднее обеспечивать себя за счет скудного сельского хозяйства, набегов и торговли. Царское правительство регулярно отправляло из Воронежа вниз по реке суда с зерном и другими припасами, однако объемы этих поставок были недостаточно велики: Москва никогда не ставила перед собой задачи накормить все население Нижнего Подонья. К концу 1660-х годов, когда Тринадцатилетняя война уже близилась к завершению, новые поселенцы на Дону жили намного хуже, чем казаки Войска Донского, наслаждавшиеся сравнительным благополучием. После 1667 года под предводительством Степана (Стеньки) Разина все большее число таких бедных (голутвенных) казаков стало участвовать в походах и пиратских экспедициях. Из-за новых крымских укреплений традиционные пути казачьих набегов оказались перекрыты, поэтому Разин и его люди стали нападать на персидские города и поселения на берегу Каспийского моря[77]. Эти походы были достаточно успешными, и Разину удалось переманить на свою сторону немало служилых людей из южных областей Русского государства[78], однако долго все это продолжаться не могло, и казакам пришлось вернуться домой. В эти годы из Воронежа на Дон присылали еще меньше зерна и прочих товаров, чем обычно. Даже «старые» казаки оказались на грани нищеты, и весь Дон охватило восстание. Войско Разина, становившееся с каждым днем все больше, в 1670 году захватило Царицын и Астрахань. Затем казаки двинулись на север вверх по течению Волги в направлении более населенных юго-восточных областей Европейской части России, а часть из них устремилась на запад вдоль засечных черт.

В южных областях Белгородского разряда у Разина обнаружилось много сторонников. Положение в пограничных крепостях зачастую было напряженным; в гарнизонах зрело возмущение, и некоторые из них восставали и раньше, в 1648–1649 годах [Чистякова 1961: 254–255]. Служилые люди из старых полков, городовые казаки и стрельцы были недовольны тем, что в новой русской армии они уже не играли прежней важной роли, и всеми силами противились переходу на круглогодичную военную службу. Их соседей и родичей все время принуждали посылать в действующую армию зерно и новобранцев. В конце концов, это были не московские стрельцы, выполнявшие среди прочего почетные обязанности по охране царского двора (стремянные стрельцы), а городские стрельцы, давным-давно не получавшие хлебное и денежное жалованье, которым власти теперь прежде всего обеспечивали полки «нового строя». Некоторые из них мгновенно перешли на сторону восставших[79].

Обострение социальной обстановки и фискальный гнет были важнейшими, но не единственными факторами, предопределив-

---

[77] Подробнее об этих походах в англоязычной литературе см. [Avrich 1976; Khodarkovsky 1994: 1–19].

[78] Крестьянская война под предводительством Степана Разина: сборник документов / Ред. Л. В. Черепнин, А. Г. Маньков. М., 1954–1976. Т. 4. № 11.

[79] АН СССР ИИ. Записки иностранцев о восстании Степана Разина. Л.: Наука. 1968. С. 122–124.

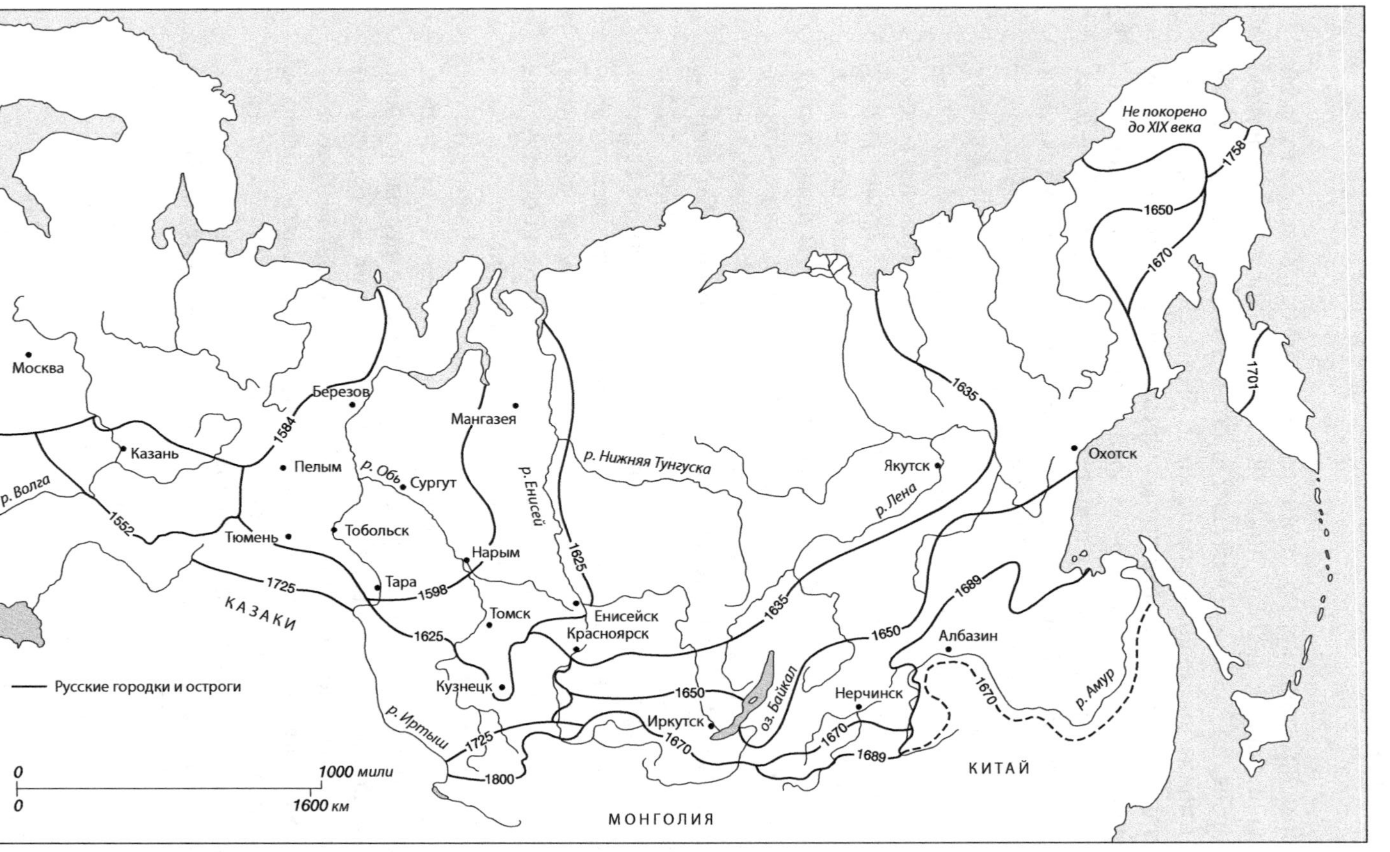

Карта 8. Освоение русскими Сибири (взята из «A History of the Peoples of Siberia: Russia's North Asian Colony, 1581–1990» Дж. Форсайта [Forsyth 1994])

шими крестьянское восстание на Юге. Борьба с властью Русской православной церкви принимала в приграничье различные формы, но именно для казаков противодействие политическим и прочим изменениям было во многом связано с борьбой за «старую веру». Их ненависть была среди прочего обращена против офицеров-иноземцев и новых военных порядков. Эти идеи находили благодатную почву и в некоторых пограничных городках и иногда погружали их население в религиозный и политический утопизм [Crummey 1993: 704–706; Michels 1999: 182–184].

Гарнизоны русских крепостей — в некоторых случаях вместе со своими командирами, как, например, Острогожск и Ольшанск, — один за другим без боя сдавались наступающему с юго-востока казачьему войску, переходя на сторону Степана Разина и его брата Фрола. Восстание охватило Поволжье; поднялось население Слободской Украины на юго-западе, и прошел слух о союзе с запорожскими казаками. Пока Фрол Разин набирал в свое войско новых сторонников на юго-юго-западе, Степан продвигался вверх по течению Волги в направлении Симбирска, где заканчивалась засечная черта, защищавшая Русское государство от набегов из степи. На своем пути он почти не встречал сопротивления, без труда захватывая волжские крепости и города. Фактически поход Степана Разина был самым успешным набегом, осуществленным на Русское государство после строительства засечных черт в середине XVII столетия.

Однако в конце концов военно-административная структура приграничья устояла и под этим натиском. Гарнизонам крепостей, входивших в засечные черты, были выплачены щедрые премии и выдано дополнительное вооружение, в то время как городовым воеводам удалось восстановить дисциплину в своих войсках и запросить подкрепление[80]. Не сумев в конце 1670 года взять Симбирск, Разин отступил обратно на Дон. Его преследовали недавно набранные царские войска, прибывшие не из Белгорода и Севска, а из Москвы. Воеводы в Тамбове и Воронеже отразили попытки по-

80 Крестьянская война под предводительством Степана Разина: сборник документов / Ред. Л. В. Черепнин, А. Г. Маньков. М., 1954–1976. Т. 1. Док. 4, 8, 16, 18, 48, 56, 113. Т. 2. Ч. 1. Док. 21, 106.

встанцев прорваться сквозь линию укреплений, а князь Г. Г. Ромодановский, командовавший всеми вооруженными силами Белгородского разряда, быстро выступил в поход против армии Фрола Разина. В то же самое время гетман Левобережной Украины Демьян Многогрешный выслал казачье войско для усмирения волнений на Слобожанщине[81]. Вскоре восстание было подавлено. Казаки Войска Донского взяли в плен обоих братьев Разиных и доставили их в Москву. Астрахань — последний оплот повстанцев — пала в 1671 году. Вскоре после этого на Дон был послан отряд стрельцов, а атаману Войска Донского Корнилу Яковлеву вместе с его казаками пришлось присягнуть в Москве на верность царю.

Столь масштабные и кровопролитные восстания были редки, но недовольство военными, экономическими и административными реформами, происходившими в Русском государстве в XVII веке, было постоянным и довольно часто выливалось в бунты, особенно когда эти преобразования подразумевали усиление роли государства. У Степана Разина нашлось немало последователей и подражателей. Протестуя против церковных реформ патриарха Никона, восстали монахи Соловецкого монастыря. Коренные народы Сибири постоянно восставали против власти Москвы. Различные бунты и волнения, пусть и не такие массовые и драматичные, сотрясали Русское государство и в 1670-х годах. Могущественные иерархи и придворные содержали небольшие частные армии, а на дорогах хозяйничали разбойничьи шайки, которые никак не удавалось истребить. Границы государственной власти в Российском государстве, в том числе и в части управления вооруженными силами, были отчетливо видны.

Заключение

Во время длительных военных конфликтов, происходивших в XVII веке, в вооруженных силах Русского государства происходили важные и явные изменения. Самым заметным из них,

---

[81] АИЮЗР. Т. 9. № 68.

вероятно, следует назвать появившуюся у Москвы возможность регулярно набирать в действующую армию новобранцев, компенсируя потери в живой силе и при этом не обескровливая полностью гарнизоны пограничных крепостей. Притом что русско-польская война длилась так долго и унесла огромное число жизней, Русское государство, постоянно отправлявшее на фронт новые полки, получило по Андрусовскому договору (1667) огромные территории — Левобережную Украину и Киев. Кроме того, благодаря этим реформам царское правительство смогло сохранить свое военное присутствие в этом регионе и после заключения мира и удержать эти территории, даже несмотря на местные восстания и вмешательство иностранных держав.

Отчасти эти перемены были вызваны нежеланием помещиков нести военную службу, но главной их целью было создание полков «нового строя». Эти войска, способные выполнять сложные тактические маневры на поле боя, высоко ценились командованием русской армии, как свидетельствуют огромные суммы, которые тратились на содержание их офицерского корпуса, набранного из высококвалифицированных наемных иноземцев. Введение для крестьянства регулярных наборов на службу позволило укомплектовать солдатские полки «нового строя» большим количеством людей; численность и тактическая выучка этих солдат существенно расширила военные возможности Русского государства.

Тринадцатилетняя война не только повысила боеспособность русских вооруженных сил, но и изменила социально-военное устройство России. Во-первых, в русской армии колоссально выросло число ратников, принадлежавших к низшим сословиям. Так, в 1663 году помещики — дворяне и дети боярские — представляли в русском войске меньшинство. Напротив, в сметном списке служилых людей «по прибору» значились по меньшей мере 70 000 стрельцов, казаков, солдат полков «нового строя» и пушкарей. То же соотношение знатных ратников и простолюдинов наблюдалось и в армии, сражавшейся против Дорошенко в 1667–1669 годах. На первый взгляд это могло показаться продолжением политики Ивана Грозного, который еще в конце XVI века начал набирать в русские вооруженные силы все больше служилых людей «по прибору». Однако такой подход может привести к неверным выводам. Гораздо более значимым является то обстоятельство, что в полки «нового строя», которые стали главной ударной силой русской армии, принимали и представителей мелкопоместного дворянства, и новобранцев из податных сословий. В этих частях больше ценилось не происхождение, а военные навыки солдата. В результате полки «нового строя» раздвинули — если не сказать сломали — рамки неписаных, но казавшихся незыблемыми представлений о сословном устройстве русских вооруженных сил. Так, в Тринадцатилетнюю войну в сметные списки (росписи) прежде всего вносились сведения о полковой принадлежности ратников, а не о том, к какому сословию они принадлежали. Наличие в армии Русского государства иностранного офицерского корпуса, претендующего на меритократическую командную иерархию, было еще одним фактором, сыгравшим важную роль в изменении старой социально-военной парадигмы.

Не такими заметными, но ничуть не менее важными, чем собственно военные преобразования, были административные реформы, которые и позволили царскому правительству создать полки «нового строя». Государственный контроль над всеми сферами жизни стал еще более полным, и больней всего это ударило по крестьянству и другому податному населению русской империи. Шаги, предпринятые правительством в направлении массовой воинской повинности, выплат из казны жалованья офицерам и солдатам, системы государственного снабжения провиантом, амуницией и огнестрельным оружием — все это дало возможность создать большее количество полков «нового строя». Многие из этих административных инноваций сперва были опробованы в южных областях Русского государства (разрядах) и особенно тяжким бременем легли на плечи местного населения. Эти региональные военно-административные структуры, появившиеся в середине XVII столетия и быстро научившиеся эффективно собирать и распределять материальные и людские ресурсы, сыграли ключевую роль в преобразовании военного устройства России.

Однако вопрос о том, сможет ли Русское государство сохранить свою новую военную организацию, обретенную во время Тринадцатилетней войны, оставался открытым. Численность русских вооруженных сил — 100 тысяч человек в сметном списке и не менее 40 тысяч в действующей армии — позволяла царскому правительству в течение продолжительного периода вести боевые действия одновременно на разных участках границы своей огромной империи. Вместе с тем она делала содержание этой армии очень дорогим. Медные бунты, попытки внешних займов и нерегулярные выплаты жалованья солдатам и офицерам явственно показывают, что Русское государство оказалось на грани финансовой пропасти. Царское правительство не имело возможности круглый год содержать свои столь многочисленные вооруженные силы; не могло и ежегодно проводить наборы на службу. В результате, за очень редким исключением, эта проблема решалась следующим образом: жалованье, провиант, оружие и амуницию получали только некоторые войска, и то не на весь период службы. Большинство полков — кроме очень немногочисленных элитных отрядов — не занимались регулярно муштрой и военной подготовкой. Действия русской армии на поле боя иногда были удовлетворительными, но очень редко выдающимися. Уровень боевой выучки различных полков был очень разным. В русской армии были хорошо развиты артиллерийское и инженерное дело, и рядом с царем было несколько преданных ему иностранных военных советников и офицеров. Однако культурное и политическое противодействие этим реформам было велико, и даже в последние годы своего царствования Алексею Михайловичу приходилось идти на определенные уступки консервативно настроенной части общества. В результате русская армия была полупостоянной и полурегулярной, и для ее содержания приходилось использовать по большей части те же средства, что и в предыдущем столетии.

Короче говоря, преобразование военного устройства Русского государства, произошедшее во время Тринадцатилетней войны, стало результатом хрупкого компромисса между желанием царской администрации создать боеспособную армию, которая в долгосрочной перспективе могла бы обеспечить реализацию военных амбиций русской империи, и необходимостью сохранить социальную и политическую поддержку со стороны консервативной и не желающей поступаться своими привилегиями элиты. Правительство стало переводить дворян и детей боярских из ненадежной поместной конницы в полки «нового строя»; вместе с тем оно считало себя обязанным признать за представителями высших сословий право на элитный военный статус, пусть даже фактически уклоняясь или вовсе отказываясь от выполнения этих обещаний[82]. Старые представления об элитарности военной службы «по отечеству» постепенно уходили в прошлое, но еще не были преданы забвению. В это же время правительство стало обеспечивать деньгами и хлебом некоторые свои войска, но не круглогодично и только тогда, когда могло это себе позволить. Русская политическая верхушка так сильно сопротивлялась всем этим реформам, что претворить их в жизнь удалось в основном за счет усиления гнета на податное население южного пограничья. Все это в итоге привело к казачьему восстанию.

Эти военные преобразования и стоявшие за ними внутриполитические договоренности имели далеко идущие последствия. Непосредственным итогом Тринадцатилетней войны стало присоединение новых украинских территорий. За счет колонизации Слободской Украины и ряда других земель русской империи удалось продвинуться глубже в степь. Это привело в движение донских, слободских и запорожских казаков, которые, ощущая давление со стороны Русского государства, стали совершать набеги на турецкое побережье Черного моря. Постоянное военное присутствие России в этом регионе во время войны в Украине против Дорошенко и после подавления восстания Разина еще сильнее способствовало дальнейшей русской экспансии на юг. Зависимость казаков Запорожья, Слобожанщины и Дона от Москвы становилась все большей. Вплоть до самого конца XVII века именно Юг занимал центральное место во внешней и военной политике Русского государства. Все это неизбежно должно было привести к военному конфликту с Османской империей в последней четверти XVII столетия.

---

[82] Стоит отметить, что у провинциальных помещиков была возможность донести до правительства свою коллективную позицию по этому вопросу, поскольку уездные дворяне и дети боярские входили в своего рода городскую корпорацию — служилый город [Новосельский 1928: 315–355].

Глава шестая

Степное пограничье после восстания Степана Разина 1672–1697

Обзор

Когда в январе 1676 года умер царь Алексей Михайлович, его старшему сыну, юному и болезненному Федору, досталось в наследство государство в сложном международном положении, к тому же раздираемое серьезными внутренними противоречиями. Наступил период политической нестабильности и разобщенности, продлившийся 20 лет. Боярские кланы постоянно боролись за власть — сначала при царе Федоре (годы правления 1676–1682), затем при его сестре Софье (бывшей регентом при младших братьях Иване и Петре с 1682 по 1689 год) и в ранние годы правления самого Петра.

Однако это внутреннее противостояние элит почти не повлияло на курс внешней и военной политики Русского государства в последней четверти XVII столетия. Нерешительно, но заинтересованно поглядывая на Балтику, Москва основное внимание все же уделяла ситуации на юге и юго-западе. Пытаясь противодействовать Османской империи и ее вассалу Крымскому ханству, царское правительство поставило перед собой две отдельные, но взаимосвязанные цели: защитить свои недавние территориальные приобретения в Украине и увеличить сферу влияния в степи за счет колонизации, дипломатии и военных действий. После восстания Степана Разина ситуация на южных рубежах Русского государства, граничащих с территориями степных народов, чья лояльность Москве была в лучшем случае непрочной, оставалась тяжелой. Решена эта проблема была агрессивным способом: жестокой по отношению к местным кочевым племенам сельскохозяйственной колонизацией причерноморской степи, материально и административно поддерживаемой русским правительством. В 1679–1680 годах была в основном построена Изюмская засечная черта («Новопостроенная» черта, или Новая линия), самая южная точка (Царев-Борисов) которой находилась всего в 450 км от границы Крымского ханства. После этого Русское государство замедлило свою экспансию на юг и юго-запад, продолжая осваивать земли только вдоль течения Волги и далее на восток. Тем не менее все степные территории к югу от России были зоной непрерывного противостояния между Москвой и Портой, а жившие там народы — казаки, калмыки, татары и другие — отчаянно пытались найти себе место в этом постоянно сужающемся пространстве между двумя огромными империями.

В то же самое время Русское государство вело против Турции полномасштабные боевые действия. Стычки, начавшиеся в первой половине 1670-х годов, переросли в русско-турецкую войну (1676–1681) и затихли только уже в следующем столетии. По ходу этого военного конфликта Москва, пытавшаяся заключить антитурецкий альянс с различными державами, стала значимым игроком на европейской дипломатической арене.

На первый взгляд, итоги этого военного противостояния для Русского государства были неутешительными. Столкновения на Дону в 1670-х годах не выявили победителя. Кампания 1678 года в Украине поначалу складывалась успешно. Действительно, тот факт, что Русское государство теперь могло выставить армию, сопоставимую по численности с теми войсками, которыми располагала огромная Османская империя, был большим достижением. Однако содержать такую армию было неимоверно сложно. Москве не удалось заручиться военной поддержкой со стороны европейских стран, и русско-турецкая война (1676–1681) завершилась подписанием Бахчисарайского мирного договора, по которому Турция сохранила за собой все территориальные приобретения Тринадцатилетней войны.

Это сложное в военном и организационном плане противостояние подтолкнуло царское правительство к проведению масштабных реформ. Благодаря им военное устройство Русского государства стало более простым, однородным и современным. Армия, участвующая в боевых действиях в конце XVII века, почти полностью состояла из полков «нового строя», и ее офицерский корпус имел четкую иерархическую структуру; были установлены правила набора на службу и улучшена мобилизация людских и материальных ресурсов. Впрочем, эти реформы так и не привели к созданию регулярной армии. Даже полный переход к полкам «нового строя» не привел к исчезновению сословных различий. Напротив, реформы 1678–1682 годов только закрепили за представителями высших сословий право на почетную военную службу и, соответственно, высокий статус. Вероятно, это было связано с тем, что царское правительство не обладало достаточным политическим весом, чтобы полностью навязать русскому дворянству иную точку зрения, и вынуждено было руководствоваться практическими соображениями, имея в качестве противника Османскую империю с ее огромной и хорошо подготовленной армией.

Вплоть до самого конца XVII столетия главным вопросом внешней и военной политики Русского государства — пусть и не всегда успешной — оставалось противостояние с Турцией. Крымские походы 1687 и 1689 годов были дорогостоящими и крупными военными кампаниями против вассала Порты. Они укрепили связи Москвы с Речью Посполитой и другими европейскими союзниками по антитурецкой коалиции, но в военном отношении завершились неудачами и привели к смене правительства. Азовский поход Петра I в 1695 году и завоевание им части турецкого побережья Черного моря в 1696 году на какое-то время склонили чашу весов в сторону России. Хотя Русскому государству удавалось удерживать выход к Черному морю только до 1711 года, успехи Петра, прорвавшего северную цепь турецких укреплений, коренным образом изменили соотношение сил в причерноморских степях и повлекли за собой важные перемены в степной политике.

Русско-турецкая война

После смерти Алексея Михайловича в 1676 году баланс политических сил при московском дворе существенно изменился. Эти перемены были в значительной степени связаны с фигурой Артамона Сергеевича Матвеева, «ближнего боярина» царя Алексея в последние годы его правления (1671–1676). Матвеев был необычайно могущественен — отчасти из-за личной близости с царем, а отчасти потому, что занимал ключевые посты в русском правительстве. Представители древних боярских родов Матвеева ненавидели. И не только потому, что он, будучи «худородным», т. е. незнатного происхождения, занял такое высокое положение, но и из-за того, что через Матвеева можно было обращаться непосредственно к царю и обсуждать с ним вопросы первостепенной государственной важности в обход Боярской думы. Неудивительно, что вскоре после смерти Алексея Михайловича Матвеев попал в опалу. Показателем того, что бюрократический аппарат теперь играл в придворной политике куда более важную роль, чем раньше, может служить тот факт, что следующим шагом бояр стало назначение своих людей на должности руководителей приказов. При дворе разгорелась борьба за власть. Милославские и их сторонники в конце концов одолели Нарышкиных, состоявших в родстве с Романовыми через вторую жену царя Алексея, Наталью Кирилловну. Такое соотношение сил сохранялось почти все время правления Федора Алексеевича (1676–1682). Молодой и не отличавшийся крепким здоровьем царь Федор довольно редко лично вмешивался в дела, связанные с управлением государством.

Международное положение в середине 1670-х годов продолжало оставаться напряженным. Русское государство удерживало за собой территории, полученные по Андрусовскому договору, однако на эти земли зарились его многочисленные враги: Речь Посполитая, переживающая период расцвета Османская империя, Крымское ханство и, хотя и не напрямую, кочевые народы восточной степи. В этой ситуации Москве успешно удалось укрепить свои южные границы и восстановить и даже усилить свою власть в землях Войска Донского и южных военно-административных округах (разрядах). В результате всех этих мер крымские набеги 1673–1676 годов разорили только Украину и земли на самой окраине русской империи, то есть то, что находилось за пределами Белгородской засечной черты. Только один раз — в 1676 году — татарам удалось прорвать эту цепь укреплений, но их быстро удалось отогнать назад; все это лишний раз подтвердило эффективность южной оборонительной системы Русского государства [Загоровский 1969: 286].

Пытаясь отвлечь внимание турок от Украины после 1672 года (а также для того, чтобы подчинить себе донских казаков), Москва стала активно поддерживать казачьи набеги на турецкие земли на юго-востоке. Пока царское правительство было занято подавлением восстания Степана Разина в 1670–1671 годах, турки воспользовались благоприятными обстоятельствами и дополнительно усилили гарнизоны своих крепостей в Нижнем Подонье — особенно в Азове и вокруг него. Это позволило Османской империи отодвинуть границы своих земель дальше на север, что, в свою очередь, стало большим ударом для казаков, которым теперь были перекрыты привычные пути набегов на юг. После 1672 года Русское государство стало активно помогать казакам в их борьбе против турок. Возобновились большие поставки зерна из Воронежа[1]. Также в течение следующих четырех лет на землях Войска Донского были расквартированы два русских солдатских полка и восемь приказов стрельцов. Насколько это было возможно, они служили противовесом турецким войскам в Западной Украине, сражавшимся против Речи Поспо-

---

[1] РГАДА. Ф. 210. Белгородские кн. 81. Л. 1, 3–4. Кн. 891. Л. 436. Часть этого зерна уходила на содержание русских отрядов, размещенных на землях Войска Донского.

литой. В то же самое время Москва пыталась создать международную антитурецкую коалицию. Также царское правительство предпринимало попытки построить русскую крепость в низовьях Дона, которая стала бы соперницей Азова; от этой идеи пришлось отказаться, так как казаки отнеслись к московским посягательствам на свои земли не менее враждебно, чем к турецким [Смирнов 1946, II: 122, 127–129; Загоровский 1969: 285]. После неудачного нападения на Азов в 1675 году численность русских войск на Дону пришлось сократить. В 1677 году, в связи с необходимостью укрепить позиции на западном фронте, с низовьев Дона были отозваны все русские войска [Загоровский 1980: 81–86][2].

Однако все эти меры оказывали слабый сдерживающий эффект на турок, чьи активные действия в Украине представляли все бо́льшую угрозу интересам Русского государства. В 1672–1675 годах османские войска под руководством Мехмеда IV одерживали победу за победой. По Журавенскому договору (1676) туркам досталась Подолия. С другой стороны, ставка, сделанная ими на Петра Дорошенко, объявившего себя вассалом Порты, оказалась не такой удачной. Гетман Правобережья, заключивший союз с турками и татарами, быстро лишился прежней популярности и поддержки казачества; особенно негативно воспринималось украинцами присутствие татарских войск на разоренных землях Правобережной Украины. В 1674 году рада лишила Дорошенко гетманства, хотя он и не признал этого [Загоровский 1980: 80; Смирнов 1946, II: 130–132]. В 1676 году при поддержке русской армии «гетман обеих сторон Днепра» Иван Самойлович осадил столицу Дорошенко Чигирин. Хотя избрание Самойловича «гетманом обеих сторон Днепра» не положило конец притязаниям других лидеров казачества на этот пост, оно укрепило его

---

2 Считается, что русские войска отвлекали на себя весьма значительные силы турок и татар; кроме того, они влияли на расстановку сил в степи. Впрочем, известно, что самые лучшие и куда более многочисленные русские армии участвовали в боевых действиях в Украине, и трудно представить, что с турецкой стороны дела обстояли как-то иначе.

позиции как фактического правителя всей Гетманщины. Такое объединение Украины под властью ставленника Москвы было крайне нежелательно для Порты, поскольку означало, что теперь Русское государство будет непосредственно граничить с новоприобретенной османской территорией — Подолией. Завершив войну с Речью Посполитой, Османская империя стала особенно пристально следить за действиями России и собирать войска для летней кампании.

Такое развитие событий быстро положило конец колебаниям нового русского правительства. До того они какое-то время не могли прийти к согласию относительно дальнейшего внешнеполитического курса России. Первостепенное значение, которое уделялось при Алексее Михайловиче Украине, прочно ассоциировалось с фигурой Артамона Матвеева. Нового царя поначалу больше интересовала другая война, которую Дания и Бранденбург-Пруссия вели против Швеции. При московском дворе шли споры о том, вступать ли Русскому государству в этот северный конфликт [Bushkovich 2001: 86; Бушкович 2021][3]. Готовясь к кампаниям 1677 года, царское правительство распределило свои вооруженные силы вдоль юго-восточной границы и на западном, балтийском фронте. Споры о новом векторе русской внешней политики прекратились только после получения запоздалых известий о приближении к Киеву и Чигирину огромной турецкой армии под предводительством Ибрагима-паши по прозвищу «Шайтан».

Османская империя, в тот момент переживавшая период экспансии, была грозным противником. Ни одна европейская держава не могла рассчитывать на победу в войне с ней. Есть много исследований, в которых сравниваются размеры османского войска с армиями различных европейских государств XVII века. Численность турецких войск, воевавших в Украине и в Речи Посполитой, превышала 70 тысяч человек. Кроме этого, на стороне османов сражалась крымская конница [Agoston 1999:

[3] Россия выдвинула в сторону границы с Нарвой войско численностью свыше 45 000 солдат.

132, 136][4]. Также турки обладали непревзойденной тыловой службой, которая обеспечивала их армию продовольствием, амуницией и вооружением даже вдалеке от границ империи. Османы были в курсе значительных инноваций в области осадного дела и военных технологий и обладали превосходными саперными и минерными частями [Murphey 1999: 86, 100–101, 114][5]. Нежелание русского правительства вступать в конфликт и уж тем более в прямую войну с таким соперником было вполне объяснимым[6].

К 1677 году благодаря переменам в своем военном устройстве Русское государство было готово сойтись с Портой в битве за Правобережную Украину. Русские уже доказали, что могут собрать для проведения военной кампании большое войско и имеют в своем распоряжении квалифицированные артиллерийские части. Также за счет системы военно-административных округов (разрядов) намного лучше стала решаться проблема с мобилизацией и снабжением. Наличие в офицерском корпусе людей, ранее состоявших на службе у турок и крымского хана, предполагало хорошее знакомство русского военного командования с организацией и вооружением османской армии[7].

Война с Османской империей (1678–1681) началась для Русского государства успешно — ему удалось отстоять свои владения в Украине. Русские войска под предводительством иностранного

---

4 Г. Агостон пишет, что в XVII столетии Османская империя исчерпала экономические и людские ресурсы для дальнейшего роста своей военной мощи, и европейские страны уже могли выставить против нее сопоставимые по численности армии. Тем не менее турецкая армия по-прежнему была огромной, и противостоять ей в одиночку любому государству было бы очень сложно [Agoston 2005; Corvisier 1979: 112].

5 В том, что касалось снабжения действующей армии, Русское государство приблизилось к Османской империи только в XVIII столетии.

6 Этим, например, объясняется отказ Москвы взять «под свою руку» Азов, захваченный казаками в начале 1640-х годов.

7 Судя по всему, офицеры, вписавшие свои имена в русские разрядные книги не кириллицей или латиницей, а арабскими буквами, были турками или крымскими татарами или по крайней мере служили в армиях этих государств. См.: РГАДА. Ф. 210. Белгородские кн. 95 и 100.

командира присоединились к казацкому войску под столицей Правобережья Чигирином. Им удалось удержать под своим контролем Левобережье, не допустить отпадения Запорожской Сечи, не дать туркам разграбить склады с заготовленным для строительства укреплений лесом и перекрыть им дорогу на Киев [Смирнов 1946, II; Davies 2002: 98]. В скором времени была собрана еще одна армия численностью около 48 тысяч человек. На две трети она состояла из полков «нового строя», и свыше половины этих солдат были призваны в Белгородском и Севском разрядах и имели опыт боевых действий в Украине. Русские войска, которыми командовал князь Г. Г. Ромодановский, объединились с казаками Самойловича под личным предводительством гетмана. Вспомогательные военные силы расположились в Путивле, Мценске и Рыльске. Сбор и содержание этих войск были обеспечены особыми податями, которые взимались деньгами и зерном [Загоровский 1980: 92][8].

В 1677 году объединенные русско-казацкие силы не дали туркам захватить Чигирин. Благодаря удачному ландшафту местности гарнизону гетманской столицы удалось отбить первый штурм османов. Турецкие саперы, пытавшиеся соорудить подкоп под шаткие, недавно установленные деревянно-земляные укрепления Чигирина, увязли в песчаной почве [Murphey 1999: 113][9]. На выручку осажденным быстро прибыла большая армия князя Ромодановского, состоявшая из хорошо обученных полков «нового строя». Войска Ибрагима-паши были вынуждены отступить, но крымские татары продолжали совершать набеги на крепости, входившие в южные засечные черты [Загоровский 1980: 92–93]. После окончания военной кампании русские войска были распущены, и солдаты вернулись домой.

Однако османы не собирались так просто отказываться от своих планов. В 1678 году под предводительством самого вели-

---

8 АИЮЗР. Т. 13 (Санкт-Петербург, 1884). Док. 21, 33, 63, 69. Русскими войсками при осаде Чигирина командовал генерал-майор А. Траурнихт.

9 Мерфи ссылается на свидетельство Ф. Силахдара [Silâhdar 1928, 1: 68]. См. также [Смирнов 1946, II: 141].

кого визиря Кара-Мустафы турецкая армия численностью 70 тысяч человек, без учета крымско-татарской конницы, вновь подступила к Чигирину. Русское командование не было готово к новой кампании. На защиту крепости было послано меньше солдат, чем в прошлом году, и снаряжены они тоже были хуже. Тем не менее на помощь защитникам Чигирина вновь было послано крупное русское войско. Князь Г. Г. Ромодановский опять подошел к столице Правобережья. Однако на этот раз русский воевода совершил странную и оказавшуюся роковой ошибку, став лагерем к востоку от города в ожидании новых подкреплений; кроме того, политический конкурент Ромодановского, князь В. В. Голицын, командовавший Большим полком, отказывался выполнять его приказы. Притом что осажденный гарнизон Чигирина под предводительством П. Гордона оборонялся стойко, хотя и хаотично, действия русской армии, стоявшей вблизи города, были, в отличие от прошлогодней кампании, неумелыми и несогласованными. В конце концов Ромодановский приказал оставить и разрушить Чигирин, так и не вступив в бой с основными турецкими силами. Причины этого решения до сих пор остаются не до конца ясными. Возможно, приказ оставить Чигирин поступил из Москвы, поскольку оборона гетманской столицы обходилась Русскому государству слишком дорого и царское правительство сочло более важным защитить Киев и собственные границы [Davies 2002: 100–105, 108–111; Загоровский 1980: 101; Gordon 1849–1852, II: 35–40; Гордон, Брикнер 2022]. Однако тогда вся вина за сдачу Чигирина была возложена на Ромодановского; он лишился своего поста, и правительству пришлось искать нового главнокомандующего русскими войсками на Юге.

Несмотря на это тяжелое поражение, война была еще далеко не окончена. В 1679 году Русское государство опять собрало крупную армию; третий год подряд в нее входили ратники из центральных областей империи, полки «нового строя» из южных действующих и гарнизонных разрядов и донские казаки. Большая полевая армия выступила на запад к Киеву, а прочие части усилили гарнизоны пограничных крепостей. Однако турки решили в этот год воздержаться от проведения военной кампании. И хотя южное пограничье серьезно пострадало от очередных набегов татар, крымцам не удалось прорваться сквозь засечные черты.

К 1680–1681 годам ни Османская империя, ни Русское государство не были заинтересованы в дальнейшей войне за Украину. По условиям Бахчисарайского договора, подписанного в 1681 году, Турция признала за Россией правой на Левобережную Украину и Киев; Москва, в свою очередь, была вынуждена отказаться от притязаний на Правобережье и Чигирин.

Колонизация и миграция как военная стратегия

Помимо собственно военного противостояния с Османской империей в Нижнем Подонье и Украине Москва проводила активную политику колонизации и строительства укреплений. В 1679–1680 годы, то есть непосредственно во время русско-турецкой войны, Русское государство построило еще одну систему укрепленных линий на границе со степью. Эта цепочка крепостей — Изюмская черта — представляла собой обращенный к югу V-образный выступ. В основании этого треугольника находился кусок старой Белгородской засечной черты между крепостями Усерд и Вольный. Отходившие от этих городков новые оборонительные сооружения соединялись друг с другом возле Изюма и Царева-Борисова. Как и раньше, этот комплекс укреплений состоял из деревянных палисадов, земляных валов, засек, лесов и множества городков и крепостей; его основное предназначение заключалось в отражении набегов. Изюмская черта дала возможность Русскому государству колонизировать новый участок степи между Белгородом и вассалом Порты — Крымским ханством.

Возведением этих оборонительных сооружений занимался Разрядный приказ, во главе которого тогда находился думный дьяк В. Г. Семенов — опытный администратор, уже более десяти лет работавший в этом ведомстве. Строительство Изюмской черты велось одновременно с боевыми действиями против турок, и успешная реализация этого проекта стала хоть и не самой заметной, но очень важной победой Москвы в противостоянии с Османской империей[10].

И ключевая роль в этой победе принадлежала отнюдь не полевой армии Русского государства. Первоначально, в 1679 году, оборонительные сооружения Изюмской черты возводились казаками и солдатами из действующей армии и местных гарнизонов, призванных для участия в войне с Турцией; им помогали немногочисленные крепостные крестьяне, жившие в южных областях русской империи. Однако на следующий год строительством и обороной новых укреплений занимались уже преимущественно ратные люди, выделяемые «на черту» из гарнизонов южных крепостей — зачастую в этих работах принимали участие около 20 тысяч человек одновременно [Загоровский 1980: 107, 126; Новосельский 1948: 148–149]. Эти люди даже больше, чем солдаты из действующей армии, были не склонны нести военную службу вдали от своих домов и гарнизонов. Бедняки из низших сословий, они прибывали на пункты сбора с небольшим запасом продовольствия и почти без оружия; скудного жалованья, которое им выплачивала казна, только-только хватало на жизнь. Условия труда были тяжелыми, и уровень дезертирства, бывало, достигал 50 %. Если говорить об организационной стороне этого проекта, то временами правительству едва удавалось наскрести ресурсы для продолжения строительства, а иногда оно действовало впечатляюще эффективно. Так, при сборе податей обычно возникали недоимки, зачастую довольно крупные. В результате казна недосчитывалась средств, и властям приходилось собирать налоги повторно или вводить особые подати, а также постоянно хранить огромные запасы зерна; сами по себе недоимки были явлением ожидаемым, однако их объем предсказать было невозможно[11].

---

[10] Возвышение Семенова стало следствием изменения баланса сил при московском дворе. Подробнее об этом см. у П. Бушковича, ссылающегося в своей книге на Богоявленского [Bushkovich 2001: 84; Бушкович: 2021; Богоявленский 1946: 148–149].

[11] РГАДА. Ф. 210. Белгород. кн. 78. Л. 315–317. Белгородский столбец 643. Л. 388–433.

Все эти задержки и препятствия в каком-то смысле были изначально заложены в данный проект. Однако при всем при этом солдаты из гарнизонов южных крепостей несли свою службу весьма эффективно. В то время как в 1680–1681 годах русская армия была занята в боях с турками на Украине, защитники Белгородской засечной черты успешно отразили несколько крупных татарских набегов, благодаря чему царское правительство смогло и дальше продолжить свою политику агрессивной колонизации нового участка степи к югу от прежних границ [Загоровский 1980: 109, 119].

Скорейшему освоению новых территорий активно поспособствовала миграция населения Правобережной Украины. В 1679 году русские войска совершили очередной рейд на Правобережье. Русские и казацкие отряды сожгли множество деревень и оставили их жителей без крова над головой; правый берег Днепра обезлюдел[12]. Украина была зоной бесконечных боевых действий с 1654 года, и после этих событий около 20 тысяч казацких семей приняли решение покинуть Правобережье; некоторые из них осели на левом берегу Днепра, однако большинство предпочло двинуться дальше в земли к югу от Белгородской черты, которые уже непосредственно входили в состав Русского государства. Этот миграционный поток из Украины тщательно регулировался царским правительством. Новоприбывшим казачьим полкам выделялась земля в общее пользование и предоставлялась определенная автономия. Затем их военные поселения включались в Белгородский разряд. Часть новых поселенцев принимала участие в строительстве Изюмской черты и ее небольшого продолжения, сооруженного позже. В течение следующих десятилетий эта «Новая линия» постепенно становилась все более надежным и неприступным комплексом оборонительных сооружений, защищавшим земли, густонаселенные недавними мигрантами из Украины; строились новые укрепления, оснащенные артиллерией, и воеводами этих городков, как правило, ста-

[12] На какое-то время Юрию Хмельницкому, сыну Богдана, назначенному турками гетманом вместо Петра Дорошенко, удалось отвоевать обратно часть Правобережья.

новились украинцы [Stevens 1995: 172–173]. В результате находившийся на западе Русского государства Севский разряд утратил то военное значение, которое он получил в годы противостояния на Украине, и ключевую роль на русском Юге вновь стал играть более старый и крупный Белгородский разряд [Багалей 1887: 400–407; Davies 2002: 117; Stevens 1995: 172–173; Загоровский 1980: 213]. Столь мощный прирост населения благодаря миграции из Украины и установление новой, защищенной укреплениями, границы с Османской империей стали для Русского государства более чем достаточной компенсацией за отказ от притязаний на Правобережную Украину.

После завершения строительства Изюмской черты Русское государство на тридцать с лишним лет прекратило колонизацию причерноморских степей далее на юг. Более того, сразу после возведения «Новой линии» царское правительство приложило немало усилий для того, чтобы остановить дальнейшее освоение этих земель. Оно почти никак не помогало украинцам, жившим к югу от Изюмской черты, отражать набеги крымских татар. Если раньше Москва регулярно выдавала займы и субсидии новым поселенцам, то теперь эта практика была прекращена, и экспансия на юг приостановилась. Строительство новых укреплений и выделение из казны средств в помощь поселенцам возобновились только в последние годы правления Петра I [Новосельский 1948: 116; Загоровский 1980: 120–122].

Прекращение финансируемой царским правительством колонизации степи позволило установить хрупкий мир на южных границах Русского государства. Экспансия России на юг и сокращение расстояния между землями, освоенными русскими, и территорией Крымского ханства и так уже вызвали недовольство кочевых народов степи и привели к открытому военному конфликту между Москвой и Портой. Как уже было сказано в главе пятой, во время восстания Степана Разина казаки недолгое время разоряли земли к северу от своих поселений, после чего земли Войска Донского стали постепенно поглощаться Русским государством. Получившее название Великий сгон массовое переселение жителей Правобережья на восток и строительство Изюмской черты позволили царскому правительству укрепить южные рубежи империи после восстания Разина, однако, как ясно показали события в Украине, дальнейшее продвижение вглубь степи неизбежно означало войну с Османской империей. Собственно, весь конец XVII столетия Москва по большей части воевала с Турцией и ее вассалом Крымом, не имея возможности продолжать политику колонизации. Тем временем уменьшение количества пастбищ спровоцировало кровопролитные войны между кочевыми народами степи — калмыками, ногайцами и башкирами, в результате чего царскому правительству пришлось для защиты своих земель вновь заключить союзы с племенами, обитавшими к востоку от причерноморских степей. Вектор русской экспансии сместился на восток — в Поволжье, Закавказье и Западную Сибирь [Khodarkovsky 2002: 136–139, 201; Ходарковский 2019].

События 1677–1681 годов доказали успешность военных реформ, проведенных в Русском государстве в середине XVII века, продемонстрировав эффективность русского военно-бюрократического аппарата и высокую боеготовность полков «нового строя». Дэвис пишет о том, что в битве на Стрельниковой горе возле Чигирина русские войска выглядели более дисциплинированными и тактически обученными, чем османская армия. Отборные силы Ромодановского — московские выборные (регулярные) полки — обратили турок и татар в беспорядочное бегство. Русские солдаты в целом теперь лучше владели оружием, чем раньше, и более умело осуществляли вылазки, а благодаря высокой воинской дисциплине русская армия отступала в 1678 году от Чигирина организованно — Ромодановскому удалось спасти обоз, и потери в живой силе тоже были сравнительно невелики. Лучшие из полков «нового строя» продемонстрировали высокую стойкость и полезность; кроме того, был отлажен и надежно работал процесс их комплектования [Davies 2002: 110–111; Заговский 1980: 101; Бобровский 1885: 77 и далее]. Так, даже после двух кампаний в Правобережной Украине численность войск — гарнизонных и полевых — на южной границе Русского государстве в 1679–1680 годах все еще составляла 100 тысяч человек.

Также русско-турецкая война продемонстрировала преимущества системы военно-административных округов (разрядов), существовавшей на русском Юге. Более того, в конце XVII столетия воеводы Белгородского и Севского разрядов получили еще бо́льшую власть в вопросах как военного, так и гражданского управления этими территориями [Чернов 1948: 118]. Одновременно со всеми этими процессами происходило и обновление материально-технической базы русских вооруженных сил. В годы русско-турецкой войны южные пограничные крепости были оснащены артиллерией, что должно было позволить перевести часть гарнизонных войск в состав полевой армии, а часть задействовать в строительстве Изюмской черты; однако претворение этой стратегии в жизнь столкнулось с определенными трудностями, поскольку производство пушек в Русском государстве все еще не было стандартизовано. Правительство, по-прежнему обеспечивая огнестрельным оружием пехотинцев, начало выдавать мушкеты и малообеспеченным рейтарам [Stevens 1995: 172–173; Бобровский 1885: 78][13]. Недостатки этой системы военных округов тоже были вполне очевидны: в частности, сложный комплекс мер, разработанный властями для более равномерного распределения налоговых и воинских повинностей, оказался недостаточно эффективным, при этом фактически стер сословные различия между жителями Белгородского и Севского разрядов и привел к ухудшению их экономического положения.

Наконец, ключевую роль в противостоянии с Турцией сыграло то, что царскому правительству удавалось успешно сочетать политику колонизации степи и строительства оборонительных сооружений с дипломатией и военными действиями. В течение примерно тридцати лет борьбы с Османской империей за Украину и контроль над степью грань между войной и миром оставалась очень зыбкой. На практике это означало, что между службой в гарнизоне и в полевой армии не было особой разницы. В зависимости от политической обстановки или каких-то личных

[13] Кавалеристам, явившимся на сборные пункты без положенного вооружения, оружие иногда продавалось, а иногда выдавалось бесплатно.

факторов человека могли после очередного военного смотра перевести из гарнизона в действующую армию и наоборот. Если давать более широкую оценку всей ситуации в целом, то строительство Изюмской черты и массовое переселение казаков Правобережья на восток стали следствием того, что Русское государство в полной мере осознало всю серьезность исходящей от Турции военной угрозы, а также свою неспособность победить Порту — ни своими силами, ни в коалиции с другими державами.

Несмотря на эти локальные успехи, русское общество было разочаровано исходом войны с Турцией; было очевидно, что реорганизация армии должна быть продолжена.

Реформа?

В 1678–1682 годах правительство Федора Алексеевича инициировало проведение целого ряда реформ. Институционально и политически эти преобразования, безусловно, были реакцией на продолжавшееся противостояние с Османской империей. Они пришлись на тот период правления царя Федора, когда тот наиболее активно лично участвовал в руководстве страной. В 1682 году, когда Федор Алексеевич умер, эти реформы еще не были завершены, и некоторые из них в итоге так и не были доведены до конца.

Целью этих преобразований была централизация и стандартизация государственного управления, и ключевая роль в этом процессе отводилась военной реформе. Ее первоочередной задачей, безусловно, было создание крупной армии современного типа. После 50 лет различных проб и компромиссов, была наконец предпринята попытка сформировать вооруженные силы, целиком состоящие из полков «нового строя». Для успешной реализации этого замысла требовалось преодолеть несколько серьезных препятствий. Если говорить о политической стороне вопроса, то самым сложным являлся вопрос о будущем служилого государства. А именно: достаточно ли интересы высших сословий Русского государства — его землевладельческой элиты будут согласовываться с новой военной реформой. Помимо простых конников (дворян и детей боярских) необходимо было принимать во внимание местнические притязания княжеских и боярских родов, которые рассчитывали на высокие командные посты в армии «нового строя». Также эта реформа должна была решить судьбу стрельцов, казаков и прочих служилых людей «по прибору», однако политический вес всех этих сословий был незначителен. Кроме того, правительству Федора Алексеевича предстояло решить сложную проблему совершенно иного рода: взяв за основу опыт последних десятилетий, создать эффективную военную администрацию, имеющую стабильное финансирование и опирающуюся на другие бюрократические структуры.

Начало военной реформе было положено судьбоносным декабрьским указом 1678 года[14], где были четко прописаны критерии, которым должен был соответствовать человек, претендующий на место в элитных частях русской армии. Важно отметить, что принадлежность к высшему сословию по-прежнему была одним из условий несения такой службы. Для обретения этого престижного статуса необходимо было быть богатым землевладельцем, иметь знатное происхождение и личные заслуги. Только такие люди могли теперь служить в элитных частях вместе с равными им по положению дворянами. Членство в традиционных конных сотнях (так называемая сотенная служба) было зарезервировано за московскими служилыми чинами, которые владели по меньшей мере 24 дворами, а таких было сравнительно немного. Все остальные представители высших сословий, которых было абсолютное большинство, обязаны были проходить службу в полках «нового строя». Те из них, которые претендовали на место в кавалерии «нового строя» (рейтарском полку), обязаны были не только подтвердить знатность своего происхождения, но и обладать определенным количеством земли (меньшим, чем у дворян на сотенной службе), а также иметь стаж безупречной государевой службы. При этом вне зависимости от прежнего положения и знатности рода помещики, которые были слишком бедны или в прошлом уклонялись от

---

[14] ПСЗ. Док. 744.

несения воинской повинности, обязаны были с этого момента служить в солдатских полках вместе с простолюдинами.

После вступления в силу этого указа связь между социально-экономическим положением человека знатного происхождения и его местом несения службы стала еще более четкой и жесткой, чем при прежней системе, где все было построено на негласных договоренностях[15]. Так, например, до 1678 года провинциальный помещик теоретически мог повышать свой социально-политический статус, делая военную карьеру, и со временем дослужиться до московских чинов, то есть получить назначение в столицу, а затем и попасть ко двору. На практике в конце XVII века такое возвышение было событием исключительно редким [Павлов 2000: 230]. Отчасти это было связано с тем, что большинство провинциальных помещиков были бедны; знатность происхождения других, особенно тех, кто жил в отдаленных уголках империи, вызывала большие сомнения. С другой стороны, многочисленные случаи перехода в московские служилые чины в начале столетия, расцвет фаворитизма в последние годы правления Алексея Михайловича и в начале царствования Федора Алексеевича, а также постепенный захват представителями главных боярских родов высших административных должностей в Русском государстве привели к тому, что продвижение по службе было значительно затруднено[16]. Указ царя Федора всего лишь официально зафиксировал статус-кво. Теперь помещики, состоявшие на службе в 1678 году, должны были до своей смерти выслужиться в московские чины. В противном случае их потомки навсегда лишались шанса попасть в столицу и поступить на престижную сотенную службу. В течение одного поколения должна была сформироваться закрытая военная аристократия. То же касалось и службы в кавалерийских полках «нового строя» — согласно указу, она была доступна только для людей из

[15] В пехоте сословные границы были фактически стерты, так как там служили не только обедневшие помещики, но и землевладельцы из низших сословий, не говоря уже о новобранцах из числа крепостных.

[16] См., например, [Crummey 1983: 177].

высших сословий. При этом «представители элиты», попавшие в пехоту, вскоре должны были лишиться многих традиционных атрибутов своего высокого социального статуса.

Эти реформы окончательно закрепили за полками «нового строя» главенствующую роль в армии Русского государства. Вместе с тем очевидно, что правительство царя Федора не смогло (или не захотело) изменить положение дел, при котором место несения военной службы зависело от принадлежности к тому или иному сословию. Напротив, указ 1678 года в еще большей степени сделал Русское царство служилым государством, в котором у каждого сословия были определенные повинности; в этом плане федоровские реформы ограничились полумерами, не затронув сути. В основе этого указа лежала идея о том, что несение военной службы является почетной обязанностью. Вместе с тем перевод большей части помещиков в пехоту еще сильнее отдалил мелкопоместное дворянство от высшей знати и ее привилегий. С практической точки зрения это было мудрым шагом, который отвечал пожеланиям политической элиты Русского государства. Также важно учитывать, что эта реформа была частью комплекса мер, целью которых была централизация и стандартизация государственного управления России.

Однако в военном плане итогом этих преобразований стало ухудшение боеспособности русской армии. В результате этой реформы все кавалерийские силы Русского государства теперь состояли из представителей помещичьей элиты, которые, являясь на службу, целиком или частично обязаны были обеспечивать себя оружием, амуницией и продовольствием. Все это мало способствовало появлению обученных регулярных кавалерийских частей или повышению их тактической и боевой выучки. Люди, чье благосостояние зависело от того, насколько успешно они управляют своими поместьями, не могли уделять должного внимания военной подготовке. Кроме того, авторы реформы, судя по всему, рассчитывали на то, что богатые русские помещики не будут уклоняться от несения военной службы, хотя вот уже почти 100 лет основная масса русского дворянства в целом неохотно выполняла эти свои обязанности.

Легко понять, какими практическими соображениями руководствовалось царское правительство, продвигая реформу, которая имела такие неоднозначные последствия. Указ 1678 года дал возможность Русскому государству в сложное для страны время, когда казна была почти пуста, без значительных расходов и инвестиций обзавестись внушительной — хотя бы по численности — кавалерией. Война на юге, где, помимо регулярной турецкой армии, приходилось иметь дело с конными казаками и татарами, состояла не только из битв, но также из множества набегов и контрнабегов; вероятно, в таких условиях перспективы применения боевых навыков русской кавалерии возросли — скорее, чем в сражениях с польскими гусарами или шведской кавалерией. Однако ближе к истине представляется точка зрения, согласно которой указ 1678 года стал следствием того, что слабое царское правительство просто пошло на поводу у социально-политической элиты империи.

Эта военная реорганизация имела огромные последствия и для низших сословий, чьи интересы авторы реформы практически не принимали во внимание. Являясь частью комплекса мер по стандартизации и централизации, военная реформа предполагала сокращение пехотных частей, не соответствовавших новой модели; некоторые войска старого типа были полностью распущены. Казаки, пушкари и прочие служилые люди «по прибору», имевшие земельные наделы или другие привилегии, были в 1679 году переведены на службу в полки «нового строя»; сохранившиеся войска были реорганизованы, и их офицерский корпус существенно увеличен. Так, например, в 1681 году формирования московских стрельцов (приборы) были преобразованы в тысячные полки и распределены по разрядам. Начальных людей у стрельцов переименовали — голов в полковники, сотников в капитаны. Полки, в которых было мало солдат, были доукомплектованы пришлыми и «гулящими людьми». Так, стрельцы, когда-то бывшие ударной силой русской армии, были загнаны в пехотные части «нового строя», большинство из которых даже не претендовало на то, чтобы быть регулярными. В других пехотных полках служили обедневшие помещики и даже крепостные.

В некоторых стрелецких войсках, в частности московских, была сохранена прежняя сотенная организация [Епифанов 1976: 128; Stevens 1995: 81; Чернов 1954: 187–190].

При этом комплектование всех этих полков «нового строя» по-прежнему осуществлялось в основном за счет наборов в военную службу из среды тяглого населения, проводившихся в разных областях империи. Главной целью военной реформы, судя по всему, являлась стандартизация, а не трансформация военного устройства Русского государства. Хотя в результате этой реорганизации все пехотные формирования обрели единую структуру и командную иерархию, не было предпринято никаких попыток для повышения профессионализма солдат. Правительству было намного важнее увеличить численность своих вооруженных сил, и именно на это были направлены его усилия [Важинский 1976: 52–68; Важинский 1974: 117].

Претворение этой реформы в жизнь началось с проведения в 1680 году «разбора» — оценки численности, вооружения и боеспособности всех вооруженных сил Русского государства. В ходе этого «разбора» неожиданно выяснились очень важные вещи. Как правило, целью таких инспекций было составление сметных списков (или росписей) — реестров, в которых указывалось количество людей, годных к несению военной службы. Если в конце XVI века в росписях значилось около 50 тысяч человек, не считая холопов, то на протяжении большей части XVII столетия вплоть до 1660-х годов это число составляло примерно 100 000. Однако новые подсчеты, произведенные в 1680 году, показали, что численность людей, годных к несению военной службы, составляет более 200 000. После того как в конце 1660-х годов в Западной Украине появились турецкие армии, царское правительство пыталось задействовать в военных кампаниях по меньшей мере стотысячные армии [Helle 1972: 269, 272]. Стандартизация военного устройства, «разборы» и усиление воинской повинности, ставшие результатами военной реформы, безусловно, упростили эту задачу.

«Разбор», проведенный в годы правления царя Федора, показал не только преобладание в русской армии полков «нового строя», что было ожидаемо, но и значительное изменение процентного соотношения между кавалерией и пехотой в пользу последней. Судя по Росписи 1681 года[17], в пехоте состояло 49 %, а в коннице 51 % ратных людей, считая оставшихся стрельцов, казаков и несколько помещичьих сотен. С 1680 года армии, участвовавшие в военных кампаниях, впервые в русской истории чуть более чем наполовину состояли из пехотинцев[18]. Несмотря на главенствующую роль полков «нового строя» и пехоты в реорганизованной русской армии, важно отметить, что в вооруженных силах Русского государства процент кавалерии все же был намного выше, чем в армиях европейских держав. Однако Р. Фрост в своей недавней работе убедительно показал, что это обстоятельство ни в коей мере не свидетельствует об «отсталости» русского военного устройства; напротив, из-за географической специфики Восточной Европы содержание многочисленной конницы было военной необходимостью даже в первой половине XVIII века. То, что Русское государство прикладывало огромные усилия для создания столь крупного кавалерийского корпуса — очевидно, из военных, а не политических соображений, — подтверждает правоту этой точки зрения. Начиная с 1680 года, царское правительство каждый раз указывало конкретное число конников, которые обязаны были принимать участие в той или иной военной кампании. При этом оно не «выпихивало» бедных или ненужных кавалеристов на гарнизонную службу; по крайней мере, в южных областях численность приписанных к гарнизонам помещиков и вышедших в отставку конников оставалась практически неизменной и после военной реформы [Frost 1993: 16–18; Stevens 1995: 169–170][19].

«Разбор» 1680 года высветил целый ряд практических трудностей, которые определили главные военные задачи царского пра-

---

[17] Роспись перечневая ратным людем, которые во 189 году росписаны в полки по разрядам // РГАДА. Ф. 210. Разрядный приказ. Книги Московского стола. № 124. — *Примеч. ред.*

[18] В 1681 году пехотинцы составляли около 49 % от общего числа ратных людей в Русском государстве; в армии, которой в том же году командовал В. В. Голицын, пехота численно превосходила кавалерию (51 % против 49 %) [Иванов 1842: 71–92; Hellie 1972: 269, 272; Чернов 1954: 189].

[19] См. конные реестры в: РГАДА. Ф. 210. Белгород. кн. 100.

вительства, хотя и не привели к повсеместному претворению в жизнь желанных реформ. Так, в частности, содержание гарнизонов пограничных крепостей было объявлено задачей первостепенной военной важности. Социально-экономический статус людей на городовой службе роли не играл. Для того чтобы восстановить численность гарнизонов, правительство официально утвердило ряд мер, которые позволили таким солдатам существовать за свой счет, не получая жалованья из казны. Еще более серьезной проблемой было то, что русское дворянство было недостаточно многочисленным и богатым, чтобы удовлетворить потребность государства в кавалерии. С учетом нового размера вооруженных сил Русского государства, это было предсказуемо и ожидаемо. Даже если бы каждая из 38 000 помещичьих семей, числившихся в переписи 1672 года, была бы достаточно преуспевающей, чтобы обеспечить потребность в кавалерии в 1680 году, все равно они не смогли бы регулярно отправлять в действующую армию по 50 000 конников. Из того, что власти готовы были на первых порах закрывать глаза на нарушение критериев несения военной службы, можно сделать вывод о том, что в 1680-х годах царское правительство было в первую очередь заинтересовано в увеличении численности своих кавалерийских сил. Когда из Москвы приходило распоряжение прислать на сборный пункт определенное количество конников для участия в военной кампании, воеводы некоторых областей не могли выставить требуемое число помещиков, которые соответствовали бы новым стандартам. С молчаливого согласия метрополии эти требования обходились. На юге на сотенную службу принимали дворян и детей боярских, владевших лишь несколькими дворами; в рейтары записывали помещиков, которые вообще не были способны сами себя содержать. При этом в Росписи 1680–1681 годов всего в итоге значились требуемые 20 полков, включая «даточных конных 10 000 человек». На сотенной службе числились 16 000 человек[20].

---

[20] РГАДА. Ф. 210. Белгород. столбец 1000. Л. 108–111; Севск. Кн. 18. Л. 70–85. См. также [Stevens 1995: 169–170; Иванов 1842: Прил. 10]. Таким же было положение дел и в Новгороде. РГАДА. Ф. 210. Новгород. столбец 293. Л. 606–618.

Стандартизация военного устройства, последовавшая за «разбором» 1680–1681 годов, вскоре привела к еще одному важному событию. Оставшиеся дворянские сотни были разделены на роты, во главе которых были назначены ротмистры — по меритократическому принципу. Однако такая перемена угрожала принятому при дворе порядку вещей. Теперь молодой дворянин, проявивший себя талантливым командиром, мог быстро возвыситься и занять более высокое положение, чем отпрыски более знатных родов, которые, в силу юного возраста или неопытности, позже поступили на военную службу. В 1682 году, с общего согласия, для ускорения процессов стандартизации и централизации было наконец упразднено местничество[21]. Противостояние между Ромодановским и Голицыным, определившее неудачный исход второй осады Чигирина, только поспособствовало принятию такого решения. Отмена местничества, наряду с некоторыми другими событиями, ознаменовала конец военных реформ; она подтвердила готовность русской политической элиты стать частью нового военного устройства России[22]. Несмотря на долгие обсуждения при дворе, никакой альтернативы местничеству введено не было. После упразднения этой системы все формирования русской армии имели единую структуру командования.

Неоднозначная, если не сказать противоречивая природа этих преобразований не ускользнула от внимания современников. Патрик Гордон, шотландский офицер, руководивший обороной Чигирина в 1678 году, сетовал на слабую боевую подготовку русской кавалерии, признавая при этом, что новый подход к комплектованию и обучению пехотных полков улучшил воинскую дисциплину в этих частях и повысил их боеспособность [Gordon

---

[21] Отмене местничества посвящена обширная литература, в частности, работы Дж. Кипа, Р. Крамми, В. И. Буганова, А. И. Маркевича, М. Я. Волкова, В. К. Никольского и Н. Коллманн. См. [Keep 1970: 201–231; Crummey 1980: 269–281; Буганов 1974: 118–133; Маркевич 2012; Волков 1977: 53–67; Никольский 1917: 57–87; Kollmann 1999: ch. 6, особенно с. 226 и далее].

[22] ПСЗ. Т. 2. Док 905. См. также комментарии Коллманн к этому документу [Kollmann 1999: 227–228].

1849–1852, 2: 35; Гордон, Брикнер 2022][23]. Другие иностранные офицеры, которые, как и Гордон, в течение некоторого времени выступали главными инициаторами военных реформ, судя по всему, были сильно разочарованы новыми принципами комплектования и снабжения полков, а также тем, что офицерский корпус пополнился молодыми представителями русской знати. Многие из них выражали свое недовольство этой реорганизацией вооруженных сил, возражали против нового порядка вещей и просили разрешения оставить русскую службу[24].

Одновременно с военными преобразованиями — и дополняя их — в Русском государстве происходила административная реформа. Была расширена система военно-административных округов (разрядов), столь успешно зарекомендовавшая себя в последние десятилетия: к четырем прежним приграничным разрядам (Белгородскому, Севскому, Смоленскому и Новгородскому) были добавлены еще пять. Один из новых разрядов, Тамбовский, созданный после восстания Степана Разина, просуществовал всего несколько лет и в 1681 году был включен в состав Белгородского разряда. Эта более совершенная и всеобъемлющая система военно-административных округов позволила Русскому государству гораздо эффективнее мобилизовать и использовать свои военные ресурсы. Каждый разряд располагал собственной армией — своей кавалерией, пехотой и артиллерией. Наличие таких региональных центров улучшало и ускоряло формирование походного войска. Теперь правительство располагало довольно точными сведениями о том, какую армию мог выставить каждый из этих разрядов и сколько имелось средств на ее содержание. Полезный опыт, полученный в южных округах Русского государства, был, таким образом, перенесен на всю страну в целом [Чернов 1954: 190; Бобровский 1885: 66][25].

---

23 АИЮЗР. Т. 13. № 152.

24 По-видимому, больше всего их возмущало то, что царское правительство не стремилось к созданию профессиональной армии. См., например: Описание документов и бумаг. Т. 11. Столбец Белгородского стола. 1680.

25 Стоит отметить, что другие канцелярии, существовавшие в других регионах Русского государства до военно-окружной реформы, не сразу были упразднены и конфликтовали с новой администрацией.

В столице за большинство военных вопросов теперь отвечали три ведомства: Иноземский приказ, ведавший пехотой (солдатами) на центральной территории Русского государства, Рейтарский приказ, ведавший конницей (рейтарами и копейщиками), и Разрядный приказ, в ведении которого находились различные военные округа, главным образом пограничные разряды. В результате централизации государственного управления и появления новых больших приказов старые приказы лишились многих своих функций, а некоторые из них, например Хлебный приказ, созданный в годы Тринадцатилетней войны, и вовсе были упразднены [Brown 1978: 485–500; Богоявленский 1917: 367–368; Чернов 1954: 188][26].

В связи со значительным увеличением численности армии Русское государство столкнулось с необходимостью изыскать дополнительные средства на ее содержание, и при царе Федоре была предпринята попытка решить этот вопрос за счет налоговой реформы. Еще в последние годы правления Алексея Михайловича правительство уделяло большее внимание изучению финансового положения страны. Так, например, стрелецкие деньги по-прежнему были одним из главных налогов на военные нужды, хотя и не использовались более по прежнему назначению; царские чиновники тщательно изучали информацию о налоговых поступлениях и постоянных задолженностях (недоимках). Реформы царя Федора упростили налогообложение, и важнейшие прямые налоги и мелкие сборы были объединены в один налог — стрелецкую подать, взимаемую деньгами. Посошная система обложения была заменена подворной. Кроме того, царь Федор распорядился провести новую перепись, чтобы получить точное представление о численности тяглового населения империи[27]. Несмотря на то что в Русском государстве по-прежнему существовало множество специальных, косвенных и натуральных налогов, эти реформы привели к формированию новой налоговой базы и позволили

---

[26] Сибирь не входила ни в один из разрядов и с первой половины XVII века находилась в ведении особого Сибирского приказа.

[27] Эта перепись так и не была завершена ни при Федоре Алексеевиче, ни при Софье [Новосельский 1929: 107].

правительству с большей точностью и достоверностью прогнозировать доход от налоговых поступлений [Анисимов 1982: 34]. Одним из следствий финансовой реформы стало возникновение в Русском государстве сводного бюджета: впервые в истории царским правительством был произведен подсчет ожидаемых доходов и расходов. Военная статья бюджета была убыточной: налогов, собранных собственно на военные нужды, хватало на оплату примерно половины всех военных расходов [Милюков 1905: 62–67]. Преобразование фискальной системы, которая позволила бы Русскому государству содержать профессиональную регулярную армию, не было предусмотрено.

Упрощение налогообложения и создание государственного бюджета привели к тому, что налоговые ставки снизились. Оценить, каким именно было налоговое бремя в Русском государстве XVII века, довольно сложно, но кое-какие сведения имеются. После того как в 1679 году посошное обложение впервые было заменено подворным, ожидаемые налоговые ставки снизились. Подворные налоговые поступления, такие как стрелецкая подать, после своего повсеместного введения в 1680 году, с каждым годом уменьшались [Hellie 1999: 537, 544, 547][28]. Упорядочение военных расходов и прямые поставки, вероятно, уменьшили давление на государственный бюджет. Однако тот факт, что после введения более эффективной системы налогообложения объем налоговых поступлений в казну начал неуклонно падать, лишний раз свидетельствует о слабости русского правительства к моменту окончания войны с Турцией[29].

Военные реформы, проведенные в годы правления царя Федора Алексеевича, привели к появлению в Русском государстве огромной армии, состоявшей преимущественно из полков «нового строя»; комплектование и содержание такой армии стало возмож-

---

[28] Речь здесь, разумеется, идет об ожидаемых налоговых поступлениях, а не о реальных доходах, которые были еще ниже из-за списания большого количества недоимок.

[29] О жалобах на налоги см.: ААЭ. Т. 4. Док. 250. О реформах 1682 года см. [Милюков 1905: 85–92].

ным благодаря созданию мощной военно-административной системы. Процентное соотношение между кавалерией и пехотой в вооруженных силах Российской империи было почти равным. Вся эта многочисленная армия (за очень редкими исключениями) по-прежнему оставалась полупостоянной. Царское правительство предпочло вложить средства в выплату жалованья солдатам на полковой службе и снабжение войск оружием, продовольствием и амуницией, а не в создание более регулярной и профессиональной армии[30]. При этом право на престижную военную службу было окончательно закреплено за обладателями самого высокого (хотя и немного пересмотренного) социального статуса. Хотя факты, о которых говорится в предыдущих двух предложениях, могут создать впечатление, что в русской армии сохранилось много пережитков прошлого, на самом деле даже эти атавизмы в результате стандартизации и общей реорганизации претерпели серьезные изменения[31]. Весь этот комплекс мер был, судя по всему, реакцией Москвы на продолжающееся противостояние с Османской империей на южных и юго-западных границах; противоречивый характер реформ царя Федора Алексеевича объясняется слабостью тогдашнего правительства и сложностью тех социальных и экономических проблем, которые перед ним стояли.

Отрицательные последствия военных кампаний

Военные реформы Алексея Михайловича и Федора Алексеевича происходили на фоне изменения культурной, социальной и политической парадигмы — Россия постепенно проходила путь от феодально-кланового общества к бюрократическому государ-

---

30 П. О. Бобровский пишет о том, что Русское государство в любом случае не могло себе позволить такую большую регулярную армию [Бобровский 1885: 108–109].

31 П. В. Седов характеризует это как нежелание окончательно отказываться от старомосковских принципов, которые не принимали в расчет ни процессы стандартизации, ни возможное расширение узкого круга избранных представителей элиты [Седов 2000: 291–301].

ству, и военные преобразования зачастую были самым прямым образом связаны с этими процессами. Однако даже такая сравнительно медленная и поэтапная реорганизация русского военного устройства многими была воспринята крайне негативно.

В 1682 году в Москве вспыхнуло стрелецкое восстание, в котором приняли участие и стрельцы, охранявшие царский дворец. Одной из причин бунта было недовольство недавними реформами. В ходе военных преобразований второй половины XVII века положение стрельцов в русской армии ухудшилось, и царское правительство не сделало почти ничего, чтобы компенсировать им утрату прежнего статуса. Когда-то стрельцы были элитой русских вооруженных сил — хорошо обученными солдатами на содержании у казны, но уже довольно долгое время они представляли собой второсортное войско: менее усердно занимались военной подготовкой, государево жалованье получали нерегулярно и выживали за счет предоставленных правительством льгот по торговле и земельных наделов. Естественно, все эти изменения ослабили их боеспособность и отчасти понизили их статус в русской армии. В результате последних военных реформ царя Федора Алексеевича провинциальные стрельцы были массово переведены в солдатские полки «нового строя»; это ощущалось как унижение[32]. В отличие от правительства, большинство стрельцов продолжали цепляться за старые порядки и обычаи — как культурные, так и военные. В конце XVII столетия эти настроения в стрелецкой среде еще больше усилились благодаря тому, что среди стрельцов было немало староверов, которые воспринимали реформы как угрозу не только религиозным убеждениям, но и всему своему привычному образу жизни в целом [Crummey 1993: 700–712]. Все это недовольство вылилось в поток нескончаемых жалоб и челобитных. Стрельцы выражали возмущение притеснениями со стороны своих командиров, которые удерживали часть их жалованья и заставляли их выполнять хозяйственные работы в своих имениях даже по церковным

[32] Также в 1681 году уменьшился размер жалованья, выплачиваемого стрельцам. См. сноску 126 [Бобровский 1885: 103].

праздникам. Царское правительство пропускало все эти жалобы мимо ушей.

Стрельцам суждено было сыграть важную роль в политическом кризисе, разразившемся в столице в 1682 году. Царь Федор умер, не оставив прямого наследника, как раз в тот момент, когда котел стрелецкого возмущения вот-вот был готов взорваться. Выбирая между братьями Федора — 15-летним болезненным Иваном и его единокровным братом, бойким 10-летним Петром, — бояре «с одобрения народа» возвели на трон более перспективного Петра. Однако это означало переход власти от Милославских, родственников царевича Ивана по матери, к Нарышкиным, родственникам матери Петра, и их союзнику А. С. Матвееву, «ближнему боярину» царя Алексея Михайловича.

Снисхождение, проявленное к начавшим роптать стрельцам, только ухудшило ситуацию. Случаи неповиновения начальству участились. Милославские пустили слух, что Нарышкины — сторонники реформ — умертвили царевича Ивана, чтобы посадить на трон Петра[33]. Стрельцы вместе с солдатами Бутырского полка ворвались в Кремль и потребовали показать им Ивана. В столице вспыхнул бунт, в ходе которого стрельцы убили нескольких своих политических противников: Ромодановского, отца и сына Долгоруковых, брата царицы Ивана Нарышкина и других.

Этот бунт привел к разрешению политического кризиса. Само восстание закончилось после того, как вождь взбунтовавшихся стрельцов, князь Иван Хованский, был схвачен и казнен, стрельцы попросили о помиловании, и порядок в столице был восстановлен. Между патриархом и старообрядцами состоялся публичный диспут о вере. Иван и Петр оба стали царями. Часть боярских родов поддержала Милославских, часть — Нарышкиных, и места в правительстве получили представители обоих враждующих кланов. Правительницей при своих малолетних братьях стала царевна Софья Алексеевна при поддержке своего фаворита князя В. В. Голицына. Этому союзу, продлившемуся вплоть до свержения

---

[33] Подробнее о стрелецком бунте 1682 года см. [Буганов 1969: 170–190; Устрялов 1858–1863, I: 330–346; Hughes 1990: 52–88].

Софьи в 1689 году, постоянно угрожали политические противники, главным образом Нарышкины, делавшие ставку на Петра [Bushkovich 2001: 125–138; Бушкович 2021; Данилов 1937: 543–548].

Несмотря на внутриполитическую нестабильность и продолжавшуюся при дворе борьбу за власть, новое правительство продолжило в целом придерживаться прежнего курса. Важным успехом Софьи и Голицына стало заключение нескольких антитурецких союзов с иностранными державами — это стало возможным благодаря тому, что вот уже почти 30 лет Русское государство было активным игроком на восточноевропейской дипломатической сцене. В 1682 году большое османское войско вторглось в Венгрию; год спустя турки уже вплотную подступили к Вене. Габсбурги заключили союз с Речью Посполитой, Саксонией и Баварией и смогли остановить османов у стен австрийской столицы. В 1684 году папой Иннокентием XI была основана Священная Лига, которая призвана была защищать христианский мир от посягательств Османской империи. Эта коалиция была очень заинтересована в союзе с Москвой. Софья и Голицын воспользовались этим для того, чтобы укрепить свой авторитет внутри страны и добиться выгодных для Русского государства условий от западных держав. В 1686 году был заключен «Вечный мир» с Речью Посполитой, по которому поляки не только оставили все формальные притязания на Киев, но и отказались от совместного протектората над Запорожской Сечью; в результате Запорожье вошло в состав русской империи. Это была высшая точка регентства Софьи; Русское государство стало союзником Польши по Священной Лиге[34]. По условиям этого заключенного в Москве договора Россия обязывалась помочь Лиге в вербовке новых членов антитурецкой коалиции и выступить в поход против Крымского ханства.

Выполняя условия «Вечного мира», русское правительство предприняло два больших крымских похода — в 1687 и 1689 годах. Анализ этих военных кампаний дает прекрасную возмож-

---

[34] Заключение этого договора было сочтено в России большим успехом [Новосельский 1929: 107].

ность оценить состояние русских вооруженных сил в конце XVII века.

В некотором смысле события первого похода не стали неожиданностью. Командование армией, разумеется, было доверено Голицыну. Он не только был одним из знатнейших людей в Русском государстве, но и обладал опытом военных действий на Юге: до своего возвращения в Москву, чтобы возглавить царское правительство, Голицын два года командовал войсками в украинских кампаниях [Hughes 1984: 8–14; Загоровский 1980: 213, 218–219][35]. Впрочем, сам по себе такой опыт не означал наличия полководческого таланта и вообще склонности к военному делу. Для представителей высшей русской знати социально-политический статус по-прежнему был неразрывно связан с высоким местом в военной иерархии, поэтому командование войсками в походах поручалось членам главных боярских и княжеских родов из тех соображений, что сама их принадлежность к потомственной военной элите государства является гарантией их компетентности в этой сфере деятельности. И наоборот — обладание политической властью предполагало право (и обязанность) лично возглавить крупный военный поход [Crummey 1983: 46]. Голицын обладал не только колоссальным богатством, но и тонким вкусом, был сторонником европеизации, выдающимся политиком и государственным деятелем, имевшими обширные связи при европейских дворах. Однако, судя по всему, он не испытывал особого желания принимать на себя командование армией в крымском походе — не только из-за связанных с этим политических рисков, но и потому, что в принципе не имел интереса к военному делу [de la Neuville 1994: 34–35; де ла Невилль 1996][36].

Войска, которые во главе с Голицыным должны были выступить на Крым, начали собираться на южных рубежах Русского

---

[35] Из недавних исторических исследований, посвященных Голицыну, заслуживает внимания работа Хелли, см. главу 24 [Hellie 1999].

[36] Об этом красноречиво свидетельствует тот факт, что Голицын никак не проявил себя во время русско-турецкой войны, хотя находился в гуще событий и обладал большим политическим весом.

государства весной 1687 года. Перечисляя поводы к войне, царское правительство едва упомянуло о соглашении со Священной Лигой, однако подробно остановилось на старых обидах, связанных с татарскими набегами, угоном людей в рабство и разорением русских земель[37]. Готовая к походу армия стала доказательством успешного претворения в жизнь реформы 1680 года: это было огромное, более чем стотысячное войско, свыше двух третей которого составляли полки «нового строя» и чуть более половины — пехотинцы. Недавние реформы упростили русскому бюрократическому аппарату выполнение уже привычных военно-административных задач по мобилизации такого количества ратников, снабжению их продовольствием, порохом и ядрами, а также огнестрельным оружием стандартного образца и доставке всего этого (включая кавалерийские припасы, за которые помещики платили из своего кармана) к пунктам сбора [Stevens 1995: 89; Новомбергский 1914, 1: 316–317; Бобровский 1885: 77]. Однако из-за многочисленных задержек подготовка к походу затянулась: многие служилые люди прибывали с опозданием или не являлись вовсе. Обозы тоже задержались в пути. В итоге армия Голицына выступила на Крым позже запланированной даты.

Вторжение в Крым через Перекопский перешеек было сопряжено с многочисленными сложностями. Русской армии предстояло преодолеть 500–650 км по открытой и кое-где почти незаселенной степи. В этой местности можно было добыть подножный корм для лошадей, но не провиант для солдат; не существовало никаких аванпостов, которые могли бы использоваться как базы на пути следования войска, и нельзя было перебросить людей и припасы по воде. Поэтому армия, выступившая в конце концов в поход на Крымское ханство в конце весны 1687 года, представляла собой превосходящее всякое воображение зрелище. В центре огромной колонны «находились пехотные полки, по флангам которых тянулся обоз, состоявший из 20 тыс. повозок; рядом с обозом двигалась артиллерия, прикрытая конницей». По фронту эта четырехугольная колонна вытянулась «более одной вер-

[37] ПСЗ. II. Док. 1204.

сты[38] и глубиной в две версты» [Чернов 1954: 197; Stevens 1992: 503][39]. Столь громоздкое войско продвигалось вперед очень медленно. Более быстрому маршу мешал огромный обоз, но обойтись без него было невозможно. Каждый четвертый или пятый день приходилось останавливаться для поисков подножного корма и прочих надобностей. Только через месяц с лишним армия Голицына, к которой к тому моменту уже присоединились гетманские полки под командованием Самойловича, достигла Конских Вод — реки в Запорожье, по которой проходила граница с Крымским ханством.

В середине июня к югу от пути следования русской колонны загорелась степь. В поджоге травы были заподозрены татары, а затем и союзники Москвы казаки. Пожары лишили русских подножного корма и воды — двух вещей, которыми они не запаслись заранее; это сыграло ключевую роль в провале кампании. Пехота, которая все еще была обеспечена более чем достаточным количеством провианта, продолжила наступление, пытаясь нанести татарам хоть какой-то урон, а кавалерия повернула обратно в 200 км от Перекопа [Бобровский 1885: 79–80; Устрялов 1858–1863, I: 191–211][40]. В результате, хотя поражение Крыма в этой войне казалось предрешенным[41], армии Голицына так и не представилось настоящей возможности проявить себя на поле боя. Все это было тем неприятнее, что русское командование было абсолютно уверено в легкой победе над крымскими татарами.

Несмотря на столь масштабную подготовку к войне и колоссальную армию, поход 1687 года закончился неудачей. Многие считали причиной этого провала плохое руководство; действительно, войско Голицына продвигалось вперед слишком медлен-

---

[38] Верста равна 1066,8 м, до реформы XVIII века — 1066,781 м. — *Примеч. ред.*

[39] Походный порядок русского разряда (корпуса) в Крымских походах 1687–1689 годов (план № 9) см. [Кушнерев, Пирогов 1892, I].

[40] Гордон пишет о том, что русская армия испытывала недостаток в воде и дереве еще до того, как начались степные пожары [Gordon 1849–1852, 2: 174–175; Гордон, Брикнер 2022].

[41] Такого мнения, наряду с другими офицерами, придерживался и Гордон.

но. Впрочем, не вызывает сомнений, что связано это было в основном с объективными факторами. У русской армии было достаточное количество припасов, проблемы возникли с подножным кормом для лошадей. Сама степь служила достаточной защитой Крымского ханства от вторжения с севера, и еще по меньшей мере 40 лет Русское государство не обладало ресурсами, чтобы решить эту логистическую задачу и подступиться к Крыму с большой армией [Stevens 1992; Бобровский 1885: 85][42]. Высказываемая некоторыми историками мысль о том, что эту кампанию с самого начала не собирались доводить до конца, представляется абсурдной с учетом того, сколько усилий было приложено для организации первого крымского похода. Впрочем, в одном аспекте он все же оказался успешным. Москва частично выполнила свои обязательства перед союзниками по Священной Лиге, и Крым не послал свою конницу в помощь турецкому султану. Тем не менее царское правительство сочло необходимым найти виновника этой неудачи. Было объявлено, что гетман Самойлович, желая помешать Русскому государству соблюсти условия «Вечного мира», организовал поджог степи. Окруженные русскими войсками казаки вынуждены были избрать нового гетмана, которым стал Иван Мазепа [Лавров 1994: 14–19][43].

Готовясь ко второму походу на Крым, Голицын учел печальный опыт предыдущей кампании. Царское правительство сделало заявление о том, что останется верным взятым на себя обязательствам перед Священной Лигой, информировало Валахию и Сербию о своем намерении напасть на Крым и обсудило план военных действий с Речью Посполитой. В 1687 году в месте впадения Самары в Днепр была построена Новобогородицкая крепость; именно там весной 1689 года русская армия соединилось с гетманским войском. Более важным было то, что в Новобогородицкой крепости хранились припасы для предстоящего похода — свыше 6000 тонн продовольствия. Несмотря на очередные задержки с прибытием войск и обоза, армия Голицына покинула свой

[42] Как и раньше, правительство платило солдатам гораздо меньше обещанного.

[43] Речь Посполитая была разочарована итогами первого крымского похода.

опорный пункт намного раньше, чем в 1687 году, чтобы избежать во время марша страшной жары и свести к минимуму риск степных пожаров [Hughes 1990: 204–205; Чернов 1954: 196–198][44].

Все эти дополнительные приготовления не уберегли Голицына от очередной неудачи. К середине мая 1689 года его более чем стотысячное войско подошло к Крыму [Hughes 1990: 214; Чернов 1954: 198]. Нападение татар было отбито русской пехотой и артиллерией под защитой гуляй-города, и вскоре русская армия достигла Перекопа. Согласно донесениям Голицына и Гордона, вся территория возле Перекопа была выжжена и опустошена, и крымский хан попросил русских о мире. Однако, как и в прошлый раз, в степи стали иссякать запасы воды и корма для лошадей. Голицын писал, что отклонил предложение хана якобы из-за того, что, приняв его, нарушил бы соглашение с Речью Посполитой; в любом случае нам достоверно известно, что он отдал приказ возвращаться домой. Преследуемая нападавшими с тыла татарами и страдая от нехватки воды и болезней, русская армия в начале июня вернулась в Новобогородицкую крепость. По оценке иностранных офицеров, непосредственно в боевых действиях русские потеряли менее 500 человек, но еще 20 тысяч умерли от болезней и 15 тысяч были взяты крымцами в плен [Устрялов 1858–1863, I: 373–374][45]. Крым по-прежнему находился вне досягаемости Москвы и сохранял свою независимость, а Голицын не мог предъявить Софье и союзникам по Священной Лиге ни пленников, ни договора о мире. И вновь нельзя списать неудачу этой кампании исключительно на недостаточную подготовку русских солдат, слабую техническую оснащенность или даже плохое командование; очевидно, главной причиной поражения были неразрешимые логистические трудности. Тем не менее сложно расценивать второй крымский поход иначе как серьезный политический, дипломатический и военный просчет.

---

44 [Устрялов 1858–1863, IV: 487] предлагает списки неявившихся в поход войск.

45 См. также записи Гордона за 1689 год в [Gordon 1849–1852; Гордон, Брикнер 2022].

Несмотря на все попытки Голицына выдать неудачу в этой кампании за победу, в столице вскоре разразился политический шторм. Борьба между сторонниками Софьи и Петра становилась все более ожесточенной, Голицын потерял былое влияние при дворе, и Нарышкины вошли в силу. Царь Петр, которому исполнилось 16 лет, не предпринимал активных попыток по захвату власти, пока ему не сообщили, что на его жизнь готовится покушение. В защиту Петра выступили его личные полки, затем к ним присоединились стрельцы и наемники из Немецкой слободы. После недолгого сопротивления Софья сложила с себя полномочия регента и удалилась в Новодевичий монастырь, где и провела остаток своих дней; управление Русским государством полностью перешло в руки Петра.

Ни неудачный исход крымских кампаний, ни последовавшие за этим события в Москве, приведшие к смене власти, не изменили внешнеполитического курса России. В конце 1694 года Петр неожиданно решил возобновить боевые действия на юге[46]. Хотя крымские походы позволили Москве стать активным участником политических процессов, происходивших в Европе, антитурецкая деятельность Священной Лиги к середине 1690-х годов в значительной степени сошла на нет. Тем не менее Петр решил бросить вызов Османской империи, побуждаемый к этому желанием поддержать донских казаков в их противостоянии с татарами и выступить защитником православной веры, а также собственной жаждой славы.

Русские войска одновременно выдвинулись по двум направлениям: на запад, к устью Днепра, и на восток, в направлении Азова. Смысл этого двойного удара заключался в том, чтобы отрезать Крым от оккупированных турками Балкан и от Ногайской степи. Поскольку главной целью русской армии был захват Азова, Петр мог без труда доставлять войска, артиллерию и припасы к турецкой крепости вниз по Дону; в плане логистики эта операция была несравненно проще, чем походы на Крым.

---

46 Военно-административная система Русского государства на тот момент оставалась прежней [Новомбергский 1914, 2: 322]. В. М. Важинский пишет о том, что Петр начал реорганизацию военного устройства России уже после Азовского похода 1696 года, см. [Важинский 1973: 90].

Тридцатитысячное русское войско, осадившее Азов, состояло не только из бывших потешных, а ныне гвардейских полков Петра, Преображенского и Семеновского, но и из стрельцов и разрядных полков «нового строя»[47]. Армия была разделена на три группы, которые возглавляли два иностранных офицера, Ф. Лефорт и П. Гордон, и один русский — А. М. Головин; общее руководство осуществлял лично царь Петр. Профессионализм русского командования в этом походе был намного выше, чем в предыдущих кампаниях. Тем не менее эти три группы действовали разобщенно, и обстоятельства сложились не пользу русских сил. Турки с легкостью доставляли морем в Азов подкрепления и припасы, а татары удачно взаимодействовали с местным гарнизоном. Первый Азовский поход Петра закончился неудачей.

Русские отступили и начали строить флот для новой кампании. Всего за несколько месяцев под Воронежем было построено множество галер, брандеров и вспомогательных судов. Поставкой леса и мобилизацией рабочей силы из относительно близлежащих мест, как обычно, занимался Разрядный приказ; новшеством стало то, что строительство русского флота происходило под присмотром иностранных мастеров и при личном участии самого царя. Судоходные характеристики этих кораблей оставляли желать лучшего, но то, что их удалось построить в такие короткие сроки, было настоящим чудом. Как показали последующие события, этот южный флот был пригоден для выполнения своей первой боевой задачи [Phillips 1995: 59–70, 85–99; Perry 1968: 7–11; Загоровский 1960: 163–164].

Второй Азовский поход быстро продемонстрировал, что Петр извлек важные уроки из своей неудачи в предыдущей кампании. Сорокашеститысячная русская армия (стрельцы, отборные и разрядные полки пехоты, 20 тысяч казаков и 3000 калмыков) выступили прямо к Азову, не совершая отвлекающего маневра в устье Днепра. Гордону удалось разместить батареи на земляных

---

[47] В Белгородском разряде вплоть до 1707–1708 годов полки «нового строя» набирались в соответствии с положениями указа 1680 года, а не петровских реформ. РГАДА. Ф. 210. Белгород. кн. 201.

укреплениях, откуда сверху простреливались город и гавань; в результате турецкому флоту не удалось высадить войска и выгрузить припасы. Главными силами русской армии командовал воевода А. С. Шеин, а гвардейские полки особенно отличились в осаде, проявив высокую боевую и тактическую выучку. Много пользы принесли и казаки, которые на своих легких лодках смогли незаметно подойти к Азову, сжечь и захватить часть турецкого флота. Стрельцов же, многие из которых были оставлены после предыдущего похода защищать захваченные у турок сторожевые башни (каланчи), Гордон в своем дневнике подвергает жесточайшей критике, называя их бесполезными лентяями. В 1698 году недовольные тяготами долгой и дальней службы и тем, что царь предпочитал назначать на высшие военные должности иностранцев, стрельцы снова взбунтовались. Несмотря на то, что в начале своего правления Петр продолжал следовать прежнему внешнеполитическому курсу и опирался на существующую административную систему, его стремление к европеизации России и реформированию ее военного устройства было очевидно уже тогда. В июне Азов капитулировал[48].

Европейские державы не обратили особого внимания на эту победу молодого русского царя. Хотя Священная Лига и была создана для борьбы с Османской империей, взятие русскими Азова не принесло союзникам (да и самой Москве тоже) никакой непосредственной выгоды. В 1699 году Габсбурги подписали с Портой Карловицкий мир и вышли из Священной Лиги. Известия об этом положили конец планам Петра получить выход к Черному морю через Керченский пролив. Русское государство немедленно вступило в переговоры с Турцией. Россия на 30 лет получала Азов, уступая взамен занятую русскими войсками часть Поднепровья; все новые крепости в устье Днепра должны были быть срыты. Прочие требования Москвы, в частности касавшиеся прав православного населения на землях Османской империи, были отвергнуты.

---

[48] Воспоминания П. Гордона и Ч. Уитворта об этой осаде были переведены на английский Г. Хердом [Herd 2001б].

Однако если говорить о том, как изменилась ситуация в степном пограничье, то здесь последствия взятия русскими Азова были куда более значительными. Во-первых, положение городов и поселений, находившихся под защитой новой Изюмской черты, стало более безопасным. Число украинцев на этих территориях перевалило за 100 000 человек[49]; лишь в немногих городках воеводы имели русское происхождение. Вскоре на эти хорошо защищенные земли потянулись новые поселенцы из России. В конце XVII столетия здесь был сформирован новый разрядный полк, и одновременно с этим было принято постановление, запрещавшее брать на военную службу беглых крепостных. Начиная с 1692 года на Слобожанщине комплектовались приписанные к Белгородскому разряду полки, которые затем приняли участие в Азовских походах Петра.

Еще более важным следствием азовской победы 1696 года стало достижение некоторых договоренностей с калмыками, которые смирились с русским присутствием на этих территориях; в свою очередь, царское правительство сочло выгодным заключить с ними союз. Русские помогали калмыкам в их степной войне с казахами и каракалпаками, а калмыки сдерживали набеги других кочевников на южное пограничье и участвовали в походах русской армии в качестве вспомогательного войска. Полоса ничьей земли между границами Русского государства и Османской империи сузилась еще больше и пролегала теперь к северу от Кавказского хребта. Калмыки сохранили определенную свободу, однако то время, когда на их пастбища нахлынут новые волны русских поселенцев, было уже не за горами. Схожую политику «разделяй и властвуй» царское правительство применяло и в отношении народов на востоке степи. Так, притеснения местными властями башкир вскоре привели к тому, что в борьбе за пастбища они стали воевать с казахами[50]. Свободного про-

---

[49] О. Субтельный пишет, что к концу XVII века украинское мужское население Слобожанщины составляло 86 тысяч человек [Subtelny 1988: 153].

[50] См. главы 3 и 4 [Khodakovsky 2006].

странства в степи оставалось все меньше, а влияние Русского государства становилось все сильнее.

Обезопасив таким образом свои тылы с юга и востока, Русское государство во главе с молодым правителем вновь обратило свой взор на запад. И здесь важно подчеркнуть, что при всей своей (заслуженной) славе царя-реформатора Петр I, начиная в 1700 году войну со Швецией, имел в своем распоряжении хорошо зарекомендовавшую себя военно-административную систему. За счет рекрутских наборов в пехоту и призыва помещиков на службу в кавалерию царское правительство могло в случае необходимости хоть каждый год собирать достаточно большую армию, которая удерживала бы турок от активных действий и защищала бы южные рубежи Русского государства. Политика колонизации степи была жестокой по отношению к местным народам, но успешной. Москва расширила дипломатические отношения с европейскими державами. Было налажено пушечное производство и хорошо развито артиллерийское дело. Русская армия имела европейскую структуру и организацию, и в ней вот уже более 100 лет существовали профессионально обученные полки, знакомые с новшествами в сфере военных технологий и тактики.

Не менее важным было и то, что в Русском государстве возник стабильный и надежный бюрократический аппарат, который достаточно эффективно распоряжался имевшимися в наличии ресурсами; улучшилось и взаимодействие между различными ведомствами, и общее руководство. В результате бесконечных войн, которые Россия вела весь XVII век, в русском обществе — как на институциональном, так и на личном уровне — сформировалось представление о том, как устроена служба в полках «нового строя» в плане дисциплины, быта и социальных связей. Поэтапные преобразования, длившиеся десятки лет, до предела обострили взаимоотношения между русской политической элитой и той новой военной организацией, которая возникла в ходе всех этих реформ. Как показал на рубеже XVII–XVIII столетий пример Речи Посполитой, военная удача — дама непостоянная. Будущее России во многом зависело от Петра.

Часть III

1698–1730

Глава седьмая
Петр Великий и начало Северной войны

Было дело под Полтавой,
Дело славное, друзья!
Мы дрались тогда со шведом
Под знаменами Петра.
Наш могучий император —
Память вечная ему! —
Сам, родимый, пред полками
Словно сокол он летал,
Сам ружьем солдатским правил,
Сам и пушки заряжал[1].

И. Е. Молчанов

Обзор

Когда в 1689 году Петр Алексеевич и его единокровный брат Иван начали свое совместное царствование, репутация русской армии не была высокой ни за границей, ни в самом Русском государстве. Незавершенные реформы царя Федора, два бесславных Крымских похода (1687 и 1689 годов) — все это бросалось в глаза сильнее, чем приобретенный в многочисленных кампаниях той эпохи боевой опыт и хорошая выучка русских солдат. Крымские походы ассоциировались с только что низложенной царев-

---

[1] Спасибо Зое Павловской из Бингемтонского университета, которая познакомила меня с этой песней. (Песня написана Иваном Евстратовичем Молчановым, который положил в основу текста своей песни стихотворение «Три пули» (1845) поэта Градцева, несколько переработав его оригинальный текст. — *Примеч. ред.*) Также я выражаю благодарность Роберту Фросту и Полу Бушковичу, чьи недавние исследования помогли мне значительно лучше понять петровское время и военную историю этого периода.

ной Софьей, что тоже усиливало негативное отношение к военной службе в русском обществе. Россия не участвовала в военных конфликтах шесть лет, что стало одним из самых длительных периодов затишья в русской истории XVII века.

В данной главе будет рассмотрено возрождение славы русского оружия, кульминацией которого стала победа под Полтавой в 1709 году. Как и многие другие судьбоносные сражения, Полтавская битва была выиграна Петром благодаря целому ряду факторов. Это и ошибки шведов, и успешная внешняя политика России, и превосходное ведение самого боя, но также и результат масштабной реорганизации русского военного устройства. Впрочем, до 1710 года процесс этих реформ был неровным, часто прерывался и тормозился из-за причин политического и экономического характера.

Поначалу военная политика царей-соправителей мало отличались от действий их предшественников, за тем исключением, что молодой Петр (в 1689 году ему исполнилось 17 лет) принимал в ней активное личное участие. Некоторые военные новшества были применены им уже в Азовских походах 1695 и 1696 годов, однако полноценно процесс реформ был запущен уже после возвращения Петра из Великого посольства в 1698 году и начала войны со Швецией в 1699–1700 годах. Как только русская армия вступила в противостояние со шведами на Балтике, все стало подчинено одной цели — победе в этой войне. Для проведения массовых рекрутских наборов, формирования большого конного войска, комплектования офицерского корпуса и производства оружия и амуниции были задействованы старые бюрократические механизмы, доставшиеся Петру в наследство от отца и старшего брата. Перемены в тактике и структуре вооруженных сил, а также постепенное превращение полупрофессиональной армии в регулярную стали уже следствием опыта, полученного в войне со Швецией. Царь Петр и его советники оказались превосходными стратегами. Преодоление административных барьеров на пути создания новой армии оказалось более сложной задачей, даже несмотря на то, что система правительственных ведомств (приказов), сложившаяся к концу XVII века, в целом работала довольно эффективно. Усилия Петра сопровождались бюрократическими проволочками; политическое и экономическое противодействие военным реформам было так велико, что в их успехе часто возникали сомнения. Для успешной реализации своих замыслов Петру часто приходилось лично вмешиваться в происходящее и жестоко наказывать тех, кто вставал у него на пути. Тем не менее после поражения под Нарвой в начале Северной войны (1700) русские войска постепенно захватили немало шведских земель на Балтике. Когда Речь Посполитая, союзник России, в конце концов вышла из этой войны, Карл XII, король Швеции, со своей армией вторгся в пределы Русского государства. Кампания 1707–1709 годов закончилась поражением шведов и триумфом Петра.

Начало

Личный интерес Петра I к военному делу сыграл такую важную роль в победных завоеваниях России, что историки, объясняя этот феномен, нередко обращаются к детству царя. Как правило, в этих исследованиях говорится о двух вещах. Во-первых, еще в 1680-х годах юный Петр создал настоящие пехотные войска (так называемые потешные[2]), набрав в них, среди прочих, молодых дворян; эти войска были доукомплектованы солдатами из полков «нового строя», которые постоянно упражнялись, проводили учения и даже разыгрывали сражения под руководством опытных иностранных офицеров. Такого рода деятельность, возможно, не была чем-то необычным в Европе, однако в Русском государстве ничего похожего никогда раньше не случалось[3]. С самого нача-

---

[2] Название «потешные» петровские отряды получили не только потому, что должны были развлекать царя. Как писал историк С. Ф. Платонов: «...ибо стояли в потешных сёлах». «Потешные сёла» на языке XVII века — это царские загородные резиденции, куда правитель со свитой выезжал на летний отдых. — *Примеч. ред.*

[3] Схожим образом культивировал интерес к военному делу у своих сыновей Фридрих Вильгельм I, король Пруссии.

ла эти войска служили Петру защитой от его политических врагов, однако их роль важна еще и потому, что впоследствии они стали военной и социальной элитой России — гвардейскими полками русской императорской армии, которые и после смерти Петра вершили судьбы империи и возводили на троны царей и цариц. Во-вторых, в детстве и юности Петр, помимо того что обучался (хотя и несколько беспорядочно) многим наукам у придворных учителей, был частым гостем в Немецкой слободе Москвы. Там он завел дружбу с иностранными офицерами, в частности с П. Гордоном и Ф. Лефортом, стал ценителем всего иноземного и вообще вел более свободную и непринужденную жизнь, чем в царском дворце[4]. Немецкая слобода заслуживает особого разговора не только потому, что именно там Петр I познакомился с европейским образом жизни; к 1690-м годам в столице сложилась целая прослойка русских людей, разделявших интерес молодого царя к европейской культуре и обычаям, хотя и не всегда в той же степени. Однако из-за своего отсутствия при дворе Петр стал проводить меньше времени с Нарышкиными, своей родней по матери, и отдалился от сложных придворных интриг. Частью его ближнего круга стали иностранные офицеры, фавориты и инженеры; русские люди, которые в силу своей знатности имели право претендовать на место рядом с царем, оказались отодвинуты в сторону[5]. Поэтому если одни представители боярской элиты были недовольны военной политикой Петра, то других он оттолкнул своим поведением и отдалением — политическим и физическим — от московского двора с его привычной родовой структурой и иерархией. Поэтому противодействие реформам Петра имело как чисто военные, так и политические причины.

В начале своего совместного правления (1689–1696) Петр и Иван придерживались прежнего внешнеполитического курса.

---

[4] Более подробно см. [Павленко 1990]. Если говорить о недавних англоязычных исследованиях, посвященных правлению Петра, то Хьюз уделяет этим моментам больше внимания, чем Бушкович [Hughes 2002; Bushkovich 2001].

[5] Это следует в том числе из переписки Петра [Бороздин 1903: 160].

Главное место во внешней политике Москвы занимали отношения с Османской империей. Русское государство все еще было членом Священной Лиги — союза, основанного с благословения папы Иннокентия XI антитурецкой коалицией, куда, кроме России, входили Священная Римская империя, Речь Посполитая и Венецианская республика. В предыдущей главе было описано, как русские войска под предводительством Петра предприняли два похода на турецкую крепость Азов на Черном море в 1695 и 1696 годах. Первая из этих кампаний окончилась неудачей. Во втором походе молодой царь, опираясь на старые военно-административные механизмы, прибег к некоторым новшествам. Любовь Петра к морю и кораблям, не свойственная никому из его предшественников, привела к тому, что для осады Азова был построен флот. По сути дела, организация всего этого процесса — поставка материалов, мобилизация трудовых ресурсов и наем иностранных мастеров — производилась старыми административными методами. В 1696 году европейские офицеры, состоявшие на русской службе, познакомили Петра с некоторыми новинками в области саперного дела и тактики. Однако ключевую роль во взятии Азова сыграли казаки на своих стругах. После успешного завоевания в 1696 году Азова и некоторых других турецких поселений на побережье Черного моря Петр — формально инкогнито — отправился в свое знаменитое и не имеющее аналогов в русской истории путешествие в Западную Европу (Великое посольство). Там он лично познакомился с последними военными инновациями и, хотя его попытки возродить антитурецкую коалицию не увенчались успехом, постиг тонкости ведения сложных дипломатических переговоров.

В это время Петр все сильнее отдалялся от царского двора с его непрекращающейся борьбой за власть и влияние между боярскими родами; его связь с Москвой еще больше ослабла после смерти его матери Натальи Нарышкиной в 1694 году и единокровного брата Ивана в начале 1696 года. Петр установил собственный стиль правления — с опорой на близкий круг фаворитов и единомышленников и постоянную собственную вовлеченность во все происходящее. Этот новый подход к управлению государством существенно повлиял и на военную политику России.

Безусловно, Петр не был первым русским монархом, проявившим интерес к военным делам. Иван IV после неудачи первого Казанского похода принял личное участие в разработке военной реформы. Всего несколькими десятилетиями ранее отец Петра, царь Алексей Михайлович, в начале Тринадцатилетней войны несколько раз выезжал со своим двором в зону боевых действий: он принимал стратегические решения о перемещениях русских войск, отдавал приказы воеводам, следил за тем, чтобы сложно устроенный бюрократический аппарат, отвечавший за функционирование самой крупной армии в истории Русского государства, справлялся со своей работой, и в исключительных случаях сам появлялся на поле боя [Brown 2002: 126, 130–131, 136]. К концу XVII века упоминание о воинском звании царя даже стало частью его титула [Wortman 1995: 35, 40; Уортман 2004]. Однако Петр в корне изменил само отношение русской элиты к армии и военной службе.

Петр I сильно отличался от своих предшественников на русском троне тем, что во всех делах, которые вызывали у него интерес, — а таких было множество — он сам принимал энергичное и деятельное участие. Фигура Петра окружена мифическим ореолом: якобы он выслужился из рядовых в офицеры в собственном полку (хотя все это время был одновременно и его командиром), работал плотником на голландской верфи, проводил испытания оружия, вел солдат в бой в Полтавской битве и чудом избежал ранения, когда шведская пуля пробила его шляпу. Неиссякаемая энергия молодого царя и его стремление вникнуть во все мельчайшие детали были ключевыми элементами его стиля управления; кроме того, до самой своей смерти Петр уделял огромное внимание военным вопросам и дипломатии. В результате он стал превосходно разбираться и в том, и в другом.

Личные качества и достоинства Петра сыграли важнейшую роль в русской истории, однако следует отметить, что даже просто само его активное участие в управлении государством имело колоссальные политические последствия. Так, оставив трон на время Великого посольства, Петр резко сократил контакты с московским двором; он почти не взаимодействовал с высшим советом Русского царства — Боярской думой — и редко назначал на ключевые государственные посты ее членов. Вместо этого он использовал непререкаемый авторитет царской власти для того, чтобы добиваться решения своих задач другими средствами. В частности, Петр прежде всего рассчитывал на собственные силы и на поддержку людей из своего ближнего круга, которые должны были беспрекословно исполнять его волю. Петр не только лично вел свои войска в бой в Полтавском сражении и битве на реке Прут. Он возникал в самых неожиданных местах и своим присутствием добивался того, что все его поручения выполнялись как можно быстрее. В начале 1700-х годов царь посещал регулярные смотры дворян и детей боярских, чтобы одним своим грозным видом нагнать страх на юношей из высших сословий и не дать им увильнуть, использовав свои привилегии или злоупотребив своим положением, от выполнения воинской обязанности [Pososhkov 1987: 200; Посошков: 2021][6]. Это было очень практичным и наглядным проявлением той символической власти, которой обладал русский царь, бывший, среди прочего, главнокомандующим вооруженными силами Русского государства.

В течение следующего десятилетия, когда Петр не мог лично проследить за выполнением своих приказов, эта задача зачастую возлагалась на плечи одного из его вечно загруженных делами сподвижников[7]: Ф. М. Апраксина, В. В. Голицына, Б. П. Шереметева, П. Гордона, Я. Брюса, главного фаворита царя А. Д. Меншикова, Ф. Ю. Ромодановского и других. Многие из этих людей — в частности, любимец Петра Меншиков — в результате обзавелись незавидной репутацией. Это весьма напоминало период позднего царствования Алексея Михайловича, получивший название

---

6 Впоследствии Петр стал еще категоричнее требовать от дворян несения военной службы.

7 Так, Б. П. Шереметев не мог даже выкроить времени для управления собственными поместьями [Заозерский 1973: 173–174].

«правление фаворитов», когда политическая стабильность Русского государства оказалась нарушена. Петр не желал участвовать в боярских распрях, предпочитая опираться на тех людей, кто готов был идти за ним до конца и исполнять его волю. Это вовсе не означало, что он отрицательно относился к аристократической элите самой по себе. Среди тех, кто входил в его ближний круг, многие были выходцами из знатнейших русских семей и состояли с царем в родстве, но некоторые фавориты Петра — например, Меншиков — имели низкое происхождение. И несмотря на то что поначалу количество представителей знати в русской армии сократилось, число тех из них, кто дослужился до высоких должностей, напротив, выросло[8]. Однако этих людей все равно было относительно немного, и эти посты достались им вовсе не только благодаря их высокому социальному статусу. Боярская дума с ее строгой иерархией и тесными связями с бюрократическим аппаратом России с течением времени все дальше отстранялась от фактического управления страной[9]. Ближний круг Петра I зачастую действовал вне рамок прежней административной системы Русского государства, что в конечном итоге и привело к исчезновению старых правительственных институтов.

Возможно, именно поэтому стиль правления Петра был таким суровым, если не сказать жестоким. В детстве он едва не стал жертвой стрелецкого бунта 1682 года; перед самым отъездом Петра в Великое посольство случился заговор Циклера[10]. Затем ему спешно пришлось вернуться в 1698 году из Европы из-за

---

8 Самыми известными членами боярских родов, сделавшими успешную военную карьеру в начале царствования Петра I, безусловно, были Б. П. Шереметев, Я. Ф. Долгоруков, В. В. Голицын и А. С. Шеин. Менее знатные дворяне тоже в большом количестве влились в офицерский корпус новой русской армии. Подробнее о том, почему на первых порах число представителей высших сословий в русских вооруженных силах сократилось, см. сноску 173 [Hellie 1972: 369].

9 Последние собрания Боярской думы произошли, по-видимому, в 1704 году; формально она так и не была распущена [Анисимов 1997: 20–21].

10 Иван Елисеевич Циклер — русский думный дворянин, казнен 4 марта 1697 года по обвинению в заговоре против Петра I. — *Примеч. ред.*

известий о новом мятеже стрельцов, возмущенных последними нововведениями и притеснениями. Этот бунт был подавлен и расследован еще до возвращения Петра в Москву. Однако царь настоял на новом следствии и суде; его итогом стали пытки и жестокие публичные казни, на которых Петр присутствовал лично. Подобную безжалостность и жестокость Петр демонстрировал во время своего правления далеко не единожды. Даже в повседневной жизни, составляя указы, он не выбирал выражений и грозил суровыми карами тем, кто не выполнит его волю[11]. При Петре был учрежден Преображенский приказ, расследовавший предполагаемые преступления против царя («Слово и дело государево»). Руководил Преображенским приказом князь Ф. Ю. Ромодановский[12]. Впоследствии была создана целая система политического сыска, благодаря которой Петр смог еще более полно контролировать образ мыслей своих подданных. В годы его царствования возникли новые органы надзора и исполнения наказаний; угрозы, доносительство и казни стали рутиной политической жизни Русского государства[13].

Хорошо заметные перемены в стиле правления Петра, произошедшие в 1708–1709 годах, несли с собой определенные риски. Самоизоляция Петра от царского двора и всей придворной политики накладывала на него и его сподвижников серьезные обязательства: они обязаны были добиться успеха в своих начинаниях, чтобы оправдать отказ от прежнего курса. Чтобы избежать раскола в среде своих сторонников и не лишиться их поддержки, Петр задействовал сложные ритуалы [Zitser 2004]. Однако он по-прежнему был убежден в том, что необходимым

---

11 РГАДА. Ф. 210. Белгородские кн. 192 (опись 6А, ед. хран. 192, ч. 1); Смотренный список 1705. Л. 21, 27.

12 Здесь прослеживаются исторические параллели с той ролью, которую какое-то время играл при Иване IV касимовский хан Симеон Бекбулатович. Подробнее о правлении Ромодановского см. у Хьюз, который ссылается здесь на Голикову [Hughes 2002: 98; Голикова 1957: 14–16].

13 При царе Алексее Михайловиче существовал Приказ тайных дел, выполнявший схожие функции, однако нельзя сказать, что его главной задачей было именно наблюдение за политической благонадежностью населения России.

условием реформирования государства является беспрекословное исполнение его приказов, и жестоко расправлялся со всеми теми, кто, по его мнению, подрывал авторитет его власти.

Первые залпы войны

Несмотря на все усилия Петра, союзники Русского государства по Священной Лиге более не были заинтересованы в продолжении противостояния с Турцией. Однако у молодого царя была и другая цель: сделать то, что не удалось его предшественникам, и возвратить России утерянный после Столбовского мира выход к Балтийскому морю. В результате Петр вступил в новосформированную антишведскую коалицию — Северный союз. Немалую роль в этом решении сыграл близкий Петру по духу Август II, курфюрст Саксонии и новоизбранный король Речи Посполитой. Во главе будущих союзников России по антишведской коалиции — Саксонии, Речи Посполитой и Дании — стояли молодые монархи, которые, как и сам Петр, не застали предыдущую Северную войну. Они полагали, что, несмотря на имеющуюся высокую военную репутацию, Швеция была настолько же истощена, насколько ее новый король, Карл XII, был юн и неопытен[14]. Когда Священная Римская империя, союзник Русского государства по Священной Лиге, в 1699 году в одностороннем порядке заключила мир с Портой, Россия быстро подписала перемирие с Османской империей сроком на 30 лет, тем самым развязав себе руки для войны со Швецией. Петр принял личное участие в этих дипломатических переговорах.

В Швеции, с которой готовилось начать войну Русское государство, со времен ее славных побед в Тридцатилетней войне произошли важные изменения, затронувшие и ее военную организацию. Хотя сама армия, созданная Густавом Адольфом, по сути оставалась прежней, Карл XI в конце XVII столетия сделал

---

[14] Из-за своей молодости Карл XII начал лично править Швецией только через 18 месяцев после смерти своего отца [Hatton 1969: 76–77, 84].

ее структуру более гибкой и эффективной. Ударные полки шведской армии по-прежнему набирались в центральных провинциях Скандинавского полуострова. В мирный период солдаты получали из казны земельные наделы, а во время войны содержание этих полков возлагалось на плечи жителей тех провинций, где они были набраны. Шведы, которые выделяли средства на кавалерию, получали особые налоговые льготы. Это была очень эффективная система, позволявшая стране с бедной аграрной экономикой иметь профессиональную армию, способную отразить нападение извне. Однако ведение длительной кампании, так же как и содержание гарнизонов на дальних границах империи, требовало больших дополнительных расходов. Швеция стремилась завершать свои военные конфликты с соседями как можно быстрее и потому использовала в сражениях крайне агрессивную тактику ведения боя и нанимала иностранных наемников. В конце XVII века шведы много времени и внимания уделяли муштре и военным учениям, но мало воевали. Боеспособность шведской армии росла, и при этом правительство накапливало ресурсы. Однако несмотря на все это, Швеция все равно нуждалась в некоторой помощи со стороны других государств (и получала ее). Когда трон перешел к Карлу XII, хуже всего были защищены именно крепости на востоке Шведской империи [Åberg 1973: 268–278].

Когда в 1700 году началась Северная война, союзники по антишведской коалиции, вероятно, рассчитывали одержать быструю и уверенную победу. Швеция, во главе которой стоял не достигший двадцатилетия король, сражалась одновременно на трех фронтах. Однако Карл XII оказался не желторотым юнцом, как надеялись его противники, а выдающимся полководцем; политическое же и административное устройство Шведского королевства было прочным и эффективным. Уже в самом начале войны, когда Петр еще только собирал войска для того, чтобы выступить на Нарву (шведскую крепость на южном побережье Балтийского моря и самом востоке Эстонии), Карл XII со своим войском высадился под Копенгагеном и вынудил Данию подписать мирный договор со Швецией и выйти из Северного союза.

Всего через две недели после начала осады Нарвы небольшое шведское войско (9000 солдат) под предводительством самого Карла XII неожиданно для русских подоспело на выручку осажденному гарнизону крепости. Никого в Европе не удивило, когда в ноябре 1700 года в сражении под Нарвой русская армия потерпела поражение; Петр счел причиной этой неудачи плохую подготовленность солдат и использование устаревшей тактики. В самой русской армии вину за поражение возложили на иностранных командиров [Бескровный 1958: 188][15]. Карл XII маршем прошелся по Ливонии, заставил Августа II снять безрезультатную осаду Риги, аннексировал Курляндию, пересек Литву и вторгся в Западную Польшу, целясь в самое сердце Речи Посполитой. Для защиты шведских владений на Балтике он оставил небольшие гарнизоны в некоторых крепостях и армию численностью около 7000 человек под командованием генерала Шлиппенбаха [Ростунов 1987: 58–59; Åberg 1973: 286].

Даже во время самой Северной войны современники сочли это решение шведского короля необдуманным, упрекая его в недооценке России[16]. Однако последние исследования шведских историков показывают, что Карл XII, вероятно, был прав, считая своим главным противником именно Речь Посполитую с учетом геополитического расположения этой страны и ее военного потенциала. Были и другие причины, по которым основные силы шведской армии оказались именно в Западной Польше. Там находились владения некоторых политических конкурентов Августа II; главные враги польского короля в литовской части Речи Посполитой — магнатский род Сапеги — в это время воевали со своими соотечественниками. Кроме того, находясь в Западной Польше, шведы могли угрожать вторжением в находившееся

---

[15] Это мнение отчасти разделяют и некоторые историки. Так в [ВИО 1995, 1: 253] сказано о том, что иностранные офицеры выстроили русские войска в одну линию и не оставили резерва.

[16] Дж. Перри, англичанин, недолгое время состоявший на русской службе, писал после поражения шведов под Полтавой, что «последующие успехи царя... во многом стали следствием поспешности молодого шведского короля и его презрения к русской армии» [Perry 1968: 204; Перри 2012].

неподалеку курфюршество Саксонию — наследное владение Августа II. Саксонская армия, которую Август использовал как во внутренних конфликтах Речи Посполитой, так и в Северной войне, представляло собой хорошо обученное и имевшее высокую репутацию в Европе войско численностью 25 тысяч человек. К тому же в Польше шведские войска не испытывали проблем с продовольствием и фуражом, в то время как в их собственных балтийских провинциях дела со снабжением обстояли намного хуже. Итак, Карл XII оставался в Польше, планируя обратить себе на пользу раздиравшие Речь Посполитую внутренние конфликты между магнатами и королем Августом II.

В течение следующих пяти лет (1701–1706) шведы пытались сместить с трона Августа и заменить его своим ставленником, который согласился бы завершить эту войну и выйти из Северного союза. Несмотря на многочисленные — иногда блестящие — военные победы, одержанные Карлом XII в эти годы, этот процесс тянулся слишком долго. Отчасти это стало результатом успешной политики Петра, который умело координировал военные и дипломатические действия Русского государства. Он постоянно посылал Августу войска и деньги, не давая угаснуть польскому сопротивлению. Петр всячески поддерживал сторонников Августа, особенно в Литве, а вот шведы, проявляя недальновидность, вели себя с магнатами пренебрежительно и не смогли обзавестись надежными союзниками. В любом случае политическое завоевание такого децентрализованного, разобщенного и конфликтного государства, как Речь Посполитая, оказалось очень сложной задачей. Добиться своих целей Карлу удалось, лишь когда он покинул Польшу и вторгся в 1706 году в Саксонию. Только тогда курфюршество Саксония вышло из Северной войны, и Август II вынужден был отречься от польского трона. На престол взошел Станислав Лещинский, которого шведы давно собирались посадить на место Августа, однако у нового короля Речи Посполитой было очень мало реальной власти [Hughes 2002: 30–31][17].

---

[17] См. главу 10 [Frost 2000].

Реформирование русской армии на Балтике

После битвы под Нарвой, когда основные силы шведской армии сражались в Польше, русские войска продолжили активные действия в шведских провинциях на Балтике. Главной базой русских был Псков, откуда их армии вторглись в шведскую Ливонию и осадили несколько крепостей. Генерал-фельдмаршал Шереметев, опытный военачальник и аристократ, ближайший сподвижник Петра, в декабре 1701 года одержал победу над шведами в сражении под Эрестфером. К лету 1702 года на счету у русских было еще несколько важных побед: сражение при Гуммельсгофе, взятие крепостей Мариенбург в Ливонии и Нотебург на Ладожском озере [ВИО 1995, 1: 255]. Эти первые успехи в Ливонии и Ингрии (также известной как Ижора или Ингерманландия) на восточном побережье Балтийского моря были достигнуты благодаря тому, что большие русские отряды атаковали изолированные шведские замки с небольшими гарнизонами; русское командование пока что не решалось осаждать более крупные крепости. Важнейшую роль в этих победах — тактическую и стратегическую — сыграла русская конница (в том числе драгуны, казаки из Гетманщины и калмыки), что стало определенной неожиданностью, так как в армиях Западной Европы в то время главная ставка делалась уже на пехоту [Khodarkovsky 1992: 138, 141–143, 145]. В то время как основные силы грозной шведской армии завязли в Польше, русские продолжали завоевывать все новые территории на Балтике. Захватив при помощи только что созданного Балтийского флота устье Невы, Петр в 1703 году заложил здесь свою будущую столицу Санкт-Петербург, прозванную впоследствии «окном в Европу». В 1704 году русские войска вновь осадили Нарву, и на этот раз город был взят. К 1706 году, когда Карл XII, наконец, вступил в Саксонию, Россия оккупировала уже почти всю Эстляндию, Ливонию и даже Курляндию; в руках у шведов оставались только несколько крупных городов и крепостей [Бескровный 1958: 184–200].

Успешные русские кампании на Балтике в период с 1700 по 1706 год породили легенду о том, что Петр, потерпев унизительное поражение под Нарвой, коренным образом реформировал военное устройство Русского государства, перенеся свою армию из Средневековья в Новое время. Эту часто повторяемую мысль высказывал и сам Петр. Однако это является серьезным заблуждением. Во-первых, русские войска под Нарвой, разумеется, не были ни «средневековыми ордами», ни исключительно легкой мобильной конницей. Русское войско степного типа было реорганизовано еще в XVI веке; в XVII столетии в русском военном устройстве произошли огромные институциональные, тактические и технологические преобразования, и сам Петр в начале своего правления тоже ввел некоторые новшества. Петр реформировал русскую армию и во время Азовских походов, и в годы Великого посольства: готовясь к войне со Швецией, он объявил о наборе добровольческих полков, обещая новобранцам круглогодичное жалованье и содержание за счет казны; кроме того, он произвел серьезные изменения в составе русского офицерского корпуса — все это воспринималось современниками как военная «модернизация» [Автократов 1961: 165; Рабинович 1969: 221–223]. Во-вторых, в сражении под Нарвой Россия уже располагала четырьмя хорошо обученными и хорошо вооруженными полками, которые, по идее, ничем не должны были уступать своим европейским противникам. В двух бывших «потешных» — а тогда лейб-гвардии Преображенском и Семеновском полках — и еще двух старых отборных пехотных полках было около 4500 солдат. Некоторые из них принимали участие в Азовских и даже Крымских походах — то есть имели боевой опыт. Под Нарвой они были неудачно выстроены и их командиры принимали ошибочные решения, но сами эти части в распоряжении Петра имелись уже тогда. К несчастью для русских, шведы использовали очень необычную по многим европейским стандартам тактику: их атака была такой стремительной и рискованной, что удивила даже искушенных в военном деле западных наблюдателей — и увенчалась успехом[18].

[18] Герцог де Круа, командовавший русскими войсками в Нарвской битве, явно не ожидал такого маневра, но и для некоторых иностранцев на шведской службе он тоже оказался сюрпризом [Frost 2000: 277; Устрялов 1858–1863, IV: 50, 181].

Короче говоря, поражение под Нарвой действительно могло дать толчок военным реформам Петра, но ни сама эта битва, ни последовавшие за ней преобразования не были такими судьбоносными, как принято полагать.

Однако после 1700 года темп военных реформ, безусловно, ускорился. Многие из самых эффективных нововведений Петра были самым тесным образом связаны с преобразованиями, произошедшими в XVII веке, — некоторые из них стали их продолжением, а другие разрушили то, что было создано его предшественниками. Начиная с 1704 года, русская армия после робкой попытки сделать шаг в другом направлении вновь вернулась к размерам и пропорциям между кавалерией и пехотой предыдущего столетия. На практике это означало, что на действительной военной службе состояли около 100 тысяч человек, почти половина из которых служила в кавалерии; кроме того, быстрыми темпами шло строительство русского флота. Численность и структура русской армии сыграли ключевую роль в Северной войне, хотя, возможно, это не так очевидно с первого взгляда.

Как и в чуть более раннюю эпоху, в начале XVII столетия основную ударную силу западноевропейских армий составляла пехота. Как правило, эти армии на 75 % состояли из пеших солдат, а в некоторых случаях эта пропорция могла быть и еще выше [Wilson 1999: 85]. Стратегия и тактика ведения военных действий в основном зависели от маневров этих хорошо обученных и профессиональных пехотинцев. Высокая стоимость обучения и содержания таких войск существенно ограничивала их численность. Кавалерийские силы при таком раскладе были сравнительно невелики и выполняли на поле боя вспомогательные функции. Поскольку кавалерийские части обходились казне еще дороже, чем пехота, европейским правительствам не было никакого смысла изменять приведенное выше процентное соотношение пехоты и конницы в пользу последней. На самом деле, многие историки считают, что в раннем Новом времени именно такая организация армии свидетельствовала о мощи европейского государства — о том, что оно управляется сильной рукой, располагает развитым бюрократическим аппаратом и успешно претворило в жизнь военную реформу[19].

Готовясь к войне со Швецией, Петр, судя по всему, поначалу собирался строить русскую армию по тому же образцу. В 1699 году были сформированы новые 27 пехотных и только два драгунских полка. Почти все эти части (вместе с артиллерийским полком) вошли в состав трех «генеральств» (дивизий), отправленных Петром под Нарву. Как уже было сказано выше, добровольцам из этих полков были обещаны постоянное жалованье и содержание, в то время как конные части были набраны старым сезонным способом. В русской армии были и другие войска старого типа (половина из них — дворяне сотенной службы, а также конные казаки и калмыки). Поэтому в процентном соотношении превосходство пехоты над кавалерией было не таким большим, как казалось во время рекрутского набора[20]. Тем не менее совершенно очевидно, что молодой царь явно намеревался увеличить численность русской пехоты и повысить ее боеспособность.

Однако через четыре-пять лет он отказался от этого замысла и поставил перед собой новую цель. Хотя в 1704–1705 годах России удалось добиться больших успехов на Балтике, будущее русской армии все еще было неясным. Нанятый на русскую службу фельдмаршал-лейтенант Священной Римской империи Г. Б. Огильви представил Петру план преобразования русской армии по европейскому образцу. В этом проекте было три ключевых пункта. Во-первых, Огильви предложил унифицировать структуру русской армии: все полки должны были иметь одинаковую организацию и численность (пехотные свою, а драгунские свою). Это предложение было принято. Во-вторых и в-третьих, Огильви считал, что надо уменьшить численность русской армии

---

19 Есть много исследований, посвященных этой теме; см., например, [Parker 1996: 27, 38].

20 М. Д. Рабинович перечисляет как новые пехотные полки, набранные до 1704 года (всего 80, некоторые из них были распущены и сформированы заново), так и драгунские (25, не считая старые «иррегулярные» части) [Рабинович 1977].

по сравнению с XVII веком и изменить процентное соотношение между пехотой и кавалерией в пользу первой. В результате у России появилась бы профессиональная армия — не такая большая, как раньше, но намного лучше обученная. Несмотря на то что Петр был сторонником европеизации, эти два предложения из плана Огильви он отклонил[21]. Русская армия, участвовавшая в кампаниях 1705–1706 годов, состояла из 33 драгунских полков, 47 пехотных, двух лейб-гвардейских и одного артиллерийского — это было огромное войско, в котором конница по-прежнему играла очень важную роль. Такое соотношение между пехотой и кавалерией мало отличалось от того, что было в предыдущем столетии; такая структура армии оставалась неизменной в течение всего периода правления Петра I и еще некоторое время после него.

Нетрудно понять, почему Петр отказался от своего первоначального замысла. В войне с Швецией обойтись без многочисленной кавалерии было невозможно. Иначе говоря, на восточноевропейском театре военных действий армия с большим количеством конницы имела преимущество над войском, почти полностью состоящим из пехотных частей. Ключевыми характеристиками кавалерии были маневренность и мобильность: на огромных и малонаселенных территориях Восточной Европы заниматься разведкой и фуражировкой могли только конники. Именно в таких условиях и приходилось действовать русской армии в балтийских провинциях в 1700–1704 годах [Карцов 1851: 43–55]. В те годы сражения, проходившие по разработанным полководцами планам, были редки — в основном случались стычки и недолгие осады. Конные части защищали окопавшихся в траншеях пехотинцев, не давали гарнизонам крепостей производить вылазки, опустошали побережье Балтийского моря быстрыми набегами и, что особенно важно, добывали провиант и фураж в этих сравнительно малонаселенных и пустынных

---

[21] К. Даффи пишет только об уменьшении численности армии, но не упоминает, что Огильви предлагал также усилить пехоту за счет сокращения кавалерийских сил [Duffy 1982: 13].

землях. В 1703 году драгунский лейтенант, которому во время осады очередной шведской крепости приходилось добывать информацию у местных жителей, оборонять солдат в окопах, отбивать вылазки гарнизона, а затем, во время сражения, прикрывать выполняющую тактический маневр пехоту, не был чем-то необычным[22].

Ценность кавалерии в таких условиях была настолько велика, что во второй половине XVII столетия все ведущие военные державы Восточной Европы — Османская империя, Речь Посполитая, Швеция и, разумеется, Русское государство — имели в своем распоряжении многочисленную конницу [Konstam 1994: 18; Frost 2000: 246; Murphey 1999: 35–49]. Повторюсь: данный факт свидетельствует вовсе не об архаичности военной организации этих стран, а о том, что они вынуждены были приспосабливаться к специфическим географическим условиям Восточной Европы; на густозаселенном Западе ситуация была совершенно иной. Армии всех этих перечисленных выше государств сохранили свои внушительные конные силы и в XVIII столетии. Так, шведская армия, которую уж точно никак нельзя назвать «отсталой», в начале Северной войны более чем наполовину состояла из кавалерии [Frost 2000: 64, 147, 235][23]. Принятое после 1705 года Петром I решение сохранить численность своих кавалерийских сил было совершенно логичным. Со стратегической точки зрения это было продиктовано военной обстановкой и действиями противника. Если говорить о тактическом применении, то на поле боя кавалерия использовалась для нападения с флангов и отражения стремительных атак в лоб — излюбленного маневра шведов, наводившего ужас на их врагов[24]. Петр поступил так, как

---

[22] РГВИА. Ф. 489. Опись 1. Ед. хран. 2451. Л. 95–97об. См. также [Письма и бумаги, 8; 9: док. 6].

[23] Примеру шведов последовали и немцы, см. [Asch 1999: 57; Konstam 1994: 18; Black 1994: 104, 107].

[24] У. Фуллер пишет, что петровская армия имела «преимущество отсталости», хотя организация шведской армии не сильно отличалась от русской, см. главу 2 [Fuller 1992].

того требовала текущая военная ситуация, а также дал понять, что не будет слепо следовать европейским военным образцам, беря на вооружение лишь те инновации, которые лучше всего подходят именно Русскому государству.

Понимая, что практические соображения требуют от него сохранения крупного кавалерийского корпуса, Петр тем не менее по-прежнему стремился создать мощную, хорошо обученную и надежную пехоту. Были написаны несколько воинских уставов и инструкций: «Воинский устав, составленный и посвященный Петру Великому, Генералом Вейде, в 1698 году» А. А. Вейде, созданный по австрийскому образцу, «Строевое положение, или Воинские артикулы для мушкетер и гренадер» А. М. Головина (1700) и составленное в 1708 году самим Петром «Учреждение к бою по настоящему времени», легшее в основу тактического раздела «Устава воинского» 1716 года. Во всех этих инструкциях речь шла почти исключительно о пехоте. В самом деле, иногда слова «армия» и «солдаты» были практически синонимичны. Так, в начале «Воинского устава» Вейде было сказано следующее: «Речение “солдат” просто содержит в себе всех людей, которые при войске суть: от вышнего генерала даже и до последнего [рядового]» [Konstam 1993: 13; Леонов, Ульянов 1995: 15–16 и далее].

Уже сам тот факт, что Русское государство нуждалось в большой армии, имел огромное значение. Проще говоря, так как Петр хотел иметь в своем распоряжении многочисленное войско, ему надо было его как-то комплектовать. В результате постоянные наборы на службу по-прежнему оставались тяжелой повинностью для русского податного населения, состоявшего главным образом из крепостных, но кроме того, включавшего в себя городских жителей, ремесленников и некоторых других лиц. Петр, мечтавший создать профессиональную пехоту, начал набирать все больше людей в армию еще в 1699 году и не отказался от этого курса даже после победы под Полтавой в 1709 году. Вначале он объявил о призыве на военную службу добровольцев. Однако, как и в XVII веке, в России было мало свободных мужчин, которые могли бы вступить в армию, и потому добровольцы никак не могли удовлетворить потребности русского правительства в солдатах. В результате в 1699 году возобновились наборы даточных людей, которые в форме «рекрутских наборов» не только проводились в течение всего срока правления Петра I, но и продолжились при его преемниках. Как и при прежних царях, во время набора 1699 года на военную службу призывался один человек с определенного количества дворов — с какого именно, зависело от податного сословия. Русские чиновники, не имея более точных сведений, использовали частично исправленные подворные переписи 1678 года. Рекрутские наборы, проводившиеся после 1699 года, были непоследовательными и хаотичными. В некоторых случаях регулярно призывались на службу крестьяне того или иного региона. Недобор рекрутов, военная необходимость или нехватка людей в действующей армии вследствие дезертирства (очень частое явление) могли привести к тому, что проводился внеочередной рекрутский набор в той же области или среди представителей другого податного сословия. В 1704 году ранее отпущенные стрельцы и стрелецкие дети были вновь призваны на гарнизонную службу. Вскоре после этого было принято решение о сборе с московских ямских городовых слобод с двух дворов по одному человеку [Keep 1985: 105; Бескровный 1958: 25][25]. Новые петровские канцелярии не имели в своем распоряжении ни точных данных, ни отлаженных бюрократических механизмов, поэтому эти рекрутские наборы проводились менее осмысленно и организованно, чем в XVII веке. Однако важным отличием от предыдущей эпохи было то, что намного большее число людей, призванных при Петре на военную службу, оставались в армии навсегда. Иначе говоря, крепостные, отнятые у помещиков, часто продолжали служить в своих полках до конца жизни; даже несмотря на отсутствие нормального снабжения и постоя меньшее число крестьян возвращалось домой к своим семьям после окончания военной кампании [Рабинович 1969: 231].

Однако начиная с 1705 года рекрутская повинность стала всеобщей и, судя по всему, более организованной: теперь с каж-

---

[25] ПСЗ. Т. 4. Док. 1979 (1704); док. 1996 (1704), 217.

дых 20 дворов на службу призывался один солдат (в случае необходимости эти же дворы обязаны были выставить нового рекрута)[26]. Идея о том, что определенное количество хозяйств обязано не только предоставить рекрута и снарядить его для несения службы[27], но и заменить его в случае необходимости другим, была позаимствована у шведов. Было очевидно, что Русское государство стремится к созданию регулярной и более надежной армии. Однако организация этих всеобщих рекрутских наборов все еще была далека от идеала. В первые годы своего правления Петр по возможности избегал того, чтобы задействовать бюрократические механизмы старого Поместного приказа, чьи чиновники имели богатый опыт проведения рекрутских наборов, но теперь ему пришлось поручить им эту работу. Поскольку имевшиеся в распоряжении правительства переписи устарели, отслеживать набор новых и замену старых рекрутов было трудно. Эти наборы стали регулярными и проводились почти каждый год, однако наряду с ними из-за дезертирства, потерь в ходе войны и необходимости доукомплектовать те или иные конкретные части Петру по-прежнему приходилось постоянно проводить и внеочередные наборы[28]. В некоторых случаях от рекрутской повинности можно было откупиться деньгами. В кавалерию и флот призывались представители других сословий; эта повинность тоже была всеобщей, но нормы призыва были иными. В частности, обязанность выставить, снарядить и снабдить провиантом одного «конного рекрута» возлагалась на

---

[26] ПСЗ. Т. 4. Док. 2036 (1705). 296. Док. 2050 (1705), 306.

[27] ПСЗ. Т. 4. Док. 2038 (1705). 298.

[28] Дж. Кип пишет о том, что этими небольшими наборами некоторое время занимался новый Приказ военных дел (23 июня 1701 года) (ранее Военный приказ (18 февраля 1700 года). — *Примеч. ред.*). В конце концов это новое ведомство стало отвечать за все комплектование вооруженных сил Русского государства, забрав эти обязанности у Поместного приказа. Дополнительно осложняло проведение рекрутских наборов то, что русское правительство (и сам Петр) механически делило желаемое количество солдат на общее число дворов, притом что ситуация в различных регионах была разной и далеко не везде эти нормы призыва могли быть выполнены [Keep 1985: 105].

80 дворов[29]. Короче говоря, с введением всеобщей рекрутской повинности комплектование армии не стало более надежным и организованным, чем раньше. Однако, как и новобранцы, призванные на службу в 1699 году, рекруты, попавшие в пехоту после 1705 года, не возвращались после окончания кампании домой и оставались в армии пожизненно с большей вероятностью, чем их предшественники из XVII века.

Из-за такого большого числа регулярных и внеочередных рекрутских наборов и путаницы с записями, которые велись в различных приказах и канцеляриях, историкам трудно точно сказать, сколько именно людей было призвано в русскую армию как до Полтавы, так и за все время царствования Петра в целом. В настоящее время принято считать, что общее число людей, призванных на военную службу до 1710 года (в пехоту, кавалерию и флот), составляет приблизительно 140 тысяч человек [Keep 1985: 106; Автократов 1959: 230–232; Бескровный 1958: 26]. В течение всего правления Петра I в русские вооруженные силы были призваны 250–300 тысяч человек из 12-миллионного населения России; с учетом региональных и специальных рекрутских наборов эта цифра может быть даже несколько выше [Fuller 1992: 46; Keep 1985: 107][30]. По меркам Европы и Османской империи такой процент от общего населения был большим. За обладание огромной армией России приходилось платить высокую экономическую и социальную цену: русские податные сословия, крестьянское и городское, все чаще (и, как правило, навсегда) лишались молодых мужчин, способных обрабатывать землю и заниматься ремеслами.

Какими бы ни были точные цифры, новые повинности были очень тяжелыми, и русский народ принял их плохо. Крестьяне и городские жители всеми силами старались избежать рекрутского набора, иногда сбегая за пределы Русского государства; будучи призванными, многие «исчезали» по пути в свои полки или на

---

29 ПСЗ. Т. IV. Док. 2023 (1705). 285. Док. 2065 (1705), 313. Док 2273 (1710), 497.

30 Л. Г. Бескровный подробно перечисляет все эти наборы [Бескровный 1958: 23–29].

фронт. Помещики тоже не горели желанием расстаться со своими крепостными; они прятали их от призыва и очень часто сообщали ложные сведения о том, сколько именно рекрутов ими было отправлено на военную службу. Однако чем больше людей дезертировало из действующей армии, тем сильнее правительство нуждалось в новых солдатах. Данные о количестве дезертировавших сильно разнятся: от 3–4 % от общего числа новых рекрутов до 20 % и выше [Keep 1985: 114; Fuller 1992: 46–48][31]. В результате при Петре не только увеличились сроки несения военной службы и некоторые сословия, например, приказные люди, теперь тоже должны были поставлять рекрутов в действующую армию, но и был усилен надзор за исполнением рекрутами своих обязанностей: их клеймили, заковывали в колодки, возлагали на них круговую поруку, а пойманных дезертиров казнили [Бескровный 1958: 29–31][32].

Принятое Петром решение о создании крупного кавалерийского корпуса тоже имело некоторые неожиданные последствия. Как и в XVII столетии, в петровское время помещики по-прежнему прибывали на регулярные сборы для прохождения военной службы в коннице. В прошлом эти дворяне и дети боярские получали из казны некоторое денежное жалованье, однако частично обязаны были содержать себя сами и сами же покупали себе оружие и амуницию; эти люди состояли на сезонной службе, участвуя в отдельных кампаниях, и в первые годы Северной войны в этом плане ничего не изменилось [Hellie 1974: 246]. Однако никакие временные послабления, сделанные правительством высшим сословиям, не могли изменить того факта, что в Русском государстве попросту было слишком мало помещиков, чтобы набрать из них 33 кавалерийских полка (более 33 тысяч человек). Уже в начале правления Петра, во время кампаний на Балтике, русское командование начало доукомплектовывать

---

31 Из рекрутов, призванных по специальному набору на юге России в 1705 году, сбежала или дезертировала треть. РГАДА. Ф. 210. Белгородск. кн. 187. Л. 383 и далее.

32 ПСЗ. Т. IV. Док. 2271 (1710). С. 493; док. 2281 (1710). С. 526–527; док. 2456, арт. 17 (1711). С. 765–771; док 2532 (1712). С. 837–838.

конные полки служилыми людьми из низших сословий (казаками и бывшими солдатами, а затем и крестьянскими рекрутами)[33]. Все это бывало и раньше. В конце XVII века в рейтары тоже принимали людей, не принадлежавших к высшим сословиям. Однако после окончания войны или отдельной кампании, по крайней мере, предпринимались попытки вернуть этих людей на прежнее место службы, более соответствующее их социальному статусу. Пока дела обстояли таким образом, люди, постоянно состоявшие на службе в кавалерийских полках, могли претендовать на получение от государства земли (поместья)[34]. От всей этой сословной мишуры в XVIII веке не осталось и следа. Судя по всему, никто больше не пытался комплектовать кавалерийские полки из одних только дворян, и никакой социальной фильтрации после завершения кампании тоже больше не происходило. Долгие годы совместной службы и участия в боевых действиях оказались для формирования полкового единства куда более важными факторами, чем принадлежность к одному сословию[35].

У привлечения к постоянной службе в конных частях казаков, имеющих боевой опыт пехотинцев, горожан и крестьян было два очень важных последствия. Во-первых, навсегда было покончено с сословной элитарностью кавалерийской службы. Русские дворяне, если им приходилось служить, по-прежнему предпочитали идти в кавалерию. Однако царское правительство больше не рассчитывало на то, что высшие сословия удовлетворят потребности Русского государства в конниках, и не препятствовало представителям других сословий поступать на кавалерийскую службу. Россия определенно сделала шаг к созданию националь-

---

33 См., например, документы 579–580 [Рабинович 1977: 94].

34 См. в «Исторической летописи курского дворянства» перечисление «дворовых дворян» — казаков, получивших право на поместья за боевые заслуги [Танков 1913, 1: 42].

35 Я благодарна организаторам (Маршаллу По и Эрику Лору) и участникам конференции «Military and Society in Russia», состоявшейся в Гарвардском университете в сентябре 2000 года, за ценные замечания, сделанные во время обсуждения моего доклада о сословном составе русской армии при Петре I. См. также мою статью на эту тему [Stevens 2002: 147–175].

ной армии и флота [Водарский 1969: 233]. Во-вторых, петровские кавалеристы, дворяне и все прочие, больше не получали поместий в награду за свою службу: как и пехотинцам, им выплачивали жалованье деньгами. Размер этого жалованья не всегда был таким, как было обещано, и многие дворяне получали меньшее содержание на том основании, что владели полученными от государства землями. Тем не менее поместная система (право на владение землей в обмен на сезонную службу в коннице), которая и в военном, и в экономическом плане вот уже свыше 100 лет находилась в упадке, была окончательно разрушена; в результате этой вынужденной меры русская конница стала более надежной и профессиональной.

Необычными были не только сословные, но и чисто военные характеристики петровской кавалерии. При Петре кавалерийские полки были почти исключительно драгунскими: конные войска других разновидностей сохранились только в полках старого типа. Ни одна другая страна того времени не делала такую ставку на драгун. Однако у драгунских отрядов были свои преимущества. Их можно было использовать для выполнения самых разных задач, поскольку они были обучены действовать как в конном, так и в пешем строю. Содержание драгунских полков обходилось казне сравнительно недорого, так как их организация (численность, структура и вооружение) мало отличалась от других частей. Будучи легкой кавалерией, драгуны не нуждались в крупных лошадях, которых в России было бы трудно достать: в Русском государстве в основном разводили степные породы лошадей. Впоследствии Петр недолгое время использовал в русской армии регулярные части легкой кавалерии, однако они не оправдали возложенных на них ожиданий и вскоре были распущены; в любом случае этих так называемых «сербских полков» никогда не было много[36].

Как уже говорилось выше, русские драгуны были особенно полезны не на поле боя, а при выполнении других задач — в набегах, разведке и фуражировке. Все эти уже имеющиеся навыки очень пригодились русскому командованию на первом этапе

---

[36] См. документы 535–538а [Рабинович 1977: 84].

Северной войны, которое, впрочем, использовало в этих целях не только драгун, но и иррегулярных казаков и калмыков[37]. В серьезных сражениях русская кавалерия поначалу проявляла себя не с лучшей стороны [Бескровный 1959: 59, 61; Клокман 1968: 73–114]. Во многом это было связано с тем, что в Северной войне ей противостоял исключительно грозный соперник. В начале XVIII века шведская кавалерия применяла очень агрессивную тактику ведения боя. Шведский кавалерийский эскадрон строился в трехлинейный боевой порядок в форме клина, где всадники стояли вплотную друг к другу «колено за коленом» и по команде «gå-på» («вперед!») с палашами наголо на полном скаку атаковали врага; эта тактика[38], как правило, разрывала строй вражеской пехоты, а полевая артиллерия была против него практически бесполезна. Противостоять этому удару могли только очень хорошо обученные войска; для того чтобы воспроизвести его, нужны были месяцы упорных тренировок. Поэтому в начале Северной войны драгуны приносили, скорее, стратегическую пользу русской армии благодаря своей быстроте и мобильности; как тактические единицы на поле боя они были не так хороши. Петр и русское командование извлекали выгоду из уже имеющихся достоинств русской кавалерии; улучшение их боевых навыков и тактических характеристик произошло уже позже, в конце царствования Петра.

Другие важные преобразования в русской армии после сражения под Нарвой произошли в офицерском корпусе. Здесь Петр опирался на выросший к концу XVII века профессионализм командного состава русской армии и на то обстоятельство, что представления русской элиты о престижности военной службы тоже уже изменились. Имея в своем распоряжении этот прочный фундамент, заложенный его предшественниками, Петр провел реформу офицерского корпуса, который к 1720-м годам стал

---

[37] Калмыки более ответственно подходили к выполнению поставленных командованием задач [Collins 1975: 275]. Казаки же считали, что русское командование плохо с ними обращается [Mackiw 1983: 35].

[38] Тактика быстрого перехода конницы к ближнему бою, или тактика «gå-på». — *Примеч. ред.*

совершенно иным. В конце XVII столетия значительное число офицеров в полках «нового строя» были профессиональными военными: это были состоящие на жалованье у казны «карьеристы», хорошо знавшие свое дело. Их присутствие в русской армии отчасти было результатом политики царя Алексея Михайловича, набиравшего на службу «наемных иноземцев»; эти люди обладали достаточной квалификацией для того, чтобы улучшить военное устройство России, но их политический и социальный статус был низок и не угрожал интересам русской элиты. К 1680-м годам в рейтарских полках было 47 полковников-иноземцев, а в солдатских — 77, и политический вес самых видных из этих офицеров вырос [Frost 2000: 234; Мышлаевский 1899: 298–299].

Петр тоже привлекал на русскую службу иностранных наемников, которые знакомили русских офицеров и рядовых с последними новинками в области военного дела и обучали их. Эти люди и их дети, родившиеся уже в России, сыграли очень важную роль в реформировании русской армии. Однако при Петре офицерский корпус стал активно пополняться и собственно русскими командирами. Кандидатов на младшие командные должности «рекрутировали» на все тех же традиционных смотрах помещиков. Эти дворяне, а также одаренные простолюдины получали назначение в полк и дальше имели возможность продвигаться по карьерной лестнице. Петр, продолжая политику своих предшественников, лично следил за тем, чтобы дворяне не увиливали от несения военной службы, и во многом благодаря его стараниям русский офицерский корпус стал новой элитой империи. Русские юноши отправлялись для обучения за границу. Были открыты специальные школы, где молодых людей наставляли в инженерном, флотском и артиллерийском деле; России требовалось множество обученных грамоте офицеров. К 1720-м годам царское правительство так сильно полагалось на профессионализм русских офицеров, что лишь треть от общего числа всех полковников в русской армии были иностранными наемниками [Бобровский 1885: 166; Рабинович 1973: 154][39].

---

[39] ПСЗ. Т. IV. Док. 2319 (1711). С. 591–593.

Более того, несмотря на то что во главе русских вооруженных сил были и видные иностранные полководцы, с самого начала Северной войны русские офицеры высокого ранга ощущали себя частью общего дела и вместе с царем принимали участие в разработке военных планов. Генералы, старшие офицеры и дипломаты часто все вместе принимали участие в военных советах, обсуждая и координируя как долгосрочные стратегические планы, так и тактику предстоящего сражения, на этих встречах нередко присутствовал и сам Петр. Велись протоколы этих совещаний, которые по сути представляли собой заседания только что возникшего генерального штаба русской армии. По-видимому, поначалу русские офицеры приходили на эти встречи для того, чтобы восполнить недостатки образования и разобраться в тонкостях шведской стратегии; Петр же использовал их для того, чтобы унять разногласия в среде своих сподвижников и заставить всех работать заодно для достижения общей цели [Hellie 1974: 244–245; Fuller 1992: 71–73]. Однако под началом Петра эти военные советы превратились в очень эффективный инструмент управления армией: во время этих споров рождались не просто удачные, но еще и неожиданные для противника замыслы.

После сражения под Нарвой представители русской военной элиты также осуществляли надзор за деятельностью многих иностранных военачальников на русской службе, хотя и не отдавали им приказов. Так, состоявшийся в 1706 году разговор генерал-фельдмаршал-лейтенанта Огильви с Петром о том, следует ли оставлять шведам Гродно, велся в присутствии русских сподвижников царя. Они не только участвовали в военных совещаниях, но и осуществляли коммуникацию между иностранными генералами и русским монархом: всю информацию с поля боя Огильви передавал Петру только через А. Д. Меншикова и А. И. Репнина. Шереметев, который еще до воцарения Петра получил богатый военный и дипломатический опыт, под покровительством молодого царя превратился в выдающегося полководца [Заозерский 1973: 189].

Эти перемены в офицерском корпусе принесли России не только немедленную пользу, но имели и далеко идущие последствия. Отчаянно нуждавшееся в большом количестве новых офицеров царское правительство, по-прежнему набиравшее иностранных наемников, стало все чаще назначать на командные должности русских людей — как знатного происхождения, так и простолюдинов. Русские офицеры обучились многим новым вещам и стали воспринимать себя настоящими профессионалами военного дела. Несмотря на то что офицеров — как младшего, так и старшего командного звена — все равно не хватало, их тактическая и стратегическая подготовка была на высоком уровне. Это обстоятельство сыграло важную роль не только на первом этапе войны, когда была завоевана бóльшая часть шведских провинций на Балтике, но и в последующих кампаниях. Однако еще более важным итогом этих реформ стало то, что, как задумывал Петр, служба в офицерском корпусе стала обязательным условием принадлежности к русской социальной элите; впрочем, то, что это так, стало очевидным далеко не сразу. Состоявшие на регулярной службе русские офицеры существенно улучшили положение дел в пехотных войсках. Именно в пехоте число офицеров было самым большим, что самым положительным образом сказалось на боеспособности этого рода войск.

При всех этих изменениях Петр вовсе не собирался отказываться от тех преимуществ, которыми уже обладала его армия. Так, например, русская артиллерия давно уже пользовалась заслуженной славой. В России давно имелись центры оружейного производства и собственный артиллерийский корпус (люди «пушкарского чина»); кроме того, еще при прежних правителях вкладывались немалые средства в техническую инновацию огнестрельного оружия [Hellie 1972: 184–185]. Тем не менее Россия все еще закупала большое количество оружия за границей, а ее вооружение собственного производства не было унифицировано, из-за чего возникали сложности и с обучением оружейных мастеров, и с самим производством мушкетов и пушек. После первой осады Нарвы положение дел в этой сфере существенно ухудшилось, так как бесславное поражение русского войска привело к утере всего пушечного обоза из 180 орудий осадной и полевой артиллерии. Тем не менее, когда возглавившему Пушечный приказ

А. А. Виниусу было приказано переплавить весь доступный металл, даже храмовые колокола, если нужно, и отлить для армии новые пушки, все ресурсы для выполнения этой задачи — и людские, и материальные, и административные — у него уже были. Городские ремесленники смастерили лафеты, литейщики переплавили колокола и отлили новые пушки, а Виниус, используя всю власть, полученную от лично заинтересованного в этом процессе государя, добился того, чтобы поставленная Петром цель была достигнута в кратчайшие сроки. В результате уже весной 1701 года русская армия, которой командовал Шереметев, получила в свое распоряжение нужные пушки. Однако это было только начало. Я. В. Брюс, шотландец по происхождению, чья семья в течение уже нескольких поколений жила в России, внес огромный вклад в дальнейшее улучшение русской артиллерии. Главными ее характеристиками были маневренность и мобильность. Благодаря изобретению передвижной мортиры и созданию отдельного артиллерийского полка возрожденная русская артиллерия стала еще более эффективной. Именно она сыграла ключевую роль во взятии Нарвы в 1704 году. Металлургические и оружейные заводы не останавливали работу в течение всей войны, снабжая русскую армию новым (и все более унифицированным) оружием [ВИО 1995, 1: 285][40]. Хотя Россия покупала вооружение за рубежом вплоть до 1712 года, вскоре после этого она полностью перешла на собственное производство. Поколение спустя русская артиллерия, согласно свидетельству одного наблюдателя, (все еще) была «единственной областью военного искусства, которой русские предаются со всем усердием и в которой у них есть свои собственные способные офицеры» [Manstein 1968: 44–47, 94–95; Манштейн 2012]. Нечто подобное произошло и с до того малоразвитой текстильной индустрией, которая при Петре, требовавшем, чтобы его солдаты носили мундиры, сшитые из ткани местного производства, пережила экспоненциальный рост.

Преобразование офицерского корпуса, изменение численности и структуры русской армии и даже стимулирование небольшого

---

[40] См. гл. 1 [Баиов 1912: 15].

индустриального сектора русской экономики — все это быстро дало желаемый результат, так как за этим стояли личное участие царя и беспрестанный надзор со стороны его сподвижников. Все эти реформы зиждились на фундаменте, заложенном ранее. Однако в тех случаях, когда подготовительная работа была проделана менее тщательно или для успеха реформы требовались полномасштабные институциональные перемены, Петр до Полтавской битвы действовал неуверенно, а иногда и вовсе непоследовательно. Особенно сложной проблемой было создание финансовой и административной системы, которая позволила бы России содержать регулярную армию, эта задача для Петра (как и для его предшественников) была в числе первоочередных.

Переход от сезонной к более постоянной военной службе, случившийся в петровскую эпоху, стал новым явлением в Русском государстве. Некоторые рекруты, призванные в армию в 1700 и 1701 годах, прослужили без перерыва вплоть до 1721 года. Другие за все время службы получили один-единственный отпуск; многие из них вернулись из дома в свои старые полки. Хотя точное количество таких солдат указать сложно, переход к более постоянной службе сам по себе сыграл очень важную роль в Северной войне. В армии оставалось больше обученных солдат, которые не только обладали боевым опытом, но и передавали его новобранцам. Разумеется, далеко не вся армия состояла из таких людей. Недобор по призыву, дезертирство, болезни и убыль в бою часто приводили к тому, что полки приходилось доукомплектовывать сезонными или временными рекрутами.

Для создания постоянной регулярной армии одного введения рекрутской повинности было, конечно, недостаточно. Солдатам надо было выплачивать жалованье, снабжать их продовольствием, оружием и обмундированием; кавалерии, помимо всего этого, требовались лошади и фураж. Чем более постоянной становилась военная служба, тем сильнее росли расходы на эти нужды. До Полтавской битвы из-за серьезных фискальных и административных ограничений были большие сомнения в том, что Петру удастся решить эту проблему, сохранив столь многочисленную регулярную армию.

По мере того как расходы на войну возрастали, необходимость добыть денег для выплаты жалованья и оплаты поставок становилась все более острой. Неудивительно, что в таких стесненных обстоятельствах царское правительство мало думало о поиске новых ресурсов и главным образом старалось изъять у населения как можно больше денег за счет различных налогов и податей. Петр ввел некоторые временные меры, в частности, ежегодную подать на содержание армии в балтийских землях. Новые налоги выплачивались по большей части деньгами: старые методы, когда часть податей взималась натурой, использовались редко. Вплоть до 1720-х годов городское и крестьянское население платило подворную подать. В 1695–1703 годах размер этого ежегодного налога резко вырос. Для постройки кораблей создавались «кумпанства» — добровольные товарищества землевладельцев и церковников, оплачивавшие материалы, работу мастеров и снаряжение судна. Были и налоги на личную собственность: так, в 1704 году в Астрахани за каждую голову принадлежавшего ему скота владелец уплачивал в казну от 1 до 5 копеек. Существовали и подушные подати — ясак для народов Сибири, корабельный налог для строительства флота в 1699 году и десятина. Взималась пошлина за письмо, написанное писцом. Кроме того, правительство Петра вводило специальные военные налоги, налоги на алкоголь, таможенные, дорожные и мостовые пошлины и даже новый налог на соль. В монументальном исследовании Р. Хелли приведены 44 налога, введенные русским правительством в первые годы правления Петра[41]. Такое ошеломляющее количество налогов, пошлин и повинностей не было чем-то новым. В условиях слаборазвитой сельской экономики обирание собственного населения было проверенным способом сбора денег или, в случае необходимости, зерна и прочих товаров. Хотя из-за административной неразберихи и разнообразия всех этих налогов трудно точно измерить тяжесть этого фискального гнета, считается, что вплоть до 1708–1709 годов общая сумма налогов, выплачивае-

---

[41] См. главу 23 [Hellie 1999].

мых отдельным хозяйством (двором), резко и неуклонно (хоть и неравномерно) росла. Когда и этих собранных средств оказалось недостаточно, Петр пошел на порчу монеты [Anisimov 1989: 18]. Это привело к инфляции, что еще сильнее ударило по населению Русского государства. Были и другие повинности: помимо рекрутского набора, крепостные привлекались для выполнения различных работ и вынуждены были бросать свои поля. Так, например, первый русский флот в Воронеже был построен руками крепостных из южных регионов; кроме того, правительство использовало подневольный труд при возведении укреплений возле Азова, строительстве Санкт-Петербурга и Ладожского канала. Также для снабжения воюющей армии взимались натуральные налоги и проводились реквизиции.

Попытки Петра I реформировать бюрократические механизмы, отвечавшие за сбор налогов и снабжение армии, далеко не всегда давали желаемый результат. Здесь важно иметь в виду, что административные проблемы в начале 1700-х годов не были напрямую вызваны плохой работой старых правительственных ведомств. На самом деле, как правило, приказы XVII века справлялись с этими задачами вполне удовлетворительно[42]. Можно, вероятно, говорить о том, что архаичное устройство этого бюрократического аппарата и ограниченное количество задач, которое он мог выполнять, предопределили случившийся в начале XVIII века административный кризис [Анисимов 1997: 86–89]. Однако частые, но непоследовательные попытки Петра реформировать эту старую систему управления государством тоже порождали новые проблемы. Так, указом от 18 февраля 1700 года был создан Провиантский приказ, который отвечал за снабжение хлебом пехотных полков, выступивших в сентябре того же года на Нарву. Таким образом, был создан общенациональный орган, отвечающий за снабжение военных частей; он взял на себя функции старого Разрядного приказа, в котором частичное снабжение было организовано по территориальному

---

42 Подробнее об этом см. у Б. Плавсича, о снабжении армии — у К. Стивенс [Plavsic 1980: 44–45; Stevens 1992: 487–504].

принципу. Это была первая организованная тыловая служба Русского государства, при этом сам налог, благодаря которому закупался провиант для армии, был старым — «стрелецкий хлеб». Когда этот симбиоз старого и нового ведомств потерпел неудачу, Петр предпринял новую попытку централизации, создав Приказ военных дел, который с 1701 года отвечал за комплектование и снабжение все большего числа полков. К 1706 году в его ведении находились 47 пехотных и 17 драгунских полков. В том же 1701 году Провиантский приказ был передан в подчинение Приказу военных дел, благодаря чему получил возможность распоряжаться большими финансовыми средствами (эти деньги прежде находились в ведении местных органов управления); однако кое-где на региональном уровне сбором местной подати по-прежнему занимался Разрядный приказ. Тем временем генерал-комиссар князь Я. Ф. Долгоруков, возглавлявший Приказ военных дел, попал под Нарвой в плен и был отвезен в Стокгольм, где более десяти лет провел в неволе. Прямой замены ему так и не было назначено, хотя многие из его обязанностей, по-видимому, выполнял М. Г. Ромодановский. Начальниками Провиантского приказа с 1700 по 1708 год успели побывать три человека[43]; кроме того, в течение целого года эта должность вообще оставалась вакантной. Когда стало понятно, что усилия Приказа военных дел тоже не приносят желаемых плодов, Петр в 1708 году принял решение о децентрализации тыловой службы [Автократов 1959: 228–245; Автократов 1961: 163–188; Бобровский 1885: 141]. Однако в 1711 году снабжение армии снова было централизовано. Все это время Разрядный приказ и другие ведомства XVII века продолжали функционировать, хотя круг их обязанностей был уже не таким большим, как прежде[44]. Как следует из этого слегка сумбурного изложения, административная политика Петра I была такой же непростой, как и его взаимоотношения с Боярской думой. Вместо того чтобы распустить

---

[43] С. И. Языков (1700–1701), Е. И. Украинцев (1701–1706), М. Г. Ромодановский (1705–1707). — *Примеч. ред.*

[44] РГАДА. Ф. 210. Белгородск. кн. 201 (1707–1708).

старые приказы и заменить их новыми, он предпочитал не вмешиваться в их деятельность и создавал структуры, которые должны были постепенно занять их место.

Эти и другие схожие преобразования помогли рационализировать и централизовать русский бюрократический аппарат. Однако объединение нескольких разнородных структур, занимавшихся сбором податей и снабжением армии, под крышей одного ведомства вовсе не означало, что налогов будет собираться больше, а тыловая служба станет работать эффективней. В первые годы правления Петра в связи с тотальной перестройкой государственного аппарата на плечи русских чиновников легла большая дополнительная нагрузка, при этом квалифицированных кадров в правительстве не прибавилось. Опытных дьяков и подьячих было очень мало, и далеко не все они одобрительно восприняли петровские реформы [Медушевский 1989: 64–70; Медушевский 1990, 2: 79–83; 1990, 3: 70–93]. Перевод приказов из Москвы в новую столицу России Санкт-Петербург, вероятно, позволил Петру лишить старые придворные клики былого влияния, однако это вовсе не было гарантией того, что теперь эти ведомства будут справляться со своими задачами лучше [Медушевский 1990, 3: 70–71]. Прежняя бюрократическая система с ее иерархией и привычными механизмами (как эффективными, так и не очень) перестраивалась на ходу. Вследствие этой административной неразберихи вплоть до 1705 года, когда была введена всеобщая рекрутская повинность, за массовые рекрутские наборы отвечал Поместный приказ, в то время как Приказ военных дел занимался в основном небольшими рекрутскими наборами на местах [Бескровный 1958: 26][45]. Столь поздняя передача этих полномочий ведомству, которое, по идее, должно было осуществлять эти функции с самого начала, показывает, насколько устойчивыми оказались старые административные механизмы и структуры ко всем попыткам Петра реформировать всю эту бюрократическую махину. Кроме того, русское правительство по-прежнему придерживалось политики целевого на-

---

[45] ПСЗ. Т. IV. Док. 2020. С. 284–285.

логообложения (то есть сбора налогов на конкретные нужды), что не только дополнительно усложняло административную систему государства, но и существенно затрудняло решение других фискальных задач, в частности, формирование сводного бюджета. Тот факт, что бóльшая часть налогов взималась деньгами, а некоторые из них по-прежнему собирались натурой, ничуть не улучшал общего положения дел[46]. Во главе этих ведомств зачастую стояли люди из ближнего окружения Петра I, которые также напрямую участвовали в решении вопросов, связанных с ведением войны, и были обременены множеством других обязанностей[47]. Административный хаос привел к еще большим недоимкам, а из-за невозможности спрогнозировать объем собираемых налогов содержать регулярную армию стало еще труднее. Личный надзор царя и его ближайших сподвижников помогал справляться с этими сложностями в той или иной конкретной ситуации, однако долгосрочного решения этой проблемы найдено не было.

Следует, однако, отметить, что, по-видимому, все страны раннего Нового времени при проведении военной реформы так или иначе столкнулись с административными и финансовыми трудностями. Формирование большого и хорошо обученного пехотного войска тяжелым бременем легло даже на Османскую империю с ее практически безграничными возможностями [Agoston 1999: 135]. Правительство Великобритании, которому противостояла мощная политическая оппозиция, профинансировало создание регулярной армии, активно занимая деньги за границей. Фискальные возможности Франции были сильно ограничены из-за того, что большая часть налогов была отдана на откуп частным лицам. В Швеции с ее скромной аграрной экономикой было создано своего рода местное ополчение, одна-

---

[46] Подробнее об этом см. [Dixon 1999: 63–64].

[47] П. Бушкович пишет о том, что отсутствие в столице человека, занимавшего сразу несколько ключевых постов (в данном случае — А. М. Головина), сразу приводило к возникновению множества проблем, см. сноску 73 [Bushkovich 2001: 252].

ко в результате всего этого шведская армия во время войны должна была главным образом полагаться на фуражировку в местах проведения военной кампании[48]. У Русского государства были свои проблемы: низкая производительность труда, огромные размеры страны и очень небольшое количество квалифицированных профессиональных администраторов. Однако, хотя Петр в своих начинаниях не имел полной поддержки двора, тот факт, что он мог распоряжаться финансовыми ресурсами государства практически бесконтрольно, в какой-то степени компенсировал все вышеперечисленные трудности.

Впрочем, в результате всех этих колоссальных административных преобразований и новых специальных налогов, введенных в начале царствования Петра I, система сбора налогов, снабжения армии и выплаты солдатского жалованья, по-видимому, стала работать менее эффективно, чем в XVII веке, когда она была децентрализованной, но зато более стабильной и отлаженной [Hellie 1974: 244]. Петр и его современники жаловались, что русские солдаты были всегда голодны и плохо одеты, а их оружие было разного качества. Русские войска реквизировали провиант и фураж у местного населения; тыловая служба Русского государства работала с перебоями. На первом этапе Северной войны содержать русскую армию приходилось в основном жителям прифронтовых районов и соседних стран.

Правительственные меры, направленные на стабилизацию фискальной системы и увеличение налоговых отчислений, не привели к открытому политическому протесту. Тем не менее они явно повлияли на то, что дезертирство в русской армии стало массовым, что все бóльшая часть населения России стала испытывать трудности с выплатой налогов, из-за чего вырос объем недоимок, и что прежде отдельные дворы стали объединяться в крупные хозяйства, чтобы иметь возможность справляться с возложенными на них повинностями. Кроме того, деятельность царского правительства привела к обострению социальной на-

---

[48] Все эти трудности превосходно изложены в статье П. Уилсона [Wilson 1999: 177–206].

пряженности в русском обществе, и крепостные крестьяне по-прежнему в большом количестве бежали на юг и восток, где жизнь была более вольной.

Южное пограничье

Даже если вынести за скобки усиление административного и налогового гнета, о котором шла речь выше, реформирование армии и строительство флота для войны со Швецией дорого стоили Русскому государству. Массовые рекрутские наборы — притом что военная служба стала теперь намного более долгой, а иногда и постоянной — сильно ударили по старым экономическим моделям и все еще актуальным социально-военным различиям. Сокращение числа людей, занимавшихся сельскохозяйственной деятельностью, привело к нарушению экономического равновесия во всех стратах русского общества. По всей России немедленно стали звучать протесты против навязываемого сверху увеличения срока службы — одни писали прошения и челобитные, другие отказывались идти в армию, а третьи дезертировали со службы. Эти перемены затронули не только крестьян и их владельцев. Отчаянно нуждавшееся в деньгах царское правительство железной хваткой вцепилось и в русское купечество, которому в годы правления Петра I тоже пришлось несладко. Плохо восприняли переход на постоянную службу и дворяне, которым из-за долгого пребывания в армии стало затруднительно приглядывать за своими поместьями.

С учетом российской специфики военные преобразования неизбежно должны были привести к коренным изменениям в социополитическом устройстве русского общества. Ослабление влияния провинциального и мелкопоместного дворянства, начавшееся еще в XVII веке, стало еще более явным в петровское время, когда была разрушена поместная система, и русская конница перестала быть социально однородной. Упал престиж и некогда элитных частей, в которых состояли люди «по призыву»: прекрасной иллюстрацией этого факта может служить история стрельцов. После Азовских походов стрельцы протестовали не только против того, что их заставили дальше нести военную службу, а не отправили по зимним квартирам, как прежде: они были возмущены тем, что при осаде Азова им пришлось выполнять изнурительную и, как они считали, унизительную для их статуса работу [Herd 2001б]. Стрельцы были дворцовой стражей и участвовали в религиозной и повседневной жизни двора; считая себя несправедливо обиженными, они в 1698 году подняли восстание, которое было жестоко подавлено.

Особенно сильно петровские военные реформы ударили по русскому Югу. Население южного и юго-восточного пограничья Русского государства было исторически бедным, беспокойным и не слишком лояльным по отношению к Москве. Произошедшее в первые годы правления Петра усиление экономического и административного гнета, участившиеся рекрутские наборы и утрата иррегулярными войсками и полками старого типа своего былого престижа были особенно негативно восприняты именно в этом регионе России. В 1705 году восстали возмущенные произволом со стороны местной администрации стрельцы отдаленного от Москвы, но очень важного в стратегическом плане пограничного города Астрахань, убившие воеводу и других чиновников и офицеров. Поводом для бунта стал царский указ, запрещавший носить бороды и русское платье; к Астрахани вскоре примкнули и другие города Юга. Местное население давно было недовольно религиозными и культурными притеснениями со стороны Москвы, при Петре же положение дел стало еще хуже из-за усиления налогового гнета, увеличения торговых пошлин и введения государственной монополии на ловлю рыбы. Астрахань была пограничным городом. Здесь было много казаков, степных кочевников и беглых людей, а также купцов самых разных национальностей; все они были возмущены жестокими методами правления местного воеводы Тимофея Ржевского. К восставшим вскоре примкнули Черный Яр, Красный Яр и несколько поселений на берегу Терека, однако Царицын, где стоял большой русский гарнизон, и донские казаки астраханцев не поддержали. Для подавления восстания Петр отправил из Курляндии войско под командованием Шереметева. Шереметев поначалу вступил с восставшими астраханцами в переговоры, однако из-за необходимости как можно скорее вернуться на фронт вскоре перешел к решительным действиям. Астрахань была взята штурмом, и допросы, пытки и казни бунтовщиков продолжались вплоть до 1707 года [Hughes 2002: 544–457; Чернов 1959: 186–216].

Подавление Астраханского восстания не привело к усмирению недовольного Юга. В то время как шведские войска в 1707 году двигались через Польшу на восток в сторону русских земель, на Дону восстали казаки под предводительством атамана Кондратия Булавина. Как и в прежние столетия, Подонье было той территорией, куда стекались беглые люди со всех концов Русского государства, и донские казаки считали, что «с Дона выдачи нет». До Петра царское правительство почти не покушалось на автономию местного казачества, единственной уступкой Москве было существование «реестровых казаков», которые получали государево жалованье и должны были служить во вспомогательных частях русской армии. Однако Петр, следуя своему плану унификации вооруженных сил Русского государства, прекратил платить жалованье реестровым казакам и потребовал выдать всех беглых крестьян, перебравшихся на Дон после 1695 года [Письма и бумаги, 6: 9–10]. Этот указ был восторженно воспринят помещиками из Центральной России, которые рассчитывали на возвращение своих бывших крепостных. Атаман Войска Донского Лукьян Максимов, пусть неохотно, начал оказывать помощь русским отрядам, производившим сыск беглых крестьян в донских городках, что вызвало недовольство в среде рядовых казаков. Как нередко бывало и ранее, внутренний казачий конфликт перерос в масштабное противостояние, затронувшее самые разные социальные и этнические группы, проживавшие в степном пограничье. Булавин и его сторонники объединились с другими притесняемыми людьми русского Юга — староверами и крестьянами, насильно согнанными для строительства флота и крепостей, и даже приступили к переговорам о союзе с различными кочевыми народами степи — ногайцами, татарами и калмыками. Бунты вспыхивали даже в таких далеких от границы крепостях, как Тамбов; Булавин захватил Черкасск, был избран атаманом Войска Донского и привлек на свою сторону часть запорожцев. После того, как один отряд, посланный на подавление булавинцев, был разгромлен, а возглавлявший его полковник Ю. В. Долгоруков убит, Петр отправил на юг одного из своих лучших военачальников и ближайших соратников, князя В. В. Долгорукова. В самый разгар войны со шведами, летом 1708 года, Петру пришлось перебросить с фронта на Дон армию численностью 32 тысячи человек. Вскоре после этого Булавин стал жертвой заговора со стороны своих же казаков и был убит [Hughes 2002: 475–478; Подъяпольская 1962][49].

Такое брожение в южных областях Русского государства с 1705 по 1707 год стало косвенным итогом усиления социального и фискального гнета, вызванного войной со Швецией. Также у этого недовольства были прямые военные причины и следствия. Все эти территории были освоены сравнительно недавно, и почти все новые поселенцы принадлежали к служилым сословиям. Это были беспокойные и лишенные корней люди, наибольшим социальным весом среди которых обладали мелкопоместные дворяне, не сумевшие достичь более высокого положения в Центральной России. Важно отметить, что в конце XVII века царское правительство не только привлекало жителей южного и юго-восточного пограничья к участию в военных кампаниях, но и использовало их как местное ополчение во время набегов из степи. Еще одной линией этой довольно-таки надежной и эффективной обороны против набегов были жившие по ту сторону границы вольные казаки и другие иррегулярные союзники Москвы. Поскольку все эти люди приносили Русскому государству ощутимую пользу, необходимые изменения их социально-экономического и военного статуса со стороны царского правительства были весьма осмотрительными. Однако Петр с 1698 по 1709 год всеми силами пытался создать регулярную унифицированную армию, главной задачей которой была бы война со Швецией. Также он

---

[49] См. также часть III [Avrich 1976].

внимательно следил за турками и держал в уме возможное противостояние с Османской империей, но в первой половине своего царствования не слишком интересовался положением дел в самой степи. В начале XVIII века Русское государство не посылало на юг новых полков для защиты границы от степных набегов. Напротив, все новые рекруты теперь призывались в устроенные по единому образцу полки и вынуждены были выполнять самые разные задачи: возводить верфи и строить корабли, проходить гарнизонную службу и сражаться в военных кампаниях. Царское правительство перестало воспринимать население южного пограничья как важных защитников от степных набегов; соответственно, усилилось и административное угнетение жителей этих областей[50]. Однако эта проблема носила не только социополитический, но и военный характер. Степные набеги участились, население пограничья пришло в волнение, и Петру в самый разгар войны со Швецией приходилось выделять из действующей армии крупные силы для подавления этих восстаний.

Противостояние

В конце 1706 года дела приняли неблагоприятный для Петра оборот: курфюрст Саксонии Август II был вынужден подписать с Карлом XII Альтранштедтский мир и отречься от польского престола в пользу Станислава Лещинского. В 1707 году шведская армия покинула Саксонию и двинулась маршем на восток через Речь Посполитую в сторону русской границы. Петр был встревожен таким развитием событий, но было бы ошибкой объяснять это его беспокойство только лишь неуверенностью в том, что русская армия способна одержать победу над столь грозным противником. В 1706 году Петр готов был даже вернуть Карлу XII все захваченные у шведов балтийские провинции, если бы тот

[50] Подробнее о положении служилого населения степного пограничья в XVII веке см. в заключительной части главы четвертой другой моей книги [Stevens 1995].

согласился оставить русскому царю Санкт-Петербург. Однако у этих опасений Петра были куда более серьезные причины политического и военного характера.

Во-первых, стремление избежать генерального сражения было свойственно не только Петру. Во всей Европе (да и в других частях света) содержание армий во время военной кампании требовало от воюющих сторон колоссальных расходов и административных усилий и было связано с большими политическими рисками[51]. В случае сокрушительного поражения государству, и так уже истощенному войной, нужно было каким-то образом вновь изыскать продовольствие, порох, амуницию, пушки и, что важнее всего, опытных и обученных солдат для продолжения военных действий. Если говорить о России, то ее лучшие полки проходили боевую подготовку непосредственно на поле боя. В случае разгрома действующей армии царскому правительству попросту некем было бы заменить этих людей. Создание армии, имевшейся в распоряжении Петра в 1706 году, привело к невиданному ранее усилению административного и экономического гнета, вызвав массовое народное недовольство и спровоцировав открытое восстание. При этом Петр поставил на кон в этой войне весь свой политический капитал. Поэтому его нежелание вступать в решающую битву со шведами, не имея на своей стороне явного преимущества, было вполне понятным.

Однако это вовсе не означает, что русская армия 1706–1707 годов была чем-то плоха. В ней было достаточно полков, прошедших проверку боем: многие офицеры и солдаты имели за спиной опыт нескольких военных кампаний. Обучение новобранцев было более основательным, чем десять лет назад, и все большее число таких рекрутов переходили на постоянную службу. Улучшилась боевая подготовка солдат: она стала систематической, и офицеры использовали одни и те же пособия и инструкции (хотя полностью стандартизированы эти инструкции были уже после 1709 года)

---

[51] Другими словами, далеко не каждое правительство обладало достаточным политическим весом, чтобы в случае поражения вновь собрать внушительную сумму денег на создание новой армии или строительство флота.

[Епифанов, Комаров 1987: 197–200; Бескровный 1958: 129–130]. В новосформированные полки добавляли обученных и закаленных боями солдат — это помогало новобранцам быстрее проникнуться боевым духом и привыкнуть к воинской дисциплине [Stevens 2002: 161][52]. Советские историки особо отмечали тот факт, что русская армия нередко отходила от привычной западноевропейской тактики. Однако следует отметить, что и шведы использовали нестандартные тактические приемы, потому вполне вероятно, что русские строевые инновации, по крайней мере отчасти, стали ответом на действия противника. В той ситуации детальное следование европейским инструкциям по тактике вряд ли было уместным [Davies 1999: 170; Бескровный 1958: 130–135, 168–170][53]. В любом случае Петр, не дававший поблажек ни себе, ни другим, становился все более уверен в боеспособности своей армии. Иностранные наблюдатели тоже отмечали возросшую боевую выучку русской пехоты [Pintner 1983: 262–271][54].

Современному исследователю при оценке положения дел в Северной войне в 1707–1708 годах бросается в глаза тот факт, что русское командование было прекрасно подготовлено к противостоянию конкретно со шведами. В данном случае такая подстройка под противника имела колоссальное значение, поскольку шведские методы ведения боевых действий были необычными и непредсказуемыми. Хотя мобилизация материальных и людских ресурсов в Шведском королевстве была организована лучше, чем в России, сами эти ресурсы были невелики: Швеция, как и Русское государство, была страной с бедной аграрной экономикой. Важно иметь в виду, что, несмотря на все успехи шведской армии в Саксонии и Польше, ее первоочередной задачей после Карла XI была защита собственных территорий, а не дальнейшая экспансия. Как следствие, ключевыми характеристиками их армии оставались маневренность, скорость и мобильность, минимизирующие нагрузку на ресурсную базу.

---

[52] См., например, документы 283, 300 [Рабинович 1977: 65–66].

[53] См. также [ВИО 1995].

[54] См. также документ 263 [Dixon 1998].

Основным инструментом снабжения была фуражировка. В бою шведы применяли необычную для того времени агрессивную тактику. При Карле XII шведские кавалеристы до совершенства отточили уже упоминавшуюся ранее тактику «gå-på»; и даже пехота предпочитала не обмениваться с противником залпами, а стремительно переходила к ближнему бою, действуя холодным оружием — штыками и пиками[55]. Такая атака под прикрытием оружейного и артиллерийского огня повергала врагов в шок и оцепенение. Нападая на противника на полном скаку (или бегу), шведы постоянно заставали врасплох командующих самыми успешными европейскими армиями, прежде чем те успевали встретить их залпами из своих мушкетов и пушек. Однако русская армия образца 1709 года была хорошо подготовлена именно к сражениям против шведов. В частности, русские солдаты, как и шведы, были вооружены пиками и шпагами. Для того чтобы остановить стремительную шведскую атаку, они строили на поле боя редуты и выкапывали траншеи. С этой же целью русская кавалерия была хорошо обучена владению огнестрельным оружием. Как показали военные действия в балтийских провинциях, русские научились извлекать стратегическое преимущество из мобильности своих драгун[56]. Боевой опыт, полученный русскими войсками в этих кампаниях, и их знакомство со шведскими методами ведения боя сыграли ключевую роль в течение следующих нескольких лет.

Когда шведы вступили в Польшу, Петр обсудил со своими генералами план дальнейших действий[57]. На военном совете, состоявшемся в городке Жолкиев, было принято решение выве-

---

[55] Военные историки по-разному оценивают достоинства Карла XII как стратега и тактика. Подробнее об этом см. [Jespersen 1999: 197; Hatton 1969: 245 (о Северной войне), 511–522 (в целом, см. особенно 521)].

[56] У. Фуллер пишет об «устарелости» некоторых этих тактических приемов [Fuller 1992: 82–83]. Подробнее об использовании русскими войсками пик в Северной войне после 1708 года см. [Леонов, Ульянов 1995: 29].

[57] О русском походе Карла XII и Полтавской битве написано много работ. В англоязычной исторической литературе заслуживает внимания книга А. Констама; из шведских исследований важно отметить П. Энглунда [Konstam 1994; Englund 2003]. Подробное описание этого этапа Северной войны см. [ВИО 1995, 1: гл. 7, ч. 4]. Также см. [Ростунов 1987].

сти русские войска из Речи Посполитой и дать шведам бой на своей территории. Тем самым Петр пошел против пожеланий своего союзника — основанной Августом II Сандомирской конфедерации, которая выступала за то, чтобы сразиться с Карлом XII в Польше. Помимо нежелания вмешиваться в польскую гражданскую войну у Петра были и другие причины отступить на восток: он собирался оставить после себя выжженную землю и затруднить шведам добычу провианта и фуража. Этот военный совет прекрасно показывает, как сильно изменилась к тому моменту русская армия. Русские офицеры, особенно Шереметев, активно участвовали в обсуждении будущей кампании, хотя решающее слово, разумеется, осталось за царем. Составленный на этом совете план военных действий учитывал особенности шведского военного устройства и тот факт, что армия Карла XII делала ставку на фуражировку. Кроме того, русское командование понимало, что на бескрайних и малозаселенных просторах Литвы и западной России исход этого противостояния во многом будет зависеть от действий мобильной и маневренной кавалерии. Также была принята во внимание политическая специфика Русского государства: рассчитывать на то, что все воеводы и командиры от Пскова до Гетманщины будут беспрекословно следовать его приказам, мог только такой сильный монарх, как Петр. У. Фуллер пишет о том, что создатели этого плана эффективно использовали географический фактор, вынудив шведскую армию преодолеть огромное расстояние и тем самым истощив ее силы. Разумеется, речь здесь идет не о географии как таковой, а о том, что русское командование мыслило стратегически и использовало как собственные военные преимущества, так и слабости своего противника [Fuller 1992: 79].

Численность хорошо подготовленной шведской армии, вступившей под началом Карла XII на территорию Русского государства, составляла примерно 30 000 человек. В июле 1708 года шведы, перейдя вброд реку Вабич, выиграли битву при Головчине — сам Карл считал это одной из своих лучших побед. Однако, продвигаясь далее вглубь России, шведы испытывали все бóльшие трудности: русская армия избегала генерального сражения и уничтожала весь провиант и фураж на пути следования врага. Карл предвидел такое развитие событий и заранее предпринял контрмеры. Из Лифляндии на помощь королю во главе 15-тысячного корпуса выступил генерал А. Левенгаупт. После того как в начале похода Карл захватил Гродно, ему предстояло сделать важный выбор: двинуться дальше на восток к Пскову и затем на Москву по опустошенной русскими при отступлении территории, или повернуть на юг в богатые украинские земли, где можно было найти достаточное количество припасов и, возможно, обрести новых союзников.

Решение Карла XII идти на юг не было таким шагом отчаяния, каким оно, возможно, видится сейчас. Его солдаты явно испытали облегчение оттого, что им не придется много дней дальше продвигаться на восток по выжженной земле. Сам Карл был настолько уверен, что Левенгаупт с огромным обозом вскоре присоединится к нему, что повернул в Северскую Украину, не дожидаясь этой встречи. Кроме того, на юге он надеялся получить помощь от многочисленных возможных союзников: татар, турок или сторонников польского короля Станислава; особые надежды Карл возлагал на то, что ему удастся переманить на свою сторону украинских казаков [Hatton 1969: 268–273].

Однако активные действия русских вскоре поставили крест на этих радужных планах шведов. Вблизи деревни Лесная «летучий корпус» (корволант) Меншикова напал на отряд Левенгаупта в то время, как Шереметев отвлекал основные силы шведской армии. В русском корволанте было почти 8000 драгун и около 5000 человек пехоты, посаженных на коней. Численность корпуса Левенгаупта была несколько большей, но его кавалеристы, вынужденные защищать огромный обоз, существенно уступали русским в маневренности. Пока шведы пытались отстоять повозки со столь необходимыми припасами, парадоксальным образом, именно скорость и неожиданность русского нападения решили исход этой битвы в пользу Петра. Когда дым сражения рассеялся, почти половина корпуса Левенгаупта была уничтожена. Что еще важнее, шведы лишились обоза, который был так необходим их главной армии. Битва при Лесной стала триумфом мобильной и маневренной русской армии [Баиов 1912: 32–35]. Только половина отряда Левенгаупта добралась до армии Карла XII, и шведам удалось спасти очень мало припасов.

Второй элемент русской стратегии заключался в том, чтобы, избегая сражений, постоянно выматывать шведов за счет активных действий своей многочисленной кавалерии, в том числе иррегулярной. Даже после потери обоза Левенгаупта положение шведской армии, направлявшейся в Слободскую Украину, вовсе не выглядело безнадежным. Из дневников того времени и прочих свидетельств известно, что провианта и фуража в этих землях было достаточно. Хотя русские пытались при отступлении оставить после себя выжженную землю, на первых порах шведы сравнительно легко обеспечивали себя всем необходимым за счет фуражировки. Однако, столкнувшись с одной из самых холодных зим за все XVIII столетие, они стали вскоре испытывать огромные трудности. В конце декабря шведские кавалеристы замерзали насмерть прямо в седлах. Умело используя казачью конницу, русское командование с минимальным риском для себя обратило климатический катаклизм в свое стратегическое преимущество[58]. Казаки то и дело нападали на шведских фуражиров, когда те в поисках припасов отдалялись от пути следования основной армии. Все это были мелкие стычки, но эти нападения были такими частыми и стремительными, что стратегия русских оказалась очень эффективной. Казаки не только мешали шведам добывать провиант и фураж, но и выматывали их, заставляя постоянно быть начеку. Большим подспорьем для армии Петра стали иррегулярные войска и гарнизонные силы юго-западных крепостей, прекрасно знакомые с местностью.

С другой стороны, Карлу удалось переманить на свою сторону гетмана Ивана Мазепу, обещавшего ему поддержку украинского казачества; кроме того, на помощь шведам из Польши выступи-

---

[58] А. А. Керсновский упоминает о других случаях успешного использования казаков в менее экстремальных обстоятельствах, см. главу 1 [Керсновский 1933: 14].

Карта 9. Северная война (взята из книги Р. Фроста «The Northern Wars: War, State and Society in Northeastern Europe, 1558–1721» [Frost 2000])

ло войско сторонников Лещинского. Судя по всему, Мазепа заключил союз с Карлом XII еще в марте 1708 года, но объявлено о его переходе на сторону Швеции было только в октябре 1708 года; в начале 1709 года к Карлу присоединилось Войско Запорожское. Хотя Петр поддержал Мазепу, когда тот в 1703–1704 годах захватил Правобережную Украину, взаимоотношения между Россией и Гетманщиной в последние годы сильно ухудшились из-за больших потерь, понесенных казаками во время русских военных кампаний, пренебрежительного отношения со стороны русского командования к Мазепе и его офицерам и постоянных слухов о скором смещении русским царем Мазепы с должности гетмана. Карл XII возлагал большие надежды не только на украинское казачье войско, но и на запасы провианта и артиллерии, хранившиеся в столице Мазепы — Батурине [Mackiw 1983: 31–37].

Однако Петр вскоре поставил крест на надеждах Карла на помощь со стороны казаков и поляков. После того как о бегстве Мазепы стало известно, шведы и русские устремились к Батурину. Русский авангард под началом Меншикова успел опередить шведов, захватив и разорив гетманскую столицу; после этого ценность Мазепы как союзника сильно упала. Отряд, перешедший вместе с ним на сторону шведов, был небольшим, и Карл, который, по-видимому, имел меньше опыта в обращении с иррегулярными войсками, чем его русский оппонент, толком не знал, как использовать этих казаков. Петр же быстро отправился от этой потери, запросив дополнительной помощи у калмыцкого хана. Речь Посполитая тоже не оказала шведскому королю той поддержки, на которую он рассчитывал. В ноябре 1708 года союзник Карла Станислав Лещинский потерпел сокрушительное поражение под Конецполем в битве с силами Сандомирской конфедерации. Последняя (довольно вялая) попытка польского короля пробиться на выручку к Карлу была остановлена сторонниками Августа II. Оказалось, что Карл XII так и не выиграл войну в Польше. Разработанная на совете в Жолкиеве стратегия, подкрепленная умелыми военными и дипломатическими действиями Петра, принесла свои плоды.

Нехватка припасов, тяжелые погодные условия и не прекращающиеся всю зиму 1708–1709 годов наскоки летучих отрядов Петра на шведских фуражиров сильно подорвали боеспособность армии Карла XII[59]. Из мемуаров и других источников известно, что шведы были вымотаны и страдали от голода и холода; их силы были на исходе. Многие солдаты не были дома с самого начала войны. Впрочем, военный потенциал шведской армии снизился не только из-за тягот, переживаемых людьми. У шведов было не так много лошадей и начали иссякать запасы пороха для пушек и мушкетов. Чтобы сберечь лошадей, Карл XII приказал заклепать и бросить часть пушек [Englund 2003: 49–50, 89 и далее]. У русской армии дела тоже шли не совсем гладко. Хотя им было проще восполнять свои потери, но русские войска тоже страдали от холода и нехватки людей и припасов. В мае Карл попытался захватить Полтаву, которую защищал русский гарнизон[60]. Русская армия в ожидании прибытия Петра заняла позиции на другом берегу реки Ворсклы. При рекогносцировке Карл был ранен в ногу мушкетной пулей. Ему не удалось быстро оправиться от этого ранения, и он был вынужден передать общее командование войсками фельдмаршалу К.-Г. Реншильду. В середине июня русская армия со второй попытки переправилась через Ворсклу. Петр разбил укрепленный лагерь на западном берегу, не встретив помех со стороны шведов, которые находились в некотором смятении из-за ранения своего короля и были заняты строительством собственных укреплений.

Русская армия сразу же занялась укреплением своего опорного пункта, окружив его рвом и живой изгородью из острых кольев, называемых «испанскими рогатками». По периметру лагерь Петра (ретраншемент) был защищен бруствером, на котором были установлены пушки. Перед лагерем было открытое поле с сухой песчаной почвой шириной около километра; с тыла позиции русских были защищены речным обрывом. Нападения шведов со стороны реки можно было не опасаться не только из-за

---

[59] См. [ВИО 1995, 1: 238].

[60] См. [ВИО 1995, 1: 262].

крутизны западного берега, но и потому, что к югу от русского лагеря вплоть до самой Полтавы оба берега Ворсклы были заболочены и покрыты лесом, что создавало трудности для прохода армии. Новый шведский лагерь был расположен возле разрушенного села Павленки — к северо-западу от Полтавы и юго-западу от позиций русских. Между обоими лагерями было ровное поле клиновидной формы, окаймленное лесом и двумя ручьями с заболоченными берегами. Русские солдаты сделали в этому лесу завалы и засеки, чтобы помешать проходу сколь-нибудь крупных подразделений противника; на опушках были выставлены казачьи патрули, которые должны были предупредить Петра о приближении шведов. Кроме того, вдоль фронта был построен ряд редутов. Всего их было шесть, и каждый отстоял от другого на 150 метров. Эти редуты были обнесены высокими земляными валами и рогатками. Затем было решено построить еще один ряд редутов — перпендикулярный первому и обращенный в сторону шведского лагеря. Эти четыре новых редута дали бы русским возможность вести перекрестный огонь, что поставило бы перед шведами непростой выбор: штурмовать эти укрепления или, продолжая движение в сторону русского лагеря, быть обстреливаемыми с флангов и тыла. Такое устройство лагеря и редутов имело одну цель: противостоять самой эффективной тактике шведов — тактике «gå-på» — и защитить свою артиллерию, которая должна была встретить противника картечью; очевидно, что русское командование хорошо изучило шведскую тактику и подготовилось к генеральному сражению. Впрочем, к 28 июня было построено только два из четырех перпендикулярных (продольных) редутов.

Хотя выбрали и укрепили поле предстоящей битвы русские, у шведов были свои планы, как склонить военную удачу на свою сторону. Они собирались под покровом ночи неожиданно напасть на русские редуты, захватить их и уже оттуда атаковать русский опорный пункт; шведская кавалерия должна была обойти ретраншемент Петра с севера, отрезав русским войскам пути отступления. Однако с самого начала сражение пошло не по плану Карла. Его пехота слишком долго ждала, пока кавалерия выстроится в колонны, и элемент неожиданности был упущен. Тем не менее солдатам все равно был отдан приказ выдвигаться на поле боя. Однако, дойдя до русских редутов, шведские пехотинцы столкнулись с неожиданной проблемой. Им удалось быстро захватить два первых недостроенных укрепления, но защитники третьего редута оказали противнику ожесточенное сопротивление, и между атакующими колоннами шведов появились разрывы. В то время как генерал-майор К. Г. Роос со своими солдатами штурмовал третий редут, остальная шведская пехота продолжила наступление на оставшиеся редуты. Некоторые из этих укреплений были взяты, и русские были вынуждены отступить к своему опорному пункту. Шведская пехота и кавалерия сгруппировались к западу от русского ретраншемента и стали ждать прибытия отряда Рооса. Однако у Рооса дела обстояли плохо. Хотя его людям и удалось захватить третий редут, русские быстро поняли, что этот отряд оторван от основных шведских сил. Солдаты Рооса были окружены и не смогли прорваться к своим. К 9 часам утра треть шведской пехоты сдалась в плен, так и не приняв участия в решающем бою.

В финальной стадии Полтавской битвы шведы, выстроившись в длинную линию, повели наступление на находившиеся перед ними русские укрепления. Воодушевленные известиями о капитуляции Рооса, русские войска выдвинулись навстречу противнику и силами правого фланга атаковали шведскую пехоту, пытаясь отрезать ее от кавалерии. Шведская конница не могла пробиться на выручку к своим, но и русские не могли сломить сопротивление солдат Карла. Исход боя решили свежие русские части: они зашли шведам в тыл и смяли противника. После долгого и утомительного похода на юг Карл не мог позволить себе роскошь оставить какие-то полки в резерве; ему нечем было ответить на этот удар. Раненого шведского короля на носилках вынесли с поля боя и переправили на территорию Османской империи, а остатки его армии попытались выбраться из окружения и последовать за ним. Однако русские, вновь занявшие свои

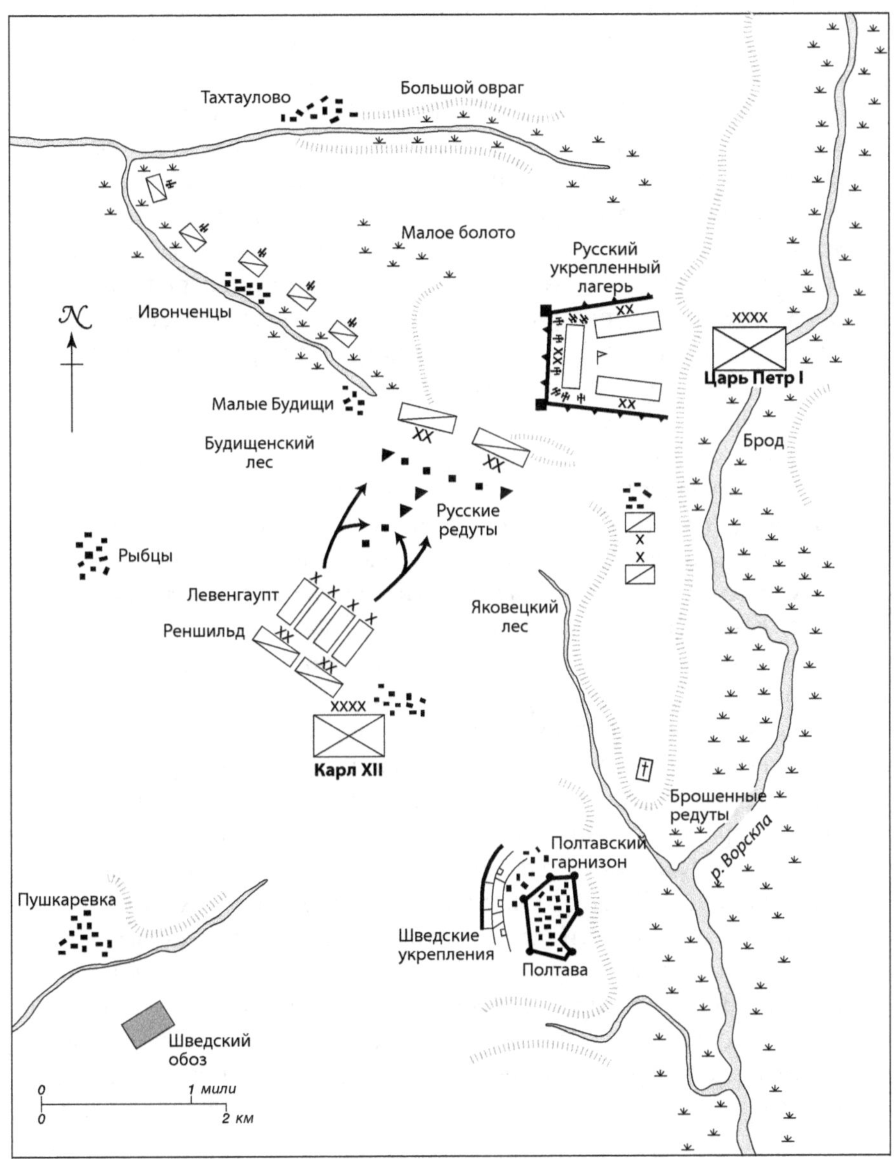

Карта 10. Полтавская битва; расположение армий перед началом боя (взято из книги А. Констама «Poltava 1709: Russia comes of age» [Konstam 1994])

редуты после капитуляции Рооса, перекрыли шведам обратный путь к обозу; разрозненные отряды, отступавшие через полтавские болота, преследовались казаками. Всего на поле боя шведы потеряли около 6900 человек убитыми, и еще 2800 были взяты в плен. Потери русских составили 1345 человек убитыми и 3200 ранеными[61]. Когда шведы пустились в бегство, русские драгуны, как в битве при Лесной, быстро организовали преследование противника, настигнув его у деревни Переволочная на Днепре. Там, не имея возможности организованно переправиться на турецкую территорию, остатки шведской армии капитулировали. На состоявшемся после боя пиру Петр провозгласил тост за своих учителей в ратном деле — присутствовавших в царском шатре пленных шведских офицеров.

В этих словах было много правды. У русских, несомненно, было преимущество над шведами в Полтавской битве — и в численности, и в том, что касалось боевого духа. Можно сказать, что фортуна не благоволила шведам, но Петр заслужил победу тем, что следовал избранной им стратегии и вымотал своего противника. Кроме того, русскому царю удалось развернуть в свою сторону сложную политическую ситуацию в Речи Посполитой и Украине. Благодаря дипломатическим усилиям русского правительства Карл XII не сумел заключить союз с турками до начала битвы и остался без поддержки основной массы украинского казачества. Все это во многом было личной заслугой Петра. Еще при его предшественниках казачья конница и артиллерия были важными элементами русской армии. И те, и другие сыграли важную роль в Полтавской битве, в то время как у Карла было слишком мало пороха и зарядов, чтобы эффективно использовать свою артиллерию, а его командиры толком не понимали, как задействовать мазеповских казаков. Русские войска намного лучше противостояли шведам на поле боя, чем в начале войны. Пехота держала строй и бесстрашно встречала лицом к лицу атаку пусть поредевшей, но все столь же грозной шведской линии.

---

[61] Эти цифры, наряду с другими свидетельствами, показывают, что силы сторон в Полтавской битве были не так равны, как считают некоторые историки. РГВИА. Ф. 490.

Русская кавалерия под командованием Шереметева действовала умело и скоординированно. Русское оружие, особенно по сравнению со шведским, было в хорошем состоянии. Однако, пожалуй, главным достижением Петра как полководца стало укрепление воинской дисциплины. После победы его армия проявила высокую организованность и продолжила верхом преследовать бегущего противника, лишний раз продемонстрировав эффективность драгунских войск в условиях восточноевропейского театра военных действий [Hellie 1974: 241].

На военном совете в Жолкиеве и далее в ходе Полтавской битвы русским командованием была взята на вооружение совершенно новая военная стратегия [Павленко 1990: 281]. На первом этапе войны цели и задачи русской армии были предельно просты: оборона своих крепостей и захват чужих. Это была война за новые земли, ведомая не только военными средствами, но и дипломатией, в которой Петр был ощутимо сильнее Карла. Стратегия же, выработанная на военном совете в Жолкиеве и увенчавшаяся победой под Полтавой, была нацелена не на какие-то конкретные территориальные приобретения, а на уничтожение шведской армии.

В начале XVIII века реализация такого плана в жизнь была сопряжена с огромными рисками — это с самого начала понимал Карл, а со временем осознал и Петр. Разгром под Полтавой уничтожил боевую мощь шведской армии, половина которой, включая членов семей и слуг, была взята в плен под Переволочной. Карл XII следующие пять лет жизни провел в Османской империи на положении почетного пленника. Если бы такая катастрофа произошла с армией Петра, русский военный потенциал был бы практически уничтожен. Шведское же правительство максимально эффективно использовало имевшиеся в его распоряжении скромные ресурсы и быстро восстановило свои вооруженные силы. Шведы защищали свою империю — сначала на окраинах, а затем и в самом ее сердце — еще десять с лишним лет. После победы под Полтавой международный авторитет русской армии резко вырос, однако противостояние России и Швеции еще далеко не закончилось. Северная война вступила в новую фазу.

Глава восьмая

Военная институционализация после Полтавы

Обзор

Победу в Полтавской битве в России праздновали бурно, восторженно и с чувством облегчения. Строились триумфальные арки, украшенные аллегориями на античные сюжеты, устраивались шествия и фейерверки; Петр нередко изображался в образе Геракла. И в России, и за границей было выпущено множество гравюр с картами и батальными сценами [Агеева 1990: 157, 173–174]. Полтавская битва стала концом старой эпохи и началом новой — сознательно европейской — эры в истории Русского государства. Иностранцы, как и русские, быстро поняли, что возникла новая уверенная в себе северноевропейская держава. Не столь очевидным следствием Полтавской битвы стало то, что от отдельных реформ Петр перешел к комплексной перестройке и институционализации нового русского военного устройства.

Несмотря на победу под Полтавой, перед петровским правительством по-прежнему стояли сложные военные и политические задачи, решение которых затянулось на десятилетия. Прежде всего, для успешного завершения войны со Швецией Русскому государству было необходимо не только обладать военной мощью, которую оно с таким блеском только что продемонстрировало, но и умело маневрировать в постоянно меняющейся обстановке. Несмотря на сокрушительное поражение в Полтавской битве и отсутствие в стране короля (до 1714 года), в институциональном плане военная организация Швеции была намного более надежной, чем устройство русской армии. В начавшейся в 1710 году войне с Османской империей Россия потерпела тяжелое и унизительное поражение. Неудачный Прутский поход 1711 года вскрыл всю непрочность русского военного устройства и дал толчок новым преобразованиям, которые не заставили себя долго ждать. Итоги этой быстротечной русской-турецкой войны побудили царское правительство вновь уделить внимание защите своего степного пограничья и не концентрировать всю военную мощь государства в центре и на северо-западе России, как в предыдущие годы. После Полтавы постепенно была упорядочена ранее хаотическая деятельность ведомств, отвечавших за снабжение и содержание армии и флота. Завершив в 1721 году Северную войну, Россия вскоре вступила в противостояние с Персией (1722–1724).

В этой главе говорится о том, что политические и институциональные реформы, завершившиеся в 1720-х годах, сыграли ключевую роль в формировании русского военного устройства в XVIII веке, так как именно они позволили укрепить тот социально-экономический фундамент, на котором зиждилась военная мощь Русского государства — его армия и флот. Русская военная организация оставалась прочной и надежной и после смерти Петра: анализируя этот факт, следует говорить не только о победе под Полтавой, но и об изменениях в социальной и фискальной политике царского правительства. Некоторые элементы этого военного устройства продолжали функционировать вплоть до «Великих реформ» Александра II, когда было отменено крепостное право и бюрократический аппарат Русского государства был полностью перестроен.

Институционализация реформ

Сразу же после Полтавской битвы Россия продолжила одерживать победы на Балтике. Саксонский курфюрст Август II при поддержке Петра вновь взошел на трон Речи Посполитой. Дания вновь вступила в войну со Швецией. Русские войска взяли штурмом Эльбинг и очистили от шведов Карелию; заняв Выборг, Петр обезопасил новую столицу империи — Санкт-Петербург. В 1710 году пала Рига. Эпидемия чумы, охватившая балтийские провинции, ослабила гарнизоны шведских крепостей, которые после недолгих осад одна за другой сложили оружие. В октябре 1710 года русские войска взяли Ревель, и шведы ушли из Ливонии и Эстонии. Петр заключил особые соглашения с крупными балтийскими городами, взяв их под русский протекторат. Эти города с прилегающими к ним территориями обезлюдели из-за войны и эпидемии; Россия пыталась заручиться их поддержкой и возродить торговлю на Балтике [Ростунов 1987; Бескровный 1958: 217–218].

Все эти военные действия имели своей целью окончательную победу над Швецией в Северной войне, однако в годы, последовавшие за Полтавской битвой, Петр большее внимание уделял другим делам. Особенно сильно его беспокоили административные вопросы, связанные с ведением войны: где брать деньги на содержание армии и флота, как комплектовать, кормить и снабжать русские вооруженные силы? Несмотря на все изменения, сделанные в бюрократическом аппарате Русского государства перед Полтавой, Россия так и не обзавелась надежной тыловой службой.

На первый взгляд, главным способом решения этой проблемы стали драконовские меры и дальнейшее «закручивание гаек». Характерным примером такого подхода является ситуация с рекрутскими наборами, которые с 1705 по 1724 год проводились одним и тем же образом. Как и до Полтавской битвы, частотность и массовость этих наборов постоянно варьировалась: иногда в солдаты забирали одного рекрута с 20 дворов, иногда проводились особые наборы (например, в гренадерский полк прусского короля Фридриха-Вильгельма I), а иногда объявлялся дополнительный местный набор (например, в слободах вокруг Москвы). Русское правительство постоянно меняло нормы рекрутского набора — все это приводило к хаосу и непоследовательности. В 1722 году Петр, стремясь сохранить в лоне православной церкви новообращенные народы Сибири, избавил их от рекрутской повинности [Hughes 2002: 353]. Для все большего количества рекрутов военная служба становилась пожизненной [Бескровный 1958: 26–30]. При этом правительство рассчитывало на то, что штрафы, круговая порука и клеймение рекрутов помогут справиться с вечной проблемой — дезертирством; губернаторов «за невысылку рекрут к назначенному сроку» наказывали «как изменников и предателей отечества», на дорогах «учиняли заставы для поимки беглых рекрутов»[1]. Наказанием за «прием, укрывательство и утайку» беглых солдат была смертная казнь[2]. При этом нетягловые люди (землевладельцы и представители прочих свободных сословий) призывались на службу как и прежде: теперь они тоже были обязаны отбывать воинскую повинность пожизненно, и власти более тщательно следили за тем, чтобы никто не отлынивал от выполнения этих обязанностей[3].

На самом деле, суровые меры были не единственными и даже не главными инструментами реализации военных реформ. Так, например, по указанию правительства с целью решить проблему дезертирства «было обращено внимание на лучшее содержание рекрутов и несколько облегчены обязанности населения», но «декларации правительства оставались лишь на бумаге» [Бескровный 1958: 30–31]. Однако более важную роль в конечном успехе реформ сыграло то, что после Полтавской битвы Петр планомерно принялся перестраивать неэффективный бюрократический аппарат Русского государства. До Полтавы, пытаясь справиться с постоянно возникающими политическими и военными кризисами, нетерпеливый царь пренебрегал существующими административными механизмами и институтами, однако в результате ему так и не удалось создать надежной тыловой службы. Проблемы со снабжением и выплатой жалованья носи-

---

1 ПСЗ. Т. IV. Док. 2315 (фев. 1711 г.). С. 588–589; док. 2374 (14 июня 1711 г.). С. 595–596; док. 2467 (янв. 1712 г.). С. 776–779.

2 ПСЗ. Т. IV. Док. 2499 (11 марта 1712 г.). С. 818.

3 См.: РГВИА. Ф. 490. Оп. 32 и оп. 49, где говорится о том, что офицеры обязаны состоять при своих полках.

ли системный характер: за счет реквизиций удавалось добывать продовольствие только для сражающейся армии, а все прочие войска страдали от голода. Было очевидно, что Русскому государству необходимо выстроить стабильную и постоянную систему тылового обеспечения.

Эти реформы и консолидация административных ресурсов начались вскоре после Полтавской битвы. Поначалу реформы Петра не касались центрального государственного аппарата. Вместо этого в период с 1707 по 1710 год часть военных ведомств была переведена из столиц в провинцию. Российская империя была разделена на новые крупные административно-территориальные единицы (губернии), во главе которых были поставлены губернаторы. Губернаторы отвечали за гражданское управление вверенными им областями, однако при этом на них были возложены обязанности по финансированию и продовольственно-материальному снабжению русской армии и флота[4]. Во всех губерниях были приписанные к ним полки (при этом каждый полк в то время назывался по какой-то местности, которая вовсе не обязательно входила в состав этой губернии) [Зезюлинский 1915: 10]. Губерния, к которой был приписан тот или иной полк, отправляла в него рекрутов и лошадей, выплачивала жалованье офицерам и солдатам, поставляла амуницию и т. д. На втором этапе реформ за все это отвечал земский комиссар, который занимался сбором податей, фуража и провианта и состоял в переписке с представителем губернского управления, постоянно пребывавшим в расположении полка. Камерир, чин которого был выше, чем у земского комиссара, контролировал всю эту деятельность, проводил ревизии и совершал инспекционные поездки в армию. Схожим образом стало осуществляться финансирование и снабжение флота, артиллерии и даже дипломатического корпуса.

Все эти нововведения привели к децентрализации русской военной бюрократии. Благодаря этому местные власти могли

---

[4] О том, как были связаны друг с другом податная и областная реформы Петра I, см. [Анисимов 1982: 23, 35]. О том, как за сбор податей стали отвечать не столичные, а губернские власти, см. [Автократов 1961: 167].

более оперативно реагировать на различные внутренние угрозы — такие, например, как восстание Булавина в 1707–1708 годах — и напрямую заниматься комплектованием и снабжением подразделений действующей армии. При этом снизилось количество злоупотреблений, и деятельность чиновников стала более прозрачной и, как следствие, эффективной. Главным минусом децентрализации стало то, что теперь столичные военные ведомства хуже могли контролировать ситуацию в регионах и координировать действия камериров и земских комиссаров в различных губерниях. Губернаторы подчинялись только самому царю и впоследствии Правительствующему Сенату, учрежденному Петром I в 1711 году, когда царь в очередной раз отбыл в расположение действующей армии; именно губернаторы были основным связующим звеном между русской провинцией и ее административным центром. Однако в 1711 году Сенат еще не был постоянно функционирующим и окончательно сформировавшимся органом государственной власти[5].

Впрочем, в одном отношении Областная реформа Петра I сильно отличалась от прежних преобразований такого рода. Сама по себе военная и фискальная децентрализация бюрократического аппарата, целью которой было комплектование и содержание вооруженных сил Русского государства, не была чем-то революционно новым и необычным [Brown 1992]. Однако создание губерний существенным образом изменило политическую ситуацию внутри России. Среди новых губернаторов, назначенных Петром, были не только люди из ближайшего окружения царя (его родственники, друзья и фавориты, такие как А. Д. Меншиков), но и представители аристократических русских семей, причем в куда большем количестве, чем прежде. В совсем еще недавнем прошлом эти отпрыски знатных родов автоматически попадали в политическую элиту империи через высший совет Русского

[5] ПСЗ. Т. IV. Док. 2443 (окт. 1711 г.). С. 799. Подробнее об областной реформе Петра I см. [Anisimov 1993: 89–92]. Е. В. Анисимов пишет, что Боярская комиссия (1701–1710) в Ближней канцелярии состояла из бывших членов Боярской думы, которых Петр пытался сделать своими сподвижниками [Анисимов 1997: 25–27].

государства — Боярскую думу. В конце XVII века, в зависимости от положения дел при дворе, они могли получить место воеводы, стать начальником одного из приказов или занять какую-нибудь другую высокую должность. Люди, принадлежавшие к высшим сословиям Русского государства, как правило, были хорошо знакомы с культурой Европы и Османской империи и были в курсе последних военных и политических событий. Поэтому реформы Петра — по крайней мере некоторые — не вызывали у них немедленного отторжения. Однако Петр, отрезав Боярскую думу от всех процессов, связанных с управлением государством, казалось, поставил крест на политических амбициях русской аристократии. Конечно, в ближнем кругу Петра с самых первых лет его правления были представители древних русских родов. Однако, как правило, высшие должности доставались только тем из них, кто проявил себя на военной службе и доказал свою личную преданность монарху; можно сказать, что Петр позволял боярам служить ему исключительно на его условиях. Назначая с 1709 года губернаторами членов аристократических семей, Петр не только увеличил число своих потенциальных сторонников при дворе. Поскольку теперь обязанности по управлению страной были распределены на большее количество людей, ближайшие сподвижники Петра смогли, наконец, частично избавиться от лежавшего на их плечах административного бремени[6].

Схожие процессы институционализации происходили и в русском дипломатическом корпусе, переживавшем возрождение и трансформацию. Петр не только сделал Россию одной из ведущих мировых держав, но и заложил основы дипломатического протокола и этикета. Прием иностранных послов при русском дворе вновь обставлялся особым церемониалом. Само Русское государство все чаще стало отправлять за границу наделенных официальными полномочиями посланников: в последние годы царствования Петра I в Европе служили 23 русских дипломата — это были люди опытные и зачастую из аристократических семей; некоторым из

---

[6] См. [Stevens 2007: 222] О нежелании бояр помогать Петру в его военных и дипломатических делах см. [Bushkovich 2001: 215, 229].

них удалось создать на местах настоящую сеть из шпионов и тайных информаторов. То время, когда все дипломатические дела Российской империи вел лично царь Петр при помощи своего фаворита Ф. А. Головина и его секретаря П. П. Шафирова, кануло в прошлое, и координацией военных и дипломатических усилий Русского государства, которые в итоге принесли Петру победу в Северной войне, теперь занимались особые канцелярии. Теперь за дипломатической деятельностью русской империи стояли не только сам Петр и его ближайшее окружение, но и большой, строго регламентированный бюрократический аппарат. В этот процесс было вовлечено множество людей, значительная часть которых происходила из старых аристократических семей [Bushkovich 2001: 215; Hughes 2002: 61][7]. Все это увеличивало шансы на то, что созданные Петром институты власти продолжат функционировать даже после того, как разожмется железная хватка, в которой он держал Русское государство. Раньше Петр не искал поддержки бояр, но теперь хоть часть политической элиты России оказалась встроенной в государственный аппарат империи.

Прутское фиаско

Занимаясь проведением Областной реформы, Петр не забывал о своей главной военной и дипломатической проблеме — Карле XII — и об Османской империи, в которой шведский король пребывал в статусе то ли гостя, то ли пленника. Особенно сильно русского царя тревожило поведение турок. Петру давно было известно о том, что Порта может вступить в Северную войну на стороне Швеции. Для того чтобы предотвратить такое развитие событий, он незадолго до Полтавской битвы посетил Азов, тем самым показывая, что Россия не планирует начинать войну

[7] Анисимов отмечает сходство между петровскими канцеляриями, существовавшими до 1710-х годов, и их предшественниками в XVII веке [Анисимов 1997: 119]. И в том, и в другом случае деятельность этих ведомств контролировал лично царь. Примеры подобного царского участия в дипломатических делах см. документы 230–241 [Dixon 1998].

с Турцией. Подтверждение в 1710 году обеими сторонами верности заключенному в 1700 году Константинопольскому мирному договору, казалось, погасило разгорающийся русско-турецкий конфликт, но ненадолго. Карл XII всеми силами пытался заключить союз с Портой против России. В этом ему негласно содействовали Англия и Франция и открыто — крымский хан Девлет-Гирей, который даже предложил Карлу помощь с возвращением в Швецию. В самой Османской империи росло недовольство в связи с действиями России в Украине и уничтожением казачьей автономии [Крылова 1941: 268, 271–272][8].

В конце 1710 года Турция официально объявила войну России, а в начале 1711 года приступила к активным военным действиям. В то время Османская империя по-прежнему оставалось могучей и грозной державой, в которой происходила небольшая военная реорганизация, связанная с укреплением границ [Levy 1982: 229, 231; Agoston 1999: 140]. Вплоть до 1699 года европейским странам удавалось одерживать победы над турками только действуя в коалиции друг с другом, как, например, в Венской битве 1683 года. Даже после тяжелого поражения от Австрии в битве при Зенте (1697) огромное кавалерийское войско и превосходная тыловая служба обеспечивали Турции преимущество в войне с любым соперником.

Петр ответил на объявление Портой войны стремительным и неожиданным броском на Балканы, прежде чем Османская империя смогла добраться до своих северо-восточных границ. Этим ходом русский царь показал, что придерживается той же военной стратегии, которая принесла ему успех под Полтавой: его целью были не территориальные завоевания и постепенный захват крепостей, а уничтожение армий противника [Мышлаевский 1898: 3]. Направление этого удара было выбрано с таким расчетом, чтобы не дать турецкому войску соединиться с союзными войсками Карла XII, которые находились в Померании. В то же самое время Петр обратился с предложением союза к госпо-

---

8 После перехода Мазепы на сторону Карла XII и восстания Булавина гетманские полномочия перешли к Малороссийской коллегии.

дарям Молдавии и Валахии, объявив себя защитником христианской веры и надеясь поднять на Балканах антитурецкое восстание. Недавние победы над шведами придали русским солдатам уверенности в своих силах: они овладели последними военными инновациями, успешно освоили принципы линейной тактики и были вооружены мушкетами и ружьями со штыками [Black 1994: 13; Levy 1982: 230]. Если Петр I и считал, что в геополитическом отношении война с Османской империей будет отличаться от противостояния со Швецией, он не собирался отказываться от стратегии, принесшей ему победу над Карлом XII [Бескровный 1958: 219–220; Anisimov 1993: 129].

Однако план Петра потерпел неудачу. Последние военные действия России свели на нет все его усилия. Поскольку большинство кампаний Северной войны происходили на северо-западе, обороне южных и юго-западных русских рубежей уделялось все это время недостаточно внимания. При этом границы России и Османской империи разделяла только открытая степь. Оказалось, что Русское государство не располагает достаточным количеством людских и материальных ресурсов для того, чтобы в короткие сроки собрать и обеспечить всем необходимым армию для похода против турок — ни в центральных регионах страны, ни в южных областях. Петр сделал все, что мог. Были набраны новые рекруты в городских ямских слободах, а также из числа приказных людей и даже дворовой челяди. Солдат все равно не хватало, и были проведены дополнительные наборы. Накануне Прутского похода Петр I издал гневный указ, в котором требовал от Сената, чтобы тот воздействовал на губернаторов с тем, чтобы те лично контролировали пригодность рекрутов к военной службе «понеже в нынешних присланных сюда рекрутах довольно есть таких плохих, что и во крестьянах быть негодны, не только что в солдатах»[9]. Также царь напомнил двору, что представители высших сословий тоже должны нести военную службу. Нехватка солдат болезненно ощущалась на всех фронтах — не только в армии, готовящейся выступить в поход против турок,

---

[9] ПСЗ. Т. IV. Док. 2377 (19 июня 1711 г.). С. 699.

но и в крепостях южных засечных черт и даже на северной границе, где произошла вспышка чумы[10]. Другой серьезной проблемой стало снабжение южной армии. Провианта и пороха было мало. Области, в которых все же можно было найти необходимые припасы, находились слишком далеко от линии фронта, и для их доставки на юго-запад требовалось много времени. Многолетняя Северная война обнажила недостатки системы рекрутского набора и петровской тыловой службы: недавняя децентрализация, проведенная в рамках Областной реформы, не разрешила, а, скорее, усугубила эти проблемы; русская военная машина была слишком громоздкой [Автократов 1961: 188][11].

Дипломатические усилия царского правительства тоже оказались малоуспешными. В 1709 году союз с Россией заключила Валахия, однако в то же самое время Петр вел переговоры с господарем Молдавии Дмитрием Кантемиром. Эти княжества издавна соперничали друг с другом, что в итоге навредило интересам Русского государства.

Петр отправился на юг в конце марта. В расположение армии он прибыл только в июне. Несмотря на то что русское командование пыталось противопоставить крымским татарам свою иррегулярную конницу, состоявшую из казаков и калмыков, набеги крымцев на южное приграничье России были такими сокрушительными, что самому Петру пришлось изменить свой первоначальный маршрут следования. Уже этот факт явно продемонстрировал угрожающее превосходство в расстановке крымско-турецких сил. Когда Петр все же прибыл в ставку армии, его 38-тысячное войско уже испытывало недостаток в продовольствии и других припасах. Из-за страшной жары русские солдаты страдали от жажды; кроме того, в степи выгорела трава, которая могла бы стать подножным кормом для лошадей. Плохое знание местности приводило к принятию неверных решений. Русский авангард захватил турецкую крепость Браилов, в которой нахо-

---

[10] Для предотвращения распространения чумы Петр I приказал выставить на дорогах заставы. ПСЗ. Т. IV. Док. 2340 (16 марта 1711 г.). С. 649.

[11] См. указы № 16–18, 24, 28–29, 34 [Мышлаевский 1898].

дились значительные запасы провианта и фуража, но было уже слишком поздно.

Турки, напротив, быстро завершили приготовления к военной кампании, и их 130-тысячная армия выступила на север в направлении реки Прут. Столь скорое прибытие огромного турецкого войска не дало разгореться восстанию на Балканах; Петр больше не мог рассчитывать на активную поддержку со стороны местного православного населения.

Сражение на реке Прут между основными силами русских и турок, начавшееся 9 июля 1711 года, завершилось для Петра неудачей. Русские солдаты, как всегда, до начала сражения соорудили укрепленный лагерь. В начале битвы русские пушки успешно сдерживали атаки турок. Артиллерийский корпус уже много лет был гордостью русской армии, и пушкари Петра прекрасно проявили себя в сражениях Северной войны. Однако русская пехота, несмотря на всю свою тактическую выучку, ничего не могла противопоставить столь сильно превосходящим ее в численности войскам противника, и вскоре турки заняли высоты над русским лагерем. На второй день боя понесшие большие потери янычары не хотели вновь лезть под огонь русских пушек, а турецкое командование узнало о взятии русским конным корпусом Браилова. Русский штаб не сумел извлечь из этого выгоду впоследствии, притом что запасы продовольствия в русском лагере подходили к концу. В письме от 10 июля Сенату, приписываемом Петру I, однако для него нетипичном, сообщалось, что царь ожидает либо смерти в бою, либо пленения. И если это случится, сенаторы «не должны меня почитать своим царем и государем и ничего не исполнять, что мною, хотя бы то по собственноручному повелению, от вас было требуемо, покамест я сам не явлюся между вами в лице своем». Турки, вероятно, удивленные тем, что им никак не удается сокрушить малочисленное русское войско, охотно согласились на мирные переговоры [Бескровный 1958: 218–222][12].

---

[12] Ср. [Брикнер 1882–1883: 49 и далее] с [Письма и бумаги, 11: ч. 1, док. 4566, 4567, с. 314–316]. Мирные переговоры опять были поручены вице-канцлеру П. П. Шафирову.

По мнению большинства историков, условия мира, выдвинутые Османской империей, которая была главным образом заинтересована в возврате своих земель и крепостей, утраченных в 1680-е и 1690-е годы, были значительно мягче тех, на которые был готов пойти Петр I. Россия вернула Турции Азов и обязалась разрушить свои укрепления на захваченных ранее землях (Каменный Затон, Таганрог и другие); кроме того, Петр вынужден был уничтожить свой с таким трудом построенный южный флот. Также Русское государство отказалось вмешиваться во внутренние дела Польши и согласилось пойти на некоторые уступки купцам и пропустить Карла XII в Швецию. Ходили слухи, что Петр (или его жена Екатерина Алексеевна) подкупили великого визиря Мехмеда-пашу. Карл XII и крымский хан Девлет-Гирей были в ярости.

Однако после возвращения Петра и Екатерины в столицу царское правительство выразило недовольство и этими, столь мягкими для России условиями мира. Русский царь дерзко отказался предоставить Карлу XII свободный проезд через территорию России и явно не спешил отводить свои войска с побережья Черного моря и уничтожать Азовский флот. Эта задержка привела к тому, что в 1712 году Турция вновь объявила войну России, завершившуюся через год подписанием Адрианопольского мирного договора. Прутский поход не только стоил России с таким трудом доставшихся земель и кораблей, но и лег темным пятном на всю русскую военную историю. И десять лет спустя русские офицеры, вспоминая о своих былых подвигах, предпочитали не упоминать об участии в этой кампании, говоря о Пруте скупо и обиняками как о турецком деле[13]. Поскольку фиаско в Прутском походе бросает тень на личность Петра, как полководца и реформатора, многие историки, пишущие о его царствовании, предпочитают замалчивать эту тему[14].

---

[13] Примеров такого отношение немало. См., в частности: РГВИА. Ф. 490. Оп. 2. № 32, 1.3.

[14] См., например, [ВИО 1995, 1: 266]. Феофан Прокопович в своих стихах о Прутском походе делает акцент на численном превосходстве турок над русскими и отмечает действия казаков и калмыков [Бородулин, Каштанов 1994: 20].

Восстановление гарнизонов

Поражение при Пруте имело по крайней мере одно важное последствие. Вплоть до 1711 года Петр и его сподвижники воспринимали вооруженные силы Русского государства в первую очередь как полевую армию и флот для войны со Швецией. Когда в 1704 году началась унификация русского военного устройства, были созданы 40 или более пехотных полков (включая гвардейские и гренадерские) и 33 драгунских полка. Перестройка русской военной организации почти не затронула степное пограничье на юге и востоке империи. Гарнизоны местных крепостей и форпостов были укомплектованы иррегулярными войсками, чья преданность короне, как показало восстание Булавина 1707–1708 годов, была в лучшем случае сомнительной. Царское правительство не уделяло внимания укреплению и обороне степной границы государства. В результате южные регионы империи были не столько базой для войны с Турцией, сколько беспокойным степным пограничьем.

Когда в 1710–1711 годах над южными рубежами русских земель вновь нависла крымско-турецкая угроза, Петр был вынужден срочно решать эту проблему. В результате были сформированы новые регулярные гарнизонные полки — по большей части пехотные. К концу 1711 г. насчитывалось примерно 40 пехотных полков и 3 кавалерийских полка, в том числе ранее существовавшие и вновь сформированные силы. Указ, в котором объявлялось о создании гарнизонных войск, был написан сразу после объявления войны Османской империи; текст указа начинался с распоряжений, относившихся к гарнизонным полкам, и уже потом речь шла о полевой армии [Соловьев 1900: 45–46][15]. Новые войска выполняли разные задачи. Во-первых, они охраняли границы и защищали главные русские города. Поскольку эти полки были регулярными, все большее количество людей из центральных регионов России отправлялись нести службу в балтийские земли, Сибирь и на южные границы. Эти полки были устроены по тому

---

15 ПСЗ. Т. IV. Док. 2319 (19 февраля 1711 г.). С. 590–614.

же образцу, что и части полевой армии, и солдаты в них проходили такое же обучение и подготовку. Стрельцы и прочие иррегулярные отряды, которые раньше состояли на гарнизонной службе, были причислены к новым гарнизонным полкам или расформированы. Во-вторых, гарнизонные войска стали местом обучения новобранцев и офицеров. Теперь, прежде чем быть зачисленными в действующую армию, новые рекруты и молодые офицеры зачастую направлялись в гарнизоны; в некоторых случаях те или иные гарнизонные войска выполняли функцию учебной части для одних и тех же полевых полков. В результате этой реформы численность гарнизонных войск Русского государства увеличилась, а число местных жителей в них сократилось. Теперь военно-административное устройство Сибири и южных регионов было такое же, как и во всей остальной России, а степное пограничье империи защищали от набегов не только местные жители, но и регулярные войска [Леонов, Ульянов 1995: 18][16].

Гарнизонные войска выполняли и другие задачи. В частности, там служили и за небольшое жалованье передавали новобранцам боевой опыт увечные и престарелые офицеры, не желавшие доживать век в неподобающих госпиталях-богадельнях. Кроме того, там были школы, где дети солдат и офицеров проходили начальную военную подготовку (впрочем, из отчетов, составленных в 1730-х годах, известно, что многие из этих детей впоследствии оставили военную службу). Хотя в личном составе гарнизонных полков происходили изменения, сами они не меняли мест дислокации, и потому их содержание обходилось дешевле, чем содержание таких же по численности полевых полков [Kimmerling-Wirtschafter 1982: 64, 70, 90; Соловьев 1893: 214, 227][17]. Фактически это было возвращение к модели XVII столетия (которая сама по себе тоже была основана на более ранних образцах) — гарнизон-

---

[16] Иррегулярные части и местные жители были либо перераспределены по новым полкам, либо распущены [Соловьев 1900: 46]. После реформы гарнизонных войск военная организация Русского государства стала еще сильнее походить на ту модель вооруженных сил, которая использовалась в XVII веке во Франции, Испании и Нидерландах [Parker 1996: 40–41]

[17] ПСЗ. Т. IV. Док. 2319 (19 февраля 1711 г.). С. 590–614, 627.

ные и полевые войска являлись частью единой структуры и были тесно связаны друг с другом. Благодаря такой децентрализации военного устройства (и Областной реформе) русская армия могла теперь оперативно реагировать не только на внешние угрозы, но и на восстания в приграничных областях империи.

Гарнизонные войска, созданные в 1711 году, не стали заменой региональному ополчению в южных и юго-западных землях Русского государства. В 1713 году, когда угроза военного конфликта с крымско-татарскими войсками вновь стала явной, из этого ополчения было сформировано полурегулярное поселенное войско — ландмилиция. Полки ландмилиции укомплектовывались людьми, которые владели землей в этих регионах, и потому, как и прежние ополчения такого рода, были особенно заинтересованы в защите этих мест от набегов. В 1714 году, после окончания войны с Турцией, эти полки были временно распущены по домам, а потом и окончательно расформированы[18].

По-видимому, для обороны степного пограничья правительство Петра задействовало модели военной организации, которые уже использовались в прошлом; то же можно сказать и о дальнейшей русской экспансии на юг и юго-запад. В 1718 году было начато строительство новой засечной черты — Царицынской сторожевой линии [Бусева-Давыдова, Крашенинникова 1995: 282][19]. После завершения строительства укреплений русская сельскохозяйственная колонизация степи продолжалась вплоть до второй половины XVIII столетия, пока калмыки и прочие кочевые племена окончательно не были выдавлены с этих территорий [Khodarkovsky 1992: 215–216, 219, 229–235]. Раньше Петр не занимался возведением засечных черт, если не считать таковой сооруженную в 1706–1708 годах укрепленную линию Псков — Смоленск — Брянск, но эти фортификационные сооружения были устроены совершенно иначе.

---

[18] Док. 340–343 и др. [Рабинович 1977: 70–72].

[19] О том, что правительство Петра интересовалось состоянием пограничных крепостей, известно из написанного в 1718 году отчета, целиком приведенного А. З. Мышлаевским [Мышлаевский 1897].

Впоследствии, в 1723 году, были сформированы пять (а потом и шесть) полурегулярных полков ландмилиции. В этих войсках служили мелкие землевладельцы — так называемые однодворцы; около 90 % однодворцев проживали в южных областях Русского государства. В предыдущем столетии именно они составляли основу нескольких южных полков. Владея землей и неся военную службу, однодворцы претендовали на то, чтобы быть причисленными к помещичьему сословию. Впрочем, эти притязания не имели под собой достаточных оснований, так как однодворцы не имели возможности содержать себя во время военных кампаний — разве только за счет каких-то уловок и махинаций. В результате в конце XVII века они служили в местных войсках и платили денежные и натуральные налоги вместо крестьян, которых у них не было. Весь XVII век социальный статус русского провинциального дворянства постоянно падал, и однодворцами становились люди, лишившиеся из-за бедности и запустения всех своих поместий, кроме одного хозяйства (двора). При Петре положение представителей этого сословия стало еще хуже, и они были окончательно лишены права называться дворянами. В 1720-х годах из них было образовано новое податное сословие — государственные крестьяне. Тем не менее в некоторых губерниях знание местности и военный опыт по-прежнему давали однодворцам право на особый статус и право на службу в ландмилиции. Ландмилиционеры состояли на военной службе летом, а зимой возвращались домой. В некоторых областях хозяйства были достаточно богатыми, чтобы позволить себе во время сельскохозяйственного сезона обходиться без одного из членов семьи, служившего в ландмилиции; полки, укомплектованные такими однодворцами, в военном отношении мало чем уступали регулярным частям. Полковник Манштейн, состоявший на русской службе, высоко отзывался о боевых качествах однодворцев в конце 1720-х годов, говоря, что «это превосходнейшее войско в России» [Manstein 1968: 44–47, 94–95; Манштейн 2012; Белявский 1984: 17–19; Esper 1967б: 127; Рабинович 1971: 138–141][20].

---

[20] В 1741 году 11 полков ландмилиции были расформированы.

Своевременное создание ландмилиции, реформа гарнизонных войск и строительство новой засечной черты привели к тому, что у Русского государства появились вооруженные силы, которые могли не только защищать оседлое население степного пограничья от набегов (и подавлять восстания), но и, в случае необходимости, участвовать в военных кампаниях. Таким образом, к 1720-м годам в составе русской армии были войска разных видов, у каждого из которых было свое предназначение. А именно: регулярные полевые полки, регулярные гарнизонные полки и несколько полков ландмилиции. Последние два вида войск главным образом были заняты поддержанием порядка в южных регионах Русского государства и военной поддержкой сельскохозяйственной экспансии в степь. Тем самым царское правительство признало тот факт, что русские вооруженные силы должны быть готовы к выполнению различных задач. Действительно, поначалу Петр создавал армию, которая должна была противостоять одной-единственной европейской державе — Швеции. Только после Прутского фиаско руководство страны осознало необходимость перемен в военном устройстве и создании различных типов войск (со схожими обучением и подготовкой), которые могли бы противостоять различным врагам Российской империи[21].

Доминирование России на море и окончание Северной войны

Реорганизация гарнизонных войск, особенно на юге, и создание ландмилиции не приблизили Петра I к победе в Северной войне. Балтийские провинции были заняты русскими войсками, но шведы не собирались отдавать без боя принадлежавшую им

[21] Впоследствии Петр I настаивал, чтобы его солдаты «обучались артиллерийскому делу по габсбургскому образцу»; судя по всему, в армии Священной Римской империи использовалась комплексная система боевой подготовки — часть методов была заимствована в странах Евразии, а часть — в государствах Западной Европы [Black 1994: 105].

Померанию. Великобритания и другие страны, участвовавшие в войне за испанское наследство, не хотели, чтобы конфликт между Россией и Швецией перекинулся на территории Габсбургов, и были недовольны тем, что Карл XII затягивает эту, казалось бы, проигранную войну. Хотя в 1712 году положение Швеции еще не выглядело полностью безнадежным, дела ее становились все хуже. Объединенные войска России, Дании и Саксонии захватили Фридрихштадт, Штральзунд и Штеттин. В 1713 году капитулировала армия Стенбока. Тем временем русская армия при поддержке флота захватила Або и другие прибрежные крепости, к концу 1714 года почти полностью вытеснив шведов из южной Финляндии. В том же 1714 году в Гангутском сражении русский флот одержал свою первую крупную победу на море.

Распад Шведской империи был временно отложен благодаря возвращению домой Карла XII после пятилетнего отсутствия (1714). Поначалу международная ситуация благоприятствовала шведам. Великобритания вновь была готова если не вступить в войну на стороне Швеции, то поддержать ее в противостоянии с Россией. Английский король Георг I, как и прусский монарх, был недоволен тем, что Россия агрессивно расширяла сферу своих интересов на Балтике — особую тревогу Англии и Пруссии вызвали брак племянницы Петра I Анны с герцогом Курляндским и переговоры русского царя с герцогом Мекленбургским. Эти факторы практически перевесили неприязнь Георга к Швеции, которая активно поддерживала якобитов. Если говорить о Речи Посполитой, то не только политические враги Августа II были недовольны вмешательством России в польские дела, но и он сам опасался русского вторжения и был обеспокоен все более тесным сотрудничеством между Русским государством и Пруссией. Швеция вела умелую дипломатическую игру, проводя одновременно переговоры с Россией и Англией; в то же время Карл XII нанес еще один отвлекающий удар по Норвегии.

Смерть Карла от шальной пули во время осады Фредрикстена (1718) не улучшила, а, скорее, осложнила ситуацию для Петра. В 1719 году в переговорах приняла участие выступившая защитницей шведских интересов Франция, в Балтийское море вошла английская эскадра, а все прежние союзники России перестали ее поддерживать. Швеции удалось заключить сепаратные мирные соглашения со всеми остальными участниками Северного союза. Новые шведские монархи — королева Ульрика Элеонора и ее супруг Фредрик I Гессенский — по условиям Стокгольмского договора (январь 1720 года) охотно уступили Пруссии бывшие шведские владения в Померании. Дания, не способная нанести Швеции долгосрочный военный ущерб, в июне того же 1720 года заключила со Швецией Фредриксборгский договор, отказавшись от большей части своих территориальных притязаний. Все это время шведское правительство надеялось на то, что другие европейские державы, опасаясь роста военной мощи России, настоят на возвращении Швеции утраченных балтийских провинций. Однако в итоге озабоченность Франции и Англии своими внутренними делами и начавшиеся рейды русского флота на шведское побережье положили конец этим чаяниям. 30 августа 1721 года Россия и Швеция подписали Ништадтский мирный договор, по которому Петр получил Эстляндию, Лифляндию, часть Карелии с Кексгольмом, Ингерманландию, но вернул шведам бóльшую часть Финляндии.

Северная война была окончена. В Санкт-Петербурге, Москве и других русских городах прошли праздничные торжества. Петр принял титул императора Всероссийского. Война затянулась — как из-за вмешательства иностранных держав, обеспокоенных изменением баланса сил в этом регионе Европы, так и из-за упорства небольшого шведского государства, которое крайне эффективно использовало свои людские и материальные ресурсы. Поражение в Северной войне вскоре вызвало значительные перемены в политическом устройстве Швеции, однако экономический урон, понесенный ею в результате этого долгого военного конфликта, был куда менее существенным, чем можно было ожидать [Kirby 1990: 318; Hatton 1969: 516–518].

На последнем этапе Северной войны важную роль в успехах русского оружия сыграл Балтийский флот. При создании своего первого флота, использовавшегося в осаде Азова, Петр I столкнулся с огромными трудностями. Прежде всего, в России попросту не было ни традиций мореплавания, ни людей, испытывающих интерес к флотской службе. Все это привело к тому, что при строительстве Азовской флотилии было допущено множество ошибок, о которых в своих воспоминаниях столь язвительно писал Дж. Перри [Perry 1716: 11; Перри 2012]. Кроме того, Петр испытывал нехватку необходимых для строительства кораблей материалов, в частности, выдержанной древесины; также ему было сложно найти корабельных мастеров и изыскать новые источники дохода для того, чтобы все это оплатить. Историками было отмечено, что при всей той гордости, которую Петр I испытывал за свою Азовскую флотилию, ключевую роль во взятии Азова сыграли легкие казачьи струги [Longworth 1982: 456–457; Herd 2001: 39].

После уничтожения в 1711 году южного флота Петр стал особое внимание уделять своему новому детищу — Балтийскому флоту. Начатое на Ладоге и в Санкт-Петербурге строительство судов продолжилось на берегах Балтики. Проблему с отсутствием в России моряков частично удалось решить за счет набора на флотскую службу людей из областей, живших поблизости от Балтийского моря; впоследствии стали проводиться регулярные рекрутские наборы по всей стране. Русских морских офицеров было немного, и они часто оказывались во флоте не по своей воле, однако огромную роль в становлении Балтийского флота сыграли англичане — офицеры, корабельные мастера, инженеры и военные советники[22]. Все вопросы, касавшиеся устройства Балтийского флота — офицерский корпус, строительство и снаряжение кораблей и прочее, — решались при постоянном участии Петра I, который уделял этому огромное внимание. Пожалуй, самое удивительное в истории Балтийского флота — это то, как быстро он возник, притом что Балтика входила в сферу торговых и дипломатических интересов двух крупнейших морских государств того времени — Англии и Нидерландов. Рост русского флота был феноменальным. Начав с нескольких судов, Россия за 15 лет к 1720 году располагала более чем 30 линейными корабля-

---

[22] Э. Кросс пишет о двух английских адмиралах и еще пятерых офицерах, командовавших русскими кораблями в 1721 году [Cross 1996: 160–168].

ми, 5 фрегатами и огромным количеством мелких парусных судов — больше, чем у Швеции и Дании, вместе взятых. Улучшилось все: снабжение, боеспособность, военное кораблестроение; несомненно, это было грандиозным достижением России и самого Петра. В 1720 году был издан первый в истории Русского государства Морской устав [Бескровный 1958: 49–50][23].

Петр умело и эффективно использовал морской флот для поддержки сухопутных операций. Южная флотилия участвовала во взятии Азова и подавлении восстания Булавина. Во время действий на Балтике русский гребной флот оказал неоценимую помощь полевым войскам в качестве вспомогательной силы — так же, как иррегулярные кавалерийские части в ходе ранних кампаний Северной войны. Под прикрытием больших линейных кораблей галеры в 1712–1713 годах неоднократно высаживали десант на финское побережье; эти рейды вынудили шведов оставить Гельсингфорс, а затем и Або. Схожие задачи галерный флот выполнял и в последние годы войны во время вторжения собственно в саму Швецию (1719–1721)[24].

Однако непосредственно в морских сражениях русский флот участвовал редко. Петр I чрезвычайно гордился победой в Гангутской битве (1714) — одном из таких немногочисленных сражений. Когда шведы попытались заблокировать двигавшийся вдоль побережья русский флот, их эскадра попала в штиль и была окружена русскими галерами, которые по приказу Петра были волоком переправлены через мыс Гангут. В целом же морские сражения, такие как Эзельское (1719) и Гангутское, были редкостью, и при всех заслугах Балтийского флота за все время Северной войны русским удалось захватить лишь один линейный шведский корабль.

Союзники и противники Петра, как и он сам, прекрасно понимали, какую важную роль сыграл русский флот в успехах

---

23 Подробнее о написании Морского устава Петра I см. [Peterson 1976: 345–356]. Кросс пишет о том, что в Балтийском флоте было 29 линейных кораблей [Cross 1996: 167].

24 Историк Дж. Кипп утверждает, что именно галерный флот сыграл ключевую роль в итоговой победе России в Северной войне [Kipp 1984: 121].

России на Балтике, особенно после 1713 года. Петр хвастался размером своего флота, а Англия запоздало сожалела о том, что так сильно способствовала его созданию. Тем не менее не вызывает удивления тот факт, что после смерти Петра с изменением военной и экономической ситуации русское правительство вскоре отказалось от строительства дорогостоящих линейных кораблей [Кротов 1988; Петрухинцев 2001: 213–214].

Хрупкое равновесие

За Областной реформой (1708–1710) и созданием Правительствующего Сената (1711) последовали и другие административные преобразования. В конечном итоге они привели к улучшению военно-бюрократической системы России. Однако поначалу, из-за прежних непоследовательных действий Петра, ситуация стала еще более сложной.

Проблема с гражданской администрацией и тем, как она взаимодействовала с военными властями, имела финансовый и кадровый характер. Перенос столицы из Москвы в Санкт-Петербург усложнил координирование действий между приказами и канцеляриями, существовавшими теперь в обоих этих городах; кроме того, в результате Областной реформы многие чиновники из старой и новой столиц были направлены на службу в провинции. Положение дел усугублялось нехваткой квалифицированных административных кадров. Отчасти это было связано с тем, что, по замыслу Петра, в открытых им школах делался акцент на математических и инженерных науках, необходимых для получения офицерского чина. Для детей из высших сословий были открыты Школа математических и навигацких наук и Морская академия. Дети из незнатных сословий учились в цифирных и гарнизонных школах. Однако выпускники соответствующих заведений редко поступали на гражданскую службу. Вместо этого русский бюрократический аппарат по-прежнему пополнялся дьячими и подьячими сыновьями, и очень немногие выбирали карьеру чиновника, а не военного. Дети духовенства, которые могли бы стать основой нового класса чиновников, во время Северной войны в массовом порядке призывались на военную службу. Обучиться грамоте можно было лишь в немногих частных заведениях — в частности, в иезуитской и немецкой школах в Москве. Препятствием на пути создания нового бюрократического аппарата было еще и то, что гражданские чиновники обладали низким социальным статусом. Представители знатных сословий считали службу на младших административных должностях унизительной для себя. Вместе с тем они были против того, чтобы простолюдины, пробивавшиеся из низов, получали доступ к высоким постам в бюрократической иерархии [LeDonne 1991: 13–14; Kimmerling-Wirtschafter 1982: 90][25]. На самом деле, с 1690 по 1715 год число чиновников, состоявших на гражданской службе, неуклонно уменьшалось, и превысило показатели XVII столетия лишь в самом конце правления Петра I [Медушевский 1994: 76].

Другим важным фактором, мешавшим нормальному функционированию этого бюрократического аппарата, был финансовый. Переезд в Санкт-Петербург сильно ударил по кошельку приказных людей, которые лишились своих прежних связей, домов и земель под Москвой, полученных за долгие годы службы. Их жалованье к 1710 году выросло на 50 %, однако и инфляция была высока, и очень много денег уходило на содержание новых иностранных специалистов. Для чиновников низшего административного звена средств попросту не хватало. Разумеется, в таких условиях расцвели взяточничество, кумовство и прочие злоупотребления — все это помогало чиновникам выживать, но вряд ли способствовало нормальному функционированию бюрократической машины. Не помогало делу и то, что Петр и его сподвижники, уделявшие огромное внимание военным делам, в вопросах гражданской администрации были далеко не так придирчивы и последовательны [Медушевский 1994: 77–81][26].

---

[25] ПСЗ. Т IV. Док. 4449 (1724). См. также [Hughes 2002: 299–307].

[26] П. В. Седов пишет, что «административный аппарат XVIII в., в корне отличавшийся от приказного строя XVII в., тем не менее сохранил практику подношений от челобитчиков» [Седов 1996: 139–150].

Помимо кадровых и финансовых трудностей эффективной работе бюрократического аппарата мешало несовершенство новой губернской системы. Во-первых, фактическое положение дел в различных губерниях было разным. Во-вторых, после проведения Областной реформы значение центральных органов управления сильно упало. Более того, некоторые канцелярии подчинялись губернатору Московской губернии. Кроме того, не считая губернаторов и их ближайшего окружения, все прежние региональные чиновники, как правило, остались на своих местах и продолжили работать по старинке. Вместо воевод теперь были коменданты, однако зачастую менялось только название должности, но не человек, ее занимавший. Белгородский разряд, вошедший в состав Киевской губернии, частично сохранил свою автономию даже после того, как Военный приказ, которому он подчинялся, был упразднен и его функции перешли к Главной военной канцелярии. Снабжение и содержание войск в провинции по-прежнему зависело не только от эффективной работы чиновников, но и от того, насколько тесными были связи командиров этих полков с местными властями [Brown 1992: 19; LeDonne 1991: 78–79; Hughes 2002: 115].

Правительство Петра I приняло некоторые меры для того, чтобы пресечь злоупотребления и улучшить работу административных органов. Некоторые важные должности были попросту переданы армейским или флотским начальникам, а в ряде случаев офицеры были назначены заместителями гражданских чиновников [Анисимов 1997: 259–260, Приложение 1, 293–298]. В 1711 году была учреждена фискальная служба — специальный орган для контроля и надзора за соблюдением законов. Фискалы подчинялись только собственному начальству и выискивали случаи административных и финансовых нарушений, коррупции и злоупотребления властью; главным их оружием были доносы. Впоследствии их полномочия были еще более расширены, и сами фискалы нередко злоупотребляли своей почти безграничной властью — особенно в провинции. Фискальная служба была создана одновременно с Сенатом, и число фискалов и их влияние продолжали расти вплоть до смерти Петра I. К 1725 году на фискальной службе состояли почти 500 человек[27].

Сам Петр тоже прикладывал большие усилия для того, чтобы наладить работу бюрократического аппарата империи. Через учрежденный в 1704 году Кабинет Его Императорского Величества (по сути — канцелярию царя) он постоянно следил за действиями правительства и взаимодействием различных административных органов. Петр забрасывал Сенат своими письмами и указами. В 1717 году он приказал сенаторам не назначать на доходные посты родственников и друзей; царь сетовал на то, что его чиновники безынициативны и не выполняют его приказов, когда он указывает им на их просчеты и проступки. Петр неоднократно наказывал их за злоупотребления — жертвой гнева царя в 1715 году даже стал его давний фаворит А. Д. Меншиков, попавший на несколько лет в опалу, но позже вернувший монаршую милость благодаря своей преданности царю и выдающемуся административному таланту.

Петр I часто конфликтовал с Сенатом и губернскими властями из-за неэффективной работы бюрократического аппарата, и у этого противостояния была еще одна важная — внутриполитическая — сторона. Сын Петра от первого брака, царевич Алексей, никогда не состоял в близких или хотя бы нейтральных отношениях со своим отцом. Личные и политические разногласия между ними усугубились в 1715 году с рождением сыновей как у Петра — от его второй жены Екатерины, так и у Алексея от его супруги Шарлотты. В этой неясной ситуации с престолонаследием многие представители знатных русских родов, утративших часть своего влияния в царствование Петра, тайно или открыто поддержали Алексея и его сына (внука царя). Когда Алексей в 1716 году бежал в Вену, а затем вернулся в Россию, где был допрошен и вскоре умер в Петропавловской крепости, стало очевидным, что число сторонников Петра в высших слоях русского общества невелико. Хотя заговор в пользу царевича Алексея так

---

[27] ПСЗ. Т. VII. Док. 4484. С учреждением должности генерал-прокурора фискалы стали подчиняться ему, см. [Анисимов 1997: 37–38].

и не был раскрыт, его приверженцами были не только многие аристократы и сенаторы, но и люди из ближнего круга самого Петра.

В результате всех этих событий были проведены масштабные административные преобразования, и верхняя часть русской бюрократической пирамиды приобрела иной вид. Новые правительственные органы оказались более стабильными и долговечными. Петр впервые заговорил о внедрении в России административных институтов по шведскому образцу еще в 1712 году, однако в итоге эти созданные по европейской модели «коллегии» появились только в 1717–1720 годах. Поначалу коллегий было девять — они либо заменили старые приказы, либо поглотили их. В состав каждой коллегии входили десять человек, имеющих право голоса в принятии решений, один из которых (вице-президент) мог быть иностранцем. Сделано это было, очевидно, для того, чтобы новое ведомство не находилось во власти одного человека или рода; разумеется, в реальности дела нередко обстояли иначе. Поначалу президент каждой из коллегий (русский) был членом Сената; впоследствии это правило было отменено. Таким образом, эти новые коллегии были формально подчинены Сенату — высшему органу государственной власти и законодательства в России, который к тому моменту существовал уже почти десять лет. После коллежской реформы Петр провел переустройство местного управления — губернии были разделены на новые административно-территориальные единицы (провинции), при этом большинство полномочий вновь были переданы столичным ведомствам. Деятельность коллегий определял утвержденный Петром I в 1720 году Генеральный регламент, а контроль за Сенатом осуществлял генерал-прокурор [Анисимов 1997: 108, 260–261].

Говоря обо всех этих преобразованиях, необходимо отметить два важных момента. Во-первых, при появлении этих новых руководящих органов в правительстве произошло смешение различных политических элит. Выдвинулись новые царедворцы и государственные деятели; вернулся к власти попавший ранее в опалу Меншиков. Возвысился новый фаворит Петра П. И. Ягужинский, сменивший военную карьеру на гражданскую службу; он не был в союзе ни с другим простолюдином Меншиковым, ни со старыми знатными родами. Наряду с представителями аристократических русских семей, чья преданность царю вызывала сомнения, и новыми фаворитами Петра менее высокого происхождения в правительстве находились и иностранцы, такие как Я. В. Брюс, много лет состоявший на государственной службе. Такое устройство центральных органов власти позволяло установить равновесие между различными политическими элитами, по крайней мере в столице; в провинции власть по-прежнему оставалась в руках прежних аристократических родов[28]. Коллежская реформа служила интересам всех сторон, создавая личную заинтересованность в их продолжении, и потому эта созданная Петром система оказалась такой прочной и долговечной. Показательно, что после смерти Петра его областные преобразования вскоре были отменены, а Сенат и коллегии были одними из немногих учреждений, которые существовали еще многие десятилетия.

Во-вторых, как писал Е. В. Анисимов, эта новая бюрократическая система имела более четкую и иерархическую структуру, чем рудименты старых приказов. Выстраивание жесткой административной вертикали, по-видимому, привело к тому, что все важные решения теперь принимались только на самом верху бюрократической пирамиды — там, где была сосредоточена вся политическая власть. Тем не менее эта реформа заставила чиновников признать существование определенных институционализированных правил; для успешного продвижения по карьерной лестнице и извлечения преимущества из своего служебного положения надо было эти правила знать и умело ими манипулировать [Анисимов 1997: 92, 291–292; Keep 1985: 128][29].

Эти политические и административные преобразования нисколько не повлияли на доминирующую роль армии. Напротив,

---

[28] Подробнее об этом см. в эпилоге книги П. Бушковича [Bushkovich 2001].

[29] Некоторые рудименты старой административной системы существовали еще в 1720 году [Анисимов 1997: 145].

самыми важными коллегиями были Воинская, Чужестранных дел и Адмиралтейская, которые функционировали достаточно независимо от всех остальных. Представители этих ведомств обладали большей властью, чем все прочие гражданские чиновники и даже сенаторы [Анисимов 1997: 118–119, 121–122]. Иногда это приводило к определенным проблемам. Так, в 1723 году в состав Воинской коллегии вошел Кригс-комиссариат, и его глава лишился места в Сенате. Это было неразумно, так как Кригс-комиссариат отвечал за денежное довольствие и обеспечение войск и его руководитель должен был состоять в непосредственном контакте с высшим органом государственной власти. В 1724 году была учреждена Провиантская канцелярия, которая обладала теми же полномочиями, что и коллегии, и подчинялась Сенату [LeDonne 1991: 72, 77–78; Шелехов 1903: 24–26, 31–32][30]. В результате всех этих усилий военно-административная структура России оказалась тесно связанной с гражданским бюрократическим аппаратом; обе эти системы к концу петровского правления были стабильными и хорошо организованными.

Социальные и финансовые факторы, обеспечившие долгосрочную военную реформу Петра

Стабильность нового военного устройства России стала результатом не только административных преобразований и установления политического равновесия в высших эшелонах власти. Успех военной реформы предопределил и многие другие важные факторы. В этом разделе речь пойдет о двух из них. Во-первых, это изменение системы налогообложения и введение нового основного налога — подушной подати, благодаря чему военная организация Российской империи получила надежную экономическую базу. И, во-вторых, интеграция в новую армию русского дворянства, которое стало воспринимать военную службу как «социальный лифт» — особенно после создания Табели о рангах.

---

[30] Дж. Ледонн ссылается на: ПСЗ. Т. IV. Док. 4257, 4430, 4621.

Историки часто (и обоснованно) задаются вопросом о том, почему русские дворяне покорно смирились с теми повинностями, которые наложил на них Петр I. Почему после двух предыдущих сравнительно слабых правителей Русского государства они столь послушно согласились выполнять суровые требования Петра по несению военной службы? Для ответа на этот вопрос, по-видимому, необходимо вспомнить, как менялось положение помещиков со средним и низким доходом в течение XVII века. К концу столетия представители этого сословия имели небольшой политический вес и невысокий социальный статус. Служба в поместной коннице не только больше не давала права на попадание в московские, а затем и придворные чины, но даже не гарантировала сохранения высокого положения и земель. Поместное войско становилось все меньше, и места в сотнях были зарезервированы за самыми богатыми и знатными дворянами. Остальным помещикам приходилось волей-неволей служить в конных (или даже пехотных) полках «нового строя». Правительство не отнимало у них прежнего социального статуса — даже, скорее, защищало его, — но перспектив обогащения у этих людей было мало, так как свободной земли, которую они могли получить в виде поместий, почти не осталось. Попасть в московские чины им было очень трудно, а после реформы 1678–1682 годов и вовсе невозможно [Stevens 1995; Павлов 2000: 227–242]. Оставался только один способ сделать карьеру — и то не самую выдающуюся: стать офицером в полку «нового строя» и безупречной службой добиться повышения и, возможно, финансовой стабильности; однако даже это не давало права на попадание в аристократическую элиту. Провинциальным дворянам пришлось умерить свои социальные амбиции, поскольку с 1682 года они могли служить только в полках «нового строя». В период с 1682 и до начала 1700-х годов, когда в русской армии больше не осталось частей старого типа и перед офицерами открылись новые карьерные возможности, службой в полках «нового строя» мелкопоместный дворянин не мог заработать того политического и социального капитала, на который он мог бы претендовать в прежние годы, состоя в поместной коннице. На пути такого человека, стремившегося вырваться из относительной бедности и безвестности, стояли непреодолимые трудности.

Однако в петровское время произошли колоссальные преобразования, которые коренным образом изменили соотношение между местом службы дворянина и его положением в сословной иерархии. Пребывание в коннице больше не гарантировало провинциальному помещику сохранения прежнего статуса. Экономическое положение этих людей, которые, как правило, обязаны были сами содержать себя в период несения службы, было подорвано. При этом драгунские полки постоянно переформировывались, распускались и создавались заново, и в результате конница уже не была чисто дворянской — теперь в кавалерии, как и в пехоте, служили представители разных сословий [Stevens 2002: 165–168]. Однако в то же время перед офицерами — особенно теми, кто попал в армию до Полтавы, — открылись новые карьерные перспективы. Увеличение сроков несения службы имело важные последствия. Офицеры в петровской армии ощущали себя частью единого целого, их связывала так называемая полковая солидарность [LeDonne 1991: 25][31]. Они обучались по общей военной методике, овладевали грамотой и использовали одну и ту же заимствованную из Европы терминологию. У них были четко определенные навыки и обязанности, и даже появился свой особый кодекс чести. Кроме того, русские офицеры имели высокую репутацию и социальный статус и могли удостаиваться почестей со стороны первых лиц государства[32].

Однако не все было так гладко и безоблачно. Военная служба больше не гарантировала получения поместья. Петр, не поощрявший раздачу казенных земель, ввел ограничения на покупку и получение поместий. Молодые дворяне, не получившие землю в наследство, были лишены права владеть поместьями и крепост-

---

[31] Пример такой корпоративной солидарности см. в: РГВИА. Ф. 490. Оп. 2. Д. 49, 114. О продвижениях по службе см. в: РГВИА. Ф. 490. Оп. 2. Д. 3, 4, 14, 32, 48, 49, 54; Ф. 489. Оп. 1. Ед. хр. 2451.

[32] РГВИА. Ф. 490. Оп. 2. Большинство офицеров прямо указывали, кто именно способствовал их продвижению по службе.

ными. После 1711 года офицеры получали щедрое денежное жалованье[33], хотя из-за проблем фискального и административного характера оно не всегда выплачивалось вовремя. Находившиеся на службе дворяне подолгу пребывали вдали от своих домов и семей, зачастую по десять лет и даже дольше. Хотя офицеры в петровской армии имели более высокий статус, чем рядовые драгуны, их положение все равно не было таким элитарным, как у поместных конников XVII столетия. Хорошо известно, что Петр I если не поощрял, то никак не препятствовал продвижению по службе способных людей низкого происхождения. Неудивительно, что это вызывало неудовольствие со стороны представителей высших сословий, и многие дворяне крайне неохотно соглашались идти на военную службу.

В последние годы правления Петра ситуация изменилась, но не факт, что улучшилась. Во-первых, начиная с 1713–1714 годов, из-за уменьшения числа военных потерь, более качественного ведения воинского учета и некоторых других факторов в армии оказалось больше офицеров, чем свободных должностей; соответственно, возможностей для того, чтобы сделать карьеру в армии, стало меньше. Во-вторых, несмотря на сопротивление со стороны русского дворянства, в 1714 году Петром I был подписан Указ «О порядке наследования в движимых и недвижимых имуществах» (Указ о единонаследии), по которому отец мог передать недвижимое имущество только одному из сыновей. Еще одним поводом для недовольства было продвижение по службе простолюдинов и занятие ими высоких постов [LeDonne 1991: 12][34]. Однако ближе к концу петровского царствования русский офицерский корпус вновь стал преимущественно дворянским. В связи со скорым завершением войны решения о чинопроизводстве все чаще стали носить политический характер, а сам Петр стал менее активно вмешиваться в этот процесс. Офицерский корпус стал более консервативным, и простолюдинам удавалось

---

[33] ПСЗ. Т. IV. Док. 2319. С. 599–602.

[34] См. информацию об офицерских продвижениях по службе в: РГВИА. Ф. 490. Оп. 2.

сделать военную карьеру лишь в исключительных случаях [Троицкий 1974: 124]. Учреждение в январе 1722 года Табели о рангах формально закрепило новый порядок чинопроизводства русского общества.

Табель о рангах кодифицировала иерархию должностей и чинов, занимаемых дворянами (и представителями низших сословий) на государственной службе[35]; фактически речь шла о системе, в которой каждый ранжированный чин теперь имел определенный административный и социальный статус. Подобной системы в Русском государстве не существовало с отмены местничества почти 40 лет назад. Ранее Петр активно противился попыткам возрождения местничества, однако создание альтернативной иерархической структуры оказалось сложным процессом, важную роль в котором сыграли не только стремление Петра европеизировать русское дворянство, но и перемены в военном устройстве России, и социальные амбиции самого дворянского сословия. Правила, по которым устанавливались соответствия между различными представленными в Табели о рангах чинами, были почти такими же изощренными, как и во времена местничества, хотя и носили более открытый характер; все это стало результатом долгих политических и бюрократических маневров [Троицкий 1974: 47–118].

Табель о рангах представляла собой таблицу соответствий между придворными, гражданскими (статскими) и военными чинами, ранжированными по 14 классам (14-й класс был низшим, а первый — высшим). Иначе говоря, каждому военному чину соответствовал определенный гражданский (статский) и придворный чин. Например, полковник в пехоте имел тот же класс, что и коллежский советник, капитан 1-го ранга или обер-егермейстер; с получением более высокого класса человек мог претендовать сначала на личное, а затем и на потомственное дворян-

---

[35] Подробнее о Табели о рангах см. [Троицкий 1974]; из недавних англоязычных исторических исследований внимания заслуживают Кип и Хьюз [Keep 1985: 120–129; Hughes 2002: 180–185]. Указ об учреждении Табели о рангах см. в: ПСЗ. Т. 6. Док. 3890 (1722).

ство. Таким образом, Табель о рангах провела четкую грань между дворянами и низшими сословиями.

В Указе Петра прямо было сказано о том, что дворяне обязаны нести государственную службу — только служа отечеству можно было получить высокий чин. За отказ от несения службы полагался штраф, и офицеры имели более высокое общественное положение, чем не состоящие на службе дворяне. Важным инструментом принуждения молодых дворян к службе стало подписание Указа о единонаследии: теперь, когда земли запрещено было дробить, младшим сыновьям помещиков приходилось самим зарабатывать себе на жизнь.

Неудивительно, что военные чины заняли в этой системе особое место. Армия играла такую важную роль в замыслах Петра, что при составлении Табели о рангах он подробно обсуждал ее со своими генералами. В результате уже офицер самого низшего, 14-го класса получал право на дворянство, в то время как на гражданской службе необходимо было для этого заслужить намного более высокий (восьмой) класс. Кроме того, военные чины имели превосходство над аналогичными по рангу статскими и придворными чинами. Петр подробно прописал требования к кандидатам даже на самые низшие офицерские должности и условия, за счет которых они могли рассчитывать на продвижение по службе[36].

Если продраться сквозь казуистический и бюрократический язык Указа об учреждении Табели о рангах, видно, что речь в нем шла о вещах, особенно сильно волновавших дворянство; этот документ явно отражал точку зрения Петра, считавшего, что лидерские качества и талант к государственной деятельности присущи почти исключительно дворянам. Так, в частности, в пояснительных пунктах к Табели сказано, что производство в чины происходит по выслуге лет или по «знатным услугам». Таким образом, «дворянские дети», «которые знатные услуги покажут», могли обойти по службе своих менее родовитых това-

---

36 Судя по всему, первоначально Петр установил сроки выслуги только для военных чинов. См. [Письма и бумаги, 13: вып. 2, док. 6361].

рищей. Были и другие пояснительные пункты: например, принцы императорской крови, вне зависимости от чина, всегда имели «председательство и ранг над всеми князьями, и высокими служителями российского государства»[37].

Создавая свою Табель о рангах, Петр I опирался на различные иностранные модели «расписания чинов», в том числе на шведскую. Хорошо известен тот факт, что Петр мечтал европеизировать русское дворянство [de Madariaga 1995: 244]. Однако, очевидно, из-за специфики русского социального устройства, прямое заимствование европейских образцов оказалось невозможным [Троицкий 1974: 1–118]. Во многих отношениях Табель о рангах официально закрепила существовавшее положение петровского дворянства, и в ее основу был заложен существовавший ранее общественный договор между царем и высшими сословиями. Обязав состоять на государственной службе бывших служилых людей «по отечеству» и дав им возможность быстрого продвижения по службе в рядах офицерского корпуса, Петр I разрушил старые сословные границы и создал единое высшее сословие нового типа — шляхетство, включившее в себя многие рудименты прежнего устройства. Таким образом, хотя связь между царем и дворянством теперь осуществлялась в рамках новой иерархической структуры, сама по себе она была не только триумфом абсолютизма, но и драматическим итогом эволюции русского служилого государства [Keep 1985: 128; Анисимов 1997: 265–267][38].

Древние русские чины (бояре и окольничие), хотя и вошли в состав нового сословия, сохранили свои привилегии — как неформальные, так и формальные. Важные должности при дворе по-прежнему принадлежали людям знатного происхождения. Эти царедворцы требовали особого к себе отношения и зачастую его получали. Так, гвардейские части, в которые изначально и набирали выходцев из знатнейших русских семей, со

---

[37] ПСЗ. Т. IV. Док. 3890. С. 490.

[38] Функции, которые ранее выполнял Разрядный приказ, — ведение списков служилых людей, контроль за прохождением дворянами военной службы и т. д. — теперь были возложены на герольдмейстера.

временем стали прибежищем для аристократов, не добившихся высоких чинов в армии; сама служба в гвардии позволяла им сохранить свой высокий статус. Всеми делами, относившимися к дворянству, занимался герольдмейстер, и гвардия имела привилегированное положение по сравнению с армейскими частями России. С другой стороны, гвардейцы также были обязаны получить соответствующее образование и подготовку, как и остальные русские офицеры, и споры наподобие местнических были строжайше запрещены. Позднее при содействии надзирающего за деятельностью Сената генерал-прокурора были созданы механизмы, позволившие представителям аристократических семей в течение всего XVIII столетия занимать высокие государственные должности [Анисимов 1997: 265–267][39].

Табель о рангах не только стала переосмыслением старого договора между престолом и дворянством, но и отражала новое устройство русского общества. Выслуга лет и пригодность давали право на продвижение как в армии, так и на гражданской службе, и те, кто усердно выполнял свои обязанности, могли сделать административную карьеру. Люди знатного происхождения по-прежнему предпочитали военную службу статской. Тем не менее не только военная, но и административная реформа способствовали тому, что дворянство стало воспринимать служение отечеству как свой безусловный долг. Благодаря тому, что в Табели о рангах наряду с военными были и статские чины, пусть и ценившиеся ниже, дворянство окончательно стало объединенной общими интересами правящей элитой Русского государства. При Петре I статус чиновника стал таким высоким, как никогда ранее. Теперь сделать карьеру можно было не только в армии. Кроме того, на гражданскую службу стали переводить офицеров, которые устанавливали в своих ведомствах военную дисциплину и порядок [Анисимов 1997: Приложение 1, 293–298; Троицкий 1974: 105–107]. Возник сильно политизированный, но вполне стабильный правительственный аппарат.

---

[39] Пример такого особого отношения к аристократам, состоявшим в нижних чинах, см. в: РГВИА. Ф. 490. Оп. 2. Д. 3.

Табель о рангах стала краеугольным камнем социальных реформ Петра I. По замыслу царя и с одобрения дворянства она объединила в общей иерархической структуре армию и бюрократию русской империи. Что еще важнее, она представляла собой новый общественный договор между дворянством и престолом, по которому высшее сословие сохраняло свои привилегии, но становилось более открытым.

Итак, одним ключевым фактором, обусловившим успех военных реформ Петра, стала кодификация нового социального устройства Русского государства, воплотившаяся, прежде всего, в Табели о рангах; другим стала налоговая реформа. Экономические проблемы, испытываемые Россией в петровское время, сопоставимы только с кризисом, разразившимся в годы Тринадцатилетней войны. При Петре военные расходы съедали львиную часть всего бюджета России — в некоторые годы до 80 % и выше[40]. На самом деле, и другие военные державы Европы, а также Османская империя, нередко тратили на военные нужды от 70 до 90 % бюджета страны [Parker 1996: 62–63]. Как и в середине XVII века, главные расходы России и схожих с ней в военном отношении государств приходились на снабжение армии в том случае, когда корабли, обмундирование, оружие, пушки, лошади и различные припасы закупались в течение короткого периода времени. После Полтавской битвы Петру удалось облегчить это налоговое бремя и повысить эффективность работы фискальных органов. На тот момент к множеству уже существовавших налогов и податей был добавлен целый ряд новых дополнительных сборов; другим привычным способом оплаты счетов была девальвация национальной валюты. Все эти факторы нередко упоминаются как причины обеднения русского купечества [Baron 1973; Милюков 1905: 89–90].

Во второй половине царствования Петра, не считая ассигнований на строительство Балтийского флота, главной статьей

---

[40] Милюков пишет о 62–87 % от государственного бюджета с 1680 по 1701 год, Кип и Соловьев приводят свои расчеты и цифры, относящиеся к последующим годам [Милюков 1905: 115–121; Keep 1985: 137; Соловьев 1900: 75].

военных расходов было содержание армии, а не ее оснащение и обновление. После заключения Ништадтского мира расходы на армию, казалось бы, должны были сократиться, однако следует иметь в виду, что Россия на протяжении почти всей Северной войны частично содержала свои войска за счет тех государств — как враждебных, так и союзных, — на чьей территории велись боевые действия. После возвращения домой большого количества регулярных полков, которых надо было обеспечить всем необходимым, военный бюджет России не только не уменьшился, но, напротив, лишь вырос: жалованье, провиант, корм, прочие припасы и ротация личного состава обходились правительству совсем недешево [Kahan 1985: 330; Anisimov 1993: 160; Анисимов 1982: 35; Соловьев 1900: 88].

Главной проблемой, мешавшей нормальному снабжению регулярных армии и флота, была ограниченность ресурсов Российской империи. Россия не могла похвастаться ни процветающей торговлей, ни развитым сельским хозяйством. В стране было мало наличности, и последовательно проводимая государством политика отказа от натуральных налогов и замена их денежными делала положение вещей еще хуже. Русское правительство не могло рассчитывать на внешние займы. Кроме того, были и проблемы административного свойства: несмотря на все усилия Петра, объединение отдельных бюджетов различных ведомств в общий государственный бюджет было задачей сложной и далеко не решенной. Рассчитать предполагаемый объем налоговых поступлений было просто, а вот с тем, чтобы собрать их звонкой монетой и распределить по назначению, возникали большие трудности.

Для того чтобы стабилизировать ситуацию и решить вопрос с финансированием армии, правительство Петра приняло комплекс мер. Во-первых, благодаря Областной реформе 1708–1710 годов средства налогоплательщиков поступали непосредственно в полковую казну, без лишних посредников. Тем не менее финансовая смета, составленная в 1710 году, показала, что расходы на армию превышают совокупный доход Русского государства. В 1716 году в России была проведена еще одна подворная перепись: правительство надеялось, что она покажет рост численности населения по сравнению с переписью 1710 года и позволит увеличить налоговые сборы, необходимые для содержания регулярных армии и флота. Однако этот замысел Петра обернулся крахом: оказалось, что число дворов — то есть облагаемых налогом хозяйств — на самом деле сократилось. Эти переписи наглядно показали всю ущербность системы подворного налогообложения: крестьяне просто объединяли дворы для снижения налогового бремени.

Новые законодательные меры, целью которых было разрешение этих фискальных проблем, не заставили себя долго ждать. Когда в 1717 году в Россию стали возвращаться солдаты, участвовавшие в военных кампаниях Северной войны, остро встал вопрос о том, как их расквартировывать и содержать в мирное время. Размеры русской армии и флота ничуть не уменьшились: напротив, после 1711 года численность личного состава русских вооруженных сил неуклонно росла, достигнув 121 000 солдат в полевой армии и еще 74 000 в гарнизонных войсках. Поначалу вернувшихся с войны солдат направляли на строительство крупных объектов: мостов, сторожевых линий, крепостей и каналов, рытью которых Петр уделял особое внимание. Вскоре, однако, было найдено новое решение проблемы содержания армии, не участвующей в боевых действиях: был издан указ о так называемой «раскладке войска на землю», о «расположении полков армейских на души»[41], согласно которому полки были расквартированы по различным местностям, как правило, сельским округам[42]. За исключением летних месяцев, когда войска участвовали в военных сборах или небольших кампаниях, их размещение и прокорм были возложены на плечи податного населения, которое таким образом платило своего рода натуральный налог на содержание армии (хотя сумма этого налога была рассчитана в денежном эквиваленте). Были изданы особые ин-

---

[41] ПСЗ. Т. V. Док. 3245. 1718. С. 597.

[42] Подробнее о расквартировании см. [Анисимов 1997: 163], также см. главу 7 [Анисимов 1982].

струкции, как именно полагалось расквартировывать отдельные роты и батальоны, но только в крупных крепостях и других местах, где имелись казармы, местные жители выплачивали эту подать деньгами[43]. В США граждане так сильно протестовали против постоя, что запрет на размещение солдат в частных домах без разрешения владельца был записан в американской Конституции. Нет сомнений в том, что и население Российской империи испытывало схожие чувства: все, кто имел такую возможность, добивались освобождения от этой повинности [LeDonne 1991: 274]. Главными жертвами нового закона стали крестьянство и городское население (мещанство), которым и пришлось содержать русскую армию после того, как та «оккупировала» собственную территорию. Эта фискальная нагрузка была очень большой, но распределена она была неравномерно. Основной зоной постоя стали центральные области России, и бóльшая часть армии была расквартирована вокруг Москвы. Надо сказать, что эти меры действительно позволили правительству содержать армию в мирное время без сокращения ее численности. Как и в Швеции, это не потребовало создания отдельного бюрократического аппарата и не привело к изъятию наличных средств у крестьянства. Солдаты по-прежнему оставались на армейской службе, но при этом попадали в среду, которая большинству из них была привычна с рождения. Местные землевладельцы и сами офицеры нередко нанимали их на работу в своих поместьях; нет нужды говорить, что эта практика часто приводила к злоупотреблениям.

Полки, расквартированные в сельской местности, становились, по замыслу Петра, инструментом местного управления — на них возлагались среди прочего и полицейские обязанности. Они должны были следить за порядком в своих дистриктах: преследовать воров и бандитов, бороться с бродяжничеством и ловить беглых крестьян. История сохранила имена многих известных разбойников, чьи банды разоряли русские земли в XVIII веке;

---

[43] Правила «раскладки» были такими: 47 душ мужского пола на каждого пехотинца, 57 душ на каждого драгуна и еще по 40 душ на каждую драгунскую лошадь.

из этого можно сделать вывод, что с полицейскими функциями русская армия справлялась не очень успешно. Впрочем, в городах за порядок отвечали не военные, а отдельные полицейские власти, которые не только пресекали преступность, но и следили за чистотой улиц, соблюдением правил торговли, опрятностью горожан и прочими вещами такого рода [LeDonne 1991: 128, 133].

Другой налоговой мерой, непосредственно связанной с «указом о раскладке», стал переход на подушную подать, необходимость в которой стала окончательно ясна после переписи 1716 года. Введение подушной подати означало, что отныне все мужское население страны без различия возраста и достатка обязано было ежегодно выплачивать в казну одну и ту же сумму. Этот налог должен был стать заменой старых податей и сборов (но не всех). Его предназначение было сугубо военным: все прочие государственные расходы финансировались из прежних источников. В 1718 году была начата новая — подушная — перепись населения. Проводилась она армией, и к этой работе было привлечено такое количество офицеров, что полковые командиры жаловались на нехватку личного состава [Anisimov 1993: 162]. Итоги переписи были подведены в 1724 году: численность податного населения России составила около 5,6 миллионов душ мужского пола. Размер первого подушного налога (74 копейки) был рассчитан следующим образом: 4 миллиона рублей, необходимых для ежегодного содержания 73 полков, были поделены на 5,4 млн человек в 10 губерниях, подлежавших раскладке на полки. Эта цифра была чисто умозрительной. Подушная перепись учитывала все мужское население Российской империи — стариков и младенцев, больных и немощных. Одни дворы, вне зависимости от количества внесенных в «ревизские сказки» мужчин, были намного богаче, чем другие. Кроме того, в законе ничего не было сказано о том, как именно должен производиться сбор этого нового налога. На практике местные помещики просто передавали полковому начальству на руки всю требуемую сумму. Поэтому сумма подушной подати не учитывала ни реальное количество налогоплательщиков, ни их платежеспособность. По сути, подушная подать стала обновленной версией подворной подати, существовавшей еще с 70-х годов XVII века в том смысле, что фактически налоги в казну платили по-прежнему дворы и деревни [Анисимов 1982: 103, 233; Ключевский 1959][44].

Сбор налогов сопровождался многочисленными трудностями технического характера: налоговые округа не всегда совпадали с административными; после уплаты подушной подати налогоплательщикам приходилось иметь дело с гражданскими чиновниками, перед которыми стояла малоприятная задача взыскать с местного населения остальные налоги и пошлины; собирали подушную подать военные команды — иногда даже гвардейцы. Деревни жили в паническом страхе, ожидая приезда вооруженных сборщиков [Keep 1985: 133–134].

Введение подушной подати стало тяжелым ударом для русского крестьянства не только из-за увеличения налогового бремени, но и из-за жестокости, с которой производился ее сбор. Ситуация для русского податного населения ухудшилась еще и в связи с климатическими факторами — необычайно долгими и холодными зимами (как следствие продолжающегося Малого ледникового периода) и оскудением сельского хозяйства. Подушная подать и постой не привели к упразднению других налогов и сборов. Однако они дали возможность правительству содержать армию и флот в мирное время и стали тем фундаментом, на котором еще 100 с лишним лет держалось финансирование русских вооруженных сил.

Кроме того, осуществление податной реформы имело и важные социальные последствия, еще сильнее обозначив грань между податным населением Российской империи и дворянством. Налоги обязаны были платить не только крестьяне и холопы. Как и в 1679 году, реформа коснулась и посадского населения, которое должно было выплачивать подушную подать в большем объеме. Всем известно, что введение подушного налогообложения привело к установлению более жестких сословных границ, однако в ряде случаев названия этих сословий могут ввести непосвященного человека в заблуждение. Так, составители переписи, стремясь

---

44 Подробнее об «умозрительном» налогообложении см. [Hellie 1999: 548–549].

увеличить численность посадского населения, записали в мещанство «гулящих людей» и вольных холопов, прежде свободных от государственных повинностей; кроме того, возникла новая сословная группа — торгующие крестьяне. Из однодворцев и других остатков незакрепощенного земледельческого населения было сформировано особое сословие — государственные крестьяне. Принадлежность (и непринадлежность) к податному населению по-прежнему были важнейшими маркерами социального статуса. Дворянство в равной степени ассоциировалось и с государственной службой, и со свободой от уплаты налогов [Анисимов 1982: 135–232].

Таким образом, целью податной реформы было создание финансовой базы, которая с наименьшими расходами для государства позволила бы содержать регулярную армию. Постойная повинность тяжким бременем легла на плечи русского крестьянства, однако при всей своей непопулярности эта мера оказалась весьма эффективной. Новая система привела к усилению налогового гнета, но быстро дала желаемый Петром результат. При этом исчезли последние институциональные рудименты полурегулярной армии. Армия и флот могли теперь рассчитывать на постоянное финансирование наличными [Анисимов 1982: 258].

Весь этот комплекс мер — Табель о рангах, постойная повинность, подушная подать и учреждение коллегий — стабилизировал и укрепил военное устройство России к тому моменту, когда Петр I решил начать войну на юго-восточных рубежах своей империи против нового противника — Персии.

Последняя война Петра

Официальным поводом к войне с Персией (1722–1723) стало ограбление и убийство русских купцов в Шемахе — азербайджанском городе в 130 км к западу от Баку. Однако защита русских торговых интересов была лишь одной из причин Персидского похода. Древний Волжский торговый путь, соединявший Россию через Каспий со странами Востока, хоть и продолжал приносить доход казне, постепенно хирел [Лысцов 1951: 97–101, 107–109, 119]. Объявление Петром I войны Персии во многом было обусловлено имперскими амбициями царя и соперничеством с Портой за влияние в этом регионе. В 1714 и 1716 годах Петр посылал через Каспий экспедиции, чтобы разведать эти мало изученные русскими земли; со схожими целями в 1724–1725 годах им была отправлена экспедиция на Камчатку под руководством Беринга. Получив отчет о политической обстановке в Центральной Азии, царское правительство в 1717 году направило в Хиву отряд численностью несколько тысяч человек; почти все они в этом походе погибли. Кроме того, Петр мечтал об открытии русских колоний на Мадагаскаре и в Индии, видя себя правителем колониальной империи [Hughes 2002: 59].

Подготовка к Персидскому походу не заняла много времени. Для участия в кампании помимо регулярных драгунских частей и иррегулярной конницы (калмыков) было создано новое пехотное войсковое соединение — Низовой корпус. Прикрытие и снабжение русской армии обеспечивал флот. На случай ответной реакции со стороны турок и татар гарнизоны приграничных крепостей были приведены в состояние полной готовности. Русские войска быстро захватили Гилян, Дербент и Баку, не встретив серьезного сопротивления, однако сильная жара и враждебность со стороны местного населения осложнили течение кампании: русская армия начала испытывать нехватку людей, продовольствия и припасов.

Положение дел стало еще более напряженным, когда в 1723 году с запада в Персию вторглись османы. Не желая вступать в вооруженный конфликт с Турцией и ее крымскими союзниками, Петр начал мирные переговоры[45]. В 1723 году был заключен мир с Персией, а в 1724-м — с Портой; эти договоры закрепляли за обеими странами права на захваченные территории. Царское

---

[45] Любопытно, что в книге «Армия Петра I» [Бородулин, Каштанов 1994: 18–20] о фиаско Петра I в Прутском походе говорится вскользь, а в отчете о Персидской кампании ни слова не сказано о роли, сыгранной в этой войне Османской империей.

правительство поставило свои гарнизоны в новых крепостях, планируя поселить на этих землях русских и армян. Низовой корпус не был распущен и обеспечивал контроль за присоединенными персидскими провинциями; содержать его было вынуждено местное население. Татары продолжали совершать набеги на южные земли Российской империи.

Последний год правления Петра I прошел без серьезных военных конфликтов. Царь умер 28 января 1725 года, предположительно, от «каменной болезни», осложненной уремией. Россия лишилась своего лидера, не оставившего после себя четких распоряжений относительно того, кто будет его наследником.

Петровская армия

На момент смерти Петра I военное устройство России, безусловно, находилось в лучшем состоянии, чем в предыдущие десятилетия. Русская армия была велика — около 200 тысяч человек; ее размер зависел от норм рекрутского набора, что в некоторой степени роднило Россию со многими государствами Центральной и Восточной Европы. Более половины вооруженных сил Российской империи составляла пехота, но также в ней было много конных полков, артиллерийские и инженерные части и большой флот, предназначенный по большей мере для действий в прибрежных зонах и на мелководье. Пехотные полки почти полностью состояли из крепостных крестьян, но включали в себя и представителей других податных сословий, а также небольшое количество дворян и вольных людей. Для формирования пехоты была введена рекрутская повинность; впрочем, у этого способа комплектования было немало недостатков. Из-за огромного числа дезертиров и уклонистов — в армии и на флоте — предсказать итоговое количество набранных рекрутов было невозможно. В военное время это приводило к тому, что правительство производило особые наборы, призывая в армию представителей прежде свободных от воинской повинности сословий. Исключение составляли три элитных пехотных полка русской армии: два гвардейских и один Ингерманландский, которые были больше остальных; кроме того, согласно Табели о рангах, чины в гвардии были на два класса выше, чем в армии. В эти части набирали дворян и лучших солдат из других полков. В коннице, напротив, в основном служили представители неподатных сословий, но не только. Как правило, в кавалерийские части направляли молодых дворян, прибывших на военные смотры, однако в меньшем количестве туда зачислялись и крестьяне с мещанами; во время войны конные полки могли доукомплектовываться пехотинцами и солдатами из гарнизонных частей.

Петровская армия была на удивление однородной. То есть почти все полки были фузилерными и драгунскими. Обучение солдат происходило в гарнизонных войсках, которые одновременно были и военным резервом, и полицией, и пограничной службой, защищавшей северо-западные и южные рубежи России, а также крупнейшие крепости в Сибири. Регулярные гарнизонные части несколько отличались от полков полевой армии, особенно в Сибири и юго-восточном пограничье, где они имели особую военную организацию и особую систему снабжения, а также выполняли несколько иные боевые задачи, являясь, по сути, колониальными войсками расширяющейся на восток Российской империи. Все эти части, особенно полки полевой армии, проходили интенсивную боевую подготовку и были обучены в большей степени полагаться на сталь, чем на огневую мощь. По некоторым свидетельствам, в последние годы правления Петра в эти перенятые у шведов принципы военного обучения были внесены определенные коррективы.

Помимо полевой армии и гарнизонных частей в состав русских вооруженных сил входили еще вспомогательные соединения. Одним из них были инженерно-артиллерийские войска, при этом современники отмечали достоинства русской артиллерии еще задолго до воцарения Петра. Это был род войск, требующий специального образования и глубоких технических знаний. Петр I, придававший огромное значение развитию математических и инженерных наук, построил оружейные заводы и учредил артиллерийскую и инженерную школы, однако если преподавателями в этих школах стали новые люди, то производством орудий по-прежнему в основном занимались старые пушечные мастера. В артиллерийских и инженерных частях состояли по большей части люди незнатного происхождения. Европейцы (и турки) высоко оценили действия русской артиллерии уже в самом начале Северной войны — в ходе второй осады Нарвы.

Другим вспомогательным соединением русской армии был флот, который, несмотря на свои размеры, действовал наиболее успешно во взаимодействии с сухопутными частями. Русский флот сыграл важную роль в Северной войне, однако расходы на его строительство и содержание были несоразмерны той пользе, которую он приносил. До самой своей смерти в 1725 году Петр I был главной, если не единственной, движущей силой русского флота. Благодаря его энтузиазму и поддержке в России появилась аллегория «государство-корабль», получившая распространение в многочисленных книгах, гравюрах и других объектах культуры, а морская терминология прочно вошла в речь придворных. Однако лишь малая часть населения Российской империи действительно проявляла интерес к мореплаванию и флотской службе.

В области оружейного производства и военного образования ресурсы Петра — как экономические, так и кадровые — были очень ограничены. Отливка пушек или быстрый пошив мундиров для всей армии обходились казне в колоссальные суммы. Однако при наличии небольшого штата технических специалистов и достаточных денежных средств задача по подготовке новых кадров и строительству оружейного завода по готовому образцу была вполне решаемой.

И без того огромная Российская империя продолжала экспансию на Кавказ, в Сибирь и по другим направлениям, однако Петр извлек важный урок из геополитической истории Восточной Европы. Незащищенность обезлюдевших центральных регионов Русского государства делала его уязвимым. Теперь в мирное время расквартированные на постой войска обороняли сердце

России: Москву, Санкт-Петербург, города Золотого кольца[46] и близлежащие области. Петровская армия могла совершать дальние походы в Персию, Центральную Азию и на принадлежащие Османской империи Балканы, однако за защиту бескрайнего русского пограничья отвечали в основном гарнизонные войска. Основные силы русской армии обороняли центральные области государства. В некотором смысле это означало сокращение и перенаправление военных сил, произошедшие после правления Алексея Михайловича.

Главным итогом реформ Петра стало то, что после Полтавской битвы русская военная машина более-менее бесперебойно функционировала не в течение одного сезона, кампании или даже отдельно взятой войны, а постоянно. К концу правления Петра I почти все русское дворянство — как мелкопоместное, так и высшая знать — было интегрировано в петровскую военно-административную систему, существовавшую уже четверть века. Древние аристократические роды, которые до последнего времени неприязненно или даже враждебно относились к внутренней политике Петра, теперь получили больше власти в правительстве и при дворе. Было похоже на то, что преобразования Петра переживут своего создателя. В русской правящей элите установилось политическое равновесие: врагам петровских реформ (аристократам) противостояли как старые фавориты царя (А. Д. Меншиков), так и новые люди при дворе — и родовитые дворяне, и простолюдины (П. И. Ягужинский). Табель о рангах кодифицировала новую военно-административную иерархию. Условием чинопроизводства стали теперь личные заслуги и выслуга лет; это привело к уменьшению числа иностранцев на русской службе и демократизации русского потомственного дворянства. Увеличилась социальная мобильность, и все большее количество людей было заинтересовано в сохранении этой си-

---

[46] Основными городами Золотого кольца принято считать: Владимир, Суздаль, Ярославль, Ростов Великий, Кострому, Переславль-Залесский, Сергиев Посад, Иваново. Именно по ним проходит одноименный знаменитый туристический маршрут. — *Примеч. ред.*

стемы. И новые правила в значительной степени защищали прежние дворянские привилегии, а служба в офицерском корпусе сулила хорошее жалованье и открывала широкие карьерные перспективы [Рабинович 1973; Kollmann 1999: 224, 233].

Петру удалось добиться не только социальной и политической стабильности, но и выправить финансовое положение России. Новая Областная реформа, а также введение подушного налогообложения и постойной повинности позволили изыскать средства, которых почти хватало для содержания русских вооруженных сил. Если же собранных налогов и других поступлений все же оказывалось недостаточно, военные команды, занимавшиеся взысканием подушной подати, жестокими методами сами обеспечивали собственный прокорм.

И все же, когда правление Петра I подошло к концу, существовал большой риск того, что эта система, в сохранности и стабильности которой было заинтересовано так много людей, все равно может рухнуть. Несмотря на всю сбалансированность и дальновидность петровской Табели о рангах, некоторые знатные роды по-прежнему были недовольны ее условиями. Последние изменения, касавшиеся Правительствующего Сената и состава коллегий, были совсем свежими и не прошли проверку временем. Новые фискальные требования ненавидели не только крестьяне, придавленные непомерным налоговым гнетом, но и помещики, жаловавшиеся на слишком большой размер подушной подати и самоуправство военных сборщиков. Доведенные до отчаяния притеснениями крестьяне массово пускались в бега и становились разбойниками; одно за другим вспыхивали восстания и бунты под предводительством так называемых атаманов. Поэтому сохранение петровской военной организации в равной степени зависело как от военной, так и от внутренней политики его преемников.

Заключение
Россия без Петра[1]

В 1722 году Петр I подписал указ о престолонаследии, отменявший древний обычай передавать русскую корону прямым потомкам по мужской линии; теперь монарх мог сам назначать себе преемника, не полагаясь на волю случая. Тем не менее на момент своей смерти в январе 1725 года Петр так и не выбрал следующего императора или императрицу. На русский престол взошла вторая жена Петра, Екатерина I, однако этот выбор был далеко не однозначным. Ближний круг покойного императора раскололся надвое: родовитая знать в большинстве своем поддерживала кандидатуру внука Петра, царевича Петра Алексеевича. Однако при поддержке А. Д. Меншикова и окружения герцога Голштинского, будущего зятя императрицы, наутро после смерти Петра новым русским монархом была провозглашена именно Екатерина. Хотя Екатерине удалось не допустить раскола политической элиты империи, она, что и неудивительно, не обладала такими авторитетом и властью, как ее покойный супруг. Вскоре после ее смерти в 1727 году Меншиков был свергнут и сослан в Сибирь, и в силу вошел клан Долгоруких, которые фактически управляли государством весь недолгий срок царствования юного Петра II (годы правления 1727–1730). В результате в течение по меньшей мере пяти лет после смерти Петра Россия была лишена лидера, который обладал бы достаточными волей

[1] Заголовок повторяет название монографии Е. В. Анисимова [Анисимов 1994].

и влиянием, чтобы продолжать военные (и прочие) реформы первого русского императора[2].

На первый взгляд, военное устройство Российской империи и во второй половине 1720-х годов оставалось таким же, как и при Петре. Так, численность русской армии, ее структура и расквартирование в этот период почти не изменились по сравнению с 1724–1725 годами. Полки полевой армии, многие из которых были драгунскими, по-прежнему состояли на постое в тех же губерниях, куда они были определены после окончания Северной войны (или, в некоторых случаях, в 1723 году). Эти полки защищали сердце русской империи, а в недавно захваченных персидских крепостях на Каспийском море были размещены части Низового пехотного корпуса. Помимо полевой армии, вооруженные силы России располагали гарнизонными войсками и полками ландмилиции; 40 % гарнизонных частей были сосредоточены на Балтике, а ландмилиция защищала от набегов южное пограничье. Большинство полевых и гарнизонных полков состояли на постое и кормились за счет ежегодно взимаемой подушной подати; гвардия существовала на сибирские деньги, Низовой корпус содержали персидские провинции, а ландмилицию — государственные крестьяне, платившие подушную подать по особой ставке. Флот — по крайней мере, на первый взгляд — оставался таким же, как раньше. Рекрутские наборы, проводившиеся приблизительно раз в 1,7 года, позволяли русской армии оставаться такой же большой, как и в петровское время. В 1726 году в российские вооруженные силы было призвано больше новобранцев, чем когда бы то ни было [Петрухинцев 2001: 104–107, 314–315][3]. Это позволило Екатерине сохранить прежнюю численность армии, несмотря на то что, судя по количеству дезертиров и уклонистов, население Российской империи не хотело и не могло содержать такое огромное войско. Гигантская армия была не подлежащим обсуждению наследием Петра и его предшественников [Бескровный 1958: 34–35, 55].

---

2 Подробнее об этом см. [Анисимов 1994], особенно главы 2 и 6.

3 ПСЗ. Т. VII. Док. 4859 (26 марта 1726 г.).

Тем не менее новое правительство вскоре стало постепенно отказываться от самых обременительных в финансовом плане элементов петровской системы. Чтобы потушить народное недовольство, вызванное введением подушного налогообложения и тем, как оно осуществлялось на практике, сразу после смерти Петра размер этой подати был снижен до 70 копеек. В результате итоговой суммы не хватало на содержание вооруженных сил даже на бумаге, не говоря уж о реальных налоговых поступлениях. Ассигнования на флот — особенно на строительство новых кораблей — были резко сокращены, также были урезаны и другие военные расходы. Поначалу армия не пострадала от этих мер, поскольку сама собирала подушную подать. Однако при Петре II эта практика была прекращена. В конце 1720-х годов денег стало не хватать даже для армии. Проблемы с финансированием вооруженных сил решались спонтанно и кое-как. Ослабление налогового гнета укрепило положение новых властителей России и позволило населению немного выдохнуть после суровых лет петровского правления. Тем не менее фискальные и воинские повинности (рекрутчина) по-прежнему были очень тяжелыми, несмотря на вялые попытки сменяющих друг друга правительств как-то изменить положение дел к лучшему (а иногда и вследствие этих самых усилий) [Keep 1985: 144; Петрухинцев 2001: 109–110; Анисимов 1982: 281].

Правители Российской империи после Петра не хотели ни отказываться от петровской военной системы, ни укреплять ее. Они ограничивались лишь небольшими переменами: например, инженерные части были выделены из артиллерийского полка и сведены в отдельный инженерный корпус. Войска ландмилиции в южном пограничье не только не были сокращены, но и увеличились на один полк [Бескровный 1958: 58–60].

К счастью для России, это был период сравнительно низкой военной активности, когда не происходило сколько-нибудь заметных инноваций ни в тактике, ни в области технологий. Российская империя вела пассивную внешнюю политику. После непродолжительных попыток Гольштейн-Готторпов вернуть свои утраченные территории в Шлезвиге, на Балтике установился мир, несмотря на определенные попытки реваншизма со стороны Швеции. В 1726 году правительство Екатерины I заключило военно-политический альянс с Австрией. Таким образом, после завершения Северной войны Россия не стала изгоем на международной арене и не была поставлена перед необходимостью воевать дальше. Вплоть до 1732 года русские войска контролировали каспийские порты; это стоило казне немалых средств и почти не приносило выгоды. Продолжалась экспансия в Сибирь — правда, экспедиция на Чукотку в конце 1720-х годов завершилась неудачей. Великие европейские войны второй четверти XVIII века (война за польское наследство (1733–1735) и русско-турецкая война (1735–1739)) еще не начались. Агрессивная колонизация русскими степи подрывала политическую и экономическую стабильность южных соседей России, особенно Крымского ханства. При этом если петровские реформы укрепили русскую армию, то военная мощь Порты, сюзерена и союзника Крыма, напротив, ослабла. Однако южные границы Российской империи были защищены новыми фортификационными линиями только уже в царствование Анны Иоанновны [Бусева-Давыдова, Крашенинникова 1995: 275–301].

Хотя современники сетовали на падение военной дисциплины и боеготовности русской армии, не следует преувеличивать характер и серьезность отступления русских войск. Созданная Петром система во многом функционировала как и раньше. Те перемены, которые, по мнению одних, свидетельствовали об упадке, по мнению других, были неизбежной подстройкой под требования новой политической элиты. Многие важные посты по-прежнему занимали иностранцы. Граф Бурхард Кристоф фон Мюнних, известный в России как Христофор Антонович Миних, поступивший на русскую службу еще при Петре I, в 1727 году стал обер-директором над фортификациями Российской империи, а в 1729 году был назначен главным начальником артиллерии. В годы царствования Анны Иоанновны ему было поручено улучшить бедственное положение дел в русских вооруженных силах. При Минихе вновь возросла фискальная нагрузка на податное население империи, так как сбор подушной подати был возвращен в ведение армии; в то же время вырос престиж русского офицерского корпуса, и дворяне получили новые привилегии. В России продолжало увеличиваться число офицеров и чиновников, и все они, напрямую или опосредованно, продолжали функционировать в рамках все той же петровской военной организации. К 1730 году никто уже не пытался противостоять этой системе: все политические и военные споры происходили внутри нее.

Подводя итог всему вышесказанному, можно сказать, что именно создание этой прочной структуры и стало одним из главных достижений Петра и его ближайших преемников. Однако, называя все это «петровской системой», мы все же несколько преувеличиваем заслуги первого русского императора. На самом деле это новое военное (и социальное) устройство в значительной степени стало итогом преобразований, начатых еще в XVII веке, хотя какие-то элементы этой системы действительно были заимствованы в Европе, прежде всего в Швеции. Впрочем, нельзя говорить, что проводником этих новых веяний был один лишь Петр, так как сам он опирался на вполне уже европеизированную и просвещенную русскую элиту и на иностранцев (врачей, инженеров, офицеров и т. д.), во множестве состоявших на русской службе. Ущербность старого военного устройства была очевидна не только царю и его ближайшим сподвижникам.

Фундаментальным итогом этих реформ стало закрепление служилого характера русского дворянства. Что русские дворяне, что европейские, как правило, выбирали для себя военную карьеру, однако, в отличие от большинства других государств, в России представители дворянского сословия теперь были обязаны нести службу. Эта повинность, прописанная в Табели о рангах, была даже более обременительной и суровой, чем в XVII веке. Однако у этой системы были и свои плюсы. Мелкопоместному дворянству эти новые правила гарантировали социальную стабильность и открывали более широкие карьерные перспективы, чем в предыдущем столетии. Кроме того, они, как никогда ранее, повышали статус чиновников и администраторов. Институционально эта новая система, воплощенная в Табели о рангах, была устроена по шведско-датской модели, однако прижилась она на русской почве благодаря процессам, начавшимся в России задолго до Петра. Так, в начале XVIII века окрепла связь как между служилым дворянством и престолом, так и между армией и бюрократическим аппаратом — все это было единым процессом.

Именно эта связь и определила главенствующее положение армии в Российской империи. Вся фискальная и финансовая деятельность государства была подчинена интересам армии и флота. Военные расходы не только съедали бо́льшую часть всего бюджета России, но армия сама и занималась взысканием налогов с населения (с 1730 года собирать подушную подать вновь поручили военным командам) и принуждала к соблюдению налоговой дисциплины. Во внешней и внутренней политике главное слово тоже было за военными; во всех институтах власти — на всех уровнях — у руля были люди, получившие военное образование и преданные прежде всего армии. Возвышение Миниха при Анне Иоанновне лишний раз продемонстрировало ту роль, которую играла армия в Российской империи.

Некоторые элементы этой новой военной культуры имели судьбоносные последствия для русского дворянства. Служба вознаграждалась теперь денежным жалованьем, а не землей, и становилась не только повинностью, но и источником дохода. Дворяне нуждались в деньгах, чтобы поддерживать образ жизни, соответствующий их статусу. Благодаря жалованью стало возможным содержать постоянную профессиональную армию, так как все офицеры получали соответствующее их чину вознаграждение. Военно-административная иерархия, функционирующая по четко прописанным правилам, позволяла как делать профессиональную карьеру, так и повышать свой социальный статус.

Впрочем, идеализировать русское военное устройство XVIII века никак не стоит. Жалованье часто выплачивалось не целиком или не выплачивалось вовсе — особенно нижним чинам, что ставило многих людей на грань нищеты и создавало благодатную почву для взяточничества и коррупции. Чинопроизводство нередко происходило с нарушениями, повсюду расцветали кумовство и фаворитизм. Жестокая социально-политическая система

Российской империи, в которой помещики полностью распоряжались жизнями своих крепостных, проявлялась и в военном устройстве — это касалось не только рекрутчины и сбора подушной подати, но и в целом обращения офицеров с солдатами. Все это стало логичным следствием социальных и политических преобразований, происходивших в XVII — начале XVIII века.

Тем не менее в итоге в России возникла институционализированная военная культура. Армия и флот стали более профессиональными и регулярными; были созданы прочные государственные структуры, которые их поддерживали. На протяжении нескольких поколений множество людей прикладывали огромные усилия для того, чтобы достичь этой цели. В целом этот процесс, потребовавший различных социокультурных и политических преобразований, занял более 100 лет. А вот на собственно обновление русской армии и повышение ее боеспособности ушло гораздо меньше времени и сил. Свою эффективность петровская система доказала в русско-турецкой войне 1735–1739 годов, разгромив турок под Ставучанами, Хотином и Яссами — даже без Петра.

Хотя основы этой системы оставались незыблемыми более века, сама она, как показали следующие царствования, была довольно гибкой.

Итоги

Итак, как же менялось устройство вооруженных сил России со второй половины XV века до 1730 года? Если говорить о чисто военных характеристиках русской армии, то ответ прост. Вкратце: в 1460 году русское войско состояло из конных лучников под знаменами великого князя Московского. Примерно через три века огромная Российская империя располагала хорошо обученной регулярной армией, со многими важными изменениями, вытекающими из этих преобразований. Говоря об этом процессе, историки используют термин «военная революция». Под этим подразумевается целый комплекс перемен: тактических и технологических, вызванных распространением пороха и огнестрельного оружия; бюрократических, связанных с возникновением новых механизмов мобилизации и снабжения; социальных, позволивших изменить принципы комплектования армии; и, самое главное, политических, без которых такая полномасштабная трансформация русского военного устройства была бы попросту невозможна. На начальном этапе военной революции, в конце XVI века, когда русская армия была еще степного типа и главной ударной силой в ней была поместная конница, эти изменения привели к появлению социальной и военной аномалии — небольшого пехотного войска, состоявшего из обученных и получающих за свою службу жалованье солдат. После окончания Смутного времени преимущества таких полков над старыми частями более не вызывали сомнений; по мере приближения к концу XVII столетия стало очевидным, что важно было иметь многочисленную армию. В армии Русского государства становилось все больше полков «нового строя» — как пехотных, так и конных. Эти, казалось бы, чисто военные преобразования имели судьбоносные для России политические и социальные последствия — окончательное закрепощение крестьянства и разрушение старой социоэкономической модели русского дворянства. Несмотря на колоссальные расходы, неординарные административные действия и привлечение большого числа иностранных советников и специалистов, русская армия конца XVII века, хотя уже и многочисленная, все еще была полупостоянной и полупрофессиональной. Однако первым Романовым все равно удалось заложить прочный фундамент, на котором Петр Великий смог создать постоянные профессиональные вооруженные силы, сохранив при этом некоторые важные элементы восточноевропейского военного устройства. Все большее число русских дворян выбирали карьеру в офицерском корпусе, рассчитывая выдвинуться благодаря не только своему происхождению, но и собственным умениям и заслугам. Если говорить о рядовых солдатах, то для них служба в армии стала первоочередным и пожизненным занятием.

Создание регулярной профессиональной армии стало результатом многолетних усилий. России пришлось пережить коренную политическую и социальную трансформацию. Этот процесс занял не одно десятилетие, и в основе его все время были причины военного характера. Преобразование военного устройства было бы невозможным без повышения эффективности русского административного аппарата и встраивания его в политическую систему Русского государства. Московская бюрократия выросла из личной канцелярии царя; люди низкого происхождения (фактически слуги) отвечали за выполнение различных административных задач, а политическими вопросами занимался двор. С течением времени канцелярии и приказы стали играть все более важную роль в жизни государства, и в России появилось сословие профессиональных чиновников, которые при этом почти не взаимодействовали с двором. К концу XVII века в столице было множество различных приказов с высококвалифицированными сотрудниками, которые прекрасно справлялись со своими обязанностями; главы этих ведомств обладали значительным политическим весом. Петр I, как и его предшественники, чтобы улучшить военную организацию, пытался перестроить административные механизмы Русского государства, однако поначалу не видел необходимости реформировать приказную систему в целом. Институциональные преобразования русского административного устройства начались довольно поздно. Долгое время координацией работы различных ведомств занимались только Ближняя канцелярия и лично Петр. Только в 1711 году в России официально появился высший орган государственной власти и законодательства — Правительствующий Сенат.

Примерно тогда же завершилось формирование новых формальных институтов политической власти. Даже спустя продолжительное время вся политическая власть была неформальной и находилась в руках различных придворных клик; в центре этой системы был царь, возле него — Боярская дума и Земский собор. Видимым следствием растущей институционализации политической власти стало то, что руководителями главных приказов были теперь представители могущественных русских семей. Однако в конце XVII века из-за роста двора, расцвета фаворитизма и общей бюрократизации политическое влияние неформальных придворных группировок ослабло. К концу XVII века стало очевидно, что прежние правила больше не действуют и необходимо вместо отмененного местничества создать новую систему распределения должностей, которая устроила бы русское дворянство.

На создание этой новой системы потребовалось много времени. Поначалу Петр попросту не обращал внимания на Боярскую думу (а затем и вовсе распустил ее) — так же, как его отец, царь Алексей Михайлович, отстранил от реальной власти Земский собор полвека назад. Однако аристократические кланы влияли на государственные дела не только через Боярскую думу: в их распоряжении были такие инструменты политического воздействия, как бюрократия и династические связи. Поэтому Петром и его ближайшими преемниками, судя по всему, было принято решение не игнорировать своих противников, а с помощью двора и новых институтов власти создать систему, в которой между конкурирующими политическими группировками царило бы равновесие сил. Основой для окончательной организационной структуры могла бы стать шведская модель, обеспечив желаемый политический баланс. Однако на эту ситуацию оказали влияние некоторые чисто российские явления. Поэтому получившаяся административная система (Сенат и Верховный тайный совет, координировавший деятельность иерархически устроенных коллегий) хоть и была основана на шведской модели, в равной степени являлась и итогом эволюции русского политического устройства. Сенат руководил работой «шведских» коллегий; в губерниях, провинциях и дистриктах власть была в руках местных органов управления. На вершине этой политической пирамиды были император и его Тайный совет. За законностью деятельности правительственных учреждений следили генерал-прокурор и его подчиненные. Однако в основе этой системы лежали не только какие-то абстрактные бюрократические принципы. Табель о рангах была своего рода договором между престолом и дворянством, по которому за высшими сословиями сохранялись их привилегии. Административная и политическая власть в Российской империи по-прежнему принадлежала родовитой знати: при содействии генерал-прокурора на высшие государственные должности назначались почти исключительно представители аристократических семей. В провинциях существовала своя сложная система управления; региональные власти опирались и на династические связи, и на бюрократические правила, на кормление и просто на силу. Новая система служила политическим и социальным интересам русского дворянства и оказалась достаточно хорошо продуманной и прочной, чтобы продержаться те пять с лишним лет, когда Россия была лишена сильного монарха.

Армия сыграла в этом процессе преобразований ключевую, даже основополагающую роль. Именно благодаря армии возникли два крупнейших приказа (Поместный и Разрядный), и именно армии нужны были новые ресурсы — людские и материальные — и новые механизмы получения и использования этих ресурсов. Свыше 70 % всего бюджета России уходило на содержание армии (такие цифры в то время были обычным делом и в других странах). С середины XVII века высокий социальный статус в Русском государстве был напрямую связан с местом человека в военной иерархии. И в петровское время именно благодаря армии появились новые структуры и институты — Сенат был создан, когда Петр отправлялся на войну с Турцией, а податная реформа была проведена во многом из-за того, что необходимо было содержать солдат, вернувшихся домой с Северной войны. Военные нужды требовали консолидации бюджета и координации административных усилий; деятельность армии не могла более регулироваться отдельными ведомствами, действующими независимо друг от друга. Поскольку Петр I лично уделял огромное внимание всем этим вопросам, ближний круг царя состоял из людей военных, то есть фактически воспроизводился привычный для Русского государства порядок вещей — социальный статус был тесно связан с положением в военной иерархии. В начале XVIII века окончательно сформировалась новая модель взаимоотношений между престолом и дворянством: империей стала управлять придворная военная элита, поддерживаемая мощным бюрократическим аппаратом.

Наряду с преобразованием административного устройства в России происходила колоссальная культурная трансформация. Европеизация (а если точнее, культурная переориентация) русской элиты началась как минимум в середине XVII века. Русские аристократы читали и говорили на других языках, впитывали европейские идеи, восхищались иностранными вещами, книгами и технологиями. Вне столицы распространение этих идей и обычаев происходило в основном через армию: состоявшие на русской службе иноземные доктора, офицеры и инженеры естественным образом знакомили русских людей с достижениями западной цивилизации. Не все слои русского общества одобряли эти контакты. Существовало несколько культурных движений, которые активно противились европеизации России. Однако при Петре процесс культурной трансформации Русского государства ускорился. Все русские офицеры обучались военному делу на «европейский» манер. Если при дворе окружение Петра переняло любовь императора к европейским обычаям и культуре, то европеизация офицерского корпуса проявлялась несколько иначе. В 1720-х годах армейские офицеры не только говорили друг с другом, но и преподавали военное дело, используя европейскую (в основном немецкую) терминологию; за много лет, проведенных на войне и в отрыве от гражданской жизни, в офицерской среде сформировался собственный язык общения, одновременно европейский и профессиональный. Это культурное изменение, как оказалось, имело необратимый характер: новый профессиональный жаргон стал тем языком, на котором говорила вся армия — от учеников гарнизонных школ до аристократов из гвардейских полков.

Таким образом, военные преобразования, начавшиеся еще до XVIII века, дали толчок политическим, бюрократическим и культурным изменениям в России. В этом контексте события, происходившие во второй половине царствования Петра Великого, оказали куда большее влияние на судьбу Российской империи, чем Полтавская битва, хотя историки не так часто прямо говорят об этом и исследований, посвященных этой теме, сравнительно немного.

Не всегда имеющие под собой твердую почву, но при этом последовательные изменения в русском военном устройстве, тесно связанные с многочисленными культурными, финансовыми и административными преобразованиями, сыграли ключевую роль в становлении к середине XVIII века России как одной из ведущих европейских — на самом деле мировых — держав. Впрочем, триумфальные ноты, звучащие в этом утверждении, вряд ли радовали русского солдата, который сражался за возвышение империи, или русского крестьянина, который содержал этого самого солдата. В петровской и послепетровской армии царили жестокость и угнетение; при новом административном устройстве солдат обеспечивали лишь самым необходимым и ничем сверх того, а офицеры обращались с ними даже хуже, чем помещики со своими крепостными. Для крестьянства содержание военной машины Российской империи было едва посильной ношей: рекрутчина, подати и прочие повинности поставили русского мужика на грань нищеты. Однако с политической точки зрения, новое военное устройство позволило России играть важнейшую роль в европейских делах в течение всего XVIII столетия.

Библиография

Примечания к библиографии

Говоря о русской военной истории раннего Нового времени, нужно отдавать себе отчет в том, что многое об этом нам еще не известно. Как заметил недавно П. Бушкович, почти все аспекты русской военной истории с 1613 по 1725 год нуждаются в дальнейшем изучении, и это притом, что данный период описан историками более подробно, чем период Смуты (1598–1613). Так, например, существует на удивление мало детальных исследований, посвященных различным военным кампаниям, о которых идет речь в этой книге, в том числе и тем, которые происходили при Петре I. Мы намного лучше — хотя далеко не так хорошо, как хотелось бы, — знаем, как *должна была быть* устроена военная жизнь Русского государства (законы, указы и проекты реформ), чем какой она *была* на самом деле. Организация различных политических и социальных институтов, определивших функционирование вооруженных сил России (финансирование, рекрутские наборы, продвижение по службе, снабжение и обучение солдат), все еще недостаточно хорошо изучена. Поэтому в библиографических материалах, о которых идет речь ниже, просто представлены исследования на различные темы, так или иначе связанные с данной проблематикой — в большинстве своем англоязычные.

Общий обзор

Несмотря на то что работы для исследователей русской военной истории все еще непочатый край, уже вышло немало публикаций, которые дают англоязычному читателю возможность поближе познакомиться с этой темой. Однако какой-то одной книги, в которой был бы охвачен весь период Раннего нового времени, пока что не существует. Говоря об истории XV–XVII веков, безусловно, нельзя не упомянуть основополагающий труд Р. Хелли «Enserfment and Military Change in Muscovy» [Hellie 1972]. Другой обязательной к прочтению книгой является «Soldiers of the Tsar: Army and Society in Russia, 1462–1874» Дж. Кипа [Keep 1985]. Там, где большинство исследователей описывают те или иные исторические события, говоря об интересах государства, Кип нередко показывает происходящее глазами солдата на поле боя. О войнах, которые Российское государство в течение долгого времени вело на северо-западном фронте, можно прочитать в книге Р. Фроста «The Northern Wars: War, State and Society in Northeastern Europe, 1558–1721», вошедшей в серию «Modern Wars in Perspective» [Frost 2000]; там же содержится превосходный анализ международного положения, сложившегося в ходе борьбы за балтийские земли. Петровскому времени посвящены две главы книги У. Фуллера «Strategy and Power in Russia, 1600–1914» [Fuller 1992], в то время как в «Politics and the Russian Army: Civil-Military Relations 1689–2000» Б. Тейлора описан только ранний этап царствования Петра, и то кратко [Taylor 2003].

Полезные обзоры различных периодов русской военной истории можно найти в целом ряде статей. Тем, кто интересуется более ранней эпохой, следует ознакомиться со статьями Б. Дэвиса «The Development of Russian Military Power, 1453–1815» [Davies 1999] и «The Foundations of Muscovite Military Power, 1453–1615» [Davies 2002], а также с работой П. Бушковича «The Romanov Transformation, 1613–1725», посвященной чуть более позднему времени [Bushkovich 2002]. Заслуживает упоминания и статья Р. Хелли «Warfare, Changing Military Technology, and the Evolution of Muscovite Society» [Hellie 1991]. В сборнике под редакцией Э. Лора и М. По «The Military and Society in Russia, 1450–1917» [Lohr, Poe 2002] нет обзорных статей, но есть много хороших исследований на разные темы, о которых будет сказано ниже.

Некоторые качественные обзоры военной истории России изданы только на русском языке. Главными из них являются «Вооруженные силы Русского государства в XV–XVII веках» А. В. Чернова [Чернов 1954], «Переход России к регулярной армии» П. О. Бобровского [Бобровский 1885], «История военного искусства» Е. А. Разина [Разин 1999], «История русской армии и флота» под ред. А. С. Гришинского [Гришинский 1911–1913] и «Русская армия и флот в XVIII веке» Л. Г. Бескровного [Бескровный 1958]. В трехтомнике «Военная история Отечества с древних времен до наших дней» под ред. В. А. Золотарева [Золотарев 1995] есть некоторые любопытные сведения, но наличествуют и серьезные лакуны.

Мы можем узнать много нового, сопоставляя факты и события русской военной истории с тем, что происходило в странах, с которыми Россия заключала союзы и воевала. В библиографии к этой книге можно найти несколько таких исследований. Также полезную пищу для размышлений дает до сих пор не затухающая дискуссия о так называемой «военной революции».

Часть I: 1450–1598

Англоязычных исследований и монографий, посвященных периоду русской военной истории до 1600 года, немного. Тематически разнородными, но заслуживающими внимания являются следующие работы: несколько статей Г. Алефа, особенно «Muscovite Military Reforms in the Second Half of the Fifteenth Century» [Alef 1973], и исследования Т. Эспера — в частности, «Military Self-Sufficiency and Weapons Technology in Muscovite Russia» [Esper 1969]. В антологии Лора и По, о которой шла речь выше, содержатся статьи Дж. Мартин о роли, которую татарская конница сыграла в Ливонской войне [Martin 2002], Д. Островски о мобилизации русского войска [Ostrowski 2002b] и С. Богатырева о походах Ивана Грозного против Новгорода и Полоцка [Bogatyrev 2002]. См. также исследование «Muscovite Personnel Records, 1475–1550: New Light on the Early Evolution of Russian Bureaucracy» По [Po 1997] и работы Д. Смит — диссертацию «The Muscovite Officer Corps, 1475–1598» [Smith 1989] и статью «Muscovite Logistics, 1462–1598» [Smith 1993].

Отдельные аспекты русской военной истории освещаются в исследованиях, посвященных экспансии Русского государства на восток. Здесь следует упомянуть работу М. Романелло «Controlling the frontier: monasteries and infrastructure in the Volga region, 1552–1682» [Romaniello 2000], его же диссертацию «Absolutism and Empire: Governance on Russia's Early-Modern Frontier» [Romaniello 2003], две статьи Г. Гутенбаха о присоединении Казанского ханства и Сибири в антологии «Russian Colonial Expansion to 1917» под редакцией Ривкина [Rywkin 1988] и статью Х. Иналджика «The Origin of the Ottoman-Russian Rivalry and the Don-Volga Canal, 1569» [Inalçik 1947]. Большой интерес представляет также исследование Л. Коллинз «The military organization and tactics of the Crimean Tatars during the sixteenth and seventeenth centuries» [Collins 1975].

Существует немало превосходных статей и монографий, которые не посвящены русской военной истории как таковой, но описывают важнейшие события и процессы, повлиявшие на ее ход. В этой книге даны ссылки на некоторые такие работы. Если говорить о раннем периоде военной истории России, заинтересованному читателю следует ознакомиться с исследованиями Э. Клеймолы, Н. Коллманн, Дж. Мартин, Д. Островски и Я. Пеленского. Разумеется, немалое внимание военным вопросам уделяется в биографиях Ивана Грозного: например, в книге «Иван Грозный. Первый русский царь» И. де Мадариаги [де Мадариага 2007] и книге «Ivan the Terrible: Free to Reward and Free to Punish» Ч. Гальперина.

Также важные сведения можно почерпнуть из описаний Русского государства, составленных посетившими его иностранцами: греком Траханиотом [Crosky, Ronquist 1990], ехидным послом Священной Римской империи С. фон Герберштейном [Герберштейн 2008], английскими путешественниками XVI века [Berry, Crummey 2012] и Г. фон Штаденом в царствование Ивана Грозного [Штаден 2008–2009].

Часть II: 1598–1697

Среди последних исследований, посвященных военной истории России XVII века, следует отметить книгу Ч. Даннинга «Russia's First Civil War: The Time of Troubles and the Founding of the Romanov Dynasty» [Dunning 2001], где оспаривается привычная трактовка событий Смутного времени, предлагаемая С. Ф. Платоновым [Платонов 2018] и другими историками. О том, как происходила мобилизация на южных рубежах России, можно прочитать в статье Б. Дэвиса «State, Power and Community in Early Modern Russia: The Case of Kozlov, 1635–1649», где описывается история города-крепости Козлова, и моем исследовании «Soldiers on the Steppe: Army Reform and Social Change in Early Modern Russia» [Stevens 1995], рассказывающем о положении дел в степном пограничье во второй половине XVII столетия. Также заслуживают внимания работы У. Регера, посвященные европейским наемникам на русской службе: статья «Baptizing Mars» в уже неоднократно упомянутом сборнике «The Military and Society in Russia, 1450–1917» под редакцией Лора и По [Reger 2002] и диссертация «In the Service of the Tsar: European Mercenary Officers and the Reception of Military Reform in Russia, 1654–1667» [Reger 1997]. В шестой главе диссертации Дж. Фиппс «Britons in Seventeenth-Century Russia: A Study in the Origins of Modernization» рассказывается о британцах на русской военной службе [Phipps 1971].

Книги Р. Фроста «After the Deluge: Poland-Lithuania and the Second Northern War, 1655–1660» [Frost 2004] и «The Northern Wars: War, State and Society in Northeastern Europe, 1558–1721» [Frost 2000] являются единственными англоязычными исследованиями со времен книги «Muscovy and the Ukraine: from the Pereiaslavl Agreement to the Truce of Andrusovo, 1654–1667» К. О'Брайена [O'Brien 1963], где подробно описана Тринадцатилетняя война (у О'Брайена собственно военным вопросом уделено не так много внимания). Читателям, желающим более подробно ознакомиться с историей вхождения Украины в состав Русского государства, я порекомендую работы Ф. Сисина, С. Н. Плохия и М. С. Грушевского. М. Ходарковский в своей книге «Степные рубежи России: как создавалась колониальная империя. 1500–1800» [Ходарковский 2019] не фокусирует внимание на собственно военных вещах, но приводит много любопытных фактов из истории освоения степи начиная с 1600 года, о которых мало пишут другие исследователи; то же можно сказать и о книге А. Доннелли «Завоевание Башкирии Россией 1552–1740» [Доннелли 1995]. О месте, занимаемом в русской армии представителями высшего сословия, можно прочесть в работе Р. Крамми «Aristocrats and Servitors» [Crummey 1983]; полезные сведения о предпосылках военных преобразований можно почерпнуть в книгах Л. Хьюз «Russia and the West: the Life of a Seventeenth-Century Westernizer, Prince Vasily Vasil'evich Golitsyn (1643–1714)» [Hughes 1984] и «Sofiia Regent of Russia, 1657–1704» [Hughes 1990].

В сборнике статей «Modernizing Muscovy: Reform and Social Change in Seventeenth-Century Russia» под редакцией Я. Котилайне и М. По [Kotilaine, Poe 2004] есть сразу несколько прекрасных работ: о Тридцатилетней войне П. Дьюкса; о европейских наемниках и отношении русского населения к военной реформе в XVII веке Регера; о стрелецких бунтах Г. Херда. В антологии Лора и Маршалла есть еще пять полезных статей о русской военной истории XVII века: Хелли приводит интереснейшие цифры, показывая, во сколько обходились Русскому государство строительство засечных черт и экспансия; Котилайне пишет о торговле оружием и оружейном производстве; Дэвис рассказывает о провале второй Чигиринской кампании (1678), а П. Браун — о методах правления Алексея Михайловича. Последняя из статей представляет собой обзорное исследование Дж. Ледонна о стратегических планах России в XVII и XVIII веках.

Существует целый ряд воспоминаний, оставленных людьми, посетившими Русское государство в этот период; для военных историков особый интерес представляют мемуары капитана Ж. Маржерета, французского наемника на русской службе в правление Бориса Годунова [Margeret 1983], а также воспоминания некоторых поляков (С. С. Жолкевского, С. Маскевича, Я. Х. Пасека) и генерала П. Гордона, приехавшего в Россию в 1660-х годах, а впоследствии ставшего одним из главных советников Петра I. Полезные сведения об условиях военной службы и о повинностях различных сословий содержатся в Соборном уложении 1649 года.

Часть III: 1698–1730

Начало XVIII века описано в историографической литературе достаточно хорошо. Недавние исследования, повествующие о правлении Петра I, часто содержат важные факты о его военной политике. Так, одна из глав книги «Russia in the Age of Peter the Great» Л. Хьюз [Hughes 2002] посвящена исключительно его военным делам. Хотя в исследовании «Peter the Great: The Struggle for Power» [Bushkovich: 2001] П. Бушкович основное внимание уделяет вопросам политики, в своей статье «The Politics of Command in the Army of Peter the Great» [Bushkovich 2004] он освещает и военную тему. Глава о военных достижениях Петра есть и в книге Е. В. Анисимова «The Reforms of Peter the Great: Progress Through Coercion in Russia» [Anisimov 1993]. Обзорную статью о петровской армии написал и Р. Хелли [Hellie 1974]. К. Даффи в своей работе «Russia's Military Way to the West: Origins and Nature of Russian Military Power, 1700–1800» анализирует царствование Петра в контексте всей русской истории XVIII века [Duffy 1985]; так же поступает и Б. Меннинг в своей статье «Russia and the West: The Problem of Eighteenth-Century Military Models» [Menning 1983].

Заслуживают внимания несколько исследований с более узкой тематикой. Упомяну две мои статьи: о социальном аспекте петровских военных реформ в сборнике Лора и Маршалла [Stevens 2002] и о том, как поражение при Пруте (1711) изменило положение дел в южном пограничье (вторая статья была опубликована в сборнике «Modernizing Muscovy: Reform and Social Change in Seventeenth-Century Russia» [Kotilaine, Poe: 247–263]). О британских офицерах на русской службе в работе «British Officers in the Russian Army in the Eighteenth and Early Nineteenth Centuries» пишет М. С. Андерсон [Anderson 1960]. В сборнике статей «Peter the Great and the West: New Perspectives» под редакцией Хьюз [Hughes 2001] есть интересные исследовании как по дипломатической, так и по военной тематике; особого внимания заслуживает статья «Peter the Great and the Conquest of Azov: 1695–96» Г. Херда [Hughes 2001: 161–176]. Еще одним любопытным исследованием является статья П. Петшауэра «In Search of Competent Aides: Heinrich van Huyssen and Peter the Great» [Petschauer 1987]. А. Д. Фергюсон сравнивает русскую ландмилицию с австрийским пограничным ополчением в своей статье «Russian Landmilitia and Austrian Militärgrenze» [Ferguson 1954: 139–158]. В работе «The Russian Soldiers' Artel, 1700–1900: A History and an Interpretation» Дж. Бушнелл изображает быт русского солдата [Bushnell 1990: 376–394].

Разумеется, не была обделена вниманием историков и Полтавская кампания Петра. Здесь важно упомянуть о классическом труде Р. М. Хаттона «Charles XII of Sweden» [Hatton 1969]. Шведская точка зрения на Северную войну представлена в книге П. Энглунда «The Battle That Shook Europe: Poltava and the Birth of the Russian Empire» [Englund 2013]. Украинскую версию событий излагает Т. Мацкив в своей статье «The Swedish Invasion Into Ukraine in 1708 and the Ukrainian Problem» [Mackiw 1981]. На более массового читателя рассчитаны книга А. Констама: «Poltava 1709: Russia comes of age» [Konstam 1994] и серия из двух книг «Peter the Great's Army (1): Infantry» и «Peter the Great's Army (2): Cavalry» [Konstam 1993]. Прутская кампания 1711 года и изменения, произошедшие в петровской армии после 1710 года, в англоязычной историографии отображены плохо. Приятным исключением является разве лишь книга «Peter the Great and the Russian Military Campaigns During the Final Years of the Great Northern War, 1719–1721» Дж. Р. Моултона [Moulton 2005]. Однако на русском языке было опубликовано несколько сборников документов того времени.

Среди работ, посвященных петровскому флоту, следует отметить книгу Э. Дж. Филипса «The Founding of Russia's Navy: Peter the Great and the Azov Fleet, 1688–1714» [Phillips 1995]; несколько исследований Дж. Киппа; книгу «By the Banks of the Neva: Chapters from the Lives and Careers of the British in Eighteenth-Century Russia» Э. Кросса [Cross 1996] (особенно с. 159–223); а также написанную более 100 лет назад книгу «История Российского флота в царствование Петра Великого» Д. Дена [Ден 1999]. В сборнике «Peter the Great and the West: New Perspectives» под редакцией Хьюз [Hughes 2001] есть две статьи на военно-морскую тему: «State, Navy and the Origin of the Petrine Forest Cadastral Survey» А. Каримова о лесном законодательстве Петра I и «British Merchants and Russian Men-of-War: the Rise of the Russian Baltic Fleet» Р. Уорнера о роли, сыгранной английскими купцами в становлении русского флота.

Если говорить о свидетельствах того времени, то англоязычному читателю доступны собрание документов «Britain and Russia in the age of Peter the Great. Historical Documents» под редакцией С. Диксона [Dixon 1998]; мемуары генерала Х. Г. Манштейна [Манштейн 1875]; «Memoirs of Peter Henry Bruce, A Military Officer in the Services of Prussia, Russia, and Great Britain Containing Un Account Of His Travels In Germany, Russia, Tartary, Turkey, The West-Indies...» П. Г. Брюса [Bruce 1970]; и воспоминания капитана Дж. Перри «The State of Russia under the Present Tsar» [Perry 1968].

Заинтересованный читатель, без сомнения, найдет и другие заслуживающие внимания исследования, посвященные этой богатой теме.

Автократов 1959 — Автократов В. Н. Военный приказ (К истории комплектования и формирования войск в России в начале XVIII в.) // Полтава. К 250-летию Полтавского сражения. Сборник статей. М.: АН СССР, 1959. С. 228–245.

Автократов 1961 — Автократов В. Н. Первые комиссариатские органы русской регулярной армии (1700–1710 гг.) // Исторические записки. 1961. Т. 68. М.: АН СССР.

Агеева 1990 — Агеева О. Г. Северная война и искусство гравюры в России петровского времени // Русская культура в условиях иноземных нашествий и войн Х — начала ХХ в. Ч. 2. М., 1990.

Александров, Володихин 1994 — Александров Д. Н., Володихин Д. М. Борьба за Полоцк между Литвой и Русью в XII–XVI веках. М.: Аванта+, 1994.

Алексеев 1991 — Алексеев Ю. Г. Государь всея Руси. Новосибирск: Наука (Сибирское отделение), 1991.

Анисимов 1982 — Анисимов Е. В. Податная реформа Петра I. Введение подушной подати в России 1719–1728 гг. Л.: Наука, 1982.

Анисимов 1994 — Анисимов Е. В. Россия без Петра. СПб.: Лениздат, 1994.

Анисимов 1997 — Анисимов Е. В. Государственные преобразования и самодержавие Петра Великого в первой четверти XVIII века. СПб.: Дмитрий Буланин, 1997.

Анисимов 2003 — Анисимов Е. В. Иллюстрированная история России. СПб.: Норинт, 2003.

Анпилогов 1967 — Анпилогов Г. Н. Новые документы о России конца XVI — начала XVII в. М.: Изд. Моск. ун-та, 1967.

Багалей 1886а — Багалей Д. И. К истории заселения степной окраины Московского государства: (Переселения черкас из Польши в Моск. государство до Алексея Михайловича). СПб.: тип. В. С. Балашева, 1886.

Багалей 1886б — Багалей Д. И. Материалы для истории колонизации и быта степной окраины Московского государства (Харьковской и отчасти Курской и Воронежской губ.) в XVI–XVIII столетии. Харьков, 1886.

Багалей 1887 — Багалей Д. И. Очерки из истории колонизации и быта степной окраины Московского государства. Москва: изд. Имп. о-ва истории и древностей рос. при Моск. ун-те, 1887.

Багалей 1890 — Багалей Д. И. Материалы для истории колонизации и быта степной окраины Московского государства (Харьковской и отчасти Курской и Воронежской губерний). Тип. К. Л. Счасни. Харьков, 1890.

Базилевич 1936 — Базилевич К. В. Денежная реформа Алексея Михайловича и восстание в Москве в 1662 году. М.; Л.: Изд. Акад. наук СССР, 1936.

Баиов 1909 — Баиов А. К. Курс истории русского военного искусства. Вып. 1. От начала Руси до Петра Великого. СПб.: Тип. Г. Скачкова, 1909.

Баиов 1912 — Баиов А. К. История русской армии. Вып. 1. СПб.: 1912.

Белокуров 1902 — Белокуров С. А. О приборе людей из разных городов «в салдацкой строй». 1654–1658 гг. // ЧОИДР. М., 1902. Кн. 1.

Белоцерковский 1915 — Белоцерковский Г. М. Тула и Тульский уезд в XVI и XVII веках. Киев: Тип. Император. ун-та, 1915.

Белявский 1984 — Белявский М. Т. Однодворцы Черноземья (по их наказам в Уложенную комиссию 1767–1768 гг.) М.: Изд-во МГУ, 1984.

Беляев 1846а — Беляев И. Д. О сторожевой, станичной и полевой службе на польской Украине Московского государства до царя Алексея Михайловича // ЧОИДР. М., 1846. № 4.

Беляев 1846б — Беляев И. Д. О русском войске в царствование Михаила Феодоровича и после его, до преобразований, сделанных Петром Великим. М.: изданное на иждивении общества, 1846.

Бескровный 1958 — Бескровный Л. Г. Русская армия и флот в XVIII в. (Очерки) / АН СССР. Ин-т истории. М.: Воениздат, 1958.

Бескровный 1959 — Бескровный Л. Г. Стратегия и тактика Русской армии в полтавский период Северной войны // Полтава. К 250-летию Полтавского сражения. Сборник статей. М., 1959. С. 21–62.

Бибиков 1946 — Бибиков Г. Н. Опыт военной реформы 1609–1610 гг. // Исторические записки. М., 1946. Т. 19. С. 3–16.

Бобровский 1885 — Бобровский П. О. Переход России к регулярной армии: Исследования П. О. Бобровского. С.-Петербург: Тип. В. С. Балашева, 1885.

Богоявленский 1917 — Богоявленский С. К. О Пушкарском приказе // Сб. ст. в честь М. К. Любавского. Петроград: Тип. Б. Д. Брукера, 1917.

Богоявленский 1938 — Богоявленский С. К. Вооружение русских войск в XVI–XVII вв. // Исторические записки. Т. 4. М.: Наука, 1938. С. 269–289.

Богоявленский 1946 — Богоявленский С. К. Приказные судьи XVII века. М., Л.: Изд-во АН СССР, 1946.

Бородулин, Каштанов 1994 — Бородулин А. Л., Каштанов Ю. Е. Армия Петра I. М.: Техника — молодежи, 1994.

Бороздин 1903 — Бороздин А. К. Петр Великий по его письмам в 1688–1703 гг. СПб.: Типо-лит. «Энергия», 1903.

Брикнер 1864 — Брикнер А. Г. Медные деньги в России 1655–1663 и денежные знаки в Швеции 1716–1719. СПб.: типография А. Якобсона, 1864.

Брикнер 1882–1883 — Брикнер А. Г. История Петра Великого: в 5-ти частях. СПб.: Тип. А. С. Суворина, 1882–1883.

Буганов 1959 — Буганов В. И. Документы о сражении при Молодях в 1572 г. // ИА. 1959. № 4.

Буганов 1960 — Буганов В. И. Документы о Ливонской войне // Археографический ежегодник за 1960 г. М.: Изд. АН СССР. 1960.

Буганов 1966 — Буганов В. И. Разрядная книга 1475–1598. М.: Наука, 1966.

Буганов 1969 — Буганов В. И. Московские восстания конца XVII века. М.: Наука, 1969.

Буганов 1974 — Буганов В. И. «Враждотворное» местничество // Вопросы истории. 1974. № 11. С. 118–133.

Бурдей 1963 — Бурдей Г. Д. Молодинская битва 1572 года // Ученые записки Института славяноведения АН СССР. М., 1963. Т. 26.

Бусева-Давыдова, Крашенинникова 1995 — Бусева-Давыдова И. Л., Крашенинникова Н. Л. Города-крепости // Петербург и другие новые российские города XVIII — первой половины XIX века (Русское градостроительное искусство. Кн. 3) / ред. Н. Ф. Гуляницкий. М.: Стройиздат, 1995.

Бушкович 2008 — Бушкович П. Петр Великий. Борьба за власть (1671–1725) М.: Дмитрий Буланин, 2021.

Бычкова 1986 — Бычкова М. Е. Состав класса феодалов России в XVI в. Историко-генеалогическое исследование / Отв. ред. С. М. Каштанов. М.: Наука, 1986.

Важинский 1973 — Важинский В. М. Введение подушного обложения на юге России в 90-х гг. XVII в. // Известия Воронежского педагогического института. 1973. Т. 127.

Важинский 1974 — Важинский В. М. Землевладение и складывание общины однодворцев в XVII веке. (По материалам южных уездов России). Воронеж: ВГПИ, 1974.

Важинский 1976 — Важинский В. М. Усиление солдатской повинности в России в XVII в. (по материалам южных уездов) // Известия Воронежского государственного педагогического института. Воронеж, 1976. Т. 157. С. 52–68.

Веселовский 1947 — Веселовский С. Б. Феодальное землевладение в Северо-Восточной Руси. М.; Л.: Изд-во АН СССР, 1947.

ВИО — Военная история Отечества с древних времен до наших дней в 3 т. / Авдеев В. А. и др.; под ред. Золотарева В. А. Москва: Мосгорархив, 1995.

Водарский 1969 — Водарский Я. Е. Служилое дворянство в России в конце XVII — начале XVIII в. // Вопросы военной истории России. XVIII — первая половина XIX в. М.: Наука, 1969. С. 233–238.

Волков 1977 — Волков М. Я. Об отмене местничества в России // История СССР. 1977. № 2. С. 53–67.

Воробьев 1995 — Воробьев В. М. «Конность, людность, оружность и сбруйность» служилых городов при первых Романовых // Дом Романовых в истории России. СПб.: СПбГУ, 1995. С. 93–108.

Второв, Александров-Дольников 1851–1853 — Древние грамоты и другие письменные памятники, касающиеся Воронежской губернии и частию Азова / Собр. и изд. Н. Второвым и К. Александровым-Дольником. Книга 3. Воронеж, 1851–1853.

Гальперин 1964 — Гальперин Г. Б. Форма правления Русского централизованного государства XV–XVI веков Л.: Изд-во Ленингр. ун-та, 1964.

Гваньини 1826 — Гваньини А. Замечания иностранца XVI века о военных походах русских // Отечественные записки. СПб., 1826. № 69. С. 92–100.

Герберштейн 2008 — Герберштейн С. Записки о Московии. М.: Памятники исторической мысли, 2008.

Голикова 1957 — Голикова Н. Б. Политические процессы при Петре I: По материалам Преображенского приказа. М.: Изд-во М.: МГУ, 1957.

Гордон, Брикнер 2022 — Гордон П., Брикнер А. Дневник Патрика Гордона. Сподвижники Петра Великого. Сборник (Репринты материалов, изданных в Российской империи). Изд. В. Секачев. 2022.

Греков 1952 — Судебники XV–XVI веков / Под общ. ред. акад. Б. Д. Грекова. М.; Л.: Изд-во Акад. наук СССР, 1952.

Гришинский 1911–1913 — История русской армии и флота: роскошно иллюстрированное издание / Ред. А. С. Гришинский. М.: Образование, 1911–1913.

Гулевич 1911 — Гулевич С. А. История 8-го Пехотного Эстляндского полка. Санкт-Петербург: Экон. типо-лит., 1911.

Гуляницкий 1994 — Градостроительство Московского государства XVI–XVII веков / Ред. Н. Ф. Гуляницкий. М.: Стройиздат, 1994.

ДАИ 1846–1875 — Дополнения к актам историческим, собранным и изданным Археографической комиссией. В 12 т. Санкт-Петербург, 1846–1875.

Демидова 1973 — Демидова Н. Ф. Из истории заключения Нерчинского договора 1689 г. // Россия в период реформ Петра I. М.: Наука, 1973. С. 289–310.

Демидова 1998 — Столбцы дел московских приказов (Городового, Поместного, Разрядного) по управлению Ливонскими городами 1577–1579 гг. / Подгот. Н. Ф. Демидова // Памятники истории Восточной Европы. Варшава. 1998. Т. 3. С. 47–196.

Ден 1999 — Ден Д. История Российского флота в царствование Петра Великого. СПб.: Историческая иллюстрация, 1999.

Доннелли 1995 — Доннелли А. Завоевание Башкирии Россией 1552–1740. Страницы истории империализма / Пер. с англ. Л. Р. Бикбаевой. Башкортостан, 1995.

Дулов 1983 — Дулов А. В. Географическая среда и история России: конец XV — середина XIX в. М.: Наука, 1983.

Епифанов 1977 — Епифанов П. П. Оружие и снаряжение // Очерки русской культуры XVI в. Ч. 1. Материальная культура / Под ред. А. В. Арциховского. М.: Издательство МГУ, 1977.

Епифанов, Комаров 1987 — Епифанов П. П., Комаров А. А. Военное дело. Армия и флот // Очерки русской культуры XVIII века, М.: Издательство МГУ, 1987. Ч. 2. С. 186–257.

Ермолаев 1982 — Ермолаев И. П. Среднее Поволжье во второй половине XVI — XVII в. (Управление Казанским краем). Казань: Изд-во Казан. ун-та, 1982.

Жордания 1959 — Жордания Г. Очерки из истории франко-русских отношений конца XVI и первой половины XVII в. Тбилиси: Изд-во Тбилис. ун-та, 1959.

Загоровский 1960 — Загоровский В. П. Вопрос о русском морском флоте на Дону до Петра I // Труды Воронежск. университета. 1960. Т. 53: Из истории Воронежского края. Вып. 1.

Загоровский 1969 — Загоровский В. П. Белгородская черта. Воронеж: Издательство Воронежского университета, 1969.

Загоровский 1980 — Загоровский В. П. Изюмская черта. Воронеж: Издательство Воронежского университета, 1980.

Загоровский 1991 — Загоровский В. П. История вхождения Центрального Черноземья в состав Российского государства в XVI веке. Воронеж: Изд-во ВГУ, 1991.

Заозерская 1969 — Заозерская Е. И. К истории тульской оружейной слободы // Вопросы военной истории России. XVIII и первая половина XIX веков. М.: Наука, 1969. С. 137–156.

Заозерский 1973 — Заозерский А. И. Фельдмаршал Шереметев и правительственная среда Петровского времени // Россия в период реформ Петра I / Отв. ред. Н. И. Павленко. М.: Наука, 1973.

Зезюлинский 1889–1893 — Зезюлинский Н. Ф. Историческое исследование о коннозаводском деле в России. СПб.: Типолитогр. Месника и Римана, 1889–1893.

Зезюлинский 1915 — Зезюлинский Н. Ф. К родословию 34-х пехотных полков Петра I. Пг.: Тип. П. Усова, 1915.

Земцов, Глазычев 1985 — Земцов С. М., Глазычев В. Л. Аристотель Фьораванти. М.: Стройиздат, 1985.

Зимин 1956а — Зимин А. А. И. С. Пересветов и его сочинения // Сочинения И. Пересветова под ред. А. А. Зимина и Д. С. Лихачева. М.: Изд. Академии наук СССР, 1956.

Зимин 1956б — Зимин А. А. К истории военных реформ 50-х годов XVI в. // Исторические записки. М., 1956. Т. 55.

Зимин 1971 — Зимин А. А. Дьяческий аппарат в России второй половины XV — первой трети XVI в. // Исторические записки. М., 1971. Т. 87. С. 219–286.

Зимин 1972 — Зимин А. А. Россия на пороге нового времени: (Очерки политической истории России первой трети XVI в.). М.: Мысль, 1972.

Зимин 1982 — Зимин А. А. Россия на рубеже XV–XVI столетий: (Очерки социал.-полит. истории). М.: Мысль, 1982.

Зимин 1988 — Зимин А. А. Формирование боярской аристократии в России во второй половине XV — первой трети XVI в. М.: Наука, 1988.

Иванов 1842 — Иванов П. И. Описание Государственного разрядного архива, с присовокуплением списков со многих, хранящихся в оном, любопытных документов, составленное Петром Ивановым. Москва: тип. С. Селивановского, 1842.

Иванов 1903 — Иванов П. И. Сябры-помещики // ЖМНП. 1903. Часть CCCL. Ноябрь. С. 406–442.

История Татарии 1937 — История Татарии в материалах и документах. М.: Гос. социально-экономическое изд-во, 1937.

Калинычев 1954 — Калинычев Ф. И. Правовые вопросы военной организации русского государства второй половины XVII в. М.: Госюриздат, 1954.

Каргалов 1973 — Каргалов В. В. Оборона южной границы Русского государства в первой половине XVI в. // История СССР. 1973. Т. 17. № 6. С. 140–148.

Каргалов 1986 — Каргалов В. В. Засечные черты и их роль в обороне Русского государства в XVI–XVII вв. // Военно-исторический журнал. 1986. № 12. С. 61–67.

Карцов 1851 — Карцов А. П. Военно-исторический обзор Северной войны. СПб.: тип. Военно-учеб. заведений, 1851.

Каштанов 1993 — Каштанов С. М. Уделы и удельные князья. Неопубликованный доклад, сделанный на конференции «Culture and Identity in Muscovy» в Лос-Анджелесе, 1993. С 1997 года доступно на русском языке.

Керсновский 1933 — Керсновский А. А. История Русской армии. Белград: Царский вестник, 1933.

Кирпичников 1957 — Кирпичников А. Н. Военное дело средневековой Руси и появление огнестрельного оружия // Советская археология. 1957. № 3. С. 62–65.

Клокман 1968 — Клокман Ю. Р. Северная война 1700–1721 гг.: (Борьба России за выход к Балтийскому морю и возвращение русских земель в Прибалтике) // Страницы боевого прошлого: Очерки военной истории России. М.: Наука, 1968.

Ключевский 1959 — Ключевский В. Соч. в 8 т. Том VII. Исследования, рецензии, речи (1866–1890) «I. Первая ревизия». М.: Изд-во социально-экономической литературы, 1959. URL: http://az.lib.ru/k/kljuchewskij_w_o/text_0150.shtml (дата обращения: ноябрь 2022 г.)

Кобрин 1980 — Кобрин В. Б. Становление поместной системы // Исторические записки. 1980. № 105. С. 150–196.

Королюк 1954 — Королюк В. Д. Ливонская война: Из истории внешней политики Русского централизованного государства во второй половине XVI в. М.: Изд-во Акад. наук СССР, 1954.

Костомаров 1879 — Костомаров Н. И. Руина // Вестник Европы. 1879. Т. 14. № 4–6.

Косточкин 1964 — Косточкин В. В. Государев мастер Федор Конь. М., 1964.

Кром 1995 — Кром М. М. Меж Русью и Литвой: Пограничные земли в системе русско-литовских отношений конца XV — первой трети XVI в. М.: Археологический центр, 1995.

Кротов 1988 — Кротов П. А. Создание линейного флота на Балтике при Петре I // Исторические записки. М.: Наука, 1988. Т. 116. С. 313–331.

Крылова 1941 — Крылова Т. К. Русско-турецкие отношения во время Северной войны // Исторические записки. М., 1941. Т. 10.

Курбский 1914 — Курбский А. М. Переписка князя А. М. Курбского с царем Иоанном Грозным. Петроград. Издание Императорской археографической комиссии, 1914.

Кушнерев, Пирогов 1892 — Кушнерев И. Н., Пирогов А. Е. Русская военная сила. История развития воен. дела от начала Руси до нашего времени. М.: типолитогр. т-ва И. Н. Кушнерев и К, 1892.

Лавров 1994 — Лавров А. С. Новый источник о первом Крымском походе // Вестник Санкт-Петербургского университета. Серия 2. История, язык, литература. 1994. Вып. 4.

Леонов, Ульянов 1995 — Леонов О. Г., Ульянов И. Э. Регулярная пехота 1698–1801: боевая летопись, организация, обмундирование, вооружение, снаряжение. М.: АСТ, 1995.

Лысцов 1951 — Лысцов В. П. Персидский поход Петра I. 1722–1723. М.: Издательство МГУ, 1951.

Мальцев 1974 — Мальцев А. Н. Россия и Белоруссия в середине XVII века. М.: Изд-во МГУ, 1974.

Манштейн 1875 — Манштейн К. Записки о России генерала Манштейна. СПб: Тип. В. С. Балашева, 1875.

Марголин 1948а — Марголин С. Л. Вооружение стрелецкого войска // Военно-исторический сборник / Отв. ред. проф. Н. Л. Рубинштейн. М.: Гос. ист. музей, 1948. С. 85–102.

Марголин 1948б — Марголин С. Л. Оборона русского государства от татарских набегов в конце XVI века // Военно-исторический сборник / Отв. ред. проф. Н. Л. Рубинштейн. М.: Гос. ист. музей, 1948.

Марголин 1953 — Марголин С. Л. К вопросу об организации и социальном составе стрелецкого войска в XVII в. // Уч. зап. МОПИ. 1953. Т. XXVII. Вып. 2.

Маркевич 1888 — Маркевич А. И. История местничества в Московском государстве в XV–XVII веках. Одесса: тип. «Одес. вестн.», 1888.

Марков 1886–1896 — Марков М. И. История конницы. Тверь: Типо-Литография Ф. С. Муравьева, 1886–1896.

Масловский 1891 — Масловский Д. Ф. Записки по истории военного искусства в России. СПб.: Тип. В. Безобразова и Комп., 1891.

Масса 1937 — Масса И. Краткое известие о Московии в начале XVII в. М.: Государственное социально-экономическое издательство, 1937.

Медушевский 1989 — Медушевский А. Н. Петровская реформа государственного аппарата: цели, проведение, результаты // Реформы второй половины XVII—XX веков: подготовка, проведение результаты. Сборник научных трудов. М.: Институт истории СССР АН СССР, 1989. С. 64–83.

Медушевский 1990 — Медушевский А. Н. Реформы Петра Великого в сравнительно-исторической перспективе // Вестник высшей школы. 1990. № 2. С. 79–88; № 3. С. 65–72.

Медушевский 1994 — Медушевский А. Н. Реформы Петра I и судьбы России: аналит. обзор. М.: РАН ИНИОН, 1994.

Миклашевский 1894 — Миклашевский И. Н. К истории хозяйственного быта Московского государства. М.: тип. Д. И. Иноземцева, 1894.

Мильчик 1997 — Мильчик М. И. Крепость Ивангород. Новые открытия. М.: Дмитрий Буланин, 1997.

Милюков 1892 — Милюков П. Н. Спорные вопросы финансовой истории Московского государства: рецензия на сочинение А. С. Лаппо-Данилевского «Организация прямого обложения в Московском государстве». СПб.: Тип. Имп. Акад. наук, 1892.

Милюков 1905 — Милюков П. Н. Государственное хозяйство России в первой четверти XVIII столетия и реформа Петра Великого. СПб.: тип. М. М. Стасюлевича, 1905.

Михайлова, Осятинский 1994 — Михайлова М. Б., Осятинский А. П. Города среднего и нижнего Поволжья // Градостроительство Московского государства XVI–XVII веков / Под ред. Н. Ф. Гуляницкого. М.: Стройиздат, 1994.

Мышлаевский 1897 — Мышлаевский А. З. Крепости и гарнизоны Южной России в 1718 году. СПб.: Воен. учен. ком. Гл. штаба, 1897.

Мышлаевский 1898 — Мышлаевский А. З. Война с Турцией 1711 года. (Прутская операция): материалы, извлеченные из архивов... / Воен. учен. ком. Главного штаба. СПб, 1898.

Мышлаевский 1899 — Мышлаевский А. З. Офицерский вопрос в XVII веке: (очерк из истории военного дела в России). СПб.: Тип. гл. упр-ния уделов, 1899.

Мюллер, Носов 1986 — Законодательные акты русского государства второй половины XVI — первой половины XVII века / Подгот. текстов Р. Б. Мюллер; под ред. [и с предисл.] Н. Е. Носова. Л.: Наука, 1986.

Назаров 1993 — Назаров В. Д. Государев двор в истории России конца XV — середины XVI в. Неопубликованный доклад, сделанный на конференции «Culture and Identity in Muscovy» в Лос-Анджелесе, 1993. С 1997 доступно на русском языке.

Никитин 1986 — Никитин Н. И. О происхождении, структуре и социальной природе сообществ русских казаков XVI — середины XVII в. // История СССР. 1986. № 4. С. 167–177.

Никитин 1988 — Никитин Н. И. Служилые люди в Западной Сибири XVII века. Новосибирск: Наука: Сиб. Отд-ние, 1988.

Никольский 1917 — Никольский В. К. «Боярская попытка» 1681 г. // Исторические известия. 1917. № 2. С. 57–87.

Новиков 1790 — Древняя российская вивлиофика. Изд. Николаем Новиковым. Часть XIV. М., 1790.

Новодворский 1904 — Новодворский В. В. Борьба за Ливонию между Москвою и Речью Посполитою (1570–1582). СПб.: Тип. И. Н. Скороходова, 1904.

Новомбергский 1914 — Новомбергский Н. Я. Очерки внутреннего управления в Московской Руси XVII столетия. Продовольственное строение. Томск: Известия Томского университета, 1914.

Новосельский 1928 — Новосельский А. А. Правящие группы в служилом «городе» XVII в. // Учен. Записки Института истории РАНИОН. М., 1928. Т. 5. С. 315–335.

Новосельский 1929 — Новосельский А. А. Коллективные дворянские челобитья по вопросам межевания и описания земель в 80-х гг. XVII в. // Учен. зап. Ин-та ист. РАНИОН. 1929.

Новосельский 1948 — Новосельский А. А. Борьба Московского государства с татарами в первой половине XVII века. М.–Л.: Изд-во Академии наук СССР. Институт истории, 1948.

Новосельский 1961 — Новосельский А. А. Распад землевладения служилого «города» по десятням XVII в. // Русское государство в XVII в. М.: Изд-во АН СССР, 1961.

Новосельский 1994 — Новосельский А. А. Исследования по истории эпохи феодализма (Научное наследие). М.: Наука, 1994.

Очерки 1955 — Очерки истории СССР. Период феодализма. Конец XV в. — начало XVII в. Москва: Издательство Академии наук СССР, 1955.

Павленко 1990 — Павленко Н. И. Петр Великий. Москва: Мысль, 1990.

Павлов 2000 — Павлов А. П. Государев двор в истории России XVII века // FzOG Von Moskau nach St. Petersburg: Das russische Reich im 17. Jahrhundert. 2000. Vol. 56. P. 227–242. URL: https://d-nb.info/960434135/04 (дата обращения: ноябрь 2022 г.).

Павлов-Сильванский 1898 — Павлов-Сильванский Н. П. Государевы служилые люди. Происхождение русского дворянства. СПб.: Гос. тип., 1898.

Письма и бумаги — Письма и бумаги Петра Великого: Т. 6–8. С.-Петербург, 1887; Т. 9. М.; Л., 1950; Т. 11. М., 1962; Т. 13. М., 2003.

Петров 2004 — Петров К. В. Книга Полоцкого похода 1563 г. (Исследование и текст). СПб.: Российская национальная библиотека, 2004.

Петрухинцев 2001 — Петрухинцев Н. Н. Царствование Анны Иоанновны: формирование внутриполитического курса и судьбы армии и флота 1730–1735 гг. СПб.: Алетейя, 2001.

Подъяпольская 1962 — Подъяпольская Е. П. Восстание Булавина. 1707–1709. Акад. наук СССР. Ин-т истории. М.: Изд-во Акад. наук СССР, 1962.

ПСЗ — Полное собрание законов Российской империи. СПб.: Тип. 2-го Отд-ния Собств. Е. И. В. канцелярии, 1830.

ПСРЛ 1965 — Полное собрание Русских летописей. Т. XX. Ч. 2. М.: 1965.

Поршнев 1976 — Поршнев Б. Ф. Тридцатилетняя война и вступление в нее Швеции и Московского государства. М.: Наука, 1976.

Проскурякова 1994 — Проскурякова Т. С. Города Сибири и Приуралья // Градостроительство Московского государства XVI–XVII веков / Под ред. Н. Ф. Гуляницкого. М.: Стройиздат, 1994.

Рабинович 1969 — Рабинович М. Д. Формирование регулярной русской армии накануне Северной войны // Вопросы военной истории России XVIII и первой половины XIX века. М., 1969. С. 221–233.

Рабинович 1971 — Рабинович М. Д. Однодворцы в первой половине XVIII в. // Ежегодник по аграрной истории Восточной Европы. 1971. Вильнюс, 1974. С. 137–145.

Рабинович 1973 — Рабинович М. Д. Социальное происхождение и имущественное положение офицеров регулярной русской армии в конце Северной войны // Россия в период реформ Петра I: Сб. ст. М., 1973. С. 133–171.

Рабинович 1977 — Рабинович М. Д. Полки петровской армии 1698–1725. М.: Советская Россия, 1977.

Разин 1955 — Разин Е. А. История военного искусства в 3-х т. М.: Воениздат, 1955.

Ростунов 1987 — Ростунов И. И. История Северной войны 1700–1721 гг. М.: Наука, 1987.

Садиков 1947 — Садиков П. А. Поход татар и турок на Астрахань в 1569 г. // Исторические записки. М., 1947. Т. 22.

Сапунов 1885 — Разрядная книга полоцкого похода царя Иоанна Васильевича 1563 г. // Витебская старина. [Документы и материалы.] / сост. и изд. А. Сапунов. Витебск, 1885. Т. IV.

Седов 1996 — Седов П. В. Подношения в московских приказах XVII в. // Отечественная история. 1996. № 1. С. 139–150.

Седов 2000 — Седов П. В. Россия на пороге Нового времени: Реформы царя Федора Алексеевича // Von Moskau nach St. Petersburg. Das russische Reich im 17. Jahrhundent. Harrassowitz Verlag; Wisbaden, 2000. С. 291–301.

Сербина 1950 — Устюжский летописный свод. (Архангелогородский летописец). / Под ред. и с предисл. К. Н. Сербиной. М.; Л.: Изд-во Акад. наук СССР, 1950.

Скрынников 1961 — Скрынников Р. Г. Опричная земельная реформа Грозного 1565 года // Исторические записки. М., 1961. Т. 70.

Скрынников 1975а — Скрынников Р. Г. Иван Грозный. М.: Наука, 1975.

Скрынников 1975б — Скрынников Р. Г. Россия после опричнины. Очерки политической и социальной истории. Ленинград: Издательство Ленинградского университета, 1975.

Скрынников 1978 — Скрынников Р. Г. Борис Годунов. М.: Наука, 1978.

Скрынников 1988 — Скрынников Р. Г. Россия в начале XVII века. Смута. М.: Мысль, 1988.

Смирнов 1946 — Смирнов Н. А. Россия и Турция в XVI–XVII вв. М.: Издание МГУ, 1946. Вып. 94. Т. I–II.

Соловьев 1893 — Соловьев Н. И. Краткий исторический очерк расходов на армию и денежное довольствие войск в России в первой половине XVIII столетия (1700–1761 гг.) // Военный сборник. 1893. № 12.

Соловьев 1900 — Соловьев Н. И. Исторические очерки устройства и довольствия русских регулярных войск в первой половине XVIII столетия (1700–1761). СПб.: тип. Тренке и Фюсно, 1900.

Соловьев 1959–1966 — Соловьев С. М. История России с древнейших времен. 15 кн. М.: Издательство социально-экономической литературы, 1959–1966.

Сташевский 1910 — Сташевский Е. Д. Смета военных сил Московского государства в 1663 г. // Университетские известия, 1910. № 7. С. 1–29.

Сташевский 1912 — Сташевский Е. Д. Бюджет и армия // Русская история в очерках и статьях. Киев, 1912. Т. 3. С. 411–417.

Сташевский 1913 — Сташевский Е. Д. Очерки по истории царствования Михаила Федоровича. Киев: тип. 2-й Артели, 1913.

Сташевский 1919 — Сташевский Е. Д. Смоленская война 1632–34 г. Организация и состояние Моск. армии. Киев, 1919.

Сыроечковский 1932 — Сыроечковский В. Е. Пути и условия сношений Москвы с Крымом на рубеже XVI века // Известия АН СССР, Отделение обществ. наук. Серия VII. 1932.

Танков 1913 — Танков А. А. Историческая летопись курского дворянства. М.: Изд. Курского дворянства, 1913. Т. 1 [и единств.].

Тихомиров 1962 — Тихомиров М. Н. Россия в XVI столетии. М.: Издательство АН СССР, 1962.

Троицкий 1974 — Троицкий С. М. Русский абсолютизм и дворянство в XVIII в. Формирование бюрократии. М.: Наука, 1974.

Устрялов 1858–1863 — Устрялов Н. Г. История царствования Петра Великого. Санкт-Петербург: в типографии Второго Отделения Собственной Е. И. В. Канцелярии, 1858–1863.

Флоря 1990 — Флоря Б. Н. Сбор торговых пошлин и посадское население в русском государстве (конец XV — начало XVII в.) // Исторические записки. М.: Наука, 1990. Вып. 118.

Флоря 1998 — Флоря Б. Н. Документы походного архива воеводы кн. Василия Дмитриевича Хилкова 1580 г. // Памятники истории Восточной Европы. М. — Варшава: 1998. Т. III.

Худяков 2004 — Худяков М. Г. Очерки по истории Казанского ханства. Казань: Магариф, 2004.

Чернов 1948 — Чернов А. В. Центральный государственный архив древних актов как источник по военной истории Русского государства до XVIII в. // Труды Историко-архивного института. 1948. Т. 4.

Чернов 1951 — Чернов А. В. Образование стрелецкого войска // Исторические записки. М., 1951. Т. 38. С. 281–290.

Чернов 1954 — Чернов А. В. Вооруженные силы Русского Государства в XV–XVII вв. (С образования централизованного государства до реформ при Петре I). М.: Воениздат, 1954.

Чернов 1959 — Чернов А. В. Астраханское восстание 1705–1706 гг. // Исторические записки. М., 1959. Т. 64.

Чернов 1998 — Чернов С. З. Волок Ламский в XIV — первой половине XVI в. Структуры землевладения и формирование военно-служилой корпорации. М.: ИА РАН, 1998.

Чистякова 1961 — Чистякова Е. В. Волнения служилых людей в южных городах России в середине XVII века // Русское государство в XVII веке. М., 1961.

Чичерин 1856 — Чичерин Б. Н. Областные учреждения России в XVII веке. Москва: Тип. Александра Семена, 1856.

Шелехов 1903 — Шелехов Ф. П. Столетие Военного Министерства: 1802–1902. Т. V. Главное интендантское управление. Исторический очерк. СПб.: Тип. «Бережливость», 1903.

Щепкина 1890 — Щепкина Е. Н. Старинные помещики на службе и дома. Из семейной хроники (1578–1762). СПб.: Тип. М. М. Стасюлевича, 1890.

Agoston 1999 — Agoston G. Ottoman Warfare in Europe 1453–1826 // European Warfare, 1453–1815 / Ed. by J. Black. New York: Palgrave, 1999. P. 118–144.

Agoston 2005 — Agoston G. Guns for the Sultan: Military Power and the Weapons Industry in the Ottoman Empire. Cambridge, UK: Cambridge University Press, 2005.

Alef 1973 — Alef G. Muscovite Military Reforms in the Second Half of the Fifteenth Century // FzOG. 1973. Vol. 18. P. 73–108.

Alef 1986 — Alef G. The Origins of Muscovite autocracy: The Age of Ivan III // FzOG. 1986. Vol. 39. P. 273–282.

Allsen 2002 — Allsen T. The Circulation of Military Technology in the Mongolian Empire // Warfare in Inner Asian History (500–1800) / Ed. by N. Di Cosmo. Leiden Brill: 2002. P. 265–293.

Anderson 1960 — Anderson M. British Officers in the Russian Army in the Eighteenth and Early Nineteenth Centuries // Journal of the Society for Army Historical Research. 1960. Vol. 38. № 156. P. 168–173.

Anisimov 1989 — Anisimov E. Remarks on the Fiscal Policy of Russian Absolutism during the First Quarter of the Eighteenth Century // Russian Studies in History. 1989. Vol. 28. Iss. 1.

Anisimov 1993 — Anisimov E. The Reforms of Peter the Great: Progress Through Coercion in Russia / Trans. by J. T. Alexander. Armonk: M. E. Sharpe, New York, 1993.

Asch 1999 — Asch R. Warfare in the Age of the Thirty Years War 1598–1648 // European Warfare, 1453–1815 / Ed. by J. Black. New York: Palgrave 1999. P. 45–68.

Avrich 1976 — Avrich P. Russian Rebels 1600–1800. New York: Norton, 1976.

Åberg 1973 — Åberg A. The Swedish Army, from Lützen to Narva // Sweden's Age of Greatness 1638–1718 / Ed. by M. Roberts. New York: St. Martin's Press, 1973. P. 265–287.

Baron 1970 — Baron S. The Origins of Seventeenth–Century Moscow's Nemeckaja Sloboda // California Slavic Studies. 1970. Vol. 5. P. 1–17.

Baron 1973 — Baron S. The Fate of the *Gosti* in the Reign of Peter the Great // CMRS. 1973. Vol. 14. № 4.

Benningsen 1967 — Benningsen A. L'expedition Turque contre Astrakhan en 1569 // CMRS. 1967. P. 427–446.

Berry, Crummey 2012 — Berry L., Crummey R. eds. Rude and Barbarous Kingdom: Russia in the Accounts of Sixteenth-Century English Voyagers. University of Wisconsin Press, 2012.

Black 1991 — Black, J. A Military Revolution?: Military Change and European Society 1550–1800. Basingstoke: Macmillan Education. 1991.

Black 1994 — Black J. European Warfare, 1660–1815. London and New York: Routledge, 1994.

Bogatyrev 2002 — Bogatyrev S. The Battle for Divine Wisdom: The Rhetoric of Ivan IV's Campaign against Polotsk // The Military and Society in Russia, 1450–1917 / Ed. by E. Lohr and M. Poe. Leiden and Boston, MA: Brill, 2002. P. 325–363.

Bridge 1899 — Bridge, Cyprian, ed. The History of the Russian Fleet during the reign of Peter the Great. London: Navy Records Society, 1899.

Brix 1867 — Brix M. Geschichte Der Alten Russischen Heeres–Einrichtungen. Berlin: B. Behr's Buchhhandlung, 1867.

Brown 1978 — Brown P. Early modern Russian bureaucracy: the evolution of the chancellery system from Ivan III to Peter the Great, 1478–1718. (Ph.D. Dissertation). University of Chicago, 1978.

Brown 1992 — Brown P. The Pre-1700 Origins of Peter the Great's Provincial Administrative (Guberniia) Reform: The Significance of the Frontier. Conference on the Russian Frontier Before 1800. Unpublished paper: University of Chicago. May 1992.

Brown 2002 — Brown P. Tsar Aleksei Mikhailovich: Muscovite Military Command Style and Legacy to Russian Military History // The Military and Society in Russia, 1450–1917 / Ed. by E. Lohr and M. Poe. Leiden and Boston, MA: Brill, 2002. P. 119–145.

Bruce 1970 — Bruce P. Memoirs of Peter Henry Bruce, Esq. a Military Officer, in the Services of Prussia, Russia, and Great Britain, Containing an Account of His Travels in Germany, Russia, Tartary, Turkey, the West-Indies, etc. Milton Park, UK: Routledge: 1970.

Brumfield 1993 — Brumfield, William C. A History of Russian Architecture. Cambridge: Cambridge University Press, 1993.

Bushkovich 2001 — Bushkovich P. Peter the Great: The Struggle for Power, 1671–1725. Cambridge: Cambridge University Press, 2001.

Bushkovich 2002 — Bushkovich P. The Romanov Transformation, 1613–1725 // The Military History of Tsarist Russia / Ed. by F. W. Kagan and R. Higham. New York: Palgrave, 2002. P. 31–46.

Bushkovich 2004 — Bushkovich P. The Politics of Command in the Army of Peter the Great // Reforming the Tsar's Army: Military Innovation in Imperial Russia from Peter the Great to the Revolution / Ed. by D. Schimmpelpennink van der Oye and B. Menning. Cambridge UK and Washington DC: Wilson Center and Cambridge University Press, 2004.

Bushnell 1990 — Bushnell J. The Russian Soldiers' Artel, 1700–1900: A History and an Interpretation // Land Commune and Peasant Community in Russia / Ed. by R. P. Bartlett. New York: Palgrave McMillan, 1990. P. 376–394.

Bussow 1994 — Bussow C. The Disturbed State of the Russian Realm / Ed. and trans. by G. Orchard. Montreal, 1994.

Chew 1971 — Chew, A. F. An Atlas of Russian History: Eleven Centuries of Changing Borders. New Haven: Yale University Press, 1971.

Collins 1975 — Collins L. The military organization and tactics of the Crimean Tatars during the sixteenth and seventeenth centuries // War, Technology and Society in the Middle East / Ed. by V. Perry and M. Yapp. London; New York: Oxford University Press, 1975.

Corvisier 1979 — Corvisier A. Armies and Societies in Europe, 1494–1789 / Trans. by A. Siddall. Bloomington and London: Indiana University Press, 1979.

Crosky, Ronquist 1990 — George Trakhaniot's Description of Russia in 1486 / Ed. by R. Crosky, trans. by E. Ronquist // Russian History. 1990. Vol. 17. № 1. P. 55–64.

Cross 1996 — Cross A. By the Banks of the Neva: Chapters from the Lives and Careers of the British in Eighteenth-Century Russia. Cambridge: Cambridge University Press, 1996.

Crummey 1980 — Crummey R. Reflections on mestnichestvo in the 17th century // FzOG. 1980. Vol. 27. P. 269–281.

Crummey 1983 — Crummey R. Aristocrats and Servitors. Princeton, NJ, 1983.

Crummey 1986 — Crummey R. The Fate of Boyar Clans, 1589–1613 // FzGO. 1986. Vol. 38.

Crummey 1993 — Crummey R. Old Belief as Popular Religion: New Approaches // SR. 1993. Vol. 52. № 4. P. 700–712.

Danilov 1937 — Danilov N. N. Vasilij Vasil'evic Golicyn (1682–1714) // JGOE. Jahrg. 2. H. 4 (1937) P. 539–596.

Davies — Davies B. L. Revolt in Ukraine (unpublished typescript). 70, 81–2.

Davies 1992 — Davies B. Village into Garrison: The Militarized Peasant Communities of Southern Muscovy // Russian Review. 1992. Vol. 51. № 4. P. 481–501.

Davies 1999 — Davies B. The Development of Russian Military Power, 1453–1815 // European Warfare, 1453–1815 / Ed. by J. Black. New York: Palgrave, 1999. P. 145–179.

Davies 2002a — Davies B. The Foundations of Muscovite Military Power // The Military History of Tsarist Russia / Ed. by F. Kagan and R. Higham. New York, 2002. P. 11–30.

Davies 2002б — Davies B. The Second Chigirin Campaign (1678): Late Muscovite Military Power in Transition // The Military and Society in Russia, 1450–1917 / Ed. by E. Lohr and M. Poe. Leiden and Boston, MA: Brill, 2002. P. 97–118.

Davies 2004a — Davies B. The Rise of the Russian Army (typescript).

Davies 2004б — Davies B. State Power and Community in Early Modern Russia: The Case of Kozlov, 1635–1649. London, New York: Palgrave, 2004.

Dewey 1965 — Dewey H. The Decline of the Muscovite Namestnik // Oxford Slavonic Papers. 1965. Vol. 12. P. 21–39.

Dewey 1966 — Dewey H. Muscovite Judicial Texts, 1488–1556 / Ed. by H. Dewey. Ann Arbor, Michigan: University of Michigan Dept of Slavic Languages and Literatures, 1966.

Dixon 1998 — Dixon S. Britain and Russia in the Age of Peter the Great: Historical Documents / Ed. and trans. by S. Dixon et al. School of Slavonic and East European Studies. London, 1998.

Dixon 1999 — Dixon S. The Modernization of Russia, 1676–1825. Cambridge UK: Cambridge University Press, 1999.

Dmytryshyn et al. 1985 — Russia's Conquest of Siberia: A Documentary Record 1558–1700 / Ed. by B. Dmytryshyn et al. Portland: Oregon Historical Society, 1985.

Donnelly — Donnelly, A. The Russian Conquest of Bashkiria, 1552–1740. New Haven, Conn.: Yale University Press, 1968. С 1995 г. доступно в русском переводе.

Duffy 1982 — Duffy C. Russia's Military Way to the West: Origins and Nature of Russian Military Power 1700–1800. London: Routledge, 1982.

Dunning 2001 — Dunning C. Russia's First Civil War: The Time of Troubles and the Founding of the Romanov Dynasty. University Park PA: Penn State University Press, 2001.

Englund 2003 — Englund P. The Battle that Shook Europe: Poltava and the Birth of the Russian Empire. I.B. Tauris 2003; reprint 2013.

Esper 1967a — Esper T. A Sixteenth-Century anti-Russian Arms Embargo // JfGO. 1967. Vol. 15. P. 180–196.

Esper 1967б — Esper T. The Odnodvortsy and the Russian Nobility // SEER. 1967. Vol. 45. № 104. P. 124–134.

Esper 1969 — Esper T. Military Self-Sufficiency and Weapons Technology in Muscovite Russia // SR. 1969. Vol. 28. № 2. P. 185–208.

Fennell 1955 — The Correspondence between Prince A. M. Kurbsky and Tsar Ivan IV of Russia, 1564–1579 / Ed. J. L. I. Fennell. Cambridge, 1955. С 1914 г. доступно в русском переводе.

Fennell 1961 — Fennell J. Ivan the Great of Moscow. New York, London: MacMillan, 1961.

Ferguson 1954 — Ferguson A. Russian Landmilitia and Austrian Militärgrenze // SudOst Forschungen. 1954. Vol. 13. P. 139–158.

Findley 2005 — Findley C. The Turks in World History. Oxford UK: Oxford University Press, 2005.

Fine 1966 — Fine J. The Muscovite Dynastic Crisis of 1497–1502 // Canadian Slavonic Papers. Vol. 8. 1966. P. 198–215.

Fletcher — Fletcher, G. Of the Russe Commonwealth // Rude and Barbarous Kingdom / Ed. L. Berry and R. Crummey. Madison, Wisc., 1968. С 2002 г. доступно в русском переводе.

Forsyth 1992 — Forsyth J. A. History of the Peoples of Siberia: Russia's North Asian Colony, 1581–1990. Cambridge UK: Cambridge University Press, 1992.

Frost 2000 — Frost R. The Northern Wars: War, State and Society in Northeastern Europe, 1558–1721. London: Longman, 2000.

Frost 1993 — Frost R. After the Deluge: Poland-Lithuania and the Second Northern War, 1655–1660. Cambridge UK: Cambridge University Press, 1993.

Fuhrmann 1981 — Fuhrmann J. Tsar Alexis: His Reign and His Russia. Gulf Breeze, Florida: Academic International Press, 1981.

Fuller 1992 — Fuller W. Strategy and Power in Russia, 1600–1914. New York: Free Press, 1992.

Gibson 1969 — Gibson J. Feeding the Russian Fur Trade: Provisionment of the Okhotsk Seaboard and the Kamchatka Peninsula, 1639–1856. Madison, Milwaukee, and London. University of Wisconsin Press: 1969.

Gilbert 1993 — Gilbert M. Atlas of Russian History. London: Oxford University Press, 1993 (also as Routledge Atlas of Russian History, 2007).

Gohrke 1978 — Gohrke C. Zur Problem von Bevölkerungsziffer und Bevölkerungsdichte des Moskauer Rieches im 16. Jahrhundert // FzOG. 1978. Vol. 24. P. 65–85.

Gorban 1984 — Gorban N. V. The New Ishim Fortified Line // Soviet Geography. 1984. Vol. 25. № 3.

Gordon 1849–1852 — Gordon P. Tagebuch des Generalen Patrick Gordon, 3 vols. Moskau, 1849–1852.

Gordon 2009–2016 — Gordon P. Diary of General Patrick Gordon of Auchleuchries. 6 vols. Aberdeen: University of Aberdeen, 2009–2016.

Grousset 1970 — Grousset R. The Empire of the Steppes: A History of Central Asia. New Brunswick, NJ: Rutgers University Press, 1970.

Hatton 1969 — Hatton R. Charles XII of Sweden. New York: Weybright and Talley, 1969. (London: Weidenfeld and Nicolson, 1968 also available).

Hellie 1972 — Hellie R. Enserfment and Military Change in Muscovy. Chicago: University of Chicago Press, 1972.

Hellie 1974 — Hellie R. The Petrine Army: Continuity, Change, and Impact // CASS. 1974. Vol. 8. № 2. P. 237–253.

Hellie 1982 — Hellie R. Slavery in Russia, 1450–1725. Chicago: University of Chicago Press, 1982.

Hellie 1990 — Hellie R. Warfare, Changing Military Technology, and the Evolution of Muscovite Society // Tools of War: Instruments, Ideas and Institutions of Warfare, 1445–1871 / Ed. by J. Lynn. Champaign: University of Illinois Press, 1990.

Hellie 1999 — Hellie R. The Economy and Material Culture of Russia 1600–1725. Chicago and London: University of Chicago Press, 1999.

Herberstein 1969 — Herberstein S. Description of Moscow and Muscovy, 1557. New York: Barnes and Noble, 1969. С 1988, 2002 гг. доступно в русском переводе.

Herd 2001a — Herd G. Peter the Great and the Conquest of Azov: 1695–96 // Peter the Great and the West: New Perspectives / Ed. by L. Hughes. Basingstoke: Palgrave, 2001.

Herd 2001б — Herd G. The Azov Campaigns. Unpublished paper, 2001.

Hochedlinger 2003 — Hochedlinger M. Austria's Wars of Emergence: War, State and Society in the Habsburg Monarchy, 1683–1797. Harlow, 2003.

Howe 1916 — Howe S. The False Dmitrii. A Russian Romance and Tragedy. Described by British Eyewitnesses, 1604–1612 / Ed. Sonia Howe. New York: Fredrich Stokes and Co., 1916. Available also in 2014 Nabu Press edition.

Howes 1967 — Howes R. The Testaments of the Grand Princes of Moscow / Ed. and transl. R. C. Howes. Ithaca: Cornell University Press, 1967.

Hughes 1984 — Hughes L. Russia and the West: the Life of a Seventeenth-Century Westernizer, Prince Vasily Vasil'evich Golitsyn (1643–1714). Newtonville, MA: Oriental Research Partners, 1984.

Hughes 1990 — Hughes L. Sofiia Regent of Russia, 1657–1704. New Haven: Yale University Press, 1990. С 2001 г. доступно в русском переводе.

Hughes 2001 — Hughes L. Peter the Great and the West: New Perspectives. Palgrave, 2001.

Hughes 2002 — Hughes L. Russia in the Age of Peter the Great. New Haven & London: Yale University Press, 2002.

Inalçik 1946–1947 — Inalçik H. The Origin of Ottoman-Russian Rivalry and the Don-Volga Canal, 1569 // Ankara Üniversitesi Yilligi I. 1946–1947.

Imber 2002 — Imber C. The Ottoman Empire, 1300–1650: The Structure of Power. Basingstoke: Palgrave, 2002.

Jespersen 1999 — Jespersen K. Warfare and Society in the Baltic 1500–1800 // European Warfare, 1453–1815 / Ed. by J. Black. New York: Palgrave, 1999. P. 180–200.

Jones 1987 — Jones A. The Art of War in the Western World. Chicago and Urbana: University of Illinois Press, 1987.

Kahan 1985 — Kahan A. The Plow, the Hammer, and the Knout: An Economic History of Eighteenth-Century Russia. Chicago: University of Chicago Press, 1985.

Kappeler — Kappeler, A. The Russian Empire: A multi-ethnic history. Harlow: Pearson, 2001. Оригинал на немецком языке; с 2000 г. доступно в русском переводе.

Keep 1970 — Keep J. The Muscovite Élite and the Approach to Pluralism // SEER. 1970. Vol. 48. № 111. P. 201–231.

Keep 1985 — Keep J. Soldiers of the Tsar: Army and Society in Russia, 1462–1874. Oxford: Clarendon, 1985.

Khodarkovsky 1994 — Khodarkovsky, M. The Stepan Razin Uprising: Was it a "Peasant War"? // JfGO. 1994. Vol. 42. № 1. P. 1–19.

Khodarkovsky 2002 — Khodarkovsky, M. Russia's Steppe Frontier: the Making of a Colonial Empire, 1500–1800. Bloomington: Indiana University Press, 2002. С 2019 г. доступно в русском переводе.

Khodarkovsky 1992 — Khodarkovsky, M. Where Two Worlds Met: The Russian State and the Kalmyk Nomads, 1660–1771. Ithaca, NY: Cornell University Press, 1992.

Kimmerling-Wirtschafter 1982 — Kimerling-(Wirtschafter) E. Soldiers' Children, 1719–1856: A Study of Social Engineering in Imperial Russia // FzOG. 1982. Vol. 30. P. 61–136.

Kipp 1984 — Kipp J. Peter the Great: A Naval Perspective // Records of the International Colloquy on Military History. Manhattan, Kansas, 1984.

Kirby 1990 — Kirby D. Northern Europe in the Early Modern Period: The Baltic World, 1492–1772. Harlow: Longman, 1990.

Kivelson 1993 — Kivelson V. The Devil Stole his Mind: The Tsar and the 1648 Moscow Uprising // American Historical Review. 1993. Vol. 98. № 3. P. 733–756.

Kleimola 1985 — Kleimola A. Patterns of Duma Recruitment, 1505–1550 // Essays in Honor of A. A. Zimin / Ed. by D. Waugh. Columbus, Ohio, 1985.

Kleimola, Lenhoff 1993 — Muscovy, identity and cultural diversity/ Ed. By A Kleimola, G. Lenhoff. Los Angeles: UCLA press, 1993. С 1997 г. доступно в русском переводе.

Kollmann 1986 — Kollmann N. Consensus Politics: the Dynastic Crisis of the 1490s Reconsidered // Russian Review. 1986. Vol. 45. № 3. P. 235–267.

Kollmann 1987 — Kollmann N. Kinship and Politics: The Making of the Muscovite Political System, 1345–1547. Stanford: Stanford University Press, 1987.

Kollmann 1999 — Kollmann N. By Honor Bound: State and Society in Early Modern Russia. Ithaca, 1999. С 2001 г. доступно в русском переводе.

Konstam 1993 — Konstam A. Peter the Great's Army (1): Infantry; Peter the Great's Army (2): Cavalry. London, 1993.

Konstam 1994 — Konstam A. Poltava, 1709: Russia comes of age. Osprey Publishing, 1994.

Kotilaine, Poe 2004 — Kotilaine J., Poe M. Modernizing Muscovy: Reform and Social Change in Seventeenth-Century Russia. London, 2004.

Kotoshikhin 1980 — Kotoshikhin G. O Rossii v carstvovanie Alekseja Mixajloviča / Ed. by A. E. Pennington. Oxford: Oxford University Press, 1980. Русское издание с английскими комментариями. Русское издание доступно с 1884 г.

LeDonne 1991 — LeDonne J. Absolutism and the Ruling Class: The Formation of the Russian Political Order, 1700–1825. Oxford: Oxford University Press, 1991.

Lemercier-Quelquejay 1969 — Lemercier-Quelquejay Ch. Un condottiere lithuanien du XVIe siècle: Le prince Dimitrij Višneveckij et l'origine de la *Seč*

Zaporogue d'après les Archives ottomanes // CMRS. 1969. Vol. 10. № 2. P. 258–279.

Lemercier-Quelquejay 1972 — Lermericer-Quelquejay Ch. Les Expéditions de Devlet Girây contre Moscou en 1571 et 1572 d'après les documents des Archives ottomanes // CMRS. 1972. Vol. 13.

Levy 1982 — Levy A. Military Reform and the Problem of Centralization in the Ottoman Empire in the Eighteenth Century // Middle Eastern Studies. 1982. Vol. 18. № 3. P. 227–249.

Longworth 1970 — Longworth Ph. The Cossacks: Five Centuries of Turbulent Life in the Russian Steppes. New York: Holt, Rinehart and Winston, 1970.

Longworth 1982 — Longworth Ph. Transformations in Cossackdom: Technological and Organizational Aspects of Military Change, 1650–1850 // East Central European Society and War in the Pre-Revolutionary Eighteenth Century / Ed. by G. Rothenberg et al. Boulder, Social Science Monographs, 1982.

Longworth 1984 — Longworth Ph. Alexis, Tsar of all the Russias. New York: Franklin Watts, 1984.

Lohr, Poe 2002 — Lohr E., Poe M. The Military and Society in Russia, 1450–1917. Leiden and Boston, MA: Brill, 2002.

Mackiw 1981 — Mackiw Th. Swedish Invasion into Ukraine in 1708 and the Ukrainian Problem // Ukrainian Quarterly. 1981. Vol. 43. № 3–4. P. 210–224.

Mackiw 1983 — Mackiw Th. English reports on Mazepa, Hetman of Ukraine and Prince of the Holy Roman Empire 1687–1709. New York, Munich, and Toronto: Ukrainian Historical Association, 1983.

de Madariaga 1995 — Madariaga I. de. The Russian nobility, 1600–1800 // The European Nobilities in the Seventeenth and Eighteenth Centuries / Ed. by H. M. Scott. Harlow: Longman, 1995.

de Madariaga 2005 — Madariaga I. de. Ivan IV. First Tsar of Russia. New Haven: Yale University Press, 2005. С 2007 г. доступно в русском переводе.

Manstein 1968 — Manstein C. H. von. Contemporary Memoirs of Russia from the Year 1727 to 1744. London: Frank Cass and Co, 1968. С 1875 г., 2001 г. доступно в русском переводе.

Margeret 1983 — Margeret J. The Russian Empire and the Grand Duchy of Muscovy: A Seventeenth-Century French Account / Ed. and trans by Ch. Dunning. Pittsburgh: University of Pittsburgh Press, 1983. С 1913 г. доступно в русском переводе.

Martin 1983 — Martin J. Muscovite Relations with the Khanates of Kazan' and the Crimea (1460s to 1521) // CASS. 1983. Vol. 17. № 4.

Martin 1995 — Martin J. Medieval Russia, 980–1584. Cambridge: Cambridge University Press, 1995.

Martin 2001 — Martin J. Multiethnicity in Muscovy: A Consideration of Christian and Muslim Tatars in the 1550s–1580s // Journal of Early Modern History. 2001. Vol. 5. № 1.

Martin 2002 — Martin J. Tatars in the Muscovite Army during the Livonian War // The Military and Society in Russia, 1450–1917 / Ed. by E. Lohr and M. Poe. Leiden and Boston, MA: Brill, 2002. P. 365–387.

Martin 2003 — Martin J. Some observations on the creation and development of the pomest'e system in Novgorod during the reign of Ivan III. Unpublished paper presented at the 35th AAASS, 2003.

Massa 1982 — Massa I. A Short History of the Muscovite Wars / Translated by G. Edward Orchard. Toronto: University of Toronto Press, 1982.

Menning 1983 — Menning B. Russia and the West: the Problem of Eighteenth-Century Military Models // Russia and the West in the Eighteenth Century: Proceedings of the II International Conference organized by the Study Group on Eighteenth-Century Russia, held at the University of East Anglia, Norwich, England, 17–22 July, 1981 / Ed. by A. G. Cross. Newtonville, MA: Oriental Research Partners, 1983. P. 282–293.

Menning 2004 — Menning B. G. A. Potemkin and A. I. Chernyshev: Two Dimensions of Reform and Russia's Military Frontier // Reforming the Tsar's Army. Military Innovation in Imperial Russia from Peter the Great to the Revolution / Ed. by D. Schimmelpenninck van der Oye and B. Menning. Washington, D.C.: Woodrow Wilson Center Press-Cambridge University Press, 2004.

Michels 1999 — Michels G. At War with the Church: Religious Dissent in Seventeenth-Century Russia. Stanford, CA: Stanford University Press, 1999.

Moulton 2005 — Moulton J. Peter the Great and the Russian Military Campaigns During the Final Years of the Great Northern War, 1719–1721. Lanham, MD: UPA, 2005.

Murphey 1999 — Murphey R. Ottoman Warfare 1500–1700. Brunswick NJ: Rutgers University Press, 1999.

de la Neuville 1994 — Neuville F. de la. A Curious and New Account of Muscovy / Ed. and intro. Lindsey A. Hughes, trans J. A. Cutshall. London, SEES, 1994. С 1996 г. доступно в русском переводе.

O'Brien 1963 — O'Brien C. Muscovy and the Ukraine: from the Pereiaslavl Agreement to the Truce of Andrusovo, 1654–1667. Berkeley: University of California Press, 1963.

Olejnik 1998 — Olejnik R. Stefan Batory 1533–1586. Warszawa: Wydawnictwo Ministerstwa Obrony Narodowej, 1998.

Ostapchuk 2001 — Ostapchuk V. The Human Landscape of the Ottoman Black Sea in the Face of the Cossack Naval Raids // Oriente Moderno. Nuova serie. 2001. Anno 20 (81). № 1: The Ottomans and the Sea. P. 23–95.

Ostrowski 2002a — Ostrowski D. Muscovy and the Mongols: Cross-Cultural Influences on the Steppe Frontier, 1304–1589. Cambridge: Cambridge University Press, 2002.

Ostrowski 2002б — Ostrowski D. Troop Mobilization by the Muscovite Grand Princes (1313–1533) // The Military and Society in Russia, 1450–1917 / Ed. by E. Lohr and M. Poe. Leiden and Boston, MA: Brill, 2002.

Parker 1996 — Parker G. The Military Revolution: Military Innovation and the Rise of the West, 1500–1800. 2nd ed. Cambridge: Cambridge University Press, 1988, 1996.

Pasek 1976 — Pasek J. Memoirs of the Polish Baroque. Berkeley: California, 1976.

Pelenski 1974 — Pelenski J. Russia and Kazan: Conquest and Imperial Ideology (1438–1560s). The Hague, Paris: Mouton, 1974.

Perrie 1995 — Perrie M. Pretenders and Popular Monarchism in Early Modern Russia: The False Tsars and the Time of Troubles. Cambridge: Cambridge University Press, 1995.

Perry 1968 — Perry J. The State of Russia under the Present Czar. New York reprint: Da Capo Press, 1968. С 2012 г. доступно в русском переводе.

Peterson 1976 — Peterson C. Der Morskoj Ustav Peter des Grossen // JfGO. 1976. Vol. 24.

Petschauer 1987 — Petschauer P. In Search of Competent Aides: Heinrich van Huyssen and Peter the Great // JfGO. 1987. Vol. 26. № 4. P. 481–502.

Phillips 1995 — Phillips E. The Founding of Russia's Navy: Peter the Great and the Azov Fleet, 1688–1714. Westport, Conn., 1995.

Phipps 1971 — Phipps G. Britons in Seventeenth-Century Russia (Ph.D. Dissertation). University of Pennsylvania, 1971.

Pintner 1983 — Pintner W. Russia's Military Style, Russian Society, and Russian Power in the Eighteenth Century // Russia and the West in the Eighteenth Century / Ed. A. Cross. Newtonville, MA: Oriental Research Partners, 1983.

Platonov 1970 — Platonov S. The Time of Troubles / Ed. and trans. J. T. Alexander. Lawrence, Kansas, 1970. Впервые опубликовано на русском языке в 1923 г.

Plavsic 1980 — Plavsic B. Seventeenth-Century Chancelleries // Russian Officialdom. The Bureaucratization of Russian Society from the Seventeenth to the Twentieth Centuries / Ed. W. Pintner and D. Rowney. Chapel Hill, NC, 1980.

Plokhy 2001 — Plokhy S. The Cossacks and Religion in Early Modern Ukraine. Oxford, 2001.

Poe 1997 — Poe M. Muscovite Personnel Records, 1475–1550: New Light on the Early Evolution of Russian Bureaucracy // JGO. n.f. 1997. Vol. 45. P. 361–378.

Pososhkov 1987 — Pososhkov, Ivan T. The Book of Poverty and Wealth / Trans. and intro. A. P. Vlasto and L. R. Lewitter. London, 1987.

Ramelli 1976 — Ramelli A. Il Cremlino di Mosca, esempio di architettura militare // Arte Lombarda. 1976. № 44/45. P. 130–138.

Rasmussen 1973 — Rasmussen K. Die Livlandische Krise, 1554–1561. Copenhagen: Universitetsforlaget, 1973.

Reger 1997 — Reger W. In the Service of the Tsar: European Mercenary Officers and the Reception of Military Reform in Russia, 1654–1667 (Ph.D. Dissertation). University of Illinois at Urbana-Champaign, 1997.

Reger 2002 — Reger W. Baptising Mars // The Military and Society in Russia / Ed. by E. Lohr and M. Poe. Leiden and Boston, MA: Brill, 2002. P. 389–412.

Renner 1997 — Johannes Renner's Livonian History 1556–1561, trans. Jerry S. Smith and William Urban with J. Ward Jones // Baltic Studies Vol. 1. Lewiston, NY: Edwin Mellen Press, 1997. С 1923 г. доступно в русском переводе.

Roberts 1956 — Roberts M. The Military Revolution, 1560–1660: An Inaugural Lecture Delivered Before the Queen's University of Belfast. Belfast: M. Boyd, 1956.

Rogers 1995 — The Military Revolution Debate / Ed. Clifford Rogers. Boulder, Col., 1995.

Romaniello 2000 — Romaniello M. Controlling the frontier: monasteries and infrastructure in the Volga region, 1552–1682 // Central Asian Survey. 2000. Vol. 19. № 3–4. P. 429–443.

Romaniello 2003 — Romaniello M. Absolutism and Empire: Governance on Russia's Early-Modern Frontier (PhD dissertation). Ohio State University, 2003.

Rorex, Fong 1974 — Eighteen Songs of a Nomad Flute: The Story of Lady Wen-Chi / Ed. R. A. Rorex and Wen Fong. New York: Metropolitan Museum of Art, 1974.

Rothenberg 1960 — Rothenberg G. The Austrian Military Border in Croatia, 1522–1747. Urbana: University of Illinois Press, 1960.

Rowland 1990 — Rowland D. Did Muscovite Literary Ideology Place Limits on the Power of the Tsar (1540s–1660s)? // The Russian Review. 1990. Vol. 49. № 2. P. 125–155.

Rywkin 1988 — Russian Colonial Expansion to 1917 / Ed. by M. Rywkin. London, 1988.

Silâhdar 1928 — Silâhdar M. Silâhdar Tarihi. Istanbul: Devlet Matbaası, 1928.

Skrynnikov 1988 — Skrynnikov R. The Time of Troubles. Russia in Crisis / Ed. and trans. Hugh Graham. Gulf Breeze, Florida, 1988. Впервые опубликовано на русском языке в 1923 г.

Smith 1989 — Smith D. The Muscovite Officer Corps, 1475–1598 (Ph.D. dissertation). University of California, Davis, 1989.

Smith 1993 — Smith D. Muscovite Logistics, 1462–1598 // SEER. 1993. Vol. 71. P. 35–65.

Solov'ev 1976 — Solov'ev S. M. A History of Russia from Earliest Times. Vols. 7–15. Gulf Breeze Fla: 1976. Впервые опубликовано на русском языке в 1851–1879 гг.

Soloviev 2002 — Soloviev S. History of Russia, vol. 13, The Reign of Tsar Fedor, trans. by W. D. Santoni. Gulf Breeze, Florida, 2002. P. 47–8, 52.

Staden 1967 — Staden H. von. The Land and Government of Muscovy / Trans. T. Esper. Stanford: Stanford University Press, 1967. С 2008 г. доступно в русском переводе.

Standen 2003 — Standen N. Raiding and Frontier Society in the Five Dynasties // Political Frontiers, Ethnic Boundaries, and Human Geographies in Chinese History/ Ed. by N. Di Cosmo and D. Wyatt. London: Routledge, 2003.

Standen 2005 — Standen N. What Nomads Want: Raids, Invasions and the Liao Conquest of 947 // Mongols, Turks and Others: Eurasian Nomads and the Sedentary World / Ed. by R. Amitai and M. Biran. Leiden: Brill, 2005.

Stevens 1980 — Stevens C. Belgorod: Notes on Literacy and Language in the Seventeenth-Century Russian Army // Russian History. 1980. Vol. 7. № 1/2. P. 113–124.

Stevens 1992 — Stevens C. Why Seventeenth-Century Muscovite Campaigns Against Crimea Fell Short of What Counted // Russian History. 1992. Vol. 19. № 1/4. P. 487–504.

Stevens 1995 — Stevens C. Soldiers on the Steppe: Army Reform and Social Change in Early Modern Russia. DeKalb: Northern Illinois University Press, 1995.

Stevens 2002 — Stevens C. Evaluating Peter's Army // The Military and Society in Russia, 1450–1917/ Ed. by E. Lohr and M. Poe. Leiden and Boston, MA: Brill, 2002. P. 147–171.

Stevens 2007 — Stevens C. Russia's Wars of Emergence, 1460–1730. Harlow: Pearson, 2007. Оригинальная англоязычная версия настоящей книги.

Subtelny 1994 — Subtelny O. Ukraine: A History. Toronto: University of Toronto Press, 1994, 2009.

Sysyn 1997 — Sysyn F. Ukrainian Social Tensions before the Khmel'nyts'kyi Uprising // Religion and Culture in Early Modern Russia and Ukraine / Ed. by S. Baron and N. Kollmann, DeKalb, Illinois: Northern Illinois University Press, 1997.

Taylor 2003 — Taylor B. Politics and the Russian Army: Civil-Military Relations 1689–2000, Cambridge: Cambridge University Press, 2003.

Thompson 1976 — Thompson I. War and Government in Habsburg Spain, 1560–1620. London: Athlone Press, 1976.

Tiberg 1995 — Tiberg E. Moscow, Livonia, and the Hanseatic League, 1487–1550. Stockholm: Department for Baltic Studies, Stockholm University, 1995.

Urban 2003 — Urban W. The Teutonic Knights. A Military History. London: Greenhill Books, 2003. С 2010 г. доступно в русском переводе.

Uroff 1970 — Uroff B. G. K. Kotoshikhin, On Russia in the Reign of Alexis Mikhailovich. (Ph.D. dissertation). Columbia University, 1970.

Wilson 1999 — Wilson P. Warfare in the Old Regime 1648–1789 // European Warfare, 1453–1815 / Ed. By J. Black. New York, 1999. P. 69–95.

Wortman 1995 — Wortman R. Scenarios of Power. Myth and Ceremony in Russian Monarchy. Vol 1 Princeton, NJ: Princeton University Press, 1995. С 2004 г. доступно в русском переводе.

Zitser 2004 — Zitser E. The Transfigured Kingdom: Sacred Parody and Charismatic Authority at the Court of Peter the Great. Ithaca, NY: Cornell University Press, 2004.

Zlotnik 1979 — Zlotnik M. Muscovite Fiscal Policy, 1462–1584 // Russian History. 1979. Vol. 6. Part 2. P. 243–258.

Zólkiewski 1959 — Zólkiewski, S. Expedition to Moscow. A Memoir. London: Polonica, 1959.

Предметно-именной указатель

Оглавление

Научное издание

Кэрол Стивенс

ВОЙНЫ ЗА СТАНОВЛЕНИЕ РОССИЙСКОГО ГОСУДАРСТВА 1460–1730

Директор издательства *И. В. Немировский*
Ответственный редактор *И. Белецкий*
Куратор серии *В. Кучерявенко*
Заведующая редакцией *О. Петрова*

Дизайн *И. Граве*
Редактор *М. Маркушина*
Корректор *А. Филимонова*
Верстка *Е. Падалки*

Подписано в печать 16.12.2022.
Формат издания 60 × 90 $^{1}/_{16}$. Усл. печ. л. 30,5.
Тираж 300 экз.

Academic Studies Press
1577 Beacon Street, Brookline, MA 02446 USA
https://www.academicstudiespress.com

ООО «Библиороссика».
190005, Санкт-Петербург, 7-я Красноармейская ул., д. 25а

Эксклюзивные дистрибьюторы:
ООО «Караван»
ООО «КНИЖНЫЙ КЛУБ 36.6»
http://www.club366.ru
Тел./факс: 8(495)9264544
e-mail: club366@club366.ru

Книги издательства можно купить
в интернет-магазине: www.bibliorossicapress.com
e-mail: sales@bibliorossicapress.ru

Знак информационной продукции согласно Федеральному закону от 29.12.2010 № 436-ФЗ

www.ingramcontent.com/pod-product-compliance
Lightning Source LLC
LaVergne TN
LVHW012338100826
845148LV00018B/2710

* 9 7 9 8 8 9 7 8 3 7 2 0 5 *